LES TROIS QUARTS DU TEMPS

Benoîte Groult est née à Paris en 1920. Licenciée ès lettres, elle enseigne pendant un temps au Cours Bossuet. Mariée en 1944, veuve en 1945, elle entre au Journal parlé de la Radiodiffusion à la Libération et y reste jusqu'en 1953. En 1951, elle a épousé le romancier et journaliste Paul Guimard. Elle a trois filles.
Elle a collaboré à diverses publications : Elle, Parents, *etc. Avec sa sœur Flora, elle a écrit :* Journal à quatre mains *(1963),* Le Féminin pluriel *(1965),* Il était deux fois *(1967).*
Benoîte Groult est l'auteur de La Part des choses *(1972),* Ainsi soit-elle *(1975) et* Les Trois Quarts du temps *(1983).*
Elle est membre du jury du Prix Femina.

Romanesque traversée d'un destin semé d'impasses et d'illusions, mais aussi de passion et des grands et petits bonheurs de la vie quotidienne; analyse des trois quarts d'une vie... Ce roman, à travers les trois générations de femmes qu'il évoque, pose quelques-unes de ces questions auxquelles on ne parvient jamais à donner que des réponses contradictoires, faites de vérités successives.
Quelle femme est vraiment Louise, fille d'un singulier trio où le père tient un rôle plutôt effacé entre « les deux mères », Hermine, portraitiste du Tout-Paris, autoritaire, passionnée, attachante, et la fantasque Lou, célèbre couturière, que lie au couple et surtout à Hermine une amitié d'exception, née aux jours lointains de leur jeunesse commune pendant la guerre de 14 ? Est-elle la fille complexée de cette redoutable famille, bohème et bourgeoise à la fois ? Est-elle cette étudiante si mal dans sa peau, en laquelle la narratrice d'aujourd'hui se reconnaît à peine ? Mais est-elle davantage cette femme soudain libérée, qui découvre dans l'euphorie de la libération de Paris les beaux militaires venus d'Amérique ? Ou bien cette amoureuse qui vivra avec Jean-Marie une brève et déchirante passion, tragiquement interrompue ?
Est-elle cette veuve toute fraîche qui épouse un séducteur, le brillant Arnaud Castéja, mari volage et géniteur déçu de trois filles, dont elle mettra vingt ans à se détacher ?
Sur tous ces personnages qui portent son nom, ses noms de femme successifs, Louise exprime un jugement tour à tour indulgent, féroce ou narquois. Jusqu'au jour où elle croit conquérir enfin la maîtrise d'elle-même et sa vraie liberté de femme et d'écrivain, avant d'entamer avec un autre homme, surgi du passé, une troisième vie sereine, l'œil ouvert et le corps vaillant.

ŒUVRES DE BENOÎTE GROULT

Dans Le Livre de Poche :

LA PART DES CHOSES.
AINSI SOIT-ELLE.
DES NOUVELLES DE LA FAMILLE
(avec Flora Groult, Paul Guimard,
Blandine et Lison de Caunes, Bernard Ledwige).

BENOÎTE GROULT

Les trois quarts du temps

ROMAN

GRASSET

Ma vie n'est pas derrière moi
Ni avant
Ni maintenant
Elle est dedans.

JACQUES PRÉVERT.

A Paul.

I

LA VIEILLESSE

Je ne serai jamais vieille. Depuis que je le sais, je me sens rassurée.

« Il faut bien supporter ce qu'on ne peut pas empêcher », disait ma belle-mère avec l'humilité des pauvres gens chaque fois qu'un nouveau malheur s'abattait sur elle, qu'il s'agît de la perte d'un enfant, Dieu l'a voulu, de l'arrachage de toutes ses dents par un vandale de village prétendu dentiste, de la fonte de son maigre capital à la Caisse prétendue d'épargne ou de l'arrivée précoce de la décrépitude prétendument fatale. Les pauvres gens savent-ils que les enfants des riches meurent moins parce qu'ils sont mieux soignés, que les nantis s'arrangent pour ne jamais parvenir au stade du dentier qui cliquette et qu'ils se gardent bien de placer leurs économies à la Caisse d'épargne? Heureusement pour elle, une rare absence de sensualité jointe à un certain penchant pour le malheur, que « Mère » baptisait résignation chrétienne, lui avait permis de traverser cette vallée de larmes avec la satisfaction revêche du devoir accompli. Mais chaque fois qu'elle prononçait sa devise de vaincue, elle me confirmait un peu plus dans ma résolution : me tuer le jour où je ne pourrais plus satisfaire à un minimum vital d'exigences, mon minimum vital, qui n'est pas forcément celui des autres et dont je veux être seul juge.

Ma mère à moi refusait toute dépendance, toute humiliation, toute défaite. Pour ne pas assister à son propre naufrage, elle s'est arrangée pour sombrer progressivement dans l'anémie cérébrale, conservant jusqu'au bout l'illusion de régner et de rester belle. A mesure qu'elle ne parvenait plus à l'appréhender, le monde à ses yeux perdait sa raison d'être et ce qu'elle ne comprenait plus lui paraissait soudain absurde. Dès qu'elle n'a plus discerné à quoi pouvait bien servir une fourchette, elle a cessé de s'intéresser à cet objet, se laissant nourrir avec une condescendance royale et continuant à tenir, sur le ton d'évidence et d'autorité qui avait toujours été le sien, des discours péremptoires mais incohérents qui la préservaient de toute vérité dérangeante.

« Mère », croyante, courageuse, a descendu sans se plaindre les marches jusqu'à la dernière, et peu de malheurs lui furent épargnés.

Ma mère, incroyante, frivole, est partie sans s'en apercevoir et sans nous apercevoir à son chevet, odieusement vivants, ce qu'elle eût très mal supporté.

Sinistre alternative qui m'a confirmée dans la nécessité d'une troisième voie : empêcher ce qu'on ne peut pas supporter. Mais l'entourage est rarement d'accord sur ce que vous pouvez ou non supporter... D'où l'obligation de préparer soi-même sa sortie avant que l'idée de la mort ne devienne trop angoissante. Je me suis donc affiliée à une association philanthropique mais non dénuée d'humour puisqu'elle a choisi de s'intituler *Exit !* On ne saurait mieux résumer son programme. Ce club a pour but de fournir à ses adhérents une liste de trucs épatants pour quitter cette terre en douceur, sans risquer de faire sauter un immeuble en ouvrant le gaz ou d'être réduit à enjamber un rebord de fenêtre, avec l'affreux aléa d'y survivre, plus mal en point encore. La Providence est si contrariante ! De plus, je n'ai jamais osé monter au troisième étage de la tour Eiffel par peur du vide, et mourir est en soi bien assez vertigineux sans m'exposer à une panique supplémentaire. Depuis qu'il dépend de moi d'échapper à la déchéance ou bien de l'imposer quelque temps à mes proches si cela m'amuse, je me sens plus tranquille.

Rien à voir avec le triste suicide de Marilyn Monroe, de Nicolas de Staël ou de Drieu La Rochelle. Pas de dégoût de soi-même, encore moins des autres. Au contraire, assez de goût de soi... quand on était soi et assez de respect de la vie pour refuser de la vivre au rabais.

Quand je ne pourrai plus lire, satisfaire mes fringales de chocolat et parcourir des plages en traquant la crevette aux grandes marées; quand on m'aura fait passer le goût du vin avec des discours raisonnables; quand je ne trouverai plus un bonheur idiot dans le simple geste d'ouvrir chaque matin mes volets sur la lumière; quand je n'aurai plus le courage de râler contre le temps comme je l'ai fait avec entrain toute ma vie; quand je ne saurai plus que me lamenter au lieu de vitupérer; quand je ne ferai plus de mal à une mouche; quand je penserai à mon cholestérol avant de savourer du beurre salé à la cuillère; quand je deviendrai jalouse de ce que font les autres; quand je ne parviendrai plus à mettre un genou en terre pour parler à l'oreille de mon jardin; quand je préférerai me coucher que sortir avec mon meilleur ami... Quand enfin je sentirai ce qu'on appelle le poids des ans et ne bénéficierai plus de cet âge imprécis que l'on a dans ses rêves, que je me laisserai impressionner par le verdict des miroirs au lieu de me fier à mes certitudes intérieures; en un mot quand je ne trouverai plus de plaisir à mes plaisirs et trop de peine à mes peines, je renoncerai à survivre. Car la vie, c'est moi. Ce n'est que moi.

L'essentiel sera de ne pas me laisser piéger dans le vaste complot, de refuser le secours des protestations lénifiantes et des mensonges qui ne trompent personne.

« Ah ! mes pauv'z'enfants, quel ennui de vieillir ! Moi qui voudrais tant vous débarrasser de ma vieille carcasse... et de rajouter en douce un troisième sucre dans son thé.

— Voilà votre plateau, Mamie, on va vous laisser manger tranquille. Bon appétit et puis bonne sieste et à dimanche prochain. »

Et les enfants, qui savent bien qu'en leur absence l'appétit ne sera plus jamais bon et que les siestes ne sont plus désormais qu'une manière d'oublier, de s'enfuir à reculons en concoctant déjà l'excuse qui leur permettra de remettre à quinzaine la visite promise pour dimanche prochain.

J'ai fait partie de ces enfants-ci et ne veux pas devenir de ces mères-là, bien que tout nous y invite si traîtreusement. Et même vous, les belles écrivaines, qui vous êtes laissé persuader si docilement que tout pour une femme devait finir à mi-vie. Toi, ma Colette, dont la Léa n'avait pas cinquante ans quand elle se crut vieille et condamnée à renoncer à l'amour. Qui le croirait aujourd'hui : pas cinquante ans ! Et toi, Beauvoir, jeune fille rangée qui avouais ne t'être jamais beaucoup regardée dans les glaces, toi qui as utilisé ton corps sans oser l'aimer et qui considéras de tes yeux trop lucides ses premiers fléchissements comme un arrêt de mort. Ainsi même toi, tu t'es laissé impressionner par le système dont tu avais si bien démonté les mécanismes. Toi si forte et si juste et qui as su vivre hors des normes, pourquoi as-tu toi aussi à cinquante ans fermé la porte à l'avenir et écrit les pages les plus tragiques de ton œuvre? « ... Jamais plus je ne m'écroulerai grisée de fatigue dans l'odeur du foin... Jamais plus un homme... C'est étrange de n'être plus un corps : il y a des moments où cette bizarrerie, par son côté définitif, me glace le sang... »

Quelle grâce m'épargne l'angoisse du « jamais plus », moi qui me suis crue vieille si souvent, et finie plusieurs fois dans ma vie? Au fond, je n'ai jamais vraiment cru à ma jeunesse, pauvre adolescente crédule qui vécut si longtemps avec la panique de n'être pas une femme, la peur du regard des autres, des hommes s'entend, car les femmes ne sont pas les autres. Pauvre innocente qui crut perdre parfois le goût d'aimer et celui des désirs neufs... comme si un désir n'était pas toujours neuf par définition. Un désir, c'est comme s'il n'avait jamais été satisfait. L'amour, c'est chaque fois comme si l'on n'avait jamais aimé. Cette jeune fille qui s'appelait Louise et qui se prenait pour moi, a perdu vingt-cinq ans à devenir sinon une femme, du moins une apparence de. Et vingt-cinq autres années à devenir tout doucement elle-même. Comment serait-il question de renoncer à présent?

J'ai tremblé trop souvent de mes insuffisances imaginaires. Aujourd'hui qu'elles me sont connues, j'en ris. Il était temps. Mais le temps, si l'on sait le remettre à sa place, fait ce qu'on lui dit. Il n'est rien puisqu'on peut le tuer. Ou se tuer.

Les trois quarts du temps, j'ai vécu dans mon corps comme si je n'y étais pas. LE corps, c'était celui de l'HOMME. Le mien ne constituait qu'une annexe, un espace flou qui attendait une définition, une évaluation, celle de l'homme qui le choisirait. L'amour pour moi consisterait alors à me fondre en lui, à devenir lui. Sans amour, où se situerait mon existence ? Sans homme, quel sens aurait ma vie ? Que signifierait mon corps ? Il se réduisait en attendant à quelques vagues organes qui ne m'avaient jamais été présentés, à quelques replis bizarres et anfractuosités douteuses dont l'honneur, la pudeur et la dignité commandaient d'épargner la vue à nos pères, frères ou compagnons, plus tard à nos amoureux, sous peine de décourager leur désir, leur beau, leur irréfutable désir. N'étions-nous pas là pour le satisfaire ? Moi, je brûlais de me donner pour le servir. Recevoir, accepter, je n'y avais jamais pensé. Quant à demander... plutôt mourir !

Bien sûr, j'ai connu le bonheur, l'extase amoureuse, presque l'évanouissement dans le plaisir. Comme sainte Thérèse d'Avila. Offrande, dévotion, don total. Mais évanouissement signifie disparition. Quand on s'abîme dans l'Amour Divin après la Communion, songe-t-on à pinailler, à demander au Bien-Aimé de vous aimer comme ci plutôt que comme ça ? Il est descendu en vous, gloire à l'Homme et paix aux Femmes sans volonté. O mon âme, adore et tais-toi.

Contrairement à une opinion trop répandue, ce n'est pas en tuant ses parents que l'on devient adulte, mais en tuant l'enfant de ses parents, une cible beaucoup plus difficile. Ma mère m'avait voulue indépendante, intelligente, cultivée, brillante mais aussi séductrice, coquette et sachant feindre l'extase sans en être dupe, afin de dominer les hommes. Au terme d'une éducation de tous les instants, doublée d'un amour intensif, elle a lâché dans la vie une créature craintive, totalement dépendante, humble jusqu'à la paralysie de ses moyens, trouvant son bonheur dans l'effacement, prête à subir par amour toutes les avanies et toutes les dominations; une malheureuse incapable de ruse ou de coquetterie et sujette à une reconnaissance éperdue quand on voulait bien l'aimer. En somme un personnage dénaturé que je n'aurais jamais dû devenir; de même que ma mère, je le sais aujourd'hui, aurait pu devenir autre chose que cette femme belliqueuse, brillante et frigide, secrètement frustrée mais dure à toutes les faiblesses et acharnée à réussir afin de ne pas s'engloutir comme les autres dans le tombeau capitonné du mariage. Toutes les deux victimes, chacune à sa façon, des mêmes peurs, des mêmes conventions, de la même morale. Mais ayant toutes les deux réussi nos vies en fin de compte, défaite après erreur, révolte après chagrin, car nous étions, car nous sommes de la même race, en fait, nous si souvent affrontées, ma belle Hermine, ma Mine, ma mère.

II

NUIT DE NOCES D'HERMINE

Oui, elle portait ce nom délicieux d'Hermine, ma mère, comme sa grand-mère, et, comme l'hermine, elle ne cédait à personne, ne transigeait sur rien. Née Carteret en 1896, elle devint Mme Adrien Morvan le 23 mai 1913 et découvrit l'homme le soir même, dans toute son horreur.

Mon père, sur ses photos, ressemble aux jeunes mariés de ce temps-là : la raie au milieu, une petite moustache brune, la taille bien sanglée dans la jaquette, la lèvre colorée et l'air martial. Il fallait bien.

La mariée semble blafarde sous son voile de tulle d'une blancheur implacable. Son nez un peu long, comme le mien, lui donne l'air triste d'une chèvre attachée trop court à son piquet et ses immenses yeux sont si pâles sur les photos jaunies qu'on a peine à discerner leur expression.

C'est au Palais de glace qu'Adrien avait rencontré Hermine. Le vertige de la valse pouvant passer chez un corps non averti pour une langueur amoureuse, elle se crut éprise. D'ailleurs, il fallait s'éprendre : elle avait l'âge et venait de passer son brevet. Sa sœur Jeanne, de dix ans son aînée, et que ses parents avaient présentée en vain dans tous les lieux d'exposition prévus à cet effet, servait déjà d'épouvantail dans les familles. Se marier jeune passait en effet pour la réussite suprême, disons plutôt l'unique pour une fille, et suscitait la fierté des mères et l'envie des compagnes. Pour s'épargner l'humiliation d'une seconde vieille fille, on encouragea vivement Hermine à laisser parler son cœur. En fait, seul Adrien était vraiment amoureux.

Fiancés au bout de quelques semaines, ils n'eurent jamais l'occasion de sortir seuls; ma tante Jeanne chaperonnait sa cadette avec une sévérité d'autant plus vétilleuse qu'elle la détestait depuis sa naissance, et que les fiançailles d'Hermine, survenant avant les siennes, alimentaient une jalousie qui était la seule passion de ce caractère morose et borné. Tout ce qu'elle put inventer pour faire capoter le mariage de sa sœur, elle le tenta, insistant en particulier sur « l'épreuve » que constituait la nuit de noces pour toute jeune fille convenable. Elle avait souligné pour Hermine dans *La Physiologie du mariage,* du docteur Duqueyras, trouvée dans la bibliothèque maternelle, tous les passages traitant du « terrible mystère », et se faisait une joie de lui lire à voix haute les confidences de la jeune mariée : « Pourquoi, hélas ! ma chambre n'est-elle pas toujours solitaire ? Ecoute, amie... Il est de temps en temps une heure de la nuit qui me fait frémir, une porte dont le grincement produit sur mon cœur l'effet d'une lame froide et acérée... Tout mon être se révolte, je voudrais me sauver, me jeter par la fenêtre... Mais il est mon mari, c'est mon devoir et je dois m'y soumettre. »

« Tu te rends compte...? commentait Jeanne, levant un œil attentif pour juger de la consternation de sa sœur. Et c'est un médecin qui parle, si tu entendais les romancières ! Dans les livres d'hommes, il n'est question que de plaisir, bien sûr, mais je te prêterai *Valentia,* tu verras. C'est signé Daniel Stern mais c'est Marie d'Agoult qui l'a écrit. »

Et le soir, dans la chambre de jeune fille qu'elles partageaient, à l'abri des rideaux de cretonne crème où des bergers roses jouaient du pipeau au pied de belles indifférentes, Jeanne lisait à sa sœur, de toute son âme ulcérée, les passages qu'elle avait spécialement cochés : « Tu auras de mauvais moments, ma pauvre Valentia. Il y faudra de la résignation... La vie des femmes est une vie de souffrances. Moi-même j'ai vécu un long et lourd martyre, Valentia... »

« Mais je ne suis pas du genre à accepter un martyre, interrompait Hermine. Je suis sûre que si j'explique à Adrien...

– La sincérité n'est jamais une vertu qui plaît aux hommes, répliquait Jeanne qui avait réponse à tout. « Il leur faut de l'hypocrisie... de fausses « confidences, des pleurs factices, des joies « simulées. » Tu feras semblant d'être heureuse, ma vieille, comme les autres. »

Malgré sa nature optimiste, Hermine commençait à s'inquiéter de ne découvrir dans les livres prêtés par sa sœur que des descriptions vagues et effrayantes qui n'apportaient pas le moindre éclaircissement sur le « terrible mystère » évoqué par le docteur Duqueyras. « Je me dévouais en pâlissant et en fermant les yeux... Quand il s'était assoupi, satisfait et repu, je restais immobile et consternée, les sens glacés... »

Les hommes devenaient-ils vraiment des bêtes, une fois mariés ? Aucune des deux sœurs n'avait osé interroger sa mère sur ces lectures car Mme Carteret ne cachait pas son mépris pour tous ces romans qui ne font qu'échauffer l'imagination des jeunes filles. Les mères finalement ressemblaient toutes à cette Mme de Fryleuse qu'a décrite Gyp :

La duchesse : Avertiras-tu Bertrade de ce qui l'attend ?

Mme de Fryleuse : Jamais de la vie. Ce n'est pas du tout l'affaire d'une mère, ça !

La duchesse : Mais le père de Hauterive dit que Bertrade pourrait s'effaroucher... se refuser à remplir ses devoirs...

Mme de Fryleuse : Elle est ignorante certes de tout ce qu'elle doit ignorer, mais comme elle est pleine de santé...

Etait-il en plus nécessaire d'avoir de la santé pour affronter une nuit de noces ? C'est Fred, le frère de Bertrade, qu'on chargeait finalement de préparer la jeune mariée : « Ma chère enfant, ton mari va probablement te demander des choses qui... qui te surprendront un peu. Tu obéiras. Il faut obéir. Au commencement, ça ne t'amusera pas trop... »

Hermine, qui n'avait pas de frère aîné, se promettait de demander des explications à Adrien. Mais il n'eut à aucun moment l'occasion de dissiper ses craintes. Leur timidité devant les choses du sexe jointe à leur parfaite éducation et à la vigilance familiale les maintinrent jusqu'au grand jour en marge de la réalité qui les attendait.

Loin de l'incliner vers les premiers émois, les préparatifs fiévreux du trousseau, du contrat de mariage et de la réception la plongèrent dans un tintouin de démarches, de calculs, de mesquineries bourgeoises qui semblaient exclure tout romantisme et toute velléité d'initiation charnelle.

Les rares soirs où les parents d'Hermine se retiraient avec une discrétion de plomb « pour laisser les fiancés seuls quelques instants », la porte maintenue entrouverte comme par mégarde, la toux d'avertissement du Père feignant de consulter quelque dossier dans son bureau ou les pas de la Mère sonnant trop clair le long du couloir comme pour bien se situer, paralysaient Adrien au point qu'il ne sut jamais profiter de l'occasion, ne serait-ce que pour presser Hermine contre lui et découvrir enfin la consistance de ses seins. C'est seulement quand réapparaissaient bruyamment M. ou Mme Carteret qu'il trouvait l'audace de s'asseoir tout contre sa fiancée et de froisser interminablement sa main dans la sienne. Leur amour semblait se concentrer dans leurs doigts joints et ne s'exprimer que par une moiteur bientôt écœurante, à laquelle aucun des deux n'osait se soustraire en enlevant sa main le premier.

Les soupçons d'Hermine se précisèrent la veille de la cérémonie, quand elle surprit sa mère préparant le lit nuptial dans le petit appartement de la rue de Courcelles où les jeunes époux passeraient leur première nuit avant le départ pour Venise. Avec stupeur, elle vit Mme Carteret épingler soigneusement aux quatre coins du matelas une alèse de caoutchouc rose.

« Tu crois que je vais faire pipi au lit d'émotion ? plaisanta-t-elle.

– Non, ma petite fille, mais le sang, ça tache, tu sais. Et ça part très difficilement.

– Mais je ne suis pas indisposée, maman !

– Il ne s'agit pas de cela, Hermine. Je voulais justement t'en parler... Jeanne ne t'a rien dit ? Ni ton amie Louise ? »

Un faible espoir luisait encore pour Mme Carteret d'échapper à l'explication de ces phénomènes bizarres qu'elle n'avait jamais très bien compris elle-même !

« Mais Maman, tu connais Jeanne. Elle n'aime que les catastrophes ! Elle inventerait n'importe quoi pour me faire peur. Elle dit que si on n'était pas obligé de se marier pour avoir des enfants, jamais elle ne partagerait son lit avec un homme.

— Il faudrait d'abord qu'un homme le lui demande, fit remarquer Mme Carteret. Et Louise? Elle est mariée, elle, elle semble heureuse et c'est ta meilleure amie... Elle ne t'a jamais fait de confidences?

— Oh! Lou, tu sais bien qu'on ne se voit plus depuis son mariage. Et puis Robert est si vieux! Rien que l'idée qu'il promène sa barbe grise sur la figure de Lou et qu'il lui met des poils dans la bouche quand il l'embrasse, ça me donne la chair de poule.

— Tu as de ces idées, ma petite fille. En tout cas, tu n'as pas à écouter ta sœur. Et il n'y a aucune raison d'avoir peur. Les jeunes filles, surtout celles qui sont montées en graine comme notre pauvre Jeanne, se montent la tête sur la nuit de noces, dans un sens comme dans l'autre. Ce n'est ni si terrible ni si merveilleux qu'on le dit. Et finalement, quand on s'aime, et si le jeune homme est délicat, ce qu'est Adrien, j'en suis sûre, ça se passe très bien, tu verras.

— Mais tu as parlé de sang, maman. D'où il sort, ce sang? On dirait que tu prépares le lit pour un sacrifice!

— Le sang, c'est tout à fait normal la première fois, répondit Mme Carteret en s'affairant dans la penderie pour ne pas avoir à regarder sa fille en face. Je t'affirme que ce n'est pas grand-chose. Toutes les femmes doivent en passer par là si elles veulent devenir mères. Laisse-toi faire et tout ira bien. »

Se laisser faire! Ça commençait bien, le mariage! Hermine n'avait justement pas un tempérament à se laisser faire. Le spectacle de sa mère, fade reflet de son mari, écho d'une désespérante fidélité, qui vivait son décervelage avec la sérénité du devoir accompli, lui avait au moins procuré une certitude : elle, Hermine, ne s'engloutirait pas corps et biens dans le mariage comme sa mère et, avant elle, la mère de sa mère. Mme Carteret ne pensait pas qu'on pût changer le monde mais elle trouvait répugnante la santé des hommes en général et celle de son époux en particulier. Les mâles ayant hélas les instincts que l'on sait, ma grand-mère s'était résignée à trousser sa chemise à la demande et à attendre aimablement le grognement soulagé de son mari, indiquant enfin que le but était marqué. Ni dans son lit, ni dans son foyer elle n'avait jamais laissé échapper une seule plainte ou témoigné du moindre ras le bol. Elle a même dû finir par s'attendrir de cette bestialité masculine toujours renaissante, dont quelques indices recueillis auprès de ses amies lui prouvaient qu'elle était générale chez ces gens-là. Quand Emile, repu et satisfait, s'endormait sur elle comme un nourrisson au sein, elle supputait les quelques jours de répit qu'elle pouvait raisonnablement escompter et peut-être, alors, le corps vaguement éveillé, serrait-elle son Emile dans ses bras avec un semblant de désir qu'il ne vint jamais cueillir. Il préférait penser une fois pour toutes que son épouse n'était pas une sensuelle et que cela valait bien mieux. C'est un fait reconnu que les femmes trop portées sur la chair font de mauvaises maîtresses de maison.

Dans ces conditions, comment décrire à sa fille l'espèce de chose animale que les fiancés cachent dans leur pantalon et camouflent sous des propos galants, pour la dévoiler le soir du mariage quand il est trop tard pour reculer ? D'abord Mme Carteret ne disposait d'aucun mot qui ne lui parût obscène ou hideux. Ensuite, c'était une chose proprement indescriptible, n'est-il pas vrai ?

« Ne pense plus à tout ça, dit-elle gaiement à sa

fille. Laisse faire la nature. Et pense plutôt à la belle journée qui se prépare en ton honneur. »

Hermine n'insista pas. Jeanne avait raison : sa mère n'était qu'une Mme de Fryleuse, une enfant entre les mains de son mari et d'un Dieu dont, après une vie de piété, les desseins lui restaient aussi incompréhensibles qu'adorables. Mais elle se jura bien de ne pas se laisser égorger sur l'autel du mariage et de ne pas verser son sang sur l'alèse de caoutchouc. D'ailleurs, comment imaginer qu'un timide jeune homme aussi épris qu'Adrien pût jamais la blesser ?

Quand Hermine et lui se retrouvèrent dans leur appartement tout neuf, tous deux furent saisis de panique. Ainsi ces familles qui ne leur avaient jamais permis de rester face à face les lâchaient soudain sans mode d'emploi devant un lit ouvert. Quelle grossièreté, quand on y pense !

Adrien, qui n'avait connu que deux ou trois filles lors de son service militaire, récapitulait fébrilement les recommandations de son confesseur, un jésuite, qui l'avait mis en garde contre toute précipitation dans la consommation de « l'acte », comme disait le père de Linars. Avant l'acte, prévoir des paroles, beaucoup de paroles. Dire très souvent « que tu es belle ! » un véritable sésame pour les femmes, affirmait-il. Eteindre au plus vite le plafonnier et ne laisser qu'une lampe de chevet. Prendre de douces mais fermes initiatives, dans le déshabillage de la mariée notamment, pour lui manifester qu'elle est en sécurité entre des mains tendres mais expertes. La rassurer tout au long de cette progression qui devra connaître des temps d'arrêt, des haltes psychologiques plus ou moins durables, suivant le tempérament de la jeune épouse.

« Tu sais comme je t'aime, ma chérie, murmurait Adrien pour se rassurer lui-même. J'ai tant attendu ce moment. N'aie pas peur, laisse-moi te découvrir enfin. Laisse-toi faire... »

Les mots mêmes de sa mère ! Hermine se raidit mais Adrien la pressa tendrement contre lui, s'appliquant à mille détours avant de poser ses mains sur ces seins minuscules qu'il allait enfin tenir dans sa paume. Découvrant l'abîme qui sépare les baisers volés dans un vestibule ou sous une porte cochère de la lente approche de deux êtres qui ont la nuit et la vie devant eux, Hermine se laissait envahir par une émotion qui ouvrait en elle des chemins inédits. Adrien cependant s'efforçait de défaire sans en avoir l'air les douze boutons de passementerie qui fermaient le corsage de sa femme et pensait avec nostalgie à l'Orient. A des femmes sans lacets ni boutonnières, ondoyantes sous des voiles qui s'écarteraient d'eux-mêmes... A son grand soulagement, son épouse déclara qu'elle se déshabillerait seule dans le cabinet de toilette attenant. D'abord, elle tenait à se montrer dans la splendide chemise de nuit choisie pour cette occasion. Adrien supputa les efforts à fournir pour franchir ce nouvel obstacle et se désola de son incapacité à employer la manière forte ou du moins une tendre coercition. Il s'imagina comme dans les romans, le geste passionné mais savant, étouffant toute protestation sous ses lèvres souveraines, abordant le corset d'un doigt preste puis faisant défaillir sa femme en descendant vers les jupons d'une blancheur affolante pour effleurer doucement la peau la plus secrète, sans insister, car les jeunes filles doivent apprendre jusqu'au désir du désir.

Hermine resta longtemps derrière la porte du cabinet de toilette sans oser revenir. Elle ne parvenait pas à trouver naturel de se présenter soudain, nue sous une chemise, à un homme qui n'avait jamais vu ses jambes. Elle décida finalement de remettre son pantalon de dentelle et se sentit plus assurée.

Son retour surprit Adrien au moment où il s'apprêtait à dégager la chemise de nuit fendue sur les côtés et bordée d'un point de croix rouge qu'il avait dissimulée sous le couvre-pieds, jugeant indécent d'exhiber à l'avance cette pièce d'habillement. Il fallait feindre que toute cette soirée obéissait à une série d'inspirations subites et irrésistibles alors qu'elle inaugurait une longue suite de nuits routinières, bénies par l'Eglise, la Société et les Magasins du Bon Marché.

Hermine lui parut exquise dans sa longue chemise claire et Adrien regretta fugitivement que l'on n'eût pas aussi prévu à l'usage des hommes un habit de lumière pour cette première estocade. En attendant, il se trouvait en habit de nature et Hermine ne cacha pas sa stupeur de le voir dans le plus simple appareil. Et « appareil » était bien le mot. On a beau savoir quand on se marie qu'il faudra bien en venir à la nudité de l'autre, on n'imagine jamais le choc qu'elle constituera. Elle ne reconnaissait littéralement plus son fiancé. Surplombant ce corps tout en peau, sans les repères familiers, sa tête n'avait plus la même tête. Il ne ressemblait plus à un jeune bourgeois bien élevé mais à un barbare prêt à traîner sa captive par les cheveux. Très vite, comme aimanté, son regard descendit au sud du buisson noir entre les cuisses velues. Mon Dieu, que c'était poilu, un homme ! Là où aurait dû se trouver le charmant zigouigoui qu'elle connaissait bien pour l'avoir fait danser en riant quand elle donnait le bain à son jeune frère, quelque chose de monstrueux proliférait. Ses yeux s'écarquillèrent : ce corps d'homme déjà suffisamment inquiétant était affligé d'un appendice absolument extravagant. Jeanne n'avait sûrement jamais vu ça! Le zigouigoui, comme son nom l'indiquait, le seul qu'elle connût d'ailleurs, ne pouvait être qu'une mignonne pendeloque et non ce machin oblong, rougeâtre et tuméfié, qui tenait debout tout seul et ne semblait pas faire partie du corps d'Adrien. Tous les hommes n'avaient pas ça, ça se saurait. Et puis comment le caseraient-ils dans un pantalon? Non, son mari avait une anomalie, comme Cyrano. Ou un abcès. Voilà. Ça ne pouvait être qu'un abcès, le pauvre. Le jour de son mariage!

Adrien suivit son regard. Il voulut lui expliquer que... mais il ne trouva ni une parole ni un geste pour lui faire comprendre que cette enflure était un signe d'amour. Le plus urgent pour le moment lui parut de la dissimuler sous sa large chemise.

Obscurément soulagée d'un affreux pressentiment, mais si invraisemblable qu'elle ne s'y attarda pas, Hermine vint se blottir dans les bras de son mari, mais le contact de la chose qu'il ne craignait pas de presser contre son ventre, la ramena à l'objet de sa compassion :

« Ça ne te fait pas mal? demanda-t-elle tendrement.

– Ecoute, Hermine », commença-t-il; mais l'objet litigieux étant en voie de disparition, l'utilité d'une explication fondait comme neige au soleil.

Adrien envisageait de repartir de la case zéro quand Hermine fut prise d'un fou rire nerveux qui acheva la déroute de son partenaire.

« Pardonne-moi, parvint-elle à articuler entre deux bouffées d'une hilarité qui la libérait enfin de l'appréhension inexprimable qui ne l'avait pas quittée depuis sa conversation avec sa mère. J'ai toujours eu des fous rires incoercibles, tu sais, même en classe!

— Je n'ai rien d'un maître d'école, j'espère », plaida Adrien, qui se demandait comment se tirer d'une situation que le manuel du Fiancé Chrétien remis par le père de Linars n'avait nullement prévue.

Hermine ne répondit que par un baiser. En réalité, tous deux espéraient un sursis. Après tout, ils s'étaient à peine embrassés encore. Ils ne s'étaient jamais parlé d'eux-mêmes, tout bas, dans l'intimité chaude d'un lit. C'était contre nature d'enlever sa robe à une jeune mariée et de lui fourrer au plus creux d'elle-même un engin qu'elle n'avait jamais rencontré! Ils s'offrirent une nuit de tendresse délicieuse, au point que Mme Carteret, en voyant le lendemain le visage radieux de sa fille, se demanda non sans dégoût si Hermine ne ferait pas partie de ces femmes que l'ont dit folles de leur corps.

A Venise, où ils ne passèrent qu'une semaine, la fatigue du voyage, les pérégrinations dans les musées, l'éblouissement de leur liberté à deux les occupèrent si bien qu'ils tombaient épuisés le soir dans le lit matrimonial. Adrien ne livrait que quelques combats d'avant-garde, se félicitant de sa patience et de la confiance croissante de sa femme.

Mais dès leur retour, mon pauvre père qui était un scientifique et un homme consciencieux crut de son devoir de passer aux choses sérieuses. « L'union intime de l'homme et de la femme ne peut s'effectuer dès le début, disait son manuel, mais bien niais celui qui attendrait un consentement formel. » Au lieu de dissimuler sa virilité pour apprivoiser Hermine par des caresses dont elle semblait se contenter avec une facilité inquiétante, il entreprit de changer de tactique.

Les conseils du père de Linars ayant fait long feu, il se tourna vers son frère aîné, un joyeux lapin qui travaillait également dans l'entreprise paternelle (Naturalisation, Taxidermie, Matériel scientifique) et qui estimait, lui, que les jeunes mariées doivent être mises devant le fait accompli, d'autant qu'elles manifestent rarement des dispositions spontanées à la « copulation », comme disait ce zoologiste.

La seconde fois que mon futur père se présenta devant sa femme en tenue de combat, c'est-à-dire l'arme au clair, elle n'eut plus la moindre envie de rire. A quoi allait servir cet engin impérieux qu'on lui présentait à nouveau ? Vaguement consciente que s'annonçait l'épreuve dont avait parlé sa sœur Jeanne et touchée par la patience d'Adrien, elle décida de ne plus se débattre et de voir venir. Mon pauvre père crut la reddition proche et, sans plus s'embarrasser cette fois de préliminaires, il lui écarta les cuisses d'un geste qu'il voulut passionné et qu'elle jugea brutal, lui maintint les deux bras loin du corps pour éviter tout désengagement et se retrouva enfin en position favorable pour « entrer en possession de sa compagne », comme disait le manuel. Trop d'attentes et trop de déconfitures lui conféraient sans doute quelque sauvagerie; toujours est-il que les yeux d'Hermine s'emplirent d'horreur. Elle se trouvait en face du monstre dont sa mère et les religieuses lui avaient dit de se méfier. A la place du jeune homme au regard implorant, un redoutable satyre, les mâchoires crispées, une mèche pendant sur le front, le regard fixe, et atteint par surcroît d'un accès de danse de Saint-Guy, cherchait à la défoncer au moyen de son pieu. Mais enfin ! Il voulait la tuer ou quoi ?

« Arrête, tu me fais mal », cria-t-elle sans qu'il semblât l'entendre. Elle n'aurait torturé Adrien pour rien au monde. De quel droit lui imposait-il cette douleur et cette humiliation ? Un souvenir lui revint : « Il n'y a qu'une chose qui les intéresse chez une femme, lui avait dit Jeanne, et tu le découvriras bien assez tôt. »

Elle se débattit pour échapper à ce va-et-vient frénétique et ils luttèrent longtemps sur le lit ravagé, Adrien sentant bien qu'il lui faudrait aboutir ce jour-là sous peine de compromettre l'avenir. Et puis, soudain, la lassitude et une colère triste l'envahirent. D'autres maris avaient-ils connu cette disgrâce? Il desserra les bras comme on ouvre une cage. Echevelée, vibrante d'indignation, Hermine s'enfuit dans le cabinet de toilette où elle resta longtemps assise sur son bidet à bassiner d'eau fraîche sont intimité endolorie.

Les mois passèrent sans apporter de modifications sensibles sur le front des opérations. Hermine ne cédait pas de terrain et Adrien, espérant toujours qu'une soirée plus douce, un vin plus capiteux, une intimité plus tendre lui offriraient enfin l'occasion d'entrer dans la place, ne parvenait qu'à investir quelques postes avancés, toujours les mêmes et qui ne menaient à rien.

Il supportait difficilement cette abstinence mais n'en devenait que plus amoureux. L'inaccessible a toujours exercé un grand pouvoir d'attraction et Adrien ne faisait en somme que rejoindre la longue lignée des chevaliers de l'âge courtois qui se voyaient imposer des épreuves interminables avant d'accéder à la dame de leurs pensées. Mon père, je l'ai toujours vu aux aguets, attentif à plaire, ardent à servir. Ce ne fut jamais par habitude, devoir ou affection qu'il aima ma mère mais parce qu'il resta toute sa vie désespérément amoureux.

C'était un homme secret, taciturne, relégué

dans ses livres, et qui avait peu d'amis. Lui qui avait tout lu, eut-il la consolation de se découvrir au moins un semblable en la personne de Michelet ? Sut-il que le mariage de Jules avec sa chère Athénaïs fut lui aussi impossible à consommer pendant plus d'un an ? Comme Athénaïs, Hermine justifiait son refus par une impossibilité physiologique, quelque défaut de son anatomie, ce dont Adrien lui aussi s'était laissé convaincre. Mais Michelet n'attendit pas cinq ans. Ne voulant pas humilier sa femme en la faisait examiner par un médecin, il préféra se rendre dans une bibliothèque pour y consulter des planches anatomiques. Il y découvrit avec une émotion religieuse le « portrait intérieur » de la femme qu'il adorait : « La forme de la matrice, si délicate et si visiblement d'une vie élevée, et ses appendices, trompes, ovaires, pavillon, d'une forme délicate, tendre, charmante et suppliante, on dirait... O doux, sacré, divin mystère. » Lui aussi concluait au mystère, comme le docteur Duqueyras, et décida donc de s'armer d'amour et de patience. Mon père aussi, mais il lui en fallut beaucoup plus. Car Hermine, moins soumise qu'Athénaïs, voyait revenir la nuit avec appréhension et considérait désormais le lit conjugal comme un champ clos et toute faiblesse comme une capitulation. Ne parlait-on pas de la chose en termes d'assaut, de reddition ou d'abandon ? Deux siècles après la princesse de Clèves, le refus ou la sublimation restaient une solution des plus honorables et le mythe de la femme-lis avait la vie d'autant plus dure que les hommes eux-mêmes contribuaient à l'entretenir, ayant tout loisir d'organiser leurs menus plaisirs par ailleurs. Excitant la passion sans la satisfaire, Hermine ne manquait pas de précédents flatteurs et découvrait les délices de la coquetterie et la victoire que peut constituer un refus.

Pour mettre un terme aux sarcasmes de son frère, Adrien feignit d'être arrivé à ses fins. Il eût fallu pour cela un véritable coup de force dont il se sentait incapable, par respect pour sa femme. « Donne-toi ! » suppliait-il parfois. Mais donner quoi ? Elle lui avait livré ses lèvres, ses seins, sa toison blonde qu'il effleurait souvent sans oser l'entrouvrir, ne sachant d'ailleurs pas plus qu'elle ce qui se trouvait sous ces lèvres closes, qui eût pu les sauver tous les deux.

De jour, comme si l'obstacle des vêtements l'eût rassurée, Hermine ressentait dans les bras de son mari une langueur qui n'attendait qu'un geste adroit pour se muer en désir. Mais le soir venu, la seule vue du lit et l'imminence des manœuvres qui aboutiraient une fois de plus à un non-lieu, déclenchaient en elle une raideur crispée qui laissait Adrien désespéré, aux portes de ce corps étroit, presque androgyne, devant lequel il avait honte de songer aux derniers outrages. On disait bien « outrage » ! Comment s'étonner qu'elle se sentît outragée ?

La mobilisation générale du 2 août 1914 eut au moins l'avantage de polariser l'attention sur des problèmes plus graves et de donner à Adrien une auréole de défenseur de la patrie, voire de héros, qui déciderait peut-être Hermine à s'abandonner enfin.

Morvan Adrien était reformé n° 2 pour rhumatisme cardiaque mais il décida de s'engager. Le 7 août 1914, soldat de 2e classe, il fut versé au 28e régiment d'infanterie à Evreux. A la fin du mois d'août, avec les premiers renforts envoyés sur le front, il monta en ligne dans la région de Laon.

Sa femme pleura sincèrement, mais demeura

pucelle. Un an de luttes vaines dans un climat de nervosité croissante l'avaient convaincue que l'obstacle était physiologique. Elle plaignait Adrien.

Il partit la fleur au fusil et l'amour au cœur, fermé sur un secret qu'aucun des deux n'avait osé partager avec quiconque.

III

LES DEUX AMIES

HERMINE semblait pressentir que la solitude et la liberté sont des chances qui ne se présentent pas souvent dans la vie d'une femme; ou trop tard. Elle n'avait pas encore vingt ans mais elle eut la sagesse de ne pas retourner chez ses parents. Cette guerre aurait au moins l'avantage de lui offrir une deuxième occasion de vivre sa jeunesse, période précieuse où rien n'est fichu encore, aucune voie définitivement fermée; mais aussi état intermédiaire jugé redoutable pour une jeune fille. Adolescente, en effet, elle avait déjà manifesté quelques signes de personnalité fort inquiétants. « Je ne veux pas que ma fille devienne un demi-castor », avait déclaré Emile Carteret quand Hermine annonça qu'elle ressentait une vocation impérieuse de chanteuse d'opérette.

On avait eu le plus grand mal à la détourner également de la musique. Quel avenir pour une fille en dehors des leçons de piano qui meublaient déjà le célibat de Jeanne? D'autant que pour les jeunes personnes un peu « nerveuses » – c'est ainsi que le docteur Duqueyras définissait les petites filles indociles dans cette *Physiologie du mariage* que Mme Carteret consultait souvent en matière d'éducation – « la musique risque de les jeter dans un courant d'émotions et de relations très dangereux. »

Toutes les professions commerciales étant également exclues dans ce milieu bourgeois, restait la peinture, dont le même conseiller des familles affirmait qu'elle « laisse le système nerveux plus calme, altère moins la sérénité et le goût de la vie retirée ». Autre avantage : on pouvait considérer la peinture comme un art d'agrément dont la pratique resterait confidentielle et les produits confinés au cercle familial. Hermine, qui avait suivi quelques cours de dessin dans une académie, fut donc autorisée à les reprendre.

La solitude n'étant pas non plus considérée comme un état convenable pour une si jeune femme, ses parents l'encouragèrent à s'installer chez son amie Louise, qui se retrouvait seule elle aussi dans l'immense appartement de son notaire de mari, officier supérieur mobilisé dans l'artillerie.

Lou avait deux ans de plus que son amie et seul un miraculeux égoïsme joint à une implacable futilité lui avait permis de traverser sans dommage dix ans de couvent et quatre années d'un mariage de convenances avec un vieillard même pas lubrique, affligé d'une tache de vin poilue qui lui enrobait un œil et une joue, lui donnant un profil de sanglier.

Ses cheveux bruns et crêpelés sur les tempes, qu'elle tressait en une épaisse natte tombant jusqu'à l'ourlet de sa robe, son curieux teint de créole, ses yeux mobiles et d'un noir brillant qui rappelaient le regard à la fois ironique et effarouché de l'écureuil, sa taille incroyablement fine, son vocabulaire cru, si inattendu chez une jeune fille comme il faut, tout contribuait à faire de Lou un être qui échappait à son milieu, à son sexe, à toute logique, promenant dans l'existence sa grâce de chatte indressable et ses goûts de païenne égarée dans le monde du péché originel. Indifférente mais passionnée, sauvage mais vulnérable, obscène mais avec une sorte d'innocence, elle exerçait une fascination sur les femmes autant que sur les hommes, qui prenaient volontiers ces traits pour l'essence même de la féminité.

Fille unique d'une veuve sans fortune, elle avait accepté à seize ans ce mariage avec un notaire déjà blet, réussissant à éviter toute contamination, fût-ce par ses spermatozoïdes. Comme si elle eût appartenu à une espèce trop différente, il ne parvint jamais à la féconder et commençait à regretter le placement qu'il avait cru faire en épousant un jeune ventre qui ne lui rapportait pas d'héritier malgré plusieurs années d'investissements hebdomadaires.

Aucune des deux jeunes femmes n'avait imaginé qu'on pût vivre si heureux loin de la férule de ces maîtres d'école diurnes et nocturnes qu'étaient leurs époux. Le récit de la nuit de noces de son amie laissa Lou pantoise, ne sachant s'il fallait davantage admirer Adrien de n'avoir pas imposé sa loi par la force ou Hermine d'avoir su résister. Elle-même s'était laissé manger au petit matin, comme la chèvre de Monsieur Seguin et avait même feint d'y trouver du plaisir par bonne éducation – quand on vous offre à déjeuner, on ne dit pas que le repas était immangeable – mais aussi parce que toutes ses amies fraîchement mariées affichaient le même air comblé. Qu'est-ce que ça coûte ? La lucidité et la révolte inutile faisaient sans doute beaucoup plus mal. Les deux amies découvraient en tout cas que le mariage sans mari n'était pas loin de constituer l'état idéal. Selon Lou, Hermine incarnait une formule plus intéressante encore : le mariage sans consommation !

La disparition de ces occupations domestiques et conjugales qu'on leur avait représentées comme leur plus belle raison de vivre, les obligea à en chercher d'autres. Tout naturellement leurs rêves d'enfants remontèrent à la surface, et avec eux ces projets d'avenir que leurs familles avaient feint d'encourager quelque temps, parce que cela ne tirait pas à conséquence. Les parents savent bien que ces velléités, ces dons ou ces ambitions féminines s'évanouiront d'eux-mêmes le jour du mariage, étouffés dans la douceur mortelle de l'amour et de la sécurité, au profit d'une vocation plus haute : la maternité.

Les hommes évanouis, Hermine et Lou se retrouvaient sans enfants, et leurs destins ne s'appelaient plus Léon ni Adrien. Lou enferma tous les objets familiers de Léon, avec ses sentiments distingués, dans le bureau où le notaire avait passé le plus clair de son temps et transforma le grand salon en atelier. Hermine y installa ses chevalets tandis que Lou, aidée de sa mère, couturière à la journée depuis son veuvage, se mettait à couper et à bâtir des robes pour ses amies. Ensemble elles savouraient une indépendance qu'elles n'avaient jamais espérée et s'émerveillaient de pouvoir vivre ensemble sans effort, sans préséances, sans obligations, leurs existences tricotées l'une à l'autre en douceur, toutes les mailles à l'endroit.

Entre femmes, il arrive que l'on oublie de se méfier de la tendresse. Il fit très froid cet hiver-là et Lou invita Hermine à venir partager sa chambre pour économiser le charbon.

Dans le grand lit conjugal surmonté de boiseries pompeuses, retrouvant leurs fous rires et leurs confidences de pensionnaires, elles s'aperçurent que le mariage ne les avait pas tellement changées. Lou, en vérité, était à peine moins vierge qu'Hermine. Convaincues l'une et l'autre par une éducation impeccable que leur épanouissement n'était pas à rechercher dans un lit mais ne leur viendrait que par la maternité, elles ne s'étaient pas crues malheureuses. Il arrive que l'on ne croie pas ce que l'on sent. Elles osaient à peine s'avouer l'obscur soulagement qu'elles ressentaient depuis le départ de Léon et d'Adrien. Les timidités entrecoupées d'éruptions violentes d'Adrien ou les gloutonneries épisodiques du notaire les avaient laissées également froides. Hermine se sentait coupable. Lou au contraire se considérait comme une victime, puisque personne, ni les familles qui avaient organisé ce mariage, ni le prêtre qui l'avait béni, ne le vieux médecin qui soignait Lou depuis l'enfance et prétendait l'aimer comme un père, ne s'était indigné qu'une petite fille de seize ans fût livrée à un sexagénaire, découvrît l'amour sous les traits de ce grand-père mal tenu, triste et défiguré, et, selon toute vraisemblance, ne connût jamais la gaieté du plaisir dans les bras d'un garçon de son âge.

Cependant, l'idée qu'on pût aimer d'amour une autre femme ne les avait jamais effleurées. Les mains d'un homme, même sanctifié par le mariage, n'étaient-elles pas cent fois plus violeuses que celles d'une semblable ?

Née sensuelle, mais enlisée dans l'aridité d'un mariage désassorti, Lou fut la première à s'émouvoir. Jusque-là, ce qu'il était convenu d'appeler l'amour était resté cloisonné, réservé à certaines heures, à certaine obscurité, à certaine pièce, s'accompagnant de regards et de gestes particuliers. Entre les deux jeunes femmes, la vie se jouait au contraire dans la continuité. Tout communiquait.

Elles passaient du jour à la nuit, de la tendresse à la caresse, du travail aux distractions sans changer de mots ni de climat, et tout en devenait innocent.

« Avec un homme, parvient-on jamais à cette harmonie ? » se demandait Lou, pour qui un mari n'était qu'un monsieur renfrogné libérant parfois, quand il faisait noir, une honteuse petite bête dont il ne parlait jamais le jour. Elle découvrait soudain avec Hermine qu'il n'existait pas deux mondes mais un seul et que tout pouvait être beau.

C'est ainsi qu'elles se mirent à faire un peu l'amour sans même le savoir. Qu'avait de commun cette tendre exploration des corps avec l'intrusion brutale que Lou décrivait à Hermine comme le but ultime du mariage pour un homme ?

Je les imagine telles que je les vois sur ces photos où elles se tiennent les mains, assises sur un canapé en demi-lune à larges rayures, la brune à longue tresse avec son col Claudine et son jabot de taffetas à pois, et ma blonde mère, coupée à la garçonne, découvrant dans l'innocence l'art d'aimer et de se faire plaisir. Aucune d'entre elles ne doutait d'ailleurs que ce ne serait qu'un entracte et qu'elles retourneraient, la guerre finie, vers la vraie vie. Elles n'avaient pas l'impression de tromper leurs maris : ils ne leur avaient jamais rien donné ou demandé de semblable. C'était la guerre, et, comme tout le monde, elles vivaient entre parenthèses.

Les cartes et les lettres du front arrivaient irrégulièrement, auréolant les hommes d'un parfum d'héroïsme qui les rendait vaguement désirables aux yeux des épouses, à mesure qu'elles oubliaient ce qu'avait été l'amour.

Le notaire, colonel d'artillerie, envoyait des lettres de notaire. Adrien faisait parvenir à sa femme son journal quotidien de fantassin, dont la lecture, faite en commun le soir, confirmait les deux amies dans l'idée que la guerre était une aventure sanglante et absurde dont les acteurs tuaient et se faisaient tuer sans rien y comprendre. Les lettres d'Adrien se terminaient invariablement par la formule : « Je t'embrasse comme je t'aime mon petit cœur. »

Parti le 7 août 1914, Adrien fut blessé le 17 septembre à Loivre, non loin de Reims. Et une semaine plus tard, son frère aîné, le chaud lapin, se faisait refroidir en Champagne.

Le journal de campagne de mon père, qu'Hermine avait gardé, lui ressemble : notes brèves, pudiques, maladroites; refus de tout lyrisme et de toute vanité, mais, partout présent, cet enthousiasme guerrier et cette haine du « boche » qui animaient tant de soldats en 14.

S'était-il engagé pour mettre fin à une situation intenable avec Hermine? Je suis sûre que non. Il était amoureux d'elle, froide ou tiède. Il l'aima trompeuse autant que fidèle, coquette ou séductrice, hostile ou aimante, jeune aussi bien que vieille, outrageusement « fardée » comme on disait à l'époque, ou bien outrageusement laide, comme elle savait l'être le matin, pour nous seuls, couverte de crèmes aux couleurs révoltantes, la tête hérissée d'épingles neige et enveloppée d'une vieille robe de chambre de nuance indéfinissable au col luisant des huiles dont elle s'oignait le corps.

Ne la « voyait »-il pas? Je n'ai jamais entendu la moindre critique dans sa bouche et c'est elle au contraire qui le harcelait :

« Tu prends du ventre, Ien-Ien, je vais te mettre au régime.

— Tiens-toi droit, IenIen, je ne veux pas me retrouver mariée à un bossu...

— Cesse de fumer comme un sapeur, Adrien, tu sens le vieux cendrier... »

Adrien semblait considérer les menues avanies et recommandations de sa femme comme les signes d'un amour attentif.

Non, ce ne fut pas pour échapper à son problème conjugal, ce fut pour la France, pour l'Alsace-Lorraine, que mon père partit à vingt-deux ans, simple soldat dans l'infanterie, « reine des batailles » comme il disait, pauvre bidasse. Reine des hécatombes, oui. Comme en témoigne le journal où il raconte, de sa petite écriture fine, la vie quotidienne de l'éternel troufion, traversant presque sans la voir la plus atroce des guerres, toujours prêt à se faire tuer mais ne parlant que du rata, du colon, des godillots qui blessent et ne trouvant pour évoquer « sa petite femme » que les mots de Maurice Chevalier.

« Arrivée à Evreux le 11 août dans l'ancien couvent des Ursulines. Chaque homme touche un pantalon de toile bleue, genre tenue de jardinier, à enfiler sur le pantalon rouge. Ma femme est venue me dire adieu car nous partons en renfort sur le front. J'ai du mal à monter la côte de la Gare avec mon équipement de combat et mon sac à dos qu'Hermine a rempli de chaussettes, de mouchoirs et de provisions de toutes sortes. Ma pauvre gosse pleure. Les quais sont noirs de monde : tristesse sur les visages de nos femmes. Joie et espoir dans nos cœurs insouciants du danger. »

Savait-il, mon petit jeune homme de père, l'éternel Fabrice des combats au ras du sol, qu'un million d'autres Fabrices montaient en ligne avec lui à la rencontre d'un million six cent mille Fabrices boches ? Savait-il que « l'ennemi » avait déjà envahi la Belgique, écrasé le Luxembourg et que, pour ces deux pays-là, c'était déjà la fin du monde, la fin d'un monde... ?

Savait-il le 31 août, alors que sa compagnie avait à peine pris position et que personne n'avait tiré un coup de feu, que les féroces soldats d'en face avaient déjà franchi l'Oise en mugissant et pénétré au cœur de la France ? Des *Taube* survolaient Paris, lançant des bombes et des tracts incitant les Parisiens à la reddition. Le gouvernement quittait Paris pour Bordeaux. Et il n'avait fallu qu'un mois aux Allemands pour arriver aux portes de la capitale ! Les cauchemars sonnent toujours deux fois. Et papa pendant ce temps chante *La Marseillaise* et ne comprend pas pourquoi il croise des troupes qui vont dans l'autre sens !

« Avons l'impression d'assister à une retraite en débandade du 3e corps. Des troupes de zouaves nous croisent, pantalons blancs bouffants, veste bleu foncé, chéchia rouge, suivis de tirailleurs algériens, de soldats du 224e RI puis d'ambulances criblées de balles. Il paraît que les vrais chefs manquent. Le canon tonne sans arrêt. Nous, nous continuons à marcher toute la nuit sans savoir vers quoi. Un lieutenant d'active du 28e nous dit qu'il est un des seuls officiers restants. On murmure qu'un général est passé en conseil de guerre et a été fusillé. Désordre, indiscipline, fatigue. Nous sommes dignes d'être battus. »

Lou et Hermine qui lisaient *L'Intransigeant* et *L'Illustration* en savaient beaucoup plus long qu'Adrien sur le terrain. Elles commençaient à s'habituer à l'atroce vocabulaire des communiqués, qui allait devenir la langue quotidienne de la peur pendant quatre ans. « La bataille de Sarrebourg est considérée comme perdue, les 15e, 16e et 20e corps français ayant été écrasés. »

« Un corps d'armée écrasé, cela fait combien de corps d'hommes anéantis ? » se demandaient-elles du fond de leur boudoir, dans ce cadre mièvre qui rendait l'horreur irréelle.

Et puis très vite, mon petit père, qui courait au feu plein de joie et d'espoir un mois plus tôt, ne croit plus à la victoire ni même à la vie. Cette propension aux découragements rapides qui lui fit si souvent baisser les bras plus tard devant sa femme, lui venait-elle de cet inavouable échec de ses premières années avec elle ? Il me semble qu'il échoua à la « posséder » toute sa vie et ne s'en remit jamais tout à fait.

« Pour ma part, j'irai maintenant au feu avec la certitude d'y laisser ma peau. Nous sommes exténués par dix jours de jeûne, le manque de sommeil, le manque d'ordres. La victoire qui me semblait si indiscutable est devenue problématique. Ni discipline, ni sens du devoir chez la plupart des camarades.

« Hier, j'ai pu acheter des gâteaux secs dans une boutique pendant que le lieutenant Desormeaux faisait poser un fer à son cheval. Nous ne touchons plus qu'une demi-boule par bonhomme et par jour. »

Pourtant dès qu'il commence à se battre, Adrien retrouve le moral :

« Le 24e RI fait brigade avec nous. Les hommes sont effrayants à voir, maigres, poussiéreux, l'œil fixe. Traversons la Marne sur le pont suspendu de Dormans que le génie est en train de miner et que nous devons défendre jusqu'au passage du 10e corps que nous apercevons dévalant les pentes de la rive droite. Les obus éclatent autour de nous, les 4 coups de nos 75 et les shrapnells des boches. Je ne ressens aucune émotion et même un intense plaisir. Je n'ai encore vu tomber personne, la guerre reste irréelle. Pas la fatigue. J'ai les pieds dans un état terrible, le sang suinte à travers la chaussure. J'ai perdu mon paquetage et ne peux pas me changer. Rien mangé ni bu de la journée. Marche épuisante plein sud pour gagner la Seine. »

Pauvre petit pioupiou dont l'essentiel du travail consiste à marcher vers le nord ou vers le sud, selon les ordres, dans ces champs labourés qui vont devenir les champs d'honneur de la bataille de la Marne et que va bientôt abreuver le sang de sept cent mille soldats, dont un peu de celui d'Adrien Morvan. Mais en attendant il fait la guerre comme un enfant qui y a trop souvent joué pour la prendre tout à fait au tragique :

Dimanche 5 septembre

« Enfin en formation de combat. Chahut terrible : un coup sec au départ de l'obus, un sifflement comme un coup de fouet, puis le bruit de l'éclatement dans les lignes ennemies. C'est épatant. Pas de casse chez nous. J'ai eu le temps d'entrer dans une ferme et de traire une vache dans mon quart. Pas facile.

« Les boches qui voient nos chasseurs monter à l'assaut leur tirent dedans mais les ratent. C'est délicieux, ça pétarade de tous les côtés, nous rigolons comme des bossus. Impression magnifique de se battre enfin. Des chasseurs reviennent avec des lances de Uhlans et des pains qu'ils leur ont pris. Vive l'offensive. Les colonnes allemandes en face auraient été coupées en deux. Dubonnet sort de la tranchée pour aller faire sa crotte sous la mitraille. Pas d'accident. On l'applaudit.

« La bataille se termine à notre avantage : nous restons sur nos positions. Toute la nuit, on a entendu crépiter les machines à coudre. »

A l'arrière, Lou et Hermine frissonnaient en lisant dans leurs illustrés une histoire épique qui ne ressemblait pas du tout aux missives qui parvenaient du front. « Toute considération de fatigue et de ménagement doit momentanément disparaître », venait de dire à Ecouen le général Maunoury à la VIe Armée. « Toute troupe qui ne pourra plus avancer devra dorénavant se faire tuer sur place plutôt que de reculer », ordonnait le général Joffre à l'aube d'une bataille dont dépendait Paris et le sort du pays. Et elles se demandaient comment des millions d'Adriens sans biscuit, et les godillots en sang, pouvaient composer cette héroïque armée française à qui l'on demandait si tranquillement d'avancer ou de mourir.

Mon père évitera l'un et l'autre, grâce à un acte d'indiscipline qui lui vaudra d'être cité à l'ordre du jour du 28e RI et sauva sa vie, donc la mienne.

« Tandis que nous nous restaurons, une attaque allemande trouble la fête : les balles sifflent parmi nous, le lieutenant Mouton est blessé. Le colon signale à Brunot, chef du détachement, qu'il faut se planquer le long des berges de la rivière et se replier vers l'arrière seulement si la position devient intenable. L'ordre est aussitôt exécuté. Ça pétarade mais les risques ne sont pas énormes. Mais voilà qu'au bout d'une heure à peine, Brunot déclare " la position intenable " et donne l'ordre de repli. Je lui réplique moi que je ne trouve pas la position intenable et qu'en conséquence je reste. Ménard, mon caporal, est de mon avis et déclare qu'il reste avec moi. Les autres nous traitent de ballots mais nous les laissons se replier sans nous.

« A ce moment, j'aperçois de l'autre côté du canal des fantassins qui tirent sans arrêt. Je dis à Ménard : " On y va ? J'ai envie de tirer. " On n'était pas restés pour dormir dans l'herbe ! En approchant, je découvre des boches juste à portée de mon flingue que je viens d'épauler. Je tire à plusieurs reprises. Je crois que j'ai tué mon premier Allemand. Je marchais le premier, dans la position du tireur debout, le coude à la hauteur de l'épaule, quand j'ai senti soudain une très vive douleur au bras, par-derrière. J'ai commencé par engueuler mon copain : " Salaud ! Tu m'as tiré dans le coude... – Tu es fou, me répond-il, ça vient d'en face ! "

« J'essaie de tirer encore mais mon bras droit me refuse tout service. Je suis furieux. Ménard est obligé de me ramener sur l'arrière où le major me panse sommairement avant de m'envoyer sur l'hôpital militaire de Saint-Maixent, tenu par les sœurs grises. J'avais le coude en bouillie et ne pouvais plus allonger le bras. La balle était bien arrivée par-devant, traversant le bras, lésant le nerf cubital et fracassant l'olécrane et l'épitrochlée de l'humérus, comme on le verra plus tard à la radio. »

Mon père ne put jamais retourner en première ligne et en fut profondément affecté. Se considérant désormais comme un planqué, il jugea inutile de poursuivre son journal, se contentant d'y mettre en conclusion le texte de sa citation dont il fut secrètement si heureux, j'en suis sûre, mais dont le lyrisme pompeux ne lui semblait correspondre à rien de ce qu'il avait vécu :

« Excellent soldat, a donné au cours des journées du 1er au 17 septembre l'exemple de l'entrain et du courage. A été grièvement blessé en opposant une vive résistance à un ennemi très supérieur en nombre. »

En réalité, disait-il, je n'avais fait que désobéir à mon chef.

Adrien ne trouvait jamais « la position intenable ». Auprès d'Hermine non plus, puisqu'il est resté à son poste toute sa vie. Toute leur vie, puisqu'elle devait se terminer la même semaine, ma mère se repliant trois jours après lui, comme si, pour une fois, elle eût obéi à son appel.

Fin octobre, il bénéficia d'une permission de convalescence à Paris. Sa main restait ankylosée et son coude bloqué à angle droit, mais comme il espérait encore retourner au front, il s'astreignait, afin de récupérer sa mobilité, à porter un seau à la main dans lequel il ajoutait chaque jour un peu de sable.

Il avait vu mourir beaucoup de ses camarades et son frère venait d'être tué après avoir agonisé deux jours dans un trou d'argile. On commençait à pressentir que la guerre serait longue. L'univers féminin que s'étaient créé Hermine et Lou lui parut un havre de douceur et il ne prit aucun ombrage de la tendre complicité qui les unissait. Très fatigué par sa convalescence, il renonça vite aux combats nocturnes avec Hermine. Elle lui aurait d'ailleurs cédé là, tout de suite, songeant qu'il risquait de mourir sans avoir possédé sa femme, si elle n'eût pas sincèrement pensé qu'il faudrait d'abord l'opérer. A l'heure où, dans un décor de désolation aggravé par un hiver pluvieux, se déroulaient les batailles d'Argonne et de Champagne, elle mesurait bien le dérisoire de sa résistance. Elle pleura dans les bras de son mari et lui promit qu'elle verrait un spécialiste.

Désormais inapte à l'infanterie, Adrien partit en janvier pour l'Artois, préparer l'école des officiers de réserve de l'Escadron du train.

A Paris, rassurées sur le sort de « leur mari préféré » comme l'appelait Lou, les deux amies retrouvèrent avec un soulagement inavoué leur vie et leur chambre communes. Lou engagea une petite main et une arpète, ses affaires commençaient à marcher. Hermine vendit sa première toile.

IV

LETTRES DE LOU

CE fut le 17 juin 1915, sur le saillant de Quennevières, que Léon Bourgeois-Gavignot sauta sur une mine.

« Le 6, les artilleries française et allemande sont entrées en jeu entre l'Oise et l'Aisne », disait le communiqué quotidien.

Le 7, les Français avaient avancé de cent mètres et repris deux fermes.

Le 8, on annonçait quatre mille morts et autant de blessés « pour ce qui n'aura été finalement qu'une tentative de percée ».

C'est quelques jours plus tard seulement que Lou fut informée de la présence de son mari parmi les quatre mille blessés de cette tentative inutile.

Mais Léon n'avait pas sauté tout entier. Il avait eu la jambe droite déchiquetée, était atteint de plusieurs éclats au ventre et présentait en outre des troubles respiratoires causés par ces gaz asphyxiants qui venaient de faire une apparition remarquée à Ypres. Une catastrophe. A tous points de vue. Le chagrin de Lou faisait peine à voir : ses affaires commençaient à bien marcher et elle se préparait à ouvrir une boutique. Hermine, qui se spécialisait pour l'instant dans le portrait, peignait d'après photos les époux prisonniers ou les chers disparus. Elles gagnaient de l'argent et découvraient peu à peu à quel point elles tenaient l'une à l'autre et combien il serait difficile de revivre avec un homme.

La réalité de cet amour-là, je ne l'ai comprise que des années plus tard, en ouvrant la malle d'osier qu'Hermine m'avait confiée, bien avant sa mort. Que voulait-elle cacher à son Adrien ? En fait, il savait l'essentiel mais préférait ne pas savoir qu'il savait. J'y ai trouvé pêle-mêle quelques-unes des premières robes de Lou, des objets dont je ne connaîtrais jamais l'histoire, son journal relié de maroquin rouge où s'étalait la belle écriture droite, Waterman plume carrée, qui était devenue la sienne du jour au lendemain pendant la guerre, comme si l'ancienne écriture fine et penchée, qui faisait partie de l'uniforme des pensions religieuses, n'avait été qu'un masque imposé, comme la pèlerine bleu marine et la morale bourgeoise. Et enfin les lettres, toutes les lettres. Celles d'avant 14 : *Chère Maman, Ma chère petite* et *Ma chère sœur,* trois écritures incolores et semblables. Pendant la guerre, les folles lettres de Lou. Et puis plus tard, des lettres d'hommes aussi, celles des artistes, des écrivains qui l'avaient aimée, certains passionnément. La frigidité n'a jamais fait peur, semble-t-il. Ce serait plutôt l'inverse. Quelques réponses aussi pour lesquelles Hermine s'était astreinte à rédiger des brouillons, conservés précieusement, car son rêve secret, le nôtre à tous, était d'écrire. Mais la clef de son mystère, c'était pour moi les lettres de Lou, par centaines, sur des années, sur une vie. Des lettres qui prouvent que ce qu'Adrien préféra considérer comme une amitié passionnée n'était autre que l'amour, le seul vrai amour, je crois, qu'éprouva jamais mon Hermine.

J'étais moi aussi une innocente. Le mot « lesbienne », que j'entendis prononcer beaucoup plus tard, ne me semblait convenir qu'à de grosses femmes bruyantes, portant les cheveux courts et la frange, vêtues de tailleurs sombres à fines rayures s'ouvrant sur des chemisiers de soie et chaussées de forts mocassins, à la rigueur de « richelieu ». Mais en aucun cas ce qualificatif ne pouvait s'appliquer à ma mère, qui portait des escarpins, détestait le sport, ne savait pas conduire et attachait tant de prix aux hommages masculins. Ni à Lou, vêtue comme une sultane et qui nous racontait toujours comment elle trompait cet imbécile de Z ou rendait fou ce con d'X.

Je suis convaincue qu'Adrien n'a jamais envisagé la réalité. Il adorait Lou : elle appartenait au même signe que lui, le Scorpion, et elle était une des rares personnes qui le faisaient rire. Il ne l'a jamais prise au sérieux, même quand elle a gagné des fortunes, et sans doute ne pensait-il pas non plus qu'un sentiment entre femmes pût avoir de l'importance.

La première femme que Lou ait habillée, un peu comme on joue à la poupée, ce fut ma mère. Et elle y prit tant de plaisir qu'elle passa le reste de sa vie à inventer des robes, conçues dans le seul but de séduire, provoquer, tromper et rendre fous les hommes, qu'elle aimait aussi, mais seulement fous, séduits, provoqués et trompés. Durant toute son existence, elle sut aménager le monde autour d'elle à sa façon, parvenant à faire paraître hypocrites ou imbéciles les « bons sentiments » auxquels elle était inapte. Ignorant la mauvaise conscience, libre de toute morale et libre devant la chair, elle forçait l'admiration par sa volonté implacable de ne s'occuper que de ce qui l'intéressait.

En pleine guerre, elle se moquait ouvertement du chauvinisme, du patriotisme et de tous les *ismes*. Elle n'eût aimé que le gauchisme, sans doute, parce qu'il sème la pagaille dans nos certitudes. C'était en tout cas un sentiment singulièrement moderne qui l'unissait à Hermine, une forme assez parfaite de l'amour et qui ne peut sans doute exister qu'entre femmes.

1er juillet 1915

Je ne m'habitue pas à la souffrance, mon Raton chéri, écrit Lou en juin 1915. Je voudrais être dans la lune avec toi et mon chien Ubu. Dans cet hôpital des trente-six mille douleurs tout est tragique et imbécile. Inconscience et boucherie. Les hommes partiraient-ils avec autant d'enthousiasme et de désir de tuer si on les obligeait à passer d'abord huit jours, huit jours seulement, dans un hôpital de campagne ?

Léon a perdu beaucoup de sang et reste prostré. Il souffre énormément et geint sans cesse. Les poumons ne sont pas trop brûlés mais les plaies de sa jambe se sont infectées. On parle de gangrène.

Il arrive de nouveaux trains de blessés chaque jour. Et dans les rues de Verdun on voit des jeunes filles, infirmières en blanc ou fiancées civiles, qui promènent des soldats mutilés à leur bras ou dans de petites voitures. Elles ont l'air encore plus fières que malheureuses. Si on est avec un homme intact, on est mal vue ici. La guerre commence pour les femmes maintenant : leur gloire, ce sera d'avoir un bel infirme à elles, pour la vie. Mais qui leur donnera la croix pour cela ?

5 juillet 1915

Léon ne va pas mieux. Il souffre nuit et jour. Mais comme tout le monde souffre, on trouve moyen de se consoler par comparaison. Il y a toujours pire. Les blessés de la face qui sont soignés dans la salle voisine me hantent. Une salle de jeunes hommes qui souffrent et qui gémissent, je n'avais pas imaginé que cela puisse être aussi insoutenable. Quelques-uns pleurent, quand ils ont des yeux pour pleurer. Beaucoup n'ont pas leur famille et ne se raccrochent à la vie que grâce aux infirmières. Pour moi, je sais maintenant que ce n'est pas la peine que j'entreprenne mes études d'infirmière : je serais incapable de vivre parmi toute cette souffrance. Je dois être un monstre d'égoïsme. Et alors? C'est comme d'avoir le nez grec, on n'y peut rien. Tout le monde ici fait son devoir avec héroïsme. Mais tu sais comme je hais l'héroïsme.

Léon me paraît le plus vieux de toute la salle avec sa barbe mal tenue, ses poils gris sur la poitrine et ses yeux fiévreux. On me demande si je soigne mon père! La plupart des blessés sont des garçons de mon âge. Certains ont des yeux d'animaux, si beaux! La souffrance embellit ou rend dégoûtant, il n'y a pas de milieu. Et je voudrais les prendre tous dans mes bras. Mais je dois rester près du lit de Léon, lui lire les communiqués du front, le laisser se repaître de la mort des autres, mais aussi de ma jeunesse et de ma santé. Mais après, m'en restera-t-il assez pour vivre, moi?

20 juillet 1915

Léon a été amputé ce matin, au-dessus du genou.

Septembre 1915

Il se remet tout doucement et n'a pas trop mauvais moral. Un notaire n'a pas besoin de ses deux jambes, après tout. Quand on voit couper un bras à un menuisier, ses doigts à un horloger ou un pied au facteur rural, on se dit qu'on a encore de la chance.

Je sors très peu en ville. On n'y voit d'ailleurs que du kaki et du bleu. Les hommes, qui n'ont pas vu de femmes depuis longtemps, les regardent avec convoitise et un désir bestial. Cela donne à Verdun l'aspect d'un grand bordel.

On parle d'une convalescence à Biarritz ou à Nice où il faudra bien sûr que je m'installe avec mon mari. Mais là, tu pourras venir me voir, mon Hermine. Pour nous, la guerre est finie, mais une autre vie commence qui ne ressemblera jamais à « avant ». Nous en sortons vivants mais sans raisons de vivre. Dans cette guerre, il n'y a que les amours parfaites qui résistent.

Je me sens vieille et méchante, mon Raton, parce que je suis loin de mon bien le plus précieux : toi.

J'ai reçu ton autoportrait, qui m'enchante. J'aime tant ta figure! Droite. Sans peur. Et comme tu as le cou mince, mon amie chérie. Sous tes dehors féminins, tu es plus dure que moi, plus toi-même. Moi je cède et je me conduis en ce moment comme l'épouse dévouée que je ne suis pas. Je me déteste dans ce rôle et tes lettres sont mon fluide vital. Je m'aperçois que la frivolité et le luxe sont mon nécessaire.

Je voudrais qu'au moins toi, tu aies du succès, mon cher fluide, et gagnes de l'argent avec Peinture. Et si je te parle d'argent, c'est qu'il n'y a que ça qui compte. Pour nous, en tout cas. Malgré les guerres. A cause des guerres.

Fin septembre 1915

J'ai hâte de quitter cet hôpital de cauchemar. La nouvelle offensive, la « vraie » est, dit-on, commencée. Mais on ne voit ici que l'envers de la guerre et de tous nos glorieux communiqués. Je ne rencontre que souffrance et mort. Tous les jours plusieurs hommes entrent en agonie autour de moi. Je me sens dans une prison où le soleil ne pénètre pas, ni les bêtes. Seulement les fleurs, qu'on apporte quand les humains sont morts et qu'ils ne peuvent plus les respirer. C'est très nouveau, ce sentiment qui me vient pour les fleurs. Elles symbolisent la vie, qui est si absente. Au point que je suis prête à donner n'importe quoi à ceux qui ont la chance de pouvoir encore désirer. Un Anglais, rencontré dans la rue, m'a offert le thé. Il était distingué, mais sale vu de près, d'une saleté de guerre, très spéciale. Bien sûr il avait envie de moi et peut-on refuser cela à un Allié ? Je lui ai accordé mes faveurs sans joie, mais simplement et sans histoires, pour faire quelque chose pour cet homme qui avait dans ses yeux l'angoisse de la mort. Il venait d'Amiens. Ils étaient deux mille dans sa compagnie il y a une semaine. Ils sont quatre cent trente depuis hier. Mais ils ont « avancé ». Même s'ils reculent, ils ne seront plus jamais deux mille.

Novembre 1915

Joffre a arrêté les opérations en Champagne et en Artois. La mort a fait son plein, pour le moment.

Je crois que nous partirons bientôt pour Nice, mon Raton unique. Je suis fatiguée. J'ai mes règles. Les règles, quel beau mot! C'est le seul mot que je n'aie pas envie de changer. Tous les autres, je les trimbale d'une place à l'autre, mais celui-là, on n'y touche pas.

As-tu des nouvelles de notre Adrien? J'ai envie de dire notre mari, puisque je suis aussi ta femme! J'ai rêvé de lui : il dormait à même la terre au milieu des canons et des blessés. Il était maigre et sale et je me sentais très près de lui, presque sa sœur et presque amoureuse puisqu'il t'aime aussi.

Nice. Décembre 1915

Je me suis remise à dessiner et à couper des robes. Mon avenir à moi est de mourir ou de faire des robes. Mais Paris me manque pour l'élégance. Avoir des idées à Nice est presque impossible. Mourir en revanche, cela peut se faire partout.

Léon occupe dans ce centre de convalescence pour officiers une grande chambre avec un petit réduit pour moi où j'ai mis tes photos et tes aquarelles. On ne pourra l'appareiller que quand sa cuisse sera bien cicatrisée. La plaie du ventre n'est pas encore tout à fait fermée. Il souffre de tout. De ce qu'il n'a plus : sa jambe. Et de ce qu'il a : un intestin criblé d'éclats. Je suis patiente, je lui fais la lecture mais seule la pensée de te revoir éclaire mes journées.

1er janvier 1916

Je n'aime décidément que les poètes. « Le seul perfectionnement de la science militaire, c'est sa disparition », a dit Victor Hugo.

Fin d'une année atroce dont tu auras été l'unique lumière, ma précieuse amie, et début d'une autre qui ne risque pas de l'être moins. Léon semble trouver une sorte d'amère consolation dans l'horreur croissante de cette guerre. Il suit sur d'immenses cartes accrochées dans sa chambre les combats sur tous les fronts et tient le compte des morts et des blessés dans les deux camps.

Sais-tu qu'il a voulu savoir à quoi avaient servi les quatre mille morts du saillant de Quennevières, où il est tombé, et qui sont à inclure parmi les soixante-cinq mille morts français d'une offensive manquée pour rompre le front allemand. Il n'a pas été rompu le front, mais les morts, eux, sont bien morts. Mais, comme dit Léon : « Tactiquement, ça a tout de même constitué un succès pour Joffre. En " occupant " les forces allemandes, nous les avons empêchées de se porter sur le front russe. » Comment pourrait-il admettre avoir perdu tant de camarades, plus une jambe, dans une inutile boucherie ? Il faut continuer l'offensive à outrance, selon lui.

Moi je fais un calcul tout simple : nous avions déjà cinq cent mille morts, blessés et prisonniers en décembre 1915. On dit que l'armée française, avec les classes 14 et 15 appelées cette année, compte près de trois millions d'hommes. Nous pouvons donc nous offrir le luxe de six ans de guerre avant qu'ils soient tous hors de combat. Mais alors qui occupera le territoire français ? Qui sèmera ? Qui nous ensemencera ? Après les usines d'armement, il faudra des usines d'enfantement.

Je lis chaque matin les journaux à Léon que la lecture fatigue et je finis par trouver une sinistre beauté à ce carnage qui s'étend des bords de la Manche jusqu'à l'Orient. Le soir, j'écris des poèmes que je t'enverrai. Avec des mots comme Souain, la Main-de-Massiges, les marais de Saint-Gond, Mortefontaine, Sambre-et-Meuse, la Meuse surtout, et Maubeuge. Quel mot est plus beau que Maubeuge ? Aucune rime à Maubeuge. J'ai cherché dans mon dictionnaire de versification. C'est un mot solitaire.

Et tous ces villages que personne n'aurait jamais dû connaître et qui surgissent soudain dans l'histoire et s'y installent dans un décor de sang : La Fontaine-aux-Charmes et La Fontaine-Madame, Ville-sur-Tourbe. Et l'Argonne et la Champagne, si triste au féminin... Comment ne pas avoir peur de mourir sur la Crête des Eparges, qui surmonte la Woëvre, au Bois de Mort-Mare, aux Trois-Ravins, sur la colline de Montfaucon ou dans le Ravin du Père Hilarion ? Je te jure que je n'invente rien. Ces mots si beaux et si tristes sont déjà une oraison funèbre. Comment pourrait-on inventer la Dent de Croüy, la Butte de Tahure, la Côte de Froideterre, le Trou Bricot ? Tous ces noms de l'Est sont si terribles... C'est d'avoir toujours été, comme disaient nos manuels de géographie, des « voies naturelles d'invasion ».

Février 1916

Nous avons pu quitter l'institut héliomarin pour nous installer non loin, dans la maison du beau-frère de Léon sur les hauteurs de Cimiez.

L'atmosphère est pluvieuse et triste, ce qui m'enchante. Je suis une fille du Nord, décidément. Ce serait très beau si la maison n'était pas si lugubre : une vraie maison de notaire avec des meubles et des argents qui m'écrasent et d'immenses volets de bois qui restent aux trois quarts fermés toute la journée. Tout le monde a peur de la lumière ici. Il paraît que « ça mange les couleurs », dit ma belle-mère qui a au moins cent cinquante ans et qui est veuve depuis cent ans. Partout des bibliothèques vitrées qu'on n'ouvre jamais, pleines de livres reliés qu'on ouvre encore moins. Mais la maison est isolée au milieu d'un beau parc et l'atmosphère est ce qui me convient : incohérente. Même le chien n'est pas celui que je croyais. L'autre est mort. Celui-ci a six mois et son père était vraiment un loup. Il s'appelle le Loup, presque comme moi. Mais je ne me sens pas de tendresse pour lui car je garde en moi le regard de l'ancien chien, si touchant. Le loup a l'œil faux et ne supporte pas qu'on le caresse. J'ai mis mon amour-propre à l'intriguer et à ce qu'il fasse de moi son maître. Je l'emmène promener tous les jours avec Ubu. Déjà il considère cela comme une faveur telle qu'il attend des heures entières à la porte. Moi, j'attends la première occase de le battre avec rage. Après peut-être sera-t-il un peu mon chien.

Mon mari, lui, est moins mon mari que le fils de sa mère. Si elle pouvait le reprendre! Elle trouve visiblement que je suis beaucoup trop jeune pour savoir m'occuper d'un grand blessé et d'un héros. Moi aussi je trouve! Mais vers quoi se tourner! Il n'y a par ici que des poils naissants ou des mâchoires édentées. Tout ce qui est beau est à se faire tuer.

Mon amour chéri, que j'ai envie de beauté! Notre petite vie et notre liberté me semblent un rêve qui ne reviendra jamais. Je ne suis plus désormais que la femme d'un notaire... incomplet et même pas jeune. Qui est le plus blessé dans cette affaire ? Il n'y a qu'à toi, mon unique amie, que je peux écrire de pareilles horreurs. Elles me font du bien. Tu ne me fais jamais que du bien.

Mars 1916

Léon a repris des forces et je commence à pouvoir le laisser seul. Je me suis fait quelques relations. J'ai rencontré une poule d'ici, une grosse blonde avec une poitrine de zeppelin, qui m'emmène visiter le pays avec sa vieille mère. J'aime les vieilles mères, elles m'attendrissent. Dans les villages de l'arrière-pays, très beaux, on rencontre beaucoup de mules. Très soignées, les mules. Tu ne dois pas connaître, il n'y en a ni à Paris ni à Saint-Lunaire. Les têtes sont très jolies et les yeux doux et longs. Un rien les effraie. Les mules effrayées sont charmantes : elles ressemblent aux femmes de tes peintures.

Qu'est-ce que tu penses des montagnes ? En as-tu rencontré seulement ? Moi elles m'intriguent énormément. Elles sortent de terre comme des folles. Je me sentais en famille avec elles mais elles n'ont pas voulu de moi.

Avril 1916

La vie reprend et la beauté tranquille de ce pays contribue à me faire oublier qu'on continue à mourir dans les tranchées et que la saison des offensives est revenue. Je promène le notaire dans sa petite voiture. Il réapprend un peu à marcher mais on ne l'a pas encore appareillé.

Quand viendras-tu ? Tu m'avais promis pour le printemps. La nostalgie que nous avons l'une de l'autre me fait du mal. Je t'envoie une robe que j'ai faite pour toi, comme un poème. Ici, les femmes ne m'inspirent pas à habiller. Elles sont toutes pareilles et font trop de bruit en vivant. Les gens du Nord m'ont toujours séduite par leur laconisme. Même s'ils sont plus gourdes, je les préfère.

Heureusement, j'ai Ubu. Il est délicieux. Il prend une place à table et ta place dans mon lit et il est toujours content : à la rue, à la maison, en mangeant, en dormant, en faisant caca. C'est un vrai chien.

Je recommence à regarder les hommes, mais ceux d'ici sont trop noirs, trop sûrs d'eux aussi. Si je ne ressentais un dégoût presque physique pour les trop latins, il y a pourtant un Américain du Sud qui pourrait bien devenir amoureux de moi. Mais j'ai peur à l'avance des exagérations énamourées de ces gens-là. Ton raton est chaste et pur. Quel gâchis ! Quand nous nous retrouverons, je serai dangereuse pour toi.

Tu sais qu'il y a toute la place que tu veux dans cette grande maison et Léon sera content de te voir. Nous parlons tous les soirs sous les orangers qui commencent à fleurir. Mais il me fatigue avec la guerre, l'histoire, la politique. Tu sais, chérie, à quel point l'esprit m'importe peu. Un cœur ! Je cherche un cœur. Léon a parfois une attirance pour moi, mais jamais un vrai amour. Je suis sûre qu'il ne me connaît pas. Il me prend pour une femme comme les autres.

J'ai besoin de me souvenir de toi, de nous. Puisque tu es plus tranquille pour Adrien en ce moment, viens. J'ai un tel désir de voir ton visage dans le plaisir. Je pense souvent à cela. J'ai essayé de voir le mien. Je voudrais que tu le dessines puisque tu me dis que tu t'en souviens. Je t'aime à en vivre et je t'attends. »

En mai 1916, elle est venue, l'Hermine. Au moins, elles les ont eues, ces journées, ces nuits, volées à des existences qui n'allaient pas leur donner tellement d'occasions d'être ensemble, en toute liberté. Mais qu'en sais-je après tout ? Les lettres d'Hermine ont disparu. Je soupçonne Adrien de les avoir brûlées. Celles de Lou étaient déjà en sécurité chez moi, à l'abri de sa mémoire jalouse. Mais il manquera toujours une note sur deux à cette partition dont la musique me laisse la nostalgie de n'avoir pas connu cette autre femme qu'était aussi ma mère.

« Je suis toute retournée de me retrouver sans toi, ma céleste épouse, écrit Lou quelques jours plus tard. Vois-tu, il me faudra une maison à moi, après la guerre. Et si tu le veux, elle sera seulement pour toi. Pas d'homme. Avec toi, tout est si tendre. Nous y serions enfin tranquilles. Je me souviens, chez toi, quand je venais dans ton lit le matin me glisser sournoisement et te regarder dormir, la présence de ton mari dans la chambre à côté me gênait.

Et toi, m'as-tu une fois regardée dormir ? Réponds à cette question.

Mes seinges, mes seins si doux, pourquoi êtes-vous mariés et si loin ?

Juin 1916

Quand ta longue lettre est arrivée, quel régal ! Léon était près de moi, étonné que tu écrives si souvent, fronçant ses vieux sourcils. Mais qu'est-ce qu'ils veulent ? Qu'on se suicide ? Qu'on se taise ? Tout les gêne. Ils veulent nous posséder jusqu'au trognon. Mais pour quoi en faire ?

J'ai mis lettre sur cœur. Si je pouvais la mettre sur derrière et calmer le feu qui me dévore...

Je ne me fais pas aux gens d'ici. Si je devais rester, je mourrais tous les jours. La grosse blonde (fausse bien sûr) que je t'ai présentée, la zeppelin, je l'ai revue d'assez près. Mais rien à faire. Trop de parfum. Elle m'a donné mal au cœur. Et puis j'ai le trac de son regard d'ogresse et de sa tête de caissière. Et pourtant, c'est une bourgeoise raffinée pour le Midi. Robe et bêtise luxueuses. Mais rien d'animal. Ah ! si elle avait un peu l'air d'un chat, d'un singe... d'une mule même. Mais elle a des traits d'homme malgré tous ses fards.

Je me suis remise à faire des robes, surtout du fil, du lin. Je couds seule avec mon chien. Je vais te faire un tailleur d'alpaga. C'est une étoffe qui me plaît par sa raideur et son cachet un peu ancien. Ce sera un ensemble pour faire plutôt valoir les mouvements, la façon d'entrer et de sortir. Il faudrait le porter avec une voilette. J'adore les voilettes : elles protègent des morsures. Je trouve que les volants ne te vont pas. Tu n'auras jamais l'air d'une poupée. C'est un joli air mais qui serait plutôt le mien. Pour toi, j'aime la féminité un peu cavalière.

En ce moment les robes m'intéressent plus que les tranchées, surtout qu'à Nice l'élégance véritable est un luxe impossible. Mais pour moi la toilette est une chose vivante et nécessaire, comme l'art. Bien sûr je pense à tous les hommes qui vont mourir. Mais ils ne sont pas tant qui savent coudre ! Et puis je commence à trouver que le plus laid des chiens est meilleur que le plus beau des hommes. Embrasse pour moi ton mari-soldat. Et écris-moi tous les jours, mon précieux fluide.

Juillet 1916

Ma Diane triste, mon petit enfant chéri,

Je suis attendrie à tel point par toi que je me figure que tu es ma fille, née il y a dix ans. Se sentir seule au monde... ces envies de chialer... je les connais. Lorsque je me suis trouvée dans ton cas, je n'ai rencontré qu'un vieux requin immonde pour me consoler et me prendre dans ses bras. Mais tu sais comme je suis faible devant les hommes. Ils sont si bêtes et si indispensables. Mais c'est toi le fond de ma vie. Pourtant il y a à Nice toute une société qui s'amuse. Beaucoup d'étrangers. Et j'ai du succès bien que je me trouve si moche en ce moment. Les gens ont plus envie de vivre que jamais et beaucoup d'argent à dépenser. Je vais t'envoyer des poules riches pour Peinture, c'en est plein ici. Une vieille duchesse qui se fait faire une robe par semaine m'a parlé d'un miché pour toi. Quand on aime, on devient toujours un peu vieux mari... Cette vieille m'a choquée avec ce mot. Enfin. C'est un type très riche qui est dans les affaires et serait un client extraordinaire pour toi. Quant aux duchesses, les plus moches sont les plus riches, comme partout.

5 août 1916

Mon Raton chéri, tu me dis que tu as vendu trois toiles, je suis fière de toi.

Moi, je commence un peu à revivre et je rencontre des hommes. Il y en a un qui vient souvent : un officier convalescent, ami de Léon, mais en bien moins mauvais état. Nous nous promenons dans le parc. C'est peut-être une occasion. Il est le contraire de moche. Je menais une vie trop angélique. Léon, qui était déjà un vieillard pour moi, est devenu un moribond chronique. Je me demande si nous redeviendrons jamais mari et femme ?

Je me suis fait photographier pour toi. En assassin. Envoie-moi aussi une photo récente.

10 août 1916

L'occase est revenue, plus séduisant que la première fois. Il m'a apporté un bracelet et mon amour a besoin de cadeaux pour prendre un air sentimental. Nous avons fait une promenade. Nous étions beaux. Imagine-toi l'Ondin et l'Ondine de Henri Heine, essayant de se faire passer pour de simples mortels et chacun voit la queue de poisson de l'autre ! Force galanteries coulent de nos lèvres. Mes cheveux frisent énormément, petites boucles courtes sur l'oreille et la peau dorée. Enfin : moins moche pour le moment. Mais il est dit que j'aimerai toujours une femme mieux que toutes mes amours. Maman, pendant si longtemps, et maintenant, toi. Adieu, mon seul bien.

20 août 1916

Ma chère vie,

Il y a une telle parenté entre nous ! Avec les hommes je ne me sens pas à mon aise. Depuis trois jours, je fais une crise de neurasthénie. Je n'aime personne que toi et les chiens. Et puis, tu sais, chérie, j'ai une chose à te raconter : j'ai trouvé le bonheur avec moi-même. Tout à fait par hasard. Ça calme les nerfs et fortifie beaucoup l'esprit. Le fait d'être seule au monde prend du charme. C'est surtout un secret vis-à-vis des autres. Je voudrais que tu m'envoies les poésies de Renée Vivien. Et puis des livres de piété, même embêtants. Car je ne vois pas mon avenir en rose.

Tu sais comme j'ai toujours pensé à la mort. Je pense maintenant à la vieillesse en voyant ici tant de jolies petites femmes fraîches et parfumées. Je pense qu'un jour je ne serai plus ni fraîche ni jolie. Seulement parfumée. Et je suis là, à me racornir auprès de Léon, loin de toi, et sans homme véritable. Je n'arrive pas à me faire d'amies. Les femmes du Sud sont des femmes du Sud, uniquement préoccupées de leurs enfants et des hommes. Mets deux, quatre, six poules du Midi ensemble, elles ne cachent pas leur désappointement et se barbent. Qu'un homme arrive, le portier ou un marquis (c'est à peu près pareil, le portier est plus drôle), tout à coup elles se réveillent et s'animent. Et des yeux qui chavirent si un sexe triomphant se profile sous le pantalon. Qu'elles aient soixante ans ou quinze, c'est pareil. La bonne de ma belle-mère, ce vieux trognon noir sans âge, peut rougir si un homme lui adresse la parole. Une masturbation règne dans ce pays comme tu n'as pas idée. C'est la guerre qui veut ça. En tout cas, ils n'embêtent personne en se masturbant et surtout pas l'univers comme les ceusses qui se mêlent de penser. Mais j'ai peur de ces femmes, avec leur coquetterie agressive. Ce que tu trouves vulgaire, toi, les types n'y résistent pas. On se dit que ça ne marchera jamais et puis l'homme duquel tu étais le plus sûre est bel et bien entortillé. Il fait le poireau à attendre le passage de la bien-aimée. A Paris, on la trouverait grotesque. Mais ici, elle passe, la poule du Midi. C'est vrai que les yeux sont grands, la bouche petite et les dents ravissantes. Mais les pieds et les mains sont enrobés de graisse blanche et les cheveux épais et longs sont si solides qu'en y regardant de près ils ne séduisent plus. Lui, le type, il est toujours là, sur son banc. Elle passe, la silhouette au derrière bas, et elle lui jette son œil. Ça, c'est leur force : grand œil noir de ruminant qui n'est ni d'aigle ni de chat. Mais il agit et la trompe de l'éléphant se met en mouvement. Elle l'a vu. Elle est contente. Sa journée n'est pas perdue. Voilà : c'est comme ça ici.

30 août 1916

Mon unique Raton,

L'occase est encore revenue. Elle me fait peur mais j'aime ça. Si l'amour lesbien faisait autant trembler, je crois que je n'aimerais plus que les femmes. Il est bien fait. Taille mince. Grand. Parlant peu, ce que j'aime dans ces moments-là. Pourtant il se peut que ce soit la dernière fois car ce type a deux choses vraiment splendides : peur d'attraper une maladie et peur de tromper sa femme ! Et le comble c'est que sa femme s'en fiche éperdument et que dans sa fatuité d'homme, il se persuade qu'elle n'a d'yeux que pour lui.

Je me dégoûte, mon Raton, je me dégoûte. Tout était si beau avec toi ! Mais tu sais, ici, c'est le contraire de Paris. Un amour de perdu et on n'en retrouve plus jamais d'autre. Avec celui-là, j'aurais pu trinquer : un an de chasteté m'avait rendu les hommes plus séduisants avec leur sexe. Mais tu me sauves de toutes les sales histoires. Je te trouve tellement mieux que lui !

Il a été très épaté par toi à Paris. Que tu plaises me plaît énormément. Je voudrais que tu flirtes aussi, ma poule. Il faut bien que tu me remplaces. Pour toi, c'est plus facile car tu es intelligente. Et c'est curieux, Raton, comme je suis bête et comme je sens seulement ce que les gens disent, sans vraiment comprendre. Une conversation un peu longue sur n'importe quoi devient comme la description d'une machine à vapeur : je ne peux plus suivre. C'est comme ça avec les Picquart. Ils ont beaucoup de cœur et souffrent pour les autres par solidarité, socialisme et un tas de trucs démocratiques. Mais tout ce qu'ils réussissent à faire, c'est à me gâcher mon luxe. Seuls les objets inutiles, les rêves et la poésie calment mon inquiétude. Et puis te savoir gaie, heureuse, poussant tes cris. J'aime tes cris et cet œil clair et lucide qui fait ma joie. Chérie, chérie.

Ta Lou.

Septembre 1916

Je mange bien, je dors bien, je m'ennuie bien et je suis toujours très constipée. Je crois que l'ennui constipe. Je prends avec un grand courage des sels de Karlsbad tous les matins. C'est une chose à faire pour la beauté, qui est tout ce qui me reste. Je suis toujours belle mais j'ai perdu mon air de jeune fille. Je crois que j'ai trop d'âme pour pouvoir rester jeune.

Je cherche un amant, sensuel. Mais pas pour la vie, non. Les cages me dégoûtent. Léon parle parfois de notre retour à l'ancienne vie, mais il faut ne pas me connaître pour croire que je pourrais rentrer dans ma cage de l'avenue Niel. Une vraie prison me changerait plus.

Quant aux petits plaisirs dont je te parlais, c'est fini, hélas ! Il paraît que c'est très mauvais pour la santé, surtout pour les nerfs. Et comme je suis déjà neurasthénique... Tu sais que mes hallucinations du matin recommencent : je vois des gens étendus et des morts. Les larmes me montent aux yeux. Ce que je peux chialer en douce, c'est incroyable. L'après-midi, je suis moins malheureuse et le crépuscule est quelquefois doux. Je me promène loin avec Ubu et le Loup. Mais vivre, c'est-à-dire faire des robes, devient impossible avec Léon. Je ne respire plus sous son regard et je me sens plus mal qu'un animal pris au piège. Il paraît qu'il y a à Nice un médecin très intelligent pour les nerveux. Cette pensée incessante de la mort peut se guérir.

Mon cher amour, figure-toi que j'ai rencontré par hasard deux hommes du Nord, qui ont chacun deux mètres et appartiennent aux pays neutres, quel avantage! Grands types tranquilles et pâles sous le ciel méditerranéen. L'un a vingt-cinq ans, pur, sportif, étudiant. L'autre beaucoup plus âgé mais surtout magnifique soûlaud. Je vais sortir avec le jeune parce qu'il s'ennuie. Mais mon chien est plus spirituel. J'ai aussi un début d'aventure avec un Américain très laid mais d'une figure extraordinairement énergique. Il est chauve avec des yeux très puissants. Il m'excite beaucoup. Si je le rencontrais dans un coin, je me jetterais sur lui. Mais pas de coin!

Et puis aucun homme n'a jamais remplacé une amitié de femme. C'est drôle, avec un homme, j'ai l'impression d'avoir un âne à mes côtés. Quelquefois un bon âne qui brait sa joie et rue dans mes draps; ou bien un mauvais âne têtu. Mais c'est toujours un âne.

L'ennui c'est que moi, excitée, c'est bien embêtant. Je ne sais pas quoi faire avec ce sexe qui est là et tout à coup veut qu'on s'occupe de lui. Bêtement, devant un mâle je deviens sentimentale et ça, c'est vraiment des perles pour un cochon. Bien sûr on peut ne penser qu'à son derrière. En temps de guerre ça suffit à intéresser les militaires. Mais j'ai envie d'attendre des occasions plus raffinées. Et puis il y a toi. Avec quel homme aurais-je pu entretenir une correspondance amoureuse telle que la nôtre ? Comment ai-je pu vivre sans cela ? Je t'aime tant que, tu verras, nous finirons par avoir un enfant ensemble.

La seule chose qui me console, c'est d'écrire des poésies, puisque les poètes sont à la guerre. Je viens d'en faire une sur les grains de sable que nous sommes, absolument impuissants.

Adieu, mon grain de sable plus cher que jamais. Ecris-moi souvent. Envoie nouvelles de nos amis guerriers. J'embrasse notre lieu de naissance.

Septembre 1916

Au milieu de tous ces morts, mon plus que tout, je pense aux enfants. Je rêve tout le temps de toi enceinte. Tu dois le devenir, mon précieux. Tu dois avoir un enfant. Mon amie, la belle Anglaise qui a perdu une petite fille il y a six mois, est enceinte de deux mois. Je ne l'avais pas vue depuis un an et sitôt que j'ai regardé ses yeux, j'ai deviné. Je voudrais être près de toi tout ce temps-là.

Très au fond de moi-même je le sens comme une disgrâce, mais je suis à peu près sûre maintenant d'être stérile. C'est pour ça que ma vie m'est indifférente. Je suis libre, je peux mourir. Et cet exil à Nice, ne pas habiter chez moi, rapproche encore de l'idée de mort. Seuls les ceintures et les rubans me retiennent. Et toi.

Sens-tu la différence entre une femme qui ne peut pas enfanter et les autres ? Je crois que je ne t'aimerais pas autant, stérile. C'est peut-être parce que je suis ainsi que je sens si fort la vie chez les autres, les gens ou les animaux. Etant enfant, tous les cadeaux ne m'étaient rien. Je demandais toujours une chose vivante. Je soufflais sur mes poupées pour les faire remuer et les cheveux me donnaient un plaisir fou parce qu'ils bougeaient.

Je sais aujourd'hui qu'il n'y a rien de mieux sur terre que l'affection amoureuse et surtout l'amour des mères. Et toi tu sais m'aimer maternellement. Je peux faire pipi devant toi, tu trouves cela charmant, comme ma mère le trouvait. Jamais un homme n'aura cela. Il faudrait être très fin pour se glisser entre nous deux! Mais tu vois, j'aime beaucoup Adrien. Avec moi, il n'a cessé de se conduire comme un frère. Et avec toi, comme un frère-mari. Peu d'hommes auraient su le faire. Embrasse-le bien, notre chevalier, quand il viendra en permission, bientôt dis-tu. Et fais ton devoir, Hermine. J'ai entendu une femme mariée appeler ça « la corvée corporelle ». Tu vois que tu n'es pas la seule.

Octobre 1916

Mon précieux,

La tristesse arrive jusqu'ici. Je ne voulais jamais te parler de guerre, puisque c'est pour l'oublier un peu que nous nous écrivons. Mais il faut que je t'apprenne encore une mort : le dernier frère de Léon a été tué à Douaumont. Il n'avait qu'une blessure légère mais il est resté trente-six heures immergé dans un trou d'obus et il est mort en arrivant à l'hôpital. Son autre frère, Emile, étant prisonnier, voilà une famille qui n'aura plus de combattants. Les batailles s'enlisent elles aussi dans la boue et on n'en voit plus la fin.

Heureusement que notre Adrien, que je ne peux plus appeler mon pioupiou depuis qu'il a été nommé maréchal des logis, est définitivement inapte à l'infanterie. Tu seras tranquille s'il est affecté au service automobile.

Figure-toi qu'une Russe qui vit ici s'est entichée de moi ! Elle est très patriote, républicaine et juive mais elle m'ennuie bien avec ses discours. Hier elle voulait me forcer à dire que je croyais à l'égalité entre les hommes. Et tu sais comme je m'en fous. Je n'en sais rien et depuis la guerre, la moindre chose que l'on raconte est prise pour un boniment politique, ce qui me casse la tête. Tout de même, je ne trouve pas que les hommes soient égaux. En tout cas moi, j'ai peu d'égales.

Au maréchal, toutes mes félicitations; à toi, tous mes baisers.

En novembre 1916, Adrien, venu en permission, trouva une Hermine rassurée quant à son anatomie et déterminée quant à son devoir. Je ne sais pas si elle avait consulté un médecin ou essayé un autre homme. Un homme, j'espère. Toujours est-il qu'en avril 17, j'étais commencée. Peu d'enfants ont été ainsi souhaités, attendus et portés à trois. Mais c'est Lou qui m'a conçue la première, dans son cœur.

« Cette fois, c'est donc sûr, mon Raton ? Tu es enceinte ! Ta lettre m'a poignardée tendrement et délicieusement. Tu es la femme que je voudrais être. Je trouve le mariage imbécile, mais, tu vois, il a sa raison d'être.

« Tu me demandes si je suis vraiment contente ? Pour bien des années et pour toute ma vie je crois, tu m'intéresseras plus que tous les gosses que tu peux avoir. Et si, comme tu l'as senti, je ne suis pas tout à fait heureuse, c'est que je ne peux me régaler d'être auprès de toi, de voir tes yeux, de toucher la peau de mes petits seinges, si fine. Une femme enceinte me remplit toujours de douceur, d'une attention extraordinaire. Tout peut la faire pleurer au commencement et même la plus grossière a alors des sensations infiniment délicates. Quel homme saura cela ? »

Etait-ce la solitude ? Au milieu des attendrissements familiaux mais loin d'Adrien et de Lou, celle qui commençait à s'appeler ma mère redoutait ce nouvel état qui transformait tant les femmes, disait-on. Dans la seule lettre d'elle que j'aie retrouvée dans la malle d'osier, j'admire déjà cette lucidité, ce refus de se plier aux événements que je lui ai toujours connus. Quelle jeune épouse osait penser et écrire en 1917 qu'être enceinte ne signifiait pas seulement bonheur, fierté, et abandon à la plus vénérée fonction d'une femme ?

« Lou, j'ai le vertige depuis que j'ai perdu l'unité et la direction de ma vie. Avant, j'étais un vainqueur, j'avais la voix claire et un corps intact. Aujourd'hui je suis une femelle en gestation, une femme au ventre plein, à l'œil triste, prête à toutes les lâchetés. Maternité ! Quelle détresse pour les femmes. Toutes seules, une par une, elles mesurent le changement irréversible qu'elles vont subir et la fin de leur liberté. Et l'homme qui les a ensemencées se persuade qu'il les a enfin faites femmes et ignorera toujours le drame de la chair. C'était toi, Lou, qui m'as faite femme. Et tant deviennent mères qui n'ont jamais été des femmes. »

Grossesse de guerre, mois solitaires. Lou se sentait « une inquiétude et un intérêt de mâle pour ce gosse », et l'écrivait à sa « céleste épouse », à son « cher ventre », à « son amour excessif ».

« Je suis presque couchée sur des orties. J'attends ton enfant moi aussi. Je regarde les petites filles dans les rues. J'ai toujours envie de me pencher sur elles pour les cueillir comme des fleurs. Léonard, pour un garçon, c'est noble. Mais qu'est-ce que tu veux que je trouve à dire à un garçon ? On ne peut parler qu'aux femmes. Ce sera donc une fille. Je savais que tu voudrais l'appeler Louise. Et elle sera blonde avec tes yeux bleus. C'est un désir qui m'est venu à force de voir tous ces cheveux noirs autour de moi et ces yeux de ruminants. »

Hermine, les derniers mois, se réfugia auprès de sa mère dans la propriété familiale de Poissy. On se battait toujours pour Verdun. L'Amérique venait d'entrer en guerre, la Russie allait signer l'armistice avec l'Allemagne, mais il manquait encore un million de morts pour que les combats s'arrêtent. Cependant une petite vivante de plus allait naître en janvier 1918 : elle s'appellerait Louise Adrienne Félicité.

V

LES INFÂMES

Louise-Adrienne, après avoir été un bébé sans histoire, devint une petite fille modèle, c'est-à-dire qu'elle présenta tous les symptômes de l'imbécillité heureuse. Obéissante de nature, dépourvue de tout esprit critique, gobant tous les discours des adultes, toujours dans les cinq premières à l'école comme au catéchisme, elle aimait ses parents, ses maîtresses, le Sacré Cœur et la Sainte Vierge, *Benjamin* et *La Semaine de Suzette,* tous les écrivains au programme puisqu'ils étaient au programme, le mariage, la maternité, à condition bien sûr que ce soit un fils pour commencer, le travail, l'effort, qui est toujours récompensé, la Nature et la vie en général. Une vraie catastrophe.

Elle n'en souffrit pas jusqu'à un âge avancé, sinon par le biais d'une invincible timidité et, plus tard, d'une incapacité d'affronter le monde, née d'un immense doute sur elle-même et de la conviction, fondée, qu'elle ne parviendrait jamais à égaler sa mère.

Jolie petite fille dodue à la frange carrée et aux yeux clairs sous des cils noirs, elle devint une grande perche empruntée, réfugiée dans les livres et absente de son corps. Sa mère l'avait adorée et couvée férocement, avec un activisme que rien ne décourageait. Ayant décidé de faire de sa fille unique une créature brillante, indépendante, riche bien entendu, spirituelle et surtout séduisante, condition essentielle de survie pour une femme, elle ne se résignait pas à la découvrir sérieuse, terne, gagne-petit et craintive. Comme elle le rappelait volontiers, elle-même avait « réussi sa vie » : réussi en tant que peintre – elle vendait bien ses œuvres et gagnait plus d'argent que son mari – en tant qu'épouse, qui avait su conserver l'amour d'Adrien en ne lui sacrifiant ni sa liberté ni ses goûts, ni même ses caprices; en tant que personne enfin, puisque l'âge ne semblait pas avoir de prise sur elle et qu'Hermine (elle signait ses toiles *Hermine*) restait considérée dans le milieu d'artistes et d'écrivains qu'elle fréquentait à Paris ou à Londres comme une personnalité à la mode. Or, après l'argent gagné, être à la mode constituait à ses yeux, la preuve irréfutable de la réussite, les artistes prétendument maudits, les vaincus, les malades, et les pas-de-chance relevant pour elle d'une carence de la volonté.

« On a la chance qu'on mérite », rappelait sentencieusement Adrien à sa fille, se rangeant lâchement du côté de sa femme à chaque discussion familiale, comme pour se faire pardonner la secrète complicité qui l'unissait à Louise dès qu'il échappait à la présence magnétique d'Hermine.

Les gens satisfaits d'eux-mêmes et de leur vie sont si rares qu'ils en paraissent indécents. Le cas Hermine indisposait les bien-pensants, irritait tous ceux qui n'avaient pas réussi et écrasait Louise qui se rangeait d'avance parmi les obscurs et les sans-grade. Il jetait la suspicion jusque sur ses goûts, dont elle se demandait dans quelle mesure ils ne représentaient pas d'abord un moyen de contredire sa mère. Le mépris mal dissimulé dans lequel Hermine tenait « ceux qui ne tirent pas le maximum de leurs dons » ou qui

« n'apportent pas leur pierre à l'édifice », la retenait d'avouer ses modestes penchants; et l'égoïsme foncier d'Adrien, joint à son souci de ne pas soulever de litiges avec sa femme, le rendait incapable de deviner qu'il eût sans doute sauvé sa fille en reconnaissant qu'on pouvait être différente d'Hermine et devenir tout de même une personne valable.

« Tu sais bien qu'en matière d'éducation, j'estime que ta mère s'y connaît beaucoup mieux que moi, arguait-il pour ne pas prendre parti. Si tu étais un garçon, ce serait différent. Mais là, je lui laisse carte blanche. »

« Ton père est un scientifique, disait Hermine avec une affectueuse commisération, comme on excuse la conduite bizarre d'un enfant en rappelant qu'il est mongolien. Et l'éducation ne relève pas de la science mais de l'instinct et de l'intuition. »

Or, sur le plan de l'intuition, Adrien s'avouait battu d'avance, ravi d'être ainsi dispensé de comprendre et d'intervenir.

La science, aux yeux d'Hermine, ne lui conférait de supériorité que dans des domaines dont elle se fichait royalement : la zoologie et la botanique, la comptabilité, la conduite d'une automobile ou d'un bateau et la compréhension du phénomène Electricité. Pour le reste, elle considérait plutôt l'esprit scientifique comme un handicap et son mari comme un doux ahuri dès qu'il s'agissait de psychologie, de diplomatie, d'argent à gagner ou de place à conquérir dans la société. D'ailleurs, il n'avait pas réussi à s'imposer dans ses propres affaires et Hermine avait souvent tenté de lui faire quitter cette entreprise familiale menée d'une main de fer dans un gant de même métal par un père et un cousin qui profitaient de son peu d'ambition pour se réserver la direction et l'essentiel des bénéfices. Mais Adrien avait eu cette fois la sagesse de résister à sa femme. Il adorait son travail de direction scientifique et technique qui lui permettait de fuir loin du monde de la compétition, dans son laboratoire où il poursuivait des recherches et des travaux dont personne n'attendait de résultats immédiats.

Il se sentait chez lui dans ce vieil immeuble de la rue du Bac, peuplé de squelettes de dinosaures reconstitués à partir d'une molaire, de papillons, de coquillages, de griffons et d'hippocampes, d'agates et de quartz, d'améthystes encore dans leur gangue, de cristaux et de laves, rassemblés dans cette grotte préhistorique au cœur de Paris où l'on pouvait déchiffrer sur l'échantillon l'histoire du monde, dans des vitrines mal éclairées dont les trésors s'empoussiéraient doucement sous la protection d'ouvriers en blouses grises, vieux dinosaures eux-mêmes, qui avaient tous au moins « vingt-cinq ans de maison », mi-savants, mi-gardiens de musée, et qui conservaient aux quatre étages délabrés du vieil hôtel XVIIIe l'allure d'une arche de Noé préservée de la modernisation et des impératifs commerciaux. Lieux magiques où Louise, enfant, avait passé tant de jeudis auprès de son père, parcourant des couloirs peuplés de milliers d'oiseaux muets sur leurs perchoirs, ou penchée sur les rangées d'insectes verts ou mordorés alignés dans leurs cercueils de verre, pour finir sur son attraction préférée, la visite rituelle à son ami l'Ecorché, vêtu de son réseau de veines et d'artères et dont Adrien déboîtait pour elle un à un les organes jusqu'aux plus secrets. C'est en vain qu'en rentrant elle découpait ses poupées, déçue de ne jamais trouver à l'intérieur qu'un peu de paille ou le dérisoire mécanisme à balancier qui commandait les paupières. C'est de sa fascination pour l'Ecorché que lui vint très tôt le désir de faire sa médecine. Mais Hermine devait lui remontrer qu'il était hautement probable, et souhaitable, qu'avant la fin de ses sept années d'études elle soit amenée à se marier, donc à interrompre d'aussi accaparants travaux qui ne menaient d'ailleurs qu'au titre de doctoresse, véritable repoussoir à maris.

Un moment, Louise avait cru pouvoir compter sur l'alliance de Lou, qui vivait sur le même palier que ses parents, dans un délicieux appartement noir et rose, « pour me venger d'avoir été une enfant de Marie vouée au bleu et au blanc », expliquait-elle. Mais comment compter sur Lou ? Elle n'obéissait qu'à des impulsions et les enfants détestent l'irrationnel. Petite fille morale et justicière, Louise désapprouvait ces foucades et trouvait indécent qu'une adulte se conduisît comme une enfant gâtée. Elle s'en protégeait du mieux possible, comme d'une bête sauvage dont il fallait se méfier, même quand elle vous serrait sur son cœur. Pourtant, petite fille docile, elle s'était laissé habiller par Lou sans jamais avouer ses propres goûts, mauvais sûrement puisqu'ils ne correspondaient pas à ceux d'artistes reconnues, jusqu'au jour où l'obligation bienheureuse de porter l'uniforme bleu marine des élèves de Sainte-Marie lui permit enfin de ne plus se distinguer de ses compagnes. Encore Lou et Hermine ne s'avouèrent-elles pas vaincues, parvenant toujours à choisir un bleu pas marine pour sa jupe plissée, un chemisier non conforme au règlement ou un manteau amélioré de quelque fantaisie qui sentait sa haute couture, suffisant à la distinguer du troupeau et à lui valoir la réprobation de la directrice. Louise enviait les banales, les comme-il-faut, celles dont les mères, ternes et grises, avaient l'air de mères et non de sortir des pages glacées du *Harper's Bazaar*. « Qu'est-ce que tu veux, cette enfant n'a pas de chic », constatait Lou d'un air d'autant plus navré que manquer de chic constituait à ses yeux la suprême disgrâce.

Lou n'aimait pas Louise, mais une petite fille imaginaire qu'elle avait conçue et presque portée avec Hermine. Elle aimait le sentiment qu'elle éprouvait pour cette enfant, elle s'aimait dans son rôle de co-mère. En fait, elle ne s'intéressait ni aux enfants, qu'elle considérait comme d'ennuyeux brouillons de grandes personnes, ni aux adultes, sauf quand elle éprouvait pour l'un (ou pour l'une) d'entre eux un coup de cœur.

Vivant seule ou parfois avec une épisodique amie, entourée d'hommes amoureux mais qui n'étaient jamais parvenus à prendre pied dans son petit appartement ni dans son cœur, elle réussissait à traverser l'existence sans se blesser, avec l'instinct très sûr d'un animal. Associée à une maîtresse femme qui administrait sa maison de couture, elle dessinait ses modèles, ses tissus et les flacons du parfum qui portait son nom, maintenant son entreprise à l'avant-garde de la mode autant par son talent que par l'aura de scandale qu'elle savait entretenir autour de sa vie. Plus incompréhensible encore qu'Hermine aux yeux de Louise, Lou incarnait l'autre pôle d'une féminité également inaccessible.

« Que veux-tu, notre fille n'est pas une artiste. Elle ne sera qu'une petite institutrice, disait Lou à Hermine. Il en faut !

– Elle épousera un brave professeur de mathématiques avec des pellicules sur son col, elle aura beaucoup d'enfants et elle passera les plus belles années de sa vie à pouponner et à torchonner », renchérissait Hermine.

Elles croyaient stimuler « leur fille » en lui plantant ces banderilles sans voir qu'elles obtenaient l'effet inverse : une sidération croissante de ses réflexes de défense et de son intelligence. Tous ces « artistes » qui fréquentaient leurs deux maisons, peintres ou sculpteurs à l'accent slave, écrivains à lavallière, toujours suivis de redoutables « femmes d'artiste », ou de « compagnes », les pires, avec leurs cheveux raides, leurs robes sans mode et leur cécité totale à tout ce qui n'était pas l'œuvre du Grand Homme, lui semblaient sortir de l'étrange jardin au fond du puits où régnaient le Dodo, le Lapin aux yeux roses, le Chapelier fou et la Reine de cœur, personnages insolents qui avaient terrifié son enfance dans *Alice au pays des merveilles.* Mais il fallait aimer Lewis Carroll. Tous les gens bien aimaient *Alice au pays des merveilles.* Louise se gardait d'avouer son ennui et sa répulsion pour l'horrible petite raisonneuse qu'était Alice. « Viens dire bonsoir au salon, disait gaiement Hermine à chacune de ses réceptions. Tu pourras dire plus tard que tu as rencontré les plus grands artistes de ce temps ! »

Mais qu'est-ce qu'on trouve à dire à des grands hommes quand on a quinze ans ? Louise n'avait pas le bagou de cette chipie d'Alice. Louise ne voulait pas avoir de talent. C'était trop difficile. Surtout pas devenir une artiste dont tout le monde guette les mots, les créations. Tout ce monde de surdoués lui faisait peur. Mais il ne fallait pas l'avouer, cela aurait fait trop de chagrin à Hermine.

« Si c'était pour fabriquer une demoiselle des postes, ce n'était pas la peine », avait dit Lou à sa mère un jour qu'elle ne se croyait pas entendue.

« Moi, je te forcerai bien à éclore, ma petite bourrique », disait tendrement Hermine, les bons jours.

« C'est pas possible, on m'en a mis une autre à la clinique », s'écriait-elle chaque fois qu'elle se heurtait à l'incompréhensible passivité de sa fille. « Car tu es quelqu'un derrière ce front buté, je le sais », prophétisait-elle, plongeant Louise dans un abîme de perplexité. Quelqu'un, oui, mais qui ? Elle ne voyait personne chez elle qui pût répondre aux exigences de sa mère.

En attendant, elle se cramponnait à l'adolescence, refusant les talons hauts, les bas de soie et la première indéfrisable qui marquaient l'entrée en féminité, s'accrochant aux chaussettes de laine à pompons tricotées par sa grand-mère et aux chaussures plates à double barrette que Lou lui achetait à Old England, qu'elle prononçait Oldanglan pour le chauffeur de taxi, ce qui plongeait toujours Louise dans la confusion.

Sa puberté fut très tardive, affligée d'une acné juvénile dont les lotions ne venaient pas à bout et d'ongles rongés qui désespéraient la famille. La teinture d'aloès n'ayant donné aucun résultat, une grande bouffe d'un soir réduisant à néant huit jours d'efforts amers, Hermine n'hésita pas à imposer les grands moyens; le gant de fil cousu chaque matin au poignet de la délinquante. « Tu n'as qu'à prétexter une poussée d'eczéma », lui souffla Adrien, apitoyé par la panique de sa fille à l'idée de faire son entrée dans la classe en gants de première communiante. Hélas ! cette méthode radicale ne modifia en rien la situation. Comme tous les rongeurs, Louise savait à peine comment elle s'y prenait, et s'étonnait du résultat. Elle continua donc de se livrer à son vice solitaire, mais timidement, comme elle faisait toutes choses, jamais jusqu'au sang.

Tout de même, il fallut bien attraper seize ans un jour et intégrer la nouvelle donne obligatoire : la séduction. Le latin et le grec, c'était bien beau mais tout à fait inutile, sinon nuisible dans la vie d'une jeune fille. Savoir danser paraissait autrement important. « Tout s'apprend, même la grâce », professait Hermine qui inscrivit Louise dans un des meilleurs cours de Paris où un ancien danseur mondain apprenait à une dizaine d'empotées de son espèce à onduler voluptueusement, puisque ça ne venait pas tout seul. Au bout de quelques semaines, vous étiez déclarée apte à faire votre entrée dans le monde, c'est-à-dire à parader dans des soirées dansantes devant les mâles qui, après un examen sommaire, auraient le souverain privilège de décider si vous danseriez ou non.

L'idée de dépendre désormais de sa capacité à séduire un garçon révulsait Louise au point qu'entrer dans les ordres lui parut un moindre mal. Là elle pourrait se dissimuler sous des voiles anonymes qui n'auraient pas été redessinés par Lou et on n'attendrait d'elle aucune performance.

Deux étés passés dans un couvent du Surrey l'avaient exposée au charme d'une jeune religieuse à taches de rousseur, qui ressemblait à la Katharine Hepburn de *Little Women,* courait dans la campagne anglaise en tenant ses jupes à deux mains, et paraissait heureuse dans son univers figé, imperméable aux agitations du monde; un univers dans lequel il n'était pas nécessaire d'avoir du talent ni d'être la plus belle pour être aimée d'un Dieu qui ne faisait aucune différence entre ses brebis. Puisque Louise ne saurait jamais dominer, pourquoi ne pas choisir d'avance la paix et l'amour parfait ?

Lou trouvait cette vocation charmante :

« Je la vois très bien en bonne sœur, notre Louise, disait-elle à une Hermine éructante. Déjà en première communiante elle avait l'air d'une nonne avec ses grands yeux couleur de ciel et son air serein. Et puis les couvents sont des endroits si délicieux...

– Justement, c'est pour cela qu'ils sont dangereux. Louise n'a déjà que trop tendance au renoncement. Toutes ces religieuses sont des mortes vivantes, momifiées sous leurs robes de bure. Et je ne comprends pas que toi, Lou, qui as aimé tant d'hommes et qui t'es tant amusée dans la vie, tu envisages de cloîtrer ma fille à dix-huit ans ! »

Une mesure s'imposait : faire oublier le charme subtil de Sister Mary Aemilia. Hermine ne comptait jamais sur le temps ou le hasard pour arranger les choses mais sur la promptitude de la riposte : elle exposait à Rome cette année-là et offrit à sa fille, au lieu des sages vacances au couvent, un voyage à Venise avec Adrien. Dieu ne lui paraissait pas un parti convenable, ou, à la rigueur, après une vie de folies, comme Cécile Sorel.

Je me suis souvent demandé, Louise de ma jeunesse, ma sœur, mon étrangère, où se dissimulaient cette énergie, cet esprit d'indépendance, cette volonté qui te sont venus plus tard ? Une personnalité peut-elle s'étouffer au point de ne laisser paraître à la surface que nullité, soumission et démission ? Approuve-t-on le dressage qu'on subit jusqu'à ne plus savoir qui l'on est, ni au nom de quoi réagir ? Il est trop facile d'incriminer une mère dont la vitalité impérieuse rendait ternes, velléitaires et maladifs tous ceux qui ne lui ressemblaient pas. Je te refuse cette excuse. Mais alors comment te comprendre, toi qui pourtant m'habites, toi qui te pris si longtemps pour moi ?

Ton secret, je ne lui trouve un nom qu'aujourd'hui, c'était la peur. La peur d'exister. De te mesurer au monde, aux hommes, au défi que te lançait ta mère. Tout te faisait peur : les beaux parleurs, les directeurs, les examinateurs, les séducteurs, ceux qui avaient réussi dans la vie, ceux qui étaient sûrs d'eux. Tu ne te retrouvais à l'aise que devant tes livres, en compagnie d'écrivains morts, et cette peur paralysait tes sens et asphyxiait ton intelligence.

Et toi, Adrien, mon tendre et lâche complice, comment pourrais-je t'en vouloir de n'avoir pas résisté, toi non plus ? Je m'avise aujourd'hui que tu as toujours couché sur le divan de la salle à manger, sous prétexte qu'Hermine dessinait la nuit dans son lit et dormait tard le matin, et que tu tenais à me laisser l'autre chambre, la belle, celle qui donnait sur le jardin, pour que je puisse préparer mes examens dans le calme. Nous trouvions cela naturel, Hermine et moi. Je suis sûre que tu m'aimais profondément, mais à condition que ta femme ne fût pas là, et tu savais multiplier ces occasions. Nous avions la délicieuse impression de faire l'école buissonnière comme deux galopins pendant nos week-ends de ski, quand nous partions en randonnée, sac au dos et peaux de phoque aux pieds. Pendant notre mois de vacances aussi, quand ta femme faisait sa cure à Châtel-Guyon, avec Lou, et que nous bretonnisions à Kerviglouse, qu'elle appelait toujours Kertartouze, dans cette petite chaumière du Finistère, inconfortable et mélancolique, que tu avais réussi à conserver malgré l'horreur d'Hermine pour le crachin, la vase et l'odeur du poisson. Nous nous sentions complices quand nous naviguions dans ta vieille pinasse avec sa voile au tiers; quand nous herborisions dans les dunes où poussaient des chardons aux feuilles grises, disparus aujourd'hui, ou quand tu faisais éclore pour moi des bombyx tête-de-mort dans des boîtes de galettes de Pleyben. On s'aimait sans problèmes jusqu'au jour précis où Hermine débarquait, reposée, fringante, élégante, dramatiquement élégante, la griffe rouge sang et l'œil fureteur, repérant instantanément mon lit seulement retapé, le fourneau encrassé, les miettes repoussées sous la table... Nous nous apercevions soudain que nos ongles étaient douteux, que la chaumière n'avait pas l'eau courante, que ça sentait vraiment le fumier, que notre voisin, le barde chenu qui nous contait une enfance remontant à Eric le Rouge et au roi Nominoë n'était qu'un vieil alcoolique mal rasé... Il ne nous restait qu'à désarmer le bateau, à rentrer les tramails et les lignes et à refermer les volets délavés en répétant qu'il faudrait les repeindre... absolument... l'année prochaine. Comment avions-nous réussi à être si heureux dans un endroit si sordide? Adrien redevenait le satellite de la planète mère, moi une étoile éteinte; les vacances étaient terminées.

Il nous restait pour l'hiver la complicité des études. Que j'ai aimé, que nous avons aimé tous les deux mes études! Là non plus Hermine ne mettait pas son nez, mais cette course aux diplômes la désolait, qui n'était à ses yeux qu'un alibi. Et il est vrai qu'échouer m'était presque indifférent. J'étudiais pour rester étudiante.

« Vous savez ce que ces vieux crocodiles ont demandé à cette fille de vingt ans pour son oral de latin? racontait maman dans les salons l'année où j'ai terminé ma licence : « Que savez-vous « de Lygdamus et de Sulpicia, auteurs sup- « posés des dernières élégies de Tibulle, « mademoiselle? » Et elle a été reçue! Comment veux-tu que ta fille ne soit pas stérilisée par ce genre de connaissance? ajoutait-elle à l'adresse d'Adrien, considéré comme responsable de mon goût pour les humanités. « Louise a bien besoin d'humanité, mais sans majuscule! »

— Tu es un peu retardée, voilà tout, me disait maman pour me consoler. Mais tu verras, la coquetterie est un instinct chez les femmes. Ça te viendra comme aux autres, mon Zizou. Y'a pas de raison... »

Y'avait pas de raison, je n'étais ni débile mentale ni handicapée. Mais « ça » ne venait pas. La vraie vie ne voulait pas commencer. Celle que je menais ne me déplaisait pas, d'ailleurs. A l'ombre des murs tristes de la Sorbonne, avec ma chère amie Agnès, nous pouvions nous passionner pour des questions qui ne nous remettaient pas en cause. Je pouvais tomber amoureuse de Diderot ou de Lamartine sans qu'Hermine me fasse remarquer : « Tiens, ton ami Denis ne t'a pas téléphoné depuis huit jours! »... Ou : « Alphonse se fout de toi, ma pauvre chérie. »

D'ailleurs, à la Sorbonne mon destin était scellé une fois pour toutes : le cheptel féminin se divisait en filles sérieuses et en jolies filles. La plupart des jolies étaient recalées ou ne terminaient pas leur licence pour cause de mariage; presque toutes les sérieuses étaient laides ou s'enlaidissaient à plaisir. On passait très difficilement d'une catégorie à l'autre. J'étais évidemment dans les sérieuses mais je rêvais en secret d'appartenir à l'autre groupe, sans oser faire ce qu'il fallait pour cela. Car jouer les séductrices me mettrait dans le clan des Messaline et des Circé, toutes ces putains, chiennes et sorcières lubriques, filles d'Eve dont les péchés écrasaient de honte les enfants de Marie. Pour nous faire pardonner ce cousinage honteux, pour nous racheter, ne fallait-il pas cacher nos désirs, baisser nos yeux et nos seins, travailler plus sérieusement que les autres, avoir une tenue sans équivoque?

Et pourtant, ma pauvre Louise, en ce temps-là, tu étais si peu chienne et à peine Eve! A vingt-deux ans, tu avais encore honte d'être une femme en même temps que la terreur secrète de ressembler à ta mère, pour qui désir et plaisir relevaient d'une maladie qu'elle appelait le feu au cul. A la moindre pulsion sexuelle, au moindre attendrissement au-dessous de la ceinture, tu t'imaginais comme dans un tableau de Jérôme Bosch, des flammes sortant de ta culotte et poursuivie par des hommes ricanants.

N'ayant aucune estime pour ton propre corps, comment croire que les garçons pouvaient le désirer autrement que pour soulager le leur ? Sexe muqueux, blessure, bouche entrouverte d'un rose indécent, vulve à replis bizarres, vagin, grandes lèvres, mots mouillés, ténébreux, jamais prononcés tout haut, inaptes à toute poésie, rejetés dans le médical ou le pornographique, objets de répulsion ou de rigolade dès qu'ils avaient servi... Comment ne pas envier la gauloiserie des jeunes mâles, leur familiarité affectueuse avec leur sexe, leur chance de posséder des organes avouables, décrits, statufiés, divinisés parfois ! Mais comment statufier un trou ? Tu n'étais pas née du bon côté, du côté propre, on te le rappelait sans cesse :

« Ne dis pas que tu es indisposée, même à ton père. Ça n'intéresse personne et surtout pas un mari...

— Ne laisse en aucun cas traîner une serviette hygiénique. Rien de tel pour dégoûter un homme à jamais...

— Ne te montre jamais à un homme au naturel. Ils disent qu'ils n'aiment pas le maquillage... à leurs femmes, mais c'est toujours des plus sophistiquées qu'ils tombent amoureux...

— Et crois-moi, n'accouche pas devant ton mari, même s'il te le demande. Ne le laisse revenir que quand tu seras recoiffée et que tu pourras lui offrir un visage souriant. La gésine, c'est le contraire de l'amour et un sexe écartelé, c'est un repoussoir. Mieux vaut le savoir AVANT. »

Quel fils entendra jamais son père lui dire : « Evite de te mettre à quatre pattes devant ta femme pour chercher tes pantoufles sous le lit. De dos, les roubignolles, c'est vraiment pas seyant... »

Les mâles n'ont rien à cacher. Ils sont là, incontestables et incontestés, jouissant d'un droit congénital à la sécurité, à la beauté, aux privilèges, comme les nobles sous l'Ancien Régime.

Cette discipline et cette pudeur qu'elle t'inculquait, Hermine se les est imposées toute sa vie. Jamais elle ne s'allongea sous prétexte que « c'étaient ses jours » et elle ignora superbement les vapeurs de la ménopause. Elle ne se permit de toute sa vie que quelques maladies d'homme, bien honorables, et bien moins qu'Adrien qui collectionnait les maux bizarres : fièvre aphteuse, rhume des foins, fièvre de Malte. Hermine le trouvait d'une maladresse! Elle méprisait les malades. Des gens assez bêtes pour attraper les maladies!

Heureusement, ma Louise, tu avais hérité d'une au moins des qualités de ta mère : son insultante santé.

Les années passant, à force de prendre le « S » à Solférino tous les jours à la même heure, de fréquenter les amphithéâtres mixtes de la Sorbonne, de suivre des cours de danse chez Georges et Rosy et de s'exposer dans les soirées agréées par ses parents, Louise finit par attirer l'attention de quelques modestes représentants du sexe opposé.

« Tu ne récoltes que des numéros impossibles », gémissait Hermine en inspectant le maigre défilé composé de jeunes gens qui ne correspondaient jamais à ses critères : fils d'ouvriers méritants, parvenus à l'université grâce à leur labeur, mais dont les complets achetés à la Belle Jardinière faisaient lever au ciel les yeux d'Hermine avant même que l'impétrant eût refermé la porte derrière lui. Jeunes barbouilleurs inconnus ou futurs écrivains présentement nécessiteux et mal rasés, auxquels Hermine, qui ne croyait qu'aux promesses tenues, s'empressait de prédire un destin de ratés, oubliant que les « bons » artistes sont toujours les artistes morts.

« Et si je te ramenais un nommé Amedeo, maman, pauvre, tuberculeux et alcoolique, crois-tu que tu reconnaîtrais Modigliani ?

– Ma pauvre chérie, je ne t'en demande pas tant. C'est tout de même pas sorcier de dégoter un garçon bien élevé ni alcoolique ni tuberculeux ni syphilitique et qui ne soit pas un con ! »

Mais quand ils n'étaient pas alcooliques, ils étaient juifs comme Rabinovitch. (« Tu te rends compte ? T'appeler Mme Louise Rabinovitch ? ») et quand ils n'étaient pas juifs, ils avaient l'accent du Midi.

« Loui-zeu, y a ton soupiraing qui teu demainn-deu », criait Hermine chaque fois que téléphonait Jean-Loup qu'elle surnommait Marius-et-Olive.

Quelques candidats bénéficiaient d'un sursis : parfois Hermine se trouvait encore à l'atelier quand Machin ou Truc venaient chercher Louise et Adrien, privé de directives, se montrait cordial. Mais il suffisait qu'à la visite suivante Hermine déclarât que Machin avait la tête d'un vendeur à la sauvette et que Truc n'était qu'un contremaître qui faisait croire à « cette pauvre Louise » qu'il était ingénieur, pour qu'Adrien changeât de camp et en rajoutât pour faire oublier son manque de vigilance : « Finalement, il était tout à fait impossible, ton petit copain grec. Timeo Danaos et dona ferentes. »

Louise ne reprochait même plus à son père ces menues trahisons. A vingt-trois ans, qu'était-elle d'autre qu'une attardée qui n'avait pas le courage d'imposer ses goûts et pas les moyens de s'offrir des hommes qui seraient du goût de sa mère ? En conséquence, elle ne ramenait que des candidats voués à plus ou moins brève échéance à la guillotine et assistait, navrée, à des exécutions qu'elle se trouvait dans l'obligation d'applaudir pour ne pas perdre l'estime des siens. « Enfin, Louise, tu ne vas pas me dire que ce garçon qui se rongeait les ongles jusqu'au sang te faisait battre le cœur ? Ces doigts toujours moites sur sa figure – ou ailleurs (rictus dégoûté ou regard salace) –, moi je ne pourrais pas ! » Non, je n'allais pas le dire.

Je sais maintenant que ma mère m'eût admirée violente, prête à imposer ma volonté, lui tenant tête, plutôt que lâche, faible et influençable. Et je me détestais de ne pas parvenir à exister face à elle, bien plus que je ne la détestais de me dominer.

Pourtant, ce François par exemple, tu l'avais aimé, Louise ? – Oui, Louise, celui-là, je le voulais. Afin qu'on ne me le casse pas avant la période d'accalmie que me fournissaient chaque été les vacances, je ne l'avais pas montré à la maison avant de partir camper cet été-là avec lui et quelques amis. Mais lui non plus ne résista pas à la rentrée dans l'atmosphère familiale.

« Tu sais, maman, j'ai passé des vacances merveilleuses. François me donne une impression de douceur et de sécurité...

– Déjà ? C'est inquiétant. Ce n'est pas par là que devrait commencer l'amour, mon Zizou. Tu parles comme une retraitée ! Je le vois déjà avec des charentaises et les sous-vêtements du docteur Poilane, ton François !

— Et si j'étais incapable d'enthousiasme et de passion ? A force d'attendre, je vais passer à côté de ma vie...

— Tu me fais rire, mon Zizou. Le jour où la passion te tombera dessus, tu ne te poseras même plus de questions et ce serait désolant que tu te retrouves mariée avec un Monsieur Prudhomme ! Maintenant tu fais ce que tu veux, ma chérie. »

Ce que je voulais ? Misère ! Impossible de démêler ce qu'il y avait d'elle en moi et ce qui était Moi, si Moi existait.

Je ne sais même plus où et quand j'ai perdu ma virginité à force d'essais non transformés, le cœur en déroute et les jambes serrées. Pas avec François en tout cas. Il perdait tous ses moyens quand enfin il avait franchi le quadruple obstacle que ma vertu, ma peur d'être enceinte, ma terreur d'attraper la syphilis et ma crainte de le décevoir dressaient sur son chemin. Avec Manuelo ? Sûrement pas. Mon pire souvenir de gâchis ! Il était pourtant l'inverse de François : inculte, sans moyens d'existence, le type espagnol et le poil noir. Trop de poils au goût de maman : ça faisait Homme et Homme, chez nous, ce n'était pas un compliment. Il joignait à tout cela le toupet d'être beau, ténébreusement beau, à damner une jeune bourgeoise, surtout quand la guerre fut venue lui fournir une tenue romantique, l'uniforme de chasseur alpin, et un emploi avouable. Ses baisers me coupaient les jambes, son regard de desperado me fendait le cœur mais, sans savoir pourquoi, comme le petit tambour Bara, je résistais.

Comme c'est bien, ça, Louise ! Tu n'avais que vingt-trois ans et demi après tout, mon pauvre bébé... — Tais-toi, Louise, laisse-moi continuer.

Par lettres, je l'enflammais. Je n'ai jamais eu peur des mots écrits. Jusqu'au jour où il fut muté, en 41, et réduit aux cartes interzones qui ne prévoyaient que des correspondants malades, blessés ou décédés, réclamant des provisions ou de l'argent et n'ayant le choix qu'entre affectueuses pensées et baisers.

Après avoir complété cette carte strictement réservée à la correspondance d'ordre familial, biffer les indications inutiles. — Ne rien écrire en dehors des lignes.

ATTENTION. — Toute carte dont le libellé **ne sera pas uniquement** d'ordre familial **ne sera pas acheminée et sera probablement détruite.**

Rabat, le 15 Mai 1941

Etes-vous en bonne santé ? je suis bien fatigué

et légèrement, ~~gravement~~ malade, ~~blessé.~~

~~tué~~ ~~prisonnier.~~

Je vais bientôt décédé si je reste sans nouvelles.

~~de~~ - ~~La famille~~ ~~va bien.~~

~~besoin de provisions~~ ~~d'argent.~~

~~nouvelles, bagages.~~ ~~est de retour à~~

Je travaille à passer le temps ~~va entrer~~

~~à l'école de~~ - ~~a été reçu~~

Quand pourrais-je aller au bout du monde ?

Encore quatre mois avant la prochaine permission

C'est long. La patience fortifie. Comment allez vous ?

Affectueuses pensées. Baisers. *Signature,*

Manolo

Un jour, sans m'avoir prévenue de son retour, il sonne à ma porte, bronzé, en uniforme, son grand béret incliné sur l'oreille, irrésistible. S'il était resté en uniforme, peut-être, en m'enveloppant dans sa cape, en me prenant au nom de la France, un peu vite, un peu fort, en temps de guerre, n'est-ce pas... Mais il avait tendance à se déshabiller et à me vouloir nue. Ce n'était plus alors le beau conquérant, mais un homme avec une femme, et ça, j'aimais moins.

Nous finîmes par conclure un accord : j'accepterais de me déshabiller, de m'allonger avec lui sur son lit, mais sous ma jupe et mon chandail je porterais un costume de bain. C'était tout de même un deux-pièces. C'était à prendre ou à laisser. Il prit.

J'étais bien décidée à ne pas transgresser cet absurde code de la route qui régissait la conduite des jeunes filles comme-il-faut délimitant fermement les frontières du permis, du toléré et du défendu. Le baiser? En vente libre. Les seins? Déjà rationnés. On pouvait palper, presser, malaxer, à condition de ne pas s'attarder sur les pointes afin d'éviter toute réaction pouvant affaiblir la volonté. Quant aux caresses entre les cuisses, elles devaient rester vagues et légères, avec interdiction d'introspecter les zones closes. Un ou deux balayages de bas en haut de... comment pourrait-on appeler ça?... Mais à la première onde de plaisir, panique, on ferme!

La chambre avec lavabo apparent, où logeait Manuelo, au 6e étage d'un petit hôtel du Quartier latin, était sordide. Mon deux-pièces à moi était bleu ciel à fleurettes blanches avec un « bas » en forme de barboteuse. On était en novembre et je me sentais parfaitement grotesque. Je l'étais. Mais Manuelo ne s'est pas moqué de moi, hélas! et n'a cherché à m'enlever ni le haut ni le bas. Après avoir suivi les étapes prévues sur ma carte et respecté les stationnements interdits, il a fini par éjaculer contre ma cuisse et j'ai eu le toupet de trouver cela répugnant.

Louise, tu me fais de la peine. Au moins Hermine était logique avec elle-même. – Fous-moi la paix, ma vieille. Si seulement j'avais pu être autrement!

Après plusieurs séances éprouvantes où Manuelo s'escrima en vain à émouvoir sa ridicule baigneuse, me détestant dans ce rôle de vierge impure, je me crus obligée de lui offrir une compensation. Ça portait un nom affreux, comme tout ce qui se passait dans ces coins-là : tailler une pipe ou, pire, faire un pompier. Une expression qu'Hermine utilisait parfois avec cette moue ironique qu'elle affectait toujours pour parler du sexe. Au moins, par la bouche, on n'attrapait pas d'enfant ! Pour ne pas vexer Manuelo, j'ai bu la tasse sans en renverser une goutte, au bord de la nausée. Ce jour-là, je me suis juré de ne jamais exposer un homme à ressentir pareil dégoût sur ma personne. Pourtant, j'aimais ce corps étroit et maigre, cette peau dorée d'Espagnol, ces gestes passionnés qu'il avait. Hermine disait qu'il avait mené « une vie de bâton de chaise », formule mystérieuse mais qui semblait impliquer une large expérience des choses de l'amour. Pourquoi ne parvenait-il pas à me faire oublier cette spectatrice assise en moi qui me gâchait le plaisir et ressemblait à ma mère ?

J'avais souvent entendu Hermine dire que le sperme sentait la truffe. Bien sûr, elle ajoutait qu'elle détestait les truffes. Cela faisait beaucoup rire dans les salons.

« La truffe, tiens, tiens... Je n'y avais jamais pensé », disaient les dames les plus culottées, la langue pensive...

Les messieurs riaient très fort, trop fort :

« Elle est impayable, cette Hermine ! »

Moi, je prenais l'air niais de celle qui n'est pas censée connaître le goût du sperme. Et puis cette boutade me paraissait typique de l'esprit de ma mère, celui que je détestais : n'importe quoi pour scandaliser ou faire rire la galerie. Et voilà que quarante ans plus tard des chercheurs allemands découvrent enfin pourquoi les truies détectent les truffes même à un mètre de profondeur : c'est qu'elles contiennent une hormone très odorante analogue à celle du verrat. Ah! Hermine! Tu continues à m'épater!

En attendant, je ne trouvais ni le courage de rompre, ni celui de céder et je me demandais combien de temps encore l'amour allait se conclure par cette morne collation qui me laissait honteuse et écœurée. C'est le sort qui décida pour moi, une fois de plus : Manuelo dut partir pour Briançon avec sa compagnie de chasseurs alpins et je me suis retrouvée dans mon domaine favori et sans danger : l'étude. J'ai enfin pu remettre mon costume de bain dans la malle des vacances.

Arriva l'été 42.

La vie procède par paliers, elle ne s'écoule pas comme une rivière en plaine. Tantôt elle s'étale en méandres dont on pense qu'ils ne finiront jamais et soudain, la pente change, et elle se précipite en rapides imprévus. Alors qu'on se désespère et que tout semble stagner, le paysage se met à changer brusquement et le cours des choses est bouleversé. Rien ne sera plus jamais comme avant.

C'est au mois d'août 42 que la vie de Louise changea de cours, le jour où elle arriva au château d'Ingrandes chez les Infâmes.

Les zones côtières étant interdites par les autorités d'occupation, Louise, qui possédait un vieux canoë, décida de descendre la Loire avec une bande de camarades de la Sorbonne suffisamment implantés dans la région pour assurer à toute l'équipe d'appréciables relais de ravitaillement. Les raisons alimentaires semblaient suffisantes à l'époque. S'y ajoutait pour Louise un bon prétexte : surgir à Ingrandes, telle une Viking dans son drakkar, pour piller, conquérir et... se faire violer si possible. Ingrandes où son cousin Bernard passait les vacances avec ses inséparables amis, quatre étudiants en médecine comme lui, brillants, pleins de morgue, mal élevés comme on ose l'être quand on descend des meilleures familles, et tombeurs de filles en tout genre. Ils s'intitulaient ouvertement « les Infâmes », provocation qui fonctionnait à merveille auprès des demoiselles qui, habilement manipulées, se jalousaient, se trahissaient et rivalisaient de bassesse dans l'espoir de sortir de l'anonymat du cheptel pour faire partie de ce qu'il convenait – à tort – d'appeler les « heureuses » élues. On se battait pourtant pour en être.

Par Bernard, Louise avait depuis longtemps ses entrées dans la bande et, malgré les avertissements du cousin, nourrissait un sentiment secret pour le plus cynique et le plus infâme des Infâmes.

Hugo ressemblait à Heathcliff. D'une beauté sombre et tourmentée, il savait passer du romantisme de Hurlevent au cynisme d'un Rastignac, se montrer plus tendre que Chatterton et plus misogyne que Barbey d'Aurevilly, son auteur de chevet. Le truc des Infâmes consistant à se reconnaître précisément pour infâmes. Louise n'avait reçu d'autre encouragement d'Hugo que l'habituel brouet d'avanies, assaisonné parfois de divines surprises, de soirées si parfaites que la plus méfiante eût baissé sa garde, pour se voir le lendemain rejetée dans les limbes de l'indifférence et convaincue qu'elle avait rêvé son bonheur. En partie pour ménager son amour-propre, elle attribuait ces revirements à la discipline collective et comptait sur ce séjour pour amener Hugo à dévoiler des sentiments dont elle ne doutait pas qu'ils lui fussent favorables, bien qu'elle partageât cette certitude avec plusieurs autres jeunes personnes qui s'étaient également vu distinguer au cours des mois précédents. Une présence plus constante, un certain relâchement de la discipline dû aux vacances, des occasions de tête-à-tête plus nombreuses que dans les surprise-parties parisiennes constituaient cependant des éléments encourageants, et Louise abordait cette croisière avec optimisme.

Elle ne fut pas déçue par ses « copains » de Sorbonne, les ayant volontairement choisis pour leurs liens avec le monde agricole plutôt que pour leur charme personnel. La descente de la Loire en compagnie d'Agnès, la fille de son professeur de grec, lui procura ce bonheur paisible qu'elle trouvait dès qu'elle échappait à la sphère familiale. Elle redécouvrit le goût du beurre quand on peut en mettre trop sur assez de pain, le luxe de manger de la viande tous les jours, rôtie sur des feux de sarments, et les longues conversations du soir avec Agnès, dans l'odeur de sable et d'eau douce de la Loire.

Après tant d'années sur les bancs de l'école puis de l'université, c'étaient les premières vacances qu'elles passaient ensemble et toutes deux se grisaient d'amitié, de poésie et de rêves d'avenir, avec cette ardeur un peu mélancolique des jeunes filles qui savent bien qu'un homme viendra, ou plutôt un mariage, où elles devront – et voudront – engloutir tout leur pouvoir d'aimer et tout leur temps de vivre. Louise aimait Agnès parce qu'elle aussi était en retard question hommes et qu'elle ne changeait pas de visage ni de manières, comme tant d'autres, dès qu'un garçon entrait dans le champ. C'était une grosse jeune fille timide qui s'habillait pour s'effacer et feignait de ne pas s'intéresser aux jeux de l'amour alors qu'elle se mourait de sentiment. Tenant la maison depuis la mort de sa mère, elle terminait l'école des Chartes et semblait vivre à l'aise dans un monde où Isocrate, Alcibiade ou Pindare avaient plus de réalité que le maréchal Pétain ou les restrictions alimentaires. Elle ne dansait pas le lambeth-walk, ramait mal, courait comme une oie du Capitole, ne supportait ni le soleil ni l'eau froide, mais sous sa capeline démodée, où elle rassemblait à grand-peine les mèches rousses de ses cheveux trop fins, elle semblait délicieusement surgie d'un autre siècle, d'un roman anglais ou d'un tableau de Renoir intitulé *Jeune fille aux taches de rousseur.*

Louise et Agnès se réjouissaient d'autant plus de partager le même canoë et d'avoir refusé, contrairement aux autres filles, de prendre un barreur mâle, que les copains avaient l'habitude chaque soir, en abordant dans l'île où ils allaient planter leurs tentes, d'entreprendre « pour se poiler un peu » une course-relais de plaisanteries rituelles. Ils parlaient haut, se traitaient joyeusement de fumiers et de saligauds, crevant la bulle fragile de la beauté du soir à coups de calembours et de contrepèteries qui se terminaient régulièrement par une partie de pince-popotin à laquelle les frangines répondaient par des cris d'orfraie qui ne constituaient qu'une incitation à poursuivre. Pour eux, les paysages étaient « baths », les filles « marrantes » et cette balade sur la flotte « au poil ».

La croisière commencée à Beaugency devait se terminer aux Ponts-de-Cé : Agnès reprenait le train pour finir ses vacances à Tours chez sa grand-mère; les copains rentraient à Paris. Pour Louise, l'aventure commençait. Elle se sentait plutôt belle pour une fois, tout auréolée de son exploit, deux cent cinquante kilomètres de Loire à la pagaie ! C'était maintenant ou jamais, et, qu'il l'aimât ou non, ce serait Hugo.

Les Infâmes avaient en effet la réputation de savoir faire céder les vierges les plus endurcies. Bonne affaire pour Louise, si longtemps retranchée dans des attitudes défensives et qui ne savait plus dire *oui*. Autre avantage : en cas de pépin, il valait mieux se trouver enceinte même d'un simple externe que d'un agrégé de lettres ou d'un polytechnicien, le premier ne perdant pas des semaines précieuses à vous administrer du Benzo-Gynoestryl ou de la quinine. Enfin les Infâmes offraient une garantie supplémentaire : ils avaient la réputation de tirer leur feu d'artifice sur le gazon.

Les quarante derniers kilomètres, Agnès et Louise les parcoururent vent debout, dans un canoë surchargé de toutes les provisions restantes qu'on ne pouvait décemment pas abandonner aux corbeaux, et sur un fleuve que venaient de grossir l'Indre et la Vienne. Elles faillirent chavirer dans un remous à Montjean, furent contraintes de s'arrêter pour écoper le bateau, n'arrivèrent qu'à la nuit tombée à Ingrandes et durent monter leur tente à la lueur de lampes de poche dans un pré détrempé. Mais Louise s'endormit du sommeil heureux qui suit les grandes empoignades avec les éléments ou qui précède les grandes batailles.

Le lendemain à l'aube, elle conduisit Agnès à la gare, tira son canoë au sec, sortit sa dernière robe propre du sac imperméable où elle était roulée et se dirigea, le cœur un peu serré, vers le repaire des Infâmes, un petit château des bords de Loire, au milieu des vignes, où une dame noble et ruinée recevait des hôtes payants. Veuve, elle les choisissait de préférence mâles sous prétexte de l'aider aux vendanges, alibi diurne d'activités nocturnes qui ne s'embarrassaient pas de feuilles de vigne. Outre la châtelaine, minuscule blonde pleine d'allant et d'humour qui s'appelait Juliette mais qu'on surnommait la Vieille en raison de ses quarante-cinq ans, le manoir abritait quelques filles de l'habituelle suite que les Infâmes traînaient après eux, comme les armées d'autrefois leurs cantinières et leurs putains, vivier en perpétuel renouvellement où chacun puisait selon son caprice puis remettait à disposition conformément à l'article n° 1 des statuts : « De l'amour, il n'existe pas. »

Ce principe, complété par l'article 2 : « L'adjectif *intelligent* ne prend pas d'e », justifiait la mise en commun des demoiselles, la circulation de toutes informations les concernant et l'accès libre de chaque membre aux « archives », un stock de lettres constitué par Jean-Marie, le littéraire du groupe, et pouvant convenir aux différents stades de toute idylle : premier rendez-vous, prélude badin, déclaration brûlante, scène de jalousie, pose de lapin, fausse sortie ou vraie rupture. Les Infâmes pouvaient ainsi, sans perdre de leur précieux temps, faire face à tous les cas de figure. Il suffisait de changer le prénom de l'oiselle.

En ce temps-là, les jeunes filles filaient doux. C'était une question de vie ou de mort. Plus on cherchait à se débattre, plus on se retrouvait humiliée. Matraquées par Montherlant, la référence inévitable, qui démontrait magistralement qu'une femme ne pouvait prétendre qu'à être une Andrée Hacquebaut, intelligente mais laide, ou une Solange Dandillot, ravissante mais idiote, renvoyées à leurs casseroles avant même de savoir lire par Aristote, Molière, Rousseau et les autres, dont il ne leur venait même pas à l'idée de contester les évidences, n'osant se réclamer ni de

George Sand, une dévoreuse qui rendit ses amants poitrinaires, ni de Germaine de Staël, intelligente mais laide justement et qui fut malheureuse, c'est elle qui l'avoue... Moins encore de Colette à qui l'on attribuait les vices de Willy en plus du sien propre : être lesbienne... Que leur restait-il pour se faire épouser malgré tout et aimer si possible, sinon bien cacher l'intelligence d'Andrée Hacquebaut, si on l'avait, sous la beauté de Solange Dandillot, si on l'avait ! Que faire sinon devenir, ou être de naissance, ce gibier idéal, craintif et masochiste à souhait, ce doux gibier dont il était si bon de faire battre le petit cœur, cette colonie asservie, humiliée, amadouée, aimée, oui, aimée, c'était ça le drame, cette bête familière qu'ILS mettaient dans leur lit, caressaient un peu, beaucoup, passionnément, pas du tout, et à qui en fin de compte, quand elle promettait d'être douce et fidèle, ils offraient un collier à leur nom en échange de sa vie.

Louise avait beaucoup lu, mais peu réfléchi, heureusement. Sinon, elle eût repris son canoë le jour même. Mais avec cette naïve inconscience, cet héroïsme suicidaire si féminin, elle voulut oublier les humiliations publiques dont les Infâmes abreuvaient celles qui leur parlaient d'amour et parmi eux le premier, *The King,* l'inventeur des Infâmes, celui qui exerçait son terrorisme intellectuel sur le groupe tout entier. Elle admirait son intelligence, son courage, sa beauté et même sa vacherie. Elle ne voulait pas Hugo à condition qu'il l'aime, elle voulait Hugo.

Avec sa haute silhouette un peu voûtée, des cheveux blancs déjà dans sa crinière de vingt-cinq ans, sa bouche épaisse aux deux lèvres égales, son regard couleur de mousse et cet air... cet air..., il était bien le plus irrésistible, se dit Louise en le retrouvant dans ce cadre qui semblait fait pour lui.

Ingrandes subissait, du fait de la guerre, une promotion inattendue. Ce tendre village angevin que rien n'aurait dû tirer de la somnolence laiteuse des bords de Loire ressemblait cet été-là à un port de mer à la mode parcouru de Parisiens en short. Ses rives sablonneuses se trouvaient hissées à la dignité de plages, il y poussait des parasols, et ses paysans se voyaient offrir à domicile les Folies Bergère sous forme de dames décolletées, ils appelaient ça dépoitraillées, et trop court vêtues, qui venaient minauder sur leur fumier en échange d'un quart de beurre ou d'un kilo de patates !

Brunie, musclée, engraissée de produits du terroir, Louise fut accueillie au château comme une belle aventurière et non comme la sorbonnarde forte en thème qu'elle incarnait d'habitude. Les Infâmes lui firent fête, ils adoraient voir arriver des victimes fraîches. Mais l'entreprise qui consistait à isoler un membre du groupe se révélait hasardeuse car ils avaient pour principe de ne jamais s'éloigner du clan. En dehors de brefs apartés au cours de ce qu'ils appelaient leurs soirées-stupre, le temps d'un baiser ou même d'un baisage rapide si le fruit était mûr, ils évitaient tout ce qui eût pu ressembler à une relation privilégiée, à une préférence durable pour telle ou telle. L'usage voulait que l'on chauffât toutes les filles à blanc et qu'on les tirât au sort ensuite. Au sort ou au goût, Hugo récoltant les passionnées et les romantiques, Julien, le musicien-chérubin, les idéalistes ou les adolescentes, et Jean-Marie, le poète joueur d'harmonica, se réservant les sentimentales. Quant à Bernard, le boute-en-train sportif, il s'attribuait les joyeuses luronnes, comme on en trouve toujours dans chaque bande.

Les deux autres, physiquement moins bien lotis, profitaient des surplus, assuraient l'intendance, la claque et la bonne marche du Syndicat d'Admiration Mutuelle.

Le mousseux des bords de Loire aidant, on stupra beaucoup au château pendant ces vacances-là et les Infâmes se montrèrent sous leur meilleur jour : musique, humour, sens de la fête, amitié érigée au rang des beaux-arts et cimentée par un mépris sans faille pour la gent féminine, grandes idées sous la lune... De quoi se pâmer d'amour. Au moins, ne souffrirait-on pas pour des médiocres.

« Vous êtes bien belle ce soir, lui chuchotait parfois Hugo en dansant. Je t'aimerais presque si j'avais le droit d'aimer...

– Qui vous en empêche?

– Mes ambitions... Une discipline personnelle. C'est parfois dommage », ajoutait-il en la serrant un peu plus fort, la bouche dans ses cheveux.

Tu joues « le ténébreux, le veuf, l'inconsolé », mais attends un peu de faire l'amour avec moi dont tu ne te méfies pas, pensait Louise, pleine de confiance en elle-même soudain et parcourue de tentations exquises, car elle échappait depuis un bon mois aux discours givrants de sa mère.

La fête foraine d'Ingrandes tombait le 22 août. Les Infâmes décidèrent de donner un concert public sur la place et le maire, frère de la châtelaine, accepta d'ignorer ce soir-là le couvre-feu. On mêla Bach et Gershwin, le mousseux et le vin de Saumur, on oublia la guerre, on s'énamoura à loisir. Louise vit Hugo disparaître à plusieurs reprises dans les bosquets avec la Vieille, dont l'abattage et le goût évident pour le genre masculin la reléguaient, elle, dans les limbes de la fade vertu ou de la juvénile innocence, ce qui revenait au même.

Avait-il délégué ses pouvoirs ou bien Jean-Marie se trouvait-il en disponibilité ce soir-là ? C'est avec lui surtout qu'elle dansa, tout en jetant à Hugo, chaque fois qu'elle le croisait, des regards brûlants dont elle évacuait soigneusement toute nuance de reproche ou de mélancolie car les Infâmes avaient horreur des emmerdeuses.

Jean-Marie ressemblait à un Eskimo blond, plutôt petit, trapu et fort, avec un grand front en pente et des yeux bleus bridés. Pas du tout son genre. Mais il dansait à merveille et puis il était important de s'en faire un allié, le veto d'un seul des Infâmes pouvant entraîner l'exclusion d'une candidate. Il allait sûrement lui faire le coup des poèmes, sa spécialité. Julien, dit le Chérubin, c'était le coup des chorals de Bach, de préférence à l'orgue, dans une église de campagne. Les jeunes filles tombaient comme des mouches quand son visage d'ange distrait, qui lui avait valu son surnom, s'illuminait soudain et qu'il chantait de sa voix sourde des paroles allemandes avec l'accent espagnol. A défaut d'Hugo qui « emballait » grâce au coup de l'angoisse et du mal de vivre, Louise se contenterait pour cette fois du jazz américain et des poèmes de Laforgue. *St James Infirmary* à l'harmonica par une tiède nuit de fin d'été quand on pleure d'amour pour un autre, c'est une jouissance douce-amère... Et puis elle voulait entendre parler d'Hugo par son meilleur ami.

« The King, c'est le plus génial de nous tous, lui déclara Jean-Marie. S'il y en a un qui réalise un jour de grandes choses, ce sera lui. Ce serait dommage qu'une fille lui mette le grappin dessus. J'aime mieux le voir avec la Vieille. C'est sans risques. Et puis elle, elle sait l'apprécier.

– Vous ne prenez pas souvent de risques, de toute façon, hasarda Louise.

— Parce qu'il y en a toujours cinq pour veiller au grain. Et puis on les choisit connes de préférence... elles font moins de dégâts. Le chiendent, c'est celles qui se prennent pour des intellectuelles. »

Dans l'os. Mais on ne venait pas chez les Infâmes pour écouter des fadaises.

« Mais quand l'un de vous tombera vraiment amoureux ? » demanda-t-elle d'un ton qu'elle voulut léger.

Jean-Marie partit d'un grand rire :

« Vous connaissez l'article 1 ? Et puis en cas de danger, nous avons carte blanche pour intervenir. Si vous vous sentez trop sentimentale, vous auriez bien tort de traîner ici », ajouta-t-il presque tendrement.

Louise sentit une larme déborder de sa paupière. Heureusement il faisait nuit. Hugo lui avait dit quelque chose ? Bien sûr. Ces salauds se disaient tout.

« Nous redoutons le cœur comme la peste, poursuivait Jean-Marie. Il n'y a rien de tel pour foutre en l'air une amitié... et pour rater l'internat.

— Et vous n'en avez pas marre de considérer toutes les filles comme des carpettes ?

— Vous voyez, nous sommes formidablement heureux. Et puis ce sont des carpettes !

— Evidemment, vous les choisissez pour ça !

— C'est drôle, vous n'arrivez pas à admettre que sincèrement, les filles, l'amour, tout ça pour nous, c'est secondaire. Ça ne veut pas dire que nous sommes hostiles au corps féminin, ajouta-t-il après un silence en caressant d'un doigt, très doucement, la jambe nue de Louise allongée dans l'herbe. Pour danser... pour rêver... pour l'illusion que l'amour existe. On n'est pas de bois. »

Cette façon de dire « nous » comme s'ils

n'avaient qu'un seul cœur. Et « vous » comme si les filles ne formaient qu'un magma informe et homogène... Mettez-m'en six portions pour ce soir...

« Refuser le mariage, d'accord. Mais pourquoi vous conduire comme des mufles ? Ça vous rassure ?

– Je sais à qui vous pensez, dit Jean-Marie. Mais je crois que la muflerie est indispensable. Ça protège contre les coups de cœur. Les filles sont incroyables, vous savez. On est infects avec elles, on ne leur cache pas nos idées... eh bien, ça ne les décourage pas, au contraire !

– Vous trouvez que je suis folle d'être venue à Ingrandes ?

– Pas forcément... à condition d'y venir sans illusions. »

Le silence tomba. Jean-Marie se mit à jouer quelques mesures de *Stormy Weather* sur son harmonica. Il ne lui avait pas fait le coup des poèmes, finalement, elle lui en fut reconnaissante. Comme s'il avait deviné ses pensées, il l'interrompit :

« Je vous dis ça parce que je vous aime bien, vous savez. De beaucoup plus fortes que vous se sont brisé le cœur sur Hugo. »

Il avait raison. Jour après jour Hugo s'était bien foutu d'elle, la serrant tendrement quand ils dansaient, l'embrassant comme s'il l'aimait puis l'oubliant ostensiblement, ou lui expédiant une de ces phrases blessantes si bien ajustées... Mais s'il avait peur de ses sentiments, justement ? Sous ses complexes, Louise cachait au fond d'elle-même une assez haute opinion de sa personne. Hugo ne pouvait pas la mettre sur le même plan que toutes ces crétines dont il s'entourait par prudence. C'est vrai qu'il y avait la Vieille, pas crétine du tout et qui occupait le terrain, en l'occurrence le corps d'Hugo, avec une indécence! Il n'y avait aucun espoir. Elle s'en irait à la fin de la semaine, par dignité.

Mais le lendemain, Louise trouva un mot épinglé à sa tente : « J'apprends que vous partez dimanche. Puis-je vous inviter ce soir à dîner? »

Ils se retrouvèrent dans une petite auberge des bords de Loire et, miracle, Hugo n'avait pas amené au dernier moment un autre Infâme ou, pire, une de ses amoureuses.

« Pourquoi vous sauvez-vous si vite? J'espérais que vous resteriez jusqu'à la fin des vacances? (Il espérait... il s'inquiétait... il avait donc des intentions sur elle? Son cœur bondit.)

Elle tenta de faire dire à ses yeux ce que ses lèvres ne parvenaient pas à articuler : Des mots de feu lui creusaient d'une manière délicieuse l'estomac, le ventre et plus bas encore. Louise, allez... dis-le... Elle ouvrit la bouche, bien décidée :

« C'est vrai qu'on n'a pas trouvé le temps de se parler », bafouilla-t-elle avec désespoir.

Hugo contemplait Louise d'un œil à la fois tendre et sardonique, se débattant derrière sa lourde cuirasse de jeune fille bien élevée et sans doute désespérément vierge. Il laissait durer le silence, pour la désarçonner.

« Je voulais vous demander, reprit-elle courageusement, vous ne m'avez jamais dit finalement ce que vous pensiez de ce livre que je vous ai prêté à Paris : *In vino veritas.* C'est un livre formidable, non? »

La communication directe par mots ou par gestes étant impraticable pour elle, comme beaucoup de jeunes filles de son époque elle lançait des messages codés par livre interposé. On offrait *Sparkenbroke* ou Rainer Maria Rilke pour signifier : je t'aime. On répondait : je ne t'aime pas à travers Vigny ou Baudelaire.

« Je n'ai pas eu le temps de le finir, disait Hugo de sa belle voix grave, mais je l'ai apporté ce soir justement, pour qu'on en discute. Je vous avoue que je suis tout à fait d'accord avec les thèses de Kierkegaard, en particulier sur les femmes... Je m'étonne même, ajouta-t-il perfidement, qu'il y ait des filles assez masochistes pour faire lire ça à leur boy-friend ! Je sais bien qu'entre nous deux ça n'a pas d'importance puisque je ne suis pas votre boy-friend, mais... vous me fournissez des arguments contre vos semblables. C'est par vacherie ?

– Mais ce ne sont pas mes semblables, répliqua-t-elle vivement. Pas plus que je ne vous considère comme le semblable de Goering ou du maire d'Ingrandes. »

Hugo regarda Louise... elle l'aimait vraiment, ma parole. Tous les stigmates de la vierge émue ! Elle lui semblait mieux qu'à Paris d'ailleurs, moins guindée, moins bas-bleu, plus vulnérable. On allait s'amuser. Il serait temps qu'elle se dévergonde, celle-là. Une intellectuelle ! La pire race parce qu'elles se regardent vivre au lieu de se laisser aller à leur féminité. Résultat, à près de vingt-cinq ans, c'est encore : Baiserai-je, maman ?

« En tout cas, avouez que c'est bien agréable de se trouver d'accord avec un monsieur comme Kierkegaard ! Tenez, je voudrais vous lire un passage particulièrement instructif que j'ai souligné puisque vous m'avez dit que vous aimiez les livres annotés. »

Il ouvrit le petit volume vert : « – Les femmes
« ne devraient jamais assister à une fête, puisque
« manger et boire sont les éléments les plus
« importants et qu'elles ne sont pas capables de
« se tenir. Et le seraient-elles qu'elles manquent
« d'esthétique. »

— Alors pourquoi vous entourez-vous de tant de filles pour vos fêtes ?

— Attendez, je continue, coupa Hugo : « Il « appartient à l'homme d'être absolu, d'agir dans « l'absolu, d'exprimer l'absolu. La femme relève « de la relativité. Si on ne la considère pas de « cette manière, poursuivit-il en scandant chaque « syllabe, elle peut causer des dégâts irréparables. » Vous voyez que les statuts des Infâmes s'inspirent des meilleures sources.

— Il suffit pourtant de regarder autour de soi pour voir que les femmes sont beaucoup plus souvent victimes que bourreaux.

— Disons qu'elles jouent les victimes et qu'elles pleurent plus facilement, voilà tout. En fait, les hommes ont tellement à perdre avec les femmes : leur carrière, leur talent, leur génie s'ils en ont. C'est pour cela que celles qui se mêlent de penser, comme vous, ma chère, sont dangereuses. Heureusement, vous n'êtes pas d'une beauté bouleversante. Je pense que je ne vous vexe pas en disant cela ? C'est une constatation que vous avez dû faire vous-même dans votre miroir... »

Louise savait encaisser. D'ailleurs, pourquoi se vexer d'une vérité qui lui sautait aux yeux tous les matins ?

« Je ne suis pas du genre vamp, c'est vrai. Mais vous n'avez pas tellement l'air de fuir les vamps...

— Quand elles sont idiotes, parfait. Et c'est le cas le plus fréquent ! Mais d'une manière générale, nous ne voulons que des femmes inoffensives et divertissantes. Quand elles tombent amoureuses, elles deviennent d'un sinistre !

— Et vous estimez que les hommes, eux, sont inoffensifs et divertissants ?

— Ils n'ont pas à l'être, Louise. Vous vous obstinez à les mettre sur le même pied que les femmes. Eux doivent agir dans l'absolu, ce sont des créateurs de mondes. Vous, vous ne créez que des êtres. Et qui vous échappent. La vraie grandeur, en fait, pour les hommes, ce serait de renoncer aux femmes. C'est ce qu'a fait Kierkegaard : il a rompu avec la femme qu'il allait épouser et qu'il n'a jamais cessé d'aimer pourtant. Son œuvre était à ce prix.

– Musset, Balzac, Hugo ont fait la leur sans renoncer aux femmes...

– D'accord, mais à condition d'en aimer plusieurs à la fois pour pouvoir échapper à l'emprise d'une seule. Tout de même, ça ne vous impressionne pas, cette unanimité des philosophes, des romanciers, des hommes de science, d'Aristote à Nietzsche? Vous qui lisez justement... Tant de gens intelligents ne peuvent pas avoir tort?

– Vous savez, tant de gens intelligents ont cru que les nègres n'avaient pas d'âme ou que la terre était plate...

– Oui, mais ils ont changé d'avis! On a changé d'avis sur tout sauf sur les femmes! Vous voulez que je vous dise une chose? Buvez d'abord, c'est dur à entendre pour une fille comme vous, dit-il en remplissant à nouveau son verre de ce vin qui l'anesthésiait agréablement. Vous ne serez jamais heureuse tant que vous chercherez à être l'égale de l'homme.

– S'il faut faire semblant d'être inférieure pour être aimée, je préfère sacrifier les hommes, dit Louise dans un bel élan.

– Vous finirez par y passer comme les autres, dit Hugo en riant. Et puis dans l'immense majorité des cas, il n'y a pas besoin de faire semblant, c'est ça que vous ne voulez pas comprendre. *In Kierkegaard veritas,* écoutez : « Quel malheur « d'être une femme. Et cependant le vrai malheur « consiste en réalité, lorsqu'on est femme, dans « le fait qu'on ne comprend pas son malheur. »

Jugeant sans doute qu'il avait bien dispensé le froid, Hugo passa au robinet d'eau chaude. Il prit la main de Louise et velouta ses yeux :

« Pourquoi m'avez-vous prêté ce livre ? Avouez que vous me tendiez la perche. C'est ça que je ne comprends pas chez les femmes, ce goût de souffrir. Je ne vous croyais pas comme les autres pour ça... C'est même ce qui m'a toujours intéressé en vous. »

Il se fit un doux silence. Hugo la regardait dans les yeux comme s'il se posait une question. Le moindre de ses compliments effaçait mille injures.

« Je n'ai pas tout à fait fini votre livre, mais si vous voulez que je vous le rende ?

– Non, non, finissez-le, au point où vous en êtes, dit Louise avec un sourire résigné.

– On se boit un petit marc de champagne pour clore cette brillante joute ?

– Je crois que j'ai assez bu comme ça, répondit Louise, je me laisse agresser sans même me mettre en colère...

– Vous avez peur de vous-même ? Ne seriez-vous pas d'une monstrueuse timidité, Louise-Adrienne ? Ça vous va très bien, ce nom-là. C'est un nom du XIXe et vous êtes encore du XIXe malgré vos airs émancipés. L'ennui c'est qu'il n'y a plus d'hommes du XIXe...

– « Ce stupide XIXe siècle », comme disait Léon Daudet ! Ce n'est pas un compliment que vous me faites, en somme.

– Oh ! vous savez, il suffit d'une chiquenaude pour changer de siècle. Le tout c'est de ne pas se barricader. Vous êtes toujours sur la défensive, comme si vous aviez peur qu'on vous vole quelque chose... Même quand on danse avec vous, on vous sent raidie dans la méfiance. Et quand on veut vous embrasser... Pourtant vous avez une bouche sensuelle. »

Il passa son doigt sur les lèvres de Louise et lui donna un coup d'index sous le menton. Elle n'aimait pas être traitée comme une petite fille mais se laissa faire. On est toujours secrètement flatté qu'on vous parle de votre sensualité.

« Buvez, ça ne peut vous faire que du bien. C'est une ordonnance ! Et puis je vous ramène à votre campement, ma chère sauvage. On va revenir par le chemin de halage, vous verrez, il est délicieux. Il fait une nuit à oublier Kierkegaard, vous ne trouvez pas ?

– Moi, j'ai tout intérêt à l'oublier, si j'ai bien compris ! »

Hugo sourit et passa un bras sur ses épaules :

« Vous êtes belle joueuse, c'est rare pour une fille. »

Toujours le même jeu de bascule. Mais où était le vrai, sinon dans ce visage dont elle aimait les traits inquiets, dans la chaleur de cette main sur la sienne ? Ils ralentirent le pas. Son regard malgré la demi-obscurité devenait plus vert et s'emplissait de cette interrogation anxieuse qu'elle interprétait toujours comme un appel à l'aide. Elle voulait tant l'aider. Elle saurait si bien...

Il embrassait merveilleusement, sans bruits de succion, sans faire l'aspirateur, sans mouiller sa partenaire jusqu'au menton. C'était comme elle aimait : un lent mouvement de berceau, bouche contre bouche sans laisser le moindre vide. Il sentait la lavande et un peu le tabac, comme les hommes dans les magazines féminins, mais elle humait aussi, presque religieusement, l'odeur intime du garçon dont elle était amoureuse, comme sa signature. Une odeur de sous-bois à l'automne, un parfum un peu moite, herbeux, émouvant.

Il passa la main sous son chemisier et elle se félicita de n'avoir pas mis de soutien-gorge ce jour-là. Elle avait toujours compté sur ses seins. Malgré les restrictions, ils n'avaient pas souffert. Elle n'osa pas tirer sur la chemise d'Hugo pour la faire sortir du pantalon et passer elle aussi ses mains sur sa peau. Elle se contenta de caresser ses hanches étroites. L'étroitesse la touchait toujours chez un homme. Chez une femme aussi; mais peut-être les hommes préféraient-ils les amphores, les guitares, les rassurantes hanches de mère?

Hugo s'écarta d'elle soudain :

« Vous dormez dans votre tente ce soir? Ou vous avez accepté la chambre que vous offrait Juliette?

– Non... déménager pour une nuit... et puis j'aime bien coucher sous la tente. On profite de l'aube, on entend les oiseaux se réveiller. On manque beaucoup de choses quand on dort dans une chambre. »

Hugo remit ses lèvres rondes comme des pneus sur celles de Louise et ils demeurèrent clos sur eux-mêmes un bon moment.

« Il faut que je parte, dit-il soudain, comme on éteint une lampe. On répète le concert pour dimanche, j'allais oublier. J'ai rendez-vous à dix heures à l'église avec Julien. A tout à l'heure, Louise-Adrienne?

– A tout à l'heure », répondit-elle en le serrant plus fort contre elle pour lui signifier qu'elle disait oui. A tout.

Vers minuit, les dernières lumières s'éteignirent au château et Louise, qui avait bouclé son sac à dos en vue de son prochain départ, se mit à attendre, allongée dans son duvet, aux aguets dans l'obscurité bruyante de l'été. Des grenouilles coassaient dans un proche marais. Elle pensa aux cuisses de grenouille à la provençale et se dit que dans son sac elle ne pourrait pas écarter les siennes. Bientôt, elle entendit un ongle gratter la toile et s'agenouilla pour tirer la fermeture Eclair de l'entrée, comme on ouvre son pantalon, pensa-t-elle avec un sourire. Une forme accroupie s'engagea dans l'ouverture et rampa jusqu'à elle. Que c'était grisant de perdre sa virginité, ou ce qui en restait, en pleine nature, par terre, telle une femme des cavernes ! Cette foutue virginité qui était partie depuis longtemps peut-être, certaines femmes saignent à peine, paraît-il. C'est l'Egyptien finalement qui avait dû la déflorer. Encore un mot terrible. Elle n'avait perdu aucune « fleur ». La fleur, c'est l'amour qu'on donne, le désir comblé. Rien à voir avec cette séance, au soir des résultats, elle reçue, lui collé, à leur certificat de philologie. Elle, toujours bonne sœur, voulant consoler, se faire pardonner son succès face à un étranger, un métèque disait Hermine, qui n'avait pas eu les mêmes chances, et se croyant tenue de céder enfin et de le suivre chez lui. Et si ce qu'elle gardait n'était même pas un trésor ? A peine un cadeau ? Minable de se laisser peloter avec cette idée fixe du point à ne pas dépasser. Ça s'appelle être une aguicheuse, tout ce qu'elle détestait. Alors elle l'avait suivi dans son studio. L'Egyptien l'avait caressée très habilement mais deux minutes seulement, pour la démarrer, et juste au moment où elle commençait à désirer qu'il continue, il était passé au principal, son plaisir à lui. Il avait soudain changé de visage et sans un mot s'était mis à son affaire, presque douloureusement, lui semblait-il, avant de s'effondrer sur elle, en secouant la tête et les épaules comme un cheval fourbu.

« Finalement est-ce que je suis vierge encore, ou pas ? lui avait-elle demandé en se rhabillant, étonnée de ne sentir rien de changé en elle.

– Quelle question, avait ricané l'Egyptien, quand on sort du lit d'un monsieur ! »

Elle ouvrit les bras et se retrouva en une seconde étroitement soudée au corps du garçon. Des mains la caressaient sans hâte et une tête s'enfouissait dans son cou. Comme il était doux ! Comme il prenait son temps ! Pas pressé même de dégrafer son pantalon... mais pour une première fois Louise ne pensait pas devoir prendre une telle initiative.

On dit que, les yeux fermés, même un dégustateur éclairé ne distingue pas un vin rouge d'un vin blanc. Dans l'obscurité, au moyen du seul toucher, sans doute met-on du temps aussi à retrouver l'homme qu'on a aimé en plein jour. C'est l'odeur qui alerta Louise. La peau qu'elle humait ne sentait pas le sous-bois mais le chypre. Peut-être s'était-il parfumé avant de venir ? Mais le tabac ? Elle ne retrouvait pas la composante tabac. Elle passa doucement sa main dans les cheveux du garçon et mit quelques secondes à se rendre à l'évidence. Ce n'était pas la tignasse drue d'Hugo mais une soie fine comme des cheveux de bébé. Effarée, elle tendit la main vers sa lampe de poche.

« Non, n'allumez pas, s'il vous plaît. A quoi bon ? Vous le savez déjà que ce n'est pas Hugo. »

Louise tenta de se dégager. On peut difficilement jouer les offensées quand on est couchée sous un monsieur, presque nue.

« Et ne vous en allez pas non plus. *Please,* dit Jean-Marie doucement. Restez allongée près de moi, ce sera moins difficile... laissez-moi vous expliquer.

– Je connais la technique des Infâmes, coupa Louise, ne vous fatiguez pas.

– Pour une fois, ce n'est pas un coup monté, je vous le jure. Hugo a été obligé de rester avec Juliette, pour la calmer. Elle a fait une crise ce soir parce qu'il était allé au restaurant avec vous, une vraie crise d'hystérie, avec larmes et bagages ! Les bagages, c'étaient ceux de Hugo, qu'il était prié de faire dans l'instant et ce n'est pas le genre d'homme à se faire dire deux fois ces choses-là, vous le connaissez... Et pendant qu'il était dans sa chambre, elle s'est littéralement effondrée. Elle est complètement toquée de lui, la pauvre. Il a même dû lui faire une piqûre calmante. Il était presque inquiet.

– Vous n'allez pas me faire croire qu'Hugo a eu pitié d'une femme qui pleure ?

– Eh bien, je crois qu'il tient à elle, d'une certaine manière. Au fond, il aime bien se faire entretenir par une femme plus âgée. Ça le flatte et ça lui permet d'être cynique. Bref ils doivent être en train de boire du champagne et ensuite il se laissera gentiment violer. Il a eu juste le temps de me dire que si je pouvais vous prévenir...

– Je suis bien tranquille, il a dit : « Baise-la à ma place. »

– Oui, il m'a dit baise-la à ma place, et après ? Rien ne pouvait me faire plus plaisir car moi, j'ai vraiment envie de vous faire l'amour et depuis longtemps. Mais vous n'avez d'yeux que pour Hugo, toutes ! C'est vraiment du masochisme ! L'amour ne fait pas partie de son projet de vie, c'est le plus coriace de nous tous. Et il faut que ce soit lui que vous aimiez ! Expliquez-moi ça, vous, Louise, qui passez pour une fille lucide et froide...

– Je n'arrive jamais à vivre vraiment une histoire d'amour, si c'est ça que vous appelez être lucide et froide; je considère cela plutôt comme une infirmité. Mais vous êtes témoin : voilà comment ça se termine, mes histoires... Pour une fois que j'étais décidée...

– Buvons à votre infirmité, Louise, dit Jean-Marie en sortant de sa poche un flacon. J'avais apporté un peu de marc du château pour vous consoler de la mauvaise nouvelle. Je comptais vous la dire en arrivant et puis... – il passa une main timide dans les cheveux longs de Louise – et puis votre parfum et votre silhouette allongée là dans l'ombre, les réflexes conditionnés ont repris le dessus. J'ai eu envie de vous faire l'amour. J'ai envie de vous faire l'amour, Louise. »

Fallait-il avoir honte d'aimer Hugo et de s'envoyer Jean-Marie ?

« En fait, dit-elle dans un dernier réflexe d'amour-propre, vous étiez le seul libre, c'est pour ça que vous êtes là : vous aviez une nuit à perdre.

– Cessez de dire des bêtises pour vous défendre », chuchota Jean-Marie.

Il se dressa sur ses coudes et regarda Louise. Elle aimait bien ses cheveux très blonds qui luisaient faiblement dans l'ombre, son visage de moujik. Après l'Egyptien, l'Eskimo... A Infâme, infâme et demie.

Ils burent une rasade de marc au goulot et très doucement Jean-Marie allongea Louise sur le duvet. Il n'était ni brutal ni maladroit, ni trop adroit. Elle se répéta qu'après tout elle n'était pas venue pour dire non cette fois-ci et, docilement, elle se mit en position de grenouille.

VI

JEAN-MARIE

Les Infâmes déclarèrent Louise « mettable », tout compte fait, et autorisèrent Jean-Marie à poursuivre. Elle, de son côté, jugea leur compagnie globalement positive et les moments passés avec Jean-Marie seul étrangement heureux. Elle devint donc sa squaw attitrée, ce qui impliquait beaucoup d'abnégation et une activité sexuelle réduite, coincée entre les gardes à l'hôpital, les cours à la faculté, les séances de musique collective du dimanche, et les sous-colles du soir chez l'un ou chez l'autre, en vue du concours d'internat dont la date approchait. Ces circonstances, jointes à l'existence d'un couvre-feu (et il n'était pas question à cette époque et dans ce milieu qu'on autorisât une jeune fille, même majeure, à découcher), ainsi qu'à l'absence de tout local adéquat, se révélèrent peu propices aux grands sentiments.

Il avait aussi fallu régler le contentieux Hugo. Après la nuit sous la tente, il avait feint de se croire trompé. A Paris, il vint voir Louise chaque soir pendant une semaine, parla de suicide, lui envoya la lettre préfabriquée n° 4 « Grande scène de jalousie », passa une nuit sur son paillasson et finit par lui subtiliser son journal intime dans sa chambre, le jour où il vint rompre une relation qui n'avait jamais existé.

Il plut beaucoup à Madame Mère en lui déclarant que sa fille n'était qu'une bas-bleu et que ses études avaient desséché son cœur et tué sa féminité. Il ajouta qu'il ne pouvait s'offrir le luxe de souffrir, n'ayant pas fini ses études, et qu'il laissait sa place à Jean-Marie en espérant que lui n'aurait pas la sottise de tomber amoureux.

Jean-Marie plut nettement moins. Bien sûr, il faisait sa médecine comme Hugo mais il présentait plusieurs défectuosités. Primo, il ne mesurait que 1,69 mètre et Hermine ne les imaginait pas autrement que « grands et beaux ». On dit « un grand bel homme », jamais un « beau petit homme »! Secundo, il avait deux ans de moins que Louise et ses cheveux blond si pâle lui donnaient l'air enfantin. « On dirait que tu sors ton petit frère », remarquait Hermine avec ironie. « Il n'a pas l'air d'un homme mais d'un galopin! » renchérissait Adrien, oubliant qu'il s'était marié au même âge. Tertio, pour comble, le « galopin » était doté d'un père farfelu et minuscule, professeur de littérature du Moyen Age à la Sorbonne certes, mais toujours habillé de vêtements trop grands pour lui et qu'Hermine n'appelait que le « professeur Nimbus ».

Louis n'avait eu garde de révéler à sa mère comment on l'avait refilée par hasard à Jean-Marie. Hermine, en amour, ignorait la passion mais appréciait le drame et sa fille, qui vivait encore sur le crédit qu'elle s'était acquis en « trahissant » Hugo, comptait bien ne pas la détromper.

Ses débuts de squaw furent ingrats mais elle ne voyait pas d'autre solution pour se venger des Infâmes et se réhabiliter à ses propres yeux que de rendre Jean-Marie vraiment amoureux. Ils se retrouvaient chaque dimanche après-midi aux concerts du Conservatoire, se passionnaient pour le théâtre d'Anouilh, s'offraient des premières éditions de Michaux et dansaient le swing toute la nuit aux soirées-stupre qu'organisaient une fois par mois les Infâmes, en dévorant des barquettes de purée saupoudrée de chocolat râpé, recette qui faisait fureur en 42.

Mais le temps passait et la forteresse des amis demeurait imprenable. Le Jean-Marie vulnérable et passionné dont elle captait parfois les signaux se cachait le plus souvent derrière son double, le pessimiste, le ricaneur, le complice du nihilisme d'Hugo et du parfait mépris du Chérubin pour tout ce qui n'était pas les Infâmes et plus particulièrement les femmes. Bernard multipliait les mises en garde apitoyées : « Tu n'as aucun avenir chez nous, ma vieille. Décroche ! »

Mais il y avait ces signaux justement, comme venus d'une autre planète ou d'un prisonnier emmuré très profond. Il y avait ces soirs où Jean-Marie l'emmenait dans sa chambre pour lui « faire un sort », et pleurait parfois pendant l'amour. Elle aimait sa douceur et tout ce qui précédait et suivait... Les « sorts » en eux-mêmes l'ennuyaient plutôt mais elle feignait d'adorer, redoutant par-dessus tout de passer pour une intellectuelle frigide auprès des Infâmes et de tous ceux auxquels ils ne manqueraient pas de transmettre la nouvelle. Et puis comment s'épanouir dans un appartement habité par cinq hommes et dont l'organisation constituait un véritable défi à toute intimité ?

La chambre de Jean-Marie, mal chauffée par un antique et puant réchaud à pétrole en fer ajouré, éclairée par un plafonnier aux lueurs malveillantes, était dotée d'un lit bateau de 90 de large dont le sommier gémissait à la moindre sollicitation, tandis que les montants interdisaient tout déplacement latéral. Il ne lui manquait que quelques centimètres sur les côtés et un couvercle pour figurer un cercueil. Rythmé de piaulements dont la cause ne pouvait échapper aux occupants des chambres voisines, entrecoupé de jurons chaque fois que le bois de lit rappelait brutalement à l'ordre l'un des partenaires, l'amour parvenait difficilement à vaincre la contingence pour atteindre à un minimum d'extase.

Et l'après-amour achevait la déroute. En cette préhistoire de la femme, on ne pouvait compter que sur une dérobade savamment minutée, suivie d'ablutions immédiates pour conjurer le spectre d'une grossesse. Dès la fin du programme, Louise bondissait à la porte de la chambre, drapée dans le couvre-lit de cretonne, sa culotte à la main, épiant les alentours avant de s'élancer vers l'unique salle de bain située au fond d'un couloir sur lequel s'ouvraient les chambres des quatre frères. Jean-Marie, au chaud sous sa couette, rigolait doucement : « Qu'est-ce que tu attends ? Tout le monde le sait, va, qu'on vient de faire l'amour ! »

Obsédée par ces millions de spermatozoïdes dont l'un était peut-être déjà dans la place, mais glacée d'horreur à l'idée de croiser le regard goguenard de François, Vincent ou Philippe, accompagnés des inévitables copains, Louise tremblait comme un fantassin contraint de quitter sa guitoune et de franchir une zone à découvert avant de gagner l'abri. Toutes conditions qui eussent suffi à doucher les plus ardentes sensualités !

Elle trouvait pourtant un plaisir inattendu à fréquenter cette maisonnée d'hommes. Le « professeur Nimbus » vivait avec ses quatre fils dans une bohème et une liberté rafraîchissantes, au sortir de l'appartement impeccable et raffiné d'Hermine. Tout ici était hideux, détraqué, inutile, ou les trois à la fois. Quel repos ! Fauteuils branlants sur lesquels il ne fallait pas s'asseoir mais qu'on laissait là par habitude, robinets qui gouttaient bruyamment, jamais réparés, chauffe-bain à gaz sexagénaire qui fonctionnait comme un moteur à explosion, bibliothèque momifiée dans la poussière... on sentait dès l'entrée qu'aucune fée du logis ne s'était penchée sur celui-là depuis bien longtemps. Des « bonniches » recrutées au hasard des agences régnaient un temps sur cette bizarre smalah puis se décourageaient devant l'énormité de la tâche, la mauvaise volonté des garçons, l'imprécision des horaires, le désordre général et l'absence d'une Madame pour leur serrer la vis. Elles rendaient leur tablier au bout de quelques mois et s'éclipsaient généralement en emportant quelque bibelot ou pièce d'argenterie dont l'absence n'était découverte que des semaines plus tard, avec un fatalisme résigné.

Louise tomba dans la famille Henninger telle la manne dans le désert. Le plus anodin des services, le moindre litre d'huile ou kilo de sucre soustraits à la vigilance d'Adrien, étaient considérés chez les Nimbus comme un prodige et Louise passait à bon compte pour un génie du foyer.

« Voilà Blanche-Neige qui va faire des ménages chez les cinq nains », ironisait Hermine chaque fois qu'elle voyait sa fille partir chez Jean-Marie.

Bien entendu, personne ne trouvait le temps de faire la queue chez les Nimbus. La morale du Professeur excluant le marché noir, ils représentaient une des rares familles à ne vivre que sur ses tickets d'alimentation, calculés pour des Français dont on savait que TOUS possédaient une tante à la campagne, un copain qui trafiquait ou un cousin qui travaillait aux Halles. On mangeait, boulevard Malesherbes, des pâtées dont n'aurait pas voulu le chien d'Hermine, à base de mélasse, de poudre d'œufs ou de rutabaga, que cuisinait plus ou moins ignoblement la souillon du moment, et chacun là-bas considérait la bouffe, si sacro-sainte chez les Morvan, comme une corvée à expédier au plus vite. Quand le journal annonçait 20 grammes de fromage en échange du ticket n° 2, la famille Nimbus voyait arriver sur la table 100 grammes de fromage pour cinq dans le meilleur des cas, lorsque Armelle ou Maryvonne avaient résisté en cuisine à une fringale bien compréhensible. Faire des mamours à la crémière ? De toute façon, le Professeur n'avait aucune monnaie d'échange en dehors de leçons particulières sur le Moyen Age ! Et puis aucun d'entre eux n'aurait voulu s'abaisser à une manœuvre de ce genre, camouflant derrière un souci de dignité ce qui n'était en fait qu'un mépris foncier pour tout ce qu'ils considéraient comme une besogne féminine. Pas de femme ? Pas de ravitaillement. Ils étaient assez fiers de leur ascétisme et de leur indifférence aux biens de ce monde. Seule importait pour le Professeur la réussite professionnelle de ses fils : « Aucune liaison sérieuse avant l'internat, répétait-il aux deux aînés, et aucun mariage avant la fin des études. »

Homme de gauche, admirateur de Léon Blum, partisan de l'union libre et athée, il avait refusé de laisser baptiser ses enfants par respect pour leur liberté de croyance, veuf, ne s'était jamais remarié et ne voyait aucun inconvénient à ce que ses fils ramènent à la maison leurs petites amies, régulières ou épisodiques, qui partageaient le brouet familial avant de disparaître dans une des chambres ou de poursuivre des conversations passionnées sur les collabos et le maréchal Pétain dans le couloir, lieu de rencontre finalement moins inhospitalier que le salon, où personne n'allait.

Le Professeur se méfiait un peu de Louise... Ces

jeunes filles de bonne famille élevées dans des pensionnats religieux et qui n'ont l'air de rien, sont finalement des mangeuses de jeunes hommes. Il n'était pas mécontent que les principes des Infâmes protègent Jean-Marie contre lui-même et contre cette sainte nitouche pour laquelle il éprouvait pourtant quelque sympathie.

Mais en ces années fragiles, les principes volaient vite en éclats et les sentiments vous sautaient au cœur plus inopinément qu'en temps de paix. Louise n'avait encore jamais dit : je t'aime. Ce fut par un après-midi d'hiver, dans la triste chambre de Jean-Marie, que ces mots lui parurent soudain évidents. Le bruit courait que les Allemands allaient réquisitionner même les étudiants pour le STO. Ils en avaient discuté en famille toute la journée. Si Jean-Marie prenait le maquis, c'était son second frère qui risquait d'être embarqué pour l'Allemagne, par représailles. Rejoindre de Gaulle était aussi une solution tentante mais plus dangereuse. Donc attirante et « plus facile qu'il n'y paraît », faisait remarquer Jean-Marie qui ne redoutait rien tant que le faux héroïsme. Revenus dans leur chambre, la précarité de leurs petits bonheurs volés à la guerre les emplit de pitié pour eux-mêmes. Jean-Marie se préparait à partir pour l'hôpital, où il était de garde cette nuit-là, et tenait Louise devant lui à bout de bras comme pour s'imprégner de son image. Ils ne disaient rien. C'était une de ces minutes où le destin hésite. Et soudain ce fut pour elle une certitude : elle aimait le Jean-Marie qu'elle venait de discerner au fond de ces yeux-là, derrière ses chères Infamies, sa goguenardise devant les grands sentiments, sa certitude que la vie et l'amour ne pouvaient que ressembler aux « pièces noires » d'Anouilh, elle entrevit l'enfant triste, épris d'absolu. Il fallait courir le risque de l'aimer.

En partant, elle laissa sur la cheminée un petit bout de papier sur lequel elle avait griffonné : « Jean-Marie, il m'arrive une chose terrible; je crois que je t'aime. »

Il l'appela de la salle de garde deux heures plus tard et lui chuchota simplement : « Merci de l'avoir dit la première. »

Devinant que sa fille « s'amourachait » sérieusement du galopin, Hermine décida de mieux le connaître, pour ajuster son tir.

« Quel âge dis-tu qu'il a? Dix-neuf ans? » demandait-elle à Louise, feignant à chaque fois d'oublier qu'il en avait vingt-deux et qu'il était en quatrième année de médecine.

La famille ayant reçu deux poulets d'une ferme du Morbihan où Adrien, seul détenteur en tant que mâle d'une carte de tabac, mais prié de cesser de fumer dans l'intérêt général, envoyait régulièrement ses rations, on décida d'inviter Jean-Marie avec son père et deux de ses frères. Louise était sur des charbons ardents, sachant bien que ce soir-là elle verrait son cher Nimbus avec le regard de sa mère. Lou, alertée sur l'importance de cette rencontre, débarqua dans une « petite robe noire » d'une simplicité époustouflante. C'est Louise qui ouvrit la porte au Professeur qu'elle trouva ce soir-là encore plus petit que d'habitude. Ses manches de chemise lui tombaient sur les mains, faute d'une de ces pieuses épouses de maris-aux-bras-courts qui savent pratiquer des plis près de l'emmanchure... Hermine ne lui ferait grâce d'aucune critique le lendemain quand elle résumerait ses impressions à la table familiale dans un spirituel numéro : les chaussures pas cirées... des trous aux chaussettes, sûrement... des costumes achetés en vitesse au décrochez-moi-ça... Et tu as vu sa cravate? Et la façon dont les garçons tiennent leur couteau?

« Le père est un homme cultivé, dirait Adrien. Je suis tout à fait d'accord avec lui sur sa façon de considérer le Moyen Age comme une époque foisonnante de vie et beaucoup moins obscurantiste qu'on ne le croit...

– Je me demande s'il ne serait pas communiste? » répondrait Hermine.

Silence effrayé : un Rouge!

« Mais pas du tout, s'empresserait de rectifier Louise, il doit être socialiste, c'est un admirateur de Léon Blum!

– Un homme intelligent, Léon Blum, mais un esprit faux comme tous les juifs.

– Oh! moi, vous savez, socialiste... communiste, dirait Lou de sa voix volontairement enfantine, tous ces gens qui veulent faire le bonheur des autres, je me méfie! »

Mais ça, ce serait au menu du lendemain. Pour l'heure, Adrien, qui avait puisé dans sa réserve de beurre salé, fondu et entreposé dans un pot de grès dans la cave, apportait son œuvre d'art : des poulets en croûte décorés de plumes véritables dans le croupion. Quant à Hermine, elle déployait ses grâces, tout homme valant à ses yeux la peine d'être séduit, ne fût-ce que pour le sport.

Jean-Marie se laissa charmer bien sûr et Louise s'en voulut de ne pas lui avoir suffisamment expliqué qu'on n'avait pas intérêt à rendre les armes à sa mère : elle pouvait s'attendrir un instant mais son estime n'allait en définitive qu'aux forts, à ceux qui savaient cacher leur cœur, ou leur absence de cœur. Il n'avait pas l'expérience de ce genre de femme et la mort de sa mère quand il avait douze ans le rendait particulièrement vulnérable.

Les Nimbus partirent proprement roulés dans

la farine. « Quelle femme charmante, ta mère, lui dit plus tard le Professeur, pauvre Jésus. Et votre amie Lou, un personnage ! »

Cet hiver-là, Jean-Marie travailla comme un fou. En sous-colle tous les soirs avec les Infâmes, à l'hôpital le matin, à la fac l'après-midi. De son côté, Louise enseignait le latin et l'anglais à l'institut Sainte-Clotilde pour un maigre salaire et préparait un certificat de biologie « en attendant », comme disait sa mère sans préciser ce que tout le monde entendait fort bien.

« Mais quel âge a donc votre grande fille ? disaient les dames qu'Hermine rencontrait à l'atelier ou dans ses expositions.

– Elle va bientôt coiffer Sainte-Catherine !

– Et... toujours rien ? ajoutait les plus malveillantes, feignant un étonnement douloureux.

– Oh ! vous savez, Louise n'est jamais pressée. C'est une intellectuelle », ajoutait-elle en guise d'excuse, comme on avoue une tare secrète.

Les dames hochaient la tête : les intellectuelles, c'est bien connu, ne font pas prime sur le marché. S'ils ont fait moins d'études, les garçons se sentent inférieurs et ça, ils n'apprécient pas. S'ils sont intellectuels eux-mêmes, pourquoi iraient-ils s'encombrer à domicile d'une raisonneuse qui risquerait de leur tenir tête ? « Ma fille, si tu es plus intelligente qu'eux, tu serais une idiote de le faire savoir, lui répétait Lou. L'intelligence pour une femme, c'est de ne pas la montrer. »

Cependant, la date du concours d'internat approchait. Les Infâmes, qui projetaient depuis un an de rejoindre tous ensemble la France Libre, se demandaient s'il était prudent d'attendre jusque-là. Les autorités d'occupation avaient assuré que les externes seraient requis sur place et échapperaient au STO. Pour bénéficier d'une garantie supplémentaire, ils s'étaient inscrits comme donneurs de sang : 250 centimères cubes de sang deux fois par mois donnaient droit à une carte d'alimentation de travailleur de force, avantage appréciable, et dispensaient, disait-on, du travail en Allemagne. Mais tout pouvait changer sur simple décision des Allemands. Bernard, peut-être parce qu'il avait moins de chances d'être reçu à l'internat, penchait pour le départ immédiat. Un libraire de Bordeaux, que connaissait son père, connaissait un passeur... qui connaissait une passe dans les Pyrénées permettant de rejoindre l'Espagne et de là, par une deuxième filière, on pouvait gagner l'Afrique. C'était coûteux mais relativement sûr. Le passeur ne prenait que deux « clients » à la fois, car il fallait franchir la montagne dans la neige, sac au dos, sans attirer l'attention des patrouilles.

Louise n'osait peser sur la décision de Jean-Marie. Elle n'avait le choix qu'entre deux rôles féminins qui lui semblaient également déplaisants : chercher à le retenir comme une épouse égoïste et qui se moque bien des malheurs de la patrie; ou jouer les Cornélie et l'envoyer risquer sa peau tandis qu'elle-même restait à l'abri.

Les bruits de réquisition des étudiants se précisant et la filière pouvant s'interrompre d'un moment à l'autre sur une indiscrétion ou une dénonciation, la décision s'imposa d'elle-même. Du jour au lendemain, les Infâmes quittèrent l'univers protégé des étudiants pour devenir des hors-la-loi en puissance. Ils tirèrent au sort l'ordre des départs et promirent de s'attendre en Espagne, Bernard et Hugo partirent les premiers pour Bordeaux où l'on devait leur fournir des faux papiers et des instructions pour la suite. Quelques jours plus tard, un inconnu téléphona que « les colis étaient bien arrivés à destination ». *And then, they were four,* comme dit la chanson.

Le Chérubin et François, le frère de Jean-Marie, faisaient partie du second convoi, le Professeur n'ayant pas voulu que ses deux fils partent ensemble, pour diviser les risques. *And then, they were two.*

Jean-Marie se préparait à les rejoindre, trois jours plus tard, avec Alain, le cinquième des Infâmes, mais des contretemps surgirent. Les patrouilles de douaniers venaient d'être renforcées à la frontière espagnole et les cols étaient impraticables par suite du mauvais temps. L'expédition fut retardée d'une semaine.

Les grandes décisions s'accommodent mal des petits obstacles. Hermine, bouleversée d'émotion devant ce petit garçon qui partait pour la guerre, enfin la vraie, et Adrien qui se désespérait de n'avoir plus l'âge de l'accompagner, avaient déjà répété trois fois la scène des adieux. L'aventure de Monsieur était avancée... on commençait à trouver qu'elle tardait !

Enfin le signal convenu arriva, le Professeur et Louise accompagnèrent Jean-Marie et Alain gare d'Austerlitz. C'était plus qu'un adieu : une rupture, les uns partant vers une destination inconnue, les autres demeurant dans l'obscurité d'une occupation dont on ne voyait pas le bout, sans espoir de nouvelles. *And then, there were none...* Comme les petits nègres de la chanson, les Infâmes s'étaient tous évanouis.

Il se confirma très vite que quelque chose grippait dans le mécanisme mystérieux qui menait de Bordeaux à l'Afrique Equatoriale française. Désemparé, Jean-Marie fit parvenir une lettre à Louise et à son père. Lui aussi trouvait que les décisions héroïques sont pénibles quand il faut les déguster à petites doses.

« Le plus dur, c'est d'attendre. Vu de loin, ça peut paraître rigolo mais je vous avoue que je crève de frousse à l'idée de jouer à saute-mouton par-dessus les Pyrénées. Le bigornage avec les chiens-loups dans la nuit noire et le petit tas de vêtements qui était vous, ça ne m'exalte pas. Non, mes amours, ne croyez pas que nous allons là-bas – ou plutôt vers là-bas, car nous aimons la nuance – de gaieté de cœur. Mais c'est justement pour cela que nous désirons y aller, car il faut se surpasser, sempiternelle histoire ! Les braves gens n'ont pas assez de mots pour vous encourager à faire cette chose si simple : rejoindre de Gaulle. Se sont-ils jamais demandé ce qu'on ressent quand on ferme sa porte derrière soi et qu'on descend son escalier pour la dernière fois ? Les grandes décisions ne se raisonnent pas, elles se prennent. J'ai pris la mienne mais qu'on ne compte pas sur moi pour jouer au héros sans peur. Mais on fera son devoir, soyez tranquilles. »

Quatre jours plus tard, Jean-Marie et Alain apprenaient que le passeur avait été arrêté. Le Chérubin et François avaient réussi par miracle à échapper aux Miliciens français et à passer du côté espagnol. Mais, la filière démantelée, il fallait maintenant quitter Bordeaux au plus vite.

Rien n'est humiliant comme de rentrer à la maison quand on est parti environné de gloire anticipée et du respect de son entourage. On a eu le courage de tout quitter, le plus dur est fait... et voilà que le plus dur reste à faire : reprendre son train-train de vaincu, redevenir un Français occupé. Jean-Marie s'en voulait de profiter de la sécurité, de l'amour de Louise, alors que ses amis croupissaient peut-être dans un camp espagnol – on parlait de Miranda – ou se battaient au Tchad. Il se remit au travail avec une ardeur désespérée. Mais devenir interne sans les autres lui paraissait aussi une trahison.

Le sort lui épargna ce problème de conscience. En septembre 43, à l'occasion d'un contrôle médical de routine, on découvrit à la scopie une tache suspecte sur son poumon droit. Radios, tomographies, il connaissait la musique puisqu'il travaillait comme externe dans un service de tuberculeux à l'Hôtel-Dieu. Il portait encore sa blouse blanche et son calot mais l'impensable était arrivé : il était passé du côté des malades.

Le verdict ne tarda pas à tomber : caverne.

Ce n'était encore qu'une « perte de substance limitée », comme le précisa le patron mais le diagnostic ne faisait aucun doute. Les bacilles de Koch, qu'on appelait dans l'intimité BK, abondaient dans les « expectorations ». Les maladies mythiques sécrètent ainsi leur vocabulaire, dans l'espoir d'exorciser le mal en évitant les mots. Après la lèpre, avant le cancer, c'était alors la tuberculose qui faisait de ses victimes des réprouvés. Du jour au lendemain, le destin bascula pour Jean-Marie. Plus question d'études, d'internat, de FFL ou de Résistance. A vingt-deux ans, plus question d'abuser de ses forces, d'être jeune, d'être fou. Plus question de famille, d'amour ou d'harmonica. Il faudrait se replier sur soi-même, ne plus respirer, entrer dans une longue hibernation et se laisser emprisonner dans une de ces léproseries qu'étaient alors les sanatoriums de montagne. A quelques semaines de son concours, Jean-Marie dut tourner le dos à son avenir : lui aussi partait en guerre, mais pour des batailles sans gloire.

« Mon sort ne mérite que du mépris, écrivit-il à Louise. La seule attitude correcte en ce moment est de se faire tuer ou de le tenter du moins. Pour moi, il ne s'agit que de ne pas mourir. »

Expédié au plateau d'Assy en Haute-Savoie quelques jours plus tard, car il ne restait plus un lit disponible au sanatorium des Etudiants, Jean-Marie se retrouva soudain dans une solitude absolue. Non seulement vaincu mais coupable. Coupable de désertion, coupable de décevoir les espoirs de son père, et de n'avoir pu suivre ses amis. Il se mit, par désespoir, à écrire à Louise chaque jour et ce qui ne fût sans doute jamais arrivé dans la chambre qui ouvrait sur le couloir, dans cette existence où chaque Infâme veillait jalousement sur l'autre et où la préparation des examens mobilisait toutes les forces vives, ce sentiment interdit, l'amour, commença d'éclore tout doucement.

Quand on se retrouve dans une chambre avec un petit trou au côté droit, un trou dans SA substance, une destruction de SA matière, quand on est assigné à résidence pour un temps indéterminé, immobilisé sur un lit face à d'innombrables journées de silence, on vieillit d'un seul coup et les beaux drapeaux de l'adolescence apparaissent bientôt comme d'insignifiants chiffons. Dans ce naufrage, restaient la poésie et l'amour. Jean-Marie s'en excusa : « Il y a des mots que l'on trouve idiots jusqu'à ce qu'ils vous montent aux lèvres. »

Louise, qui avait mis son point d'honneur à ne pas ressembler à la « sinistre amoureuse » que redoutaient les Infâmes, découvrit que Jean-Marie avait encore plus besoin d'elle qu'elle de lui. Elle se retrouvait seule, elle aussi, livrée aux apitoiements de ses parents qui masquaient mal leur soulagement : « *Il était* bien gentil mais ce n'était pas un garçon pour toi », dit Hermine pour qui l'affaire était close avec cet imparfait assassin.

Louise ne répondait pas et se cachait pour écrire à Jean-Marie.

Fin septembre, il fut décidé qu'un pneumothorax s'imposait. C'était un des aspects déplaisants de cette maladie : elle vous faisait retomber en enfance. Vous n'étiez plus propriétaire de votre corps. Le patron du sana, les chirurgiens, son père, discutaient sans Jean-Marie du traitement à lui appliquer, des visites qu'il serait autorisé à recevoir, de l'activité qu'on lui laisserait et du danger que représenterait la présence de Louise auprès de lui. Reléguée au rang de marraine de prisonnier, elle se vit réduite à confectionner des colis hebdomadaires, qui nécessitaient des recherches laborieuses dont les Nimbus se déclarèrent bien entendu incapables. Eux, n'avaient pas le temps.

Fin octobre, le Professeur téléphona à Louise d'un ton solennel pour l'inviter à dîner. Elle pressentit une mauvaise nouvelle. Jean-Marie refusait obstinément de lui parler de sa santé dans ses lettres. Peut-être « avait-il du liquide »? Son pneumo ne marchait pas?

Elle revit avec émotion la chambre de son galopin et retrouva l'affection bourrue de ses frères. Le dernier avait la bouche de Jean-Marie; elle aurait voulu pouvoir l'embrasser sur cette bouche, pour le souvenir. Après le dîner, particulièrement infect comme d'habitude, le Professeur l'invita à entrer dans son bureau. La nouvelle devait être grave. Il s'assit à sa table et lui désigna le fauteuil de tapisserie raide et inconfortable où il recevait ses élèves. Il n'avait jamais été doué pour la mise en scène.

« Voilà, voilà, dit-il en déplaçant nerveusement son plumier et son encrier de cristal, vide évidemment. Je voulais te parler, ma petite fille... »

Ses yeux bleus, légèrement globuleux, paraissaient mouillés et son crâne luisait sous la lampe de cuivre à abat-jour ovale, vert foncé, orné d'une grecque dorée, comme les affectionnent les professions libérales. Il avait l'air perdu dans son ridicule fauteuil de roi Dagobert façon Moyen Age. Sur la cheminée s'alignaient les insipides portraits de ses quatre fils aux regards vidés de toute expression par le photographe d'art, près de la photo de sa défunte épouse, chignon sage et bouche en cœur, dont les épaules nues se fondaient peu à peu en un dégradé artistique dans la blancheur du papier. Parmi ces natures mortes, une pendule à bergères de bronze, arrêtée bien sûr, et dans un coin où personne n'aurait jamais eu l'idée d'aller s'asseoir, une méridienne recouverte de reps rouge, la couleur de ceux qui ne savent pas quelle couleur choisir. Louise songea au petit salon moelleux de sa mère où les confidences venaient toutes seules... Ici, en dehors des Budé jaunes du mur est pour les auteurs grecs, orange du mur ouest pour les auteurs latins, les objets semblaient en pénitence. Intellectuels qui ne « voient » pas les choses? Hommes qui se jugent au-dessus des soucis d'esthétique? Infirmité congénitale, aurait tranché Hermine.

Le Professeur tournait dans ses mains une lettre sur laquelle Louise reconnaissait l'écriture de Jean-Marie, irrégulière, penchée, presque féminine.

« Jean-Marie vous dit quelque chose de sa santé qu'il n'a pas osé m'écrire?

– Pas du tout, au contraire : les derniers examens sont négatifs. Il a un peu de liquide mais pas grand-chose. Non. Ce n'est pas de sa santé que je voulais te parler, mais de ses sentiments. Tu sais que je suis par la force des choses – et par faiblesse peut-être – sa mère, en plus d'être son père. Eh bien, en tant que mère, je vais t'avouer quelque chose : je crois qu'il a besoin de toi pour guérir. »

Il leva un regard timide vers Louise.

« Mais il m'a, dit-elle. Vous savez que nous nous écrivons tous les jours.

– C'est ce que je lui ai dit. Mais il te veut plus. » Il hésita et puis lâcha très vite : « Je crois qu'il voudrait t'épouser. En tout cas, c'est ce qu'il me dit dans sa lettre et comme il ne peut pas venir faire sa demande en personne, c'est moi qui ai l'air d'un idiot, ce soir...

– Mais je croyais que vous étiez contre le mariage, contre le fil à la patte et le boulet à traîner pour votre fils ?

– Je suis contre le mariage à vingt-deux ans, c'est vrai... Mais je suis pour toi. Et pour la guérison de Jean-Marie. Et je crois que de donner ton visage à son avenir, ça va l'aider à guérir. »

Le cœur de Louise se mit à battre plus fort. Elle était à la fois transportée d'émotion, de tendresse pour cet homme qui l'estimait assez pour lui offrir son fils, et de panique à l'idée d'avouer à ses parents qu'elle voulait se fiancer avec « ce pauv' garçon qui a quelque chose au poumon ».

« Tiens, j'ai aussi une lettre pour toi. Mais il voulait que je te parle d'abord. Il n'était pas tout à fait sûr de ta réaction. Et puis il tenait à ce que je te mette bien en garde : la tuberculose, c'est une saloperie, tu sais. Il faudra des mois avant d'être sûr que sa guérison soit consolidée. Je ne crois pas que ce soit très honnête de sa part de vouloir s'engager et surtout t'engager, toi. Mais quand mon fils me demande quelque chose, je ne sais pas le lui refuser, dit-il, piteux et ravi. Et puis tu es majeure... et enfin je te connais assez pour savoir que... Enfin tu réfléchiras. »

Il hésitait entre l'attendrissement et la boutade

bourrue derrière laquelle il masquait d'habitude ses émotions.

« C'est tout réfléchi, dit Louise sans réfléchir. Vous vous en doutiez... »

Le Professeur eut un immense sourire.

« J'ai toujours eu envie d'avoir une fille et je suis bien heureux que ce soit toi, bougresse. » Une larme était tombée sur son buvard et son plumier, son encrier avaient de plus en plus besoin d'être changés de place. « Mais puisque je suis ton père maintenant, il faut que je te le dise : réfléchis bien, ma petite fille. Ce ne sont pas de belles fiançailles que va t'offrir Jean-Marie et il faudra que tu aies de la volonté pour deux. »

Oui, ce furent de tristes fiançailles : mélancoliques dîners chez les Nimbus où l'on commentait le dernier bulletin de santé ou le dernier communiqué de guerre autour d'un pâté de tête en vente libre; nuits solitaires où Louise écrivait des lettres passionnées à Jean-Marie; silences gênés devant sa mère à qui elle ne se décidait pas à avouer sa décision. Finalement, ce fut le Professeur qui vendit la mèche. Tout naturellement, en lui donnant des nouvelles de Jean-Marie au téléphone un jour, il ajouta, devinant sa froideur :

« Je vous sens inquiète, madame, mais je voudrais vous rassurer. Jean-Marie a le sens des responsabilités et il ne sera pas question de mariage avant que sa lésion ne soit tout à fait cicatrisée. »

Hermine fit bonne figure au téléphone... mais explosa le soir même quand Louise revint de son cours. Quoi? Elle ne daignait même pas avertir ses parents de la décision la plus importante de sa vie? Elle trahissait sa propre famille pour celle du Professeur qui n'avait même pas été foutu de nourrir la sienne convenablement : et voilà ce qui arrivait quand on jouait aux grands esprits. Jean-Marie n'était d'ailleurs qu'un enfant, un instable, elle avait fait faire son analyse graphologique, on y lisait : « garçon passionné, trop sensible, parfois excessif ». On peut tout de même préparer son internat sans se rendre malade! Ce fut une des plus sanglantes corridas de leur existence pourtant fertile, et l'on pleura beaucoup de part et d'autre.

Plus émue qu'elle ne voulait le paraître de découvrir sa fille amoureuse, Hermine s'estimait tenue de calmer cet enthousiasme pour un étudiant trop jeune, qui ne gagnerait pas sa vie avant longtemps et qui était de surcroît poitrinaire. On ne prononçait jamais le mot *tuberculose* chez les Morvan, par crainte d'une sorte de contagion métaphysique.

« Tu mets vingt-quatre ans à tomber amoureuse et quand ça t'arrive, c'est du délire, tu perds tout esprit critique! » remarquait-elle, non sans rancœur.

Très impressionné par les maladies en général et par celle qu'on appelait « la mort blanche » en particulier, Adrien ne manqua pas de signaler que les anciennes lois hindoues sur le mariage interdisaient aux membres des castes supérieures d'épouser une femme de famille tuberculeuse, « si riche qu'elle fût en bovins, en chameaux, en moutons, en grains ou en toute autre fortune; car elle est impure ».

« On va commencer par te faire faire une intradermo et une bonne radiographie des poumons », ajouta-t-il.

Louise aussi se sentit retomber en enfance. Et si elle voulait courir des risques, bon Dieu. Aimer un pestiféré?

J'ai de la tendresse pour toi, Louise de cette époque, qui es entrée avec tant de détermination dans l'amour exalté d'un Jean-Marie, soudain exilé dans un univers carcéral, dans ce village d'Assy où la tuberculose était omniprésente, comme la guerre, où derrière chaque fenêtre, dans chaque blockhaus, veillait un malade, à l'affût d'un ennemi invisible.

Je ne t'admire pas : la passion est un des climats où tu sais vivre. Mais je m'interroge encore : comment as-tu fait pour conserver devant notre mère l'attitude d'une novice devant sa supérieure ? Comment n'as-tu jamais osé lui dire affectueusement : Merde ! Comment t'es-tu contentée d'amers reproches dans ton journal, que tu n'étais même pas fichue de cacher, connaissant pourtant son principe d'ingérence dans les affaires d'autrui ? Si je n'avais pas retrouvé mes jérémiades dans ce cahier de moleskine noire daté de 1943, écrites de *mon* écriture, *notre* grosse écriture-guirlande, bien droite et qui paraît si sûre d'elle, je nierais avoir jamais été cette vieille petite fille lâche et soumise.

« Comme tout deviendrait simple si j'étais orpheline », y avais-tu écrit imprudemment.

Et Hermine, incapable d'admettre qu'on pût abriter en soi un sentiment et son contraire, est bien sûr « tombée » sur ces lignes en « cherchant des enveloppes » car il lui fallait tout de même un semblant d'excuse pour fouiller dans le bureau de sa fille. Le drame était pour elle un moyen de gouvernement, et l'écriture aussi. Aucun affrontement, aucune décision importante qui ne se soit soldée chez nous par des lettres. Sous l'oreiller, glissés sous la porte, écrits la nuit dans l'exaltation ou la colère, ces messages jalonnent mon interminable itinéraire vers l'âge adulte, et m'obligent à te reconnaître pour mienne, petite sœur dont je ne suis pas fière, et toi, ma mère l'Hermine, qui m'écrivais une fois de plus ce jour-là, de ta belle écriture ferme à laquelle la mienne ressemble comme une parente de province.

« Maintenant je le sais, je l'ai lu : tu voudrais m'enterrer vivante. Tu ne trouves pas d'autre moyen de me faire taire et tu ne veux plus m'entendre. Ne serait-ce pas parce que j'ai raison ?

« Tu voudrais que ton mariage se fasse dans l'enthousiasme. Mais je ne peux pas me crever les yeux sous prétexte que tu es aveugle. La gouaille faubourienne de Jean-Marie, son côté provocateur, sa vulgarité voulue de Front Popu, je ne m'y fais pas. Il reste trop de l'Infâme en lui et tu ne fais rien pour le rapprocher de moi, au contraire. Plus tu l'aimes, plus tu te crois obligée de me renier. Mais il ne s'agit pas de moi, il s'agit de ton bonheur et de *te* réaliser. Or je crains que ce ne soit Jean-Marie que tu réalises et que, pour ce faire, tu t'effaces. Et il l'acceptera, car c'est un homme, en plus d'être un enfant égocentrique et mal élevé. Et je trouve cela grave. Je ne t'ai pas faite et élevée pour que tu disparaisses. Tu travailles toute la journée, tu passes tes nuits à lui écrire, tu ne manges plus, tu es maigre. N'oublie pas que toi aussi tu peux tomber malade.

« Peut-être as-tu besoin de me perdre pour te réaliser, mais tu n'as pas la force de le faire car tu es une velléitaire. Pourtant, n'aie pas peur : je n'en mourrai pas. Mais ne me force pas à pavoiser. Conquiers ta liberté de pensée et d'amour, si l'heure est venue. Cette aventure te sera peut-être salutaire; tu découvriras plus vite qui tu es. Et j'absous tes pensées homicides comme on acquitte un crime passionnel, mais cela me rappelle la dure petite fille que tu étais déjà et qui me disait froidement : “ Maman, quand tu seras morte, je m'installerai dans ta chambre. " Mais les mères, tu verras, sont immortelles. »

Hermine qui aurais tout pardonné à une fille insolente, tu as reçu une réponse qui t'a mis du baume au cœur mais aussi du mépris sans doute. Une lettre comme je n'aimerais pas en recevoir de mes enfants car je leur souhaite de ne pas s'excuser de ce qu'elles sont et je leur pardonne d'avance leurs lâchetés ou leurs révoltes en souvenir de moi.

« Ne peux-tu comprendre, maman, que toute ma vie j'ai vécu dans ton ombre, que j'ai vu mes tendances ne grandir qu'avec ta permission et mes goûts ne se manifester que si tu les approuvais ? Je t'admire au point que je ne sais plus où je suis, que je n'ose plus me faire confiance.

« Jusqu'ici nous ne nous étions heurtées que pour de petites choses et de petites gens. Mais voilà que je venais de prendre une décision qui m'importait infiniment, maman. Je ne savais comment t'en faire part car je connaissais ton opinion sur Jean-Marie et te trouver contre moi, c'est comme me trouver contre moi-même. Et tu sais tellement dire les choses qui font vaciller mes certitudes...

« Pourtant je suis sûre que j'aime Jean-Marie. Toutes mes hésitations de cet hiver n'ont pas été des doutes sur mon amour mais sur ton accord. Car tout s'en mêle : il n'est pas baptisé et le mariage à l'église sera impossible; et puis cette maladie, la pire de toutes, car elle signifie absence, contagion, rechute possible. Comment veux-tu que j'aie l'air heureuse ? Or, j'ai besoin de toi, même pour être heureuse avec l'homme que j'aime et pour vivre ce que d'autres appelleraient " ma vie ".

« Je regrette que tu aies pu prendre au sérieux dans mon journal des choses aussi idiotes, aussi épisodiques, aussi peu faites pour que tu les lises... » etc.

Et veuillez agréer, chère mère, mes sentiments de crêpe molle.

Il faut dire que j'étais mal partie. Tubard, fils d'un présumé Rouge, Front Popu lui-même, ni riche, ni élancé, ni élégant, Jean-Marie ne disposait pas de beaucoup d'atouts dans la partie qui s'engageait avec Hermine. Elle aurait pourtant été bien incapable de préciser les idées politiques de ce Front populaire qui se résumait pour elle à des hordes de « congés payés », coiffés de chapeaux de gendarme confectionnés avec *L'Humanité,* mangeant du saucisson à l'ail sur nos plages et les laissant jonchées de papiers gras.

Engagé volontaire de la Grande Guerre, la vraie, croix de guerre en 1916, Croix-de-Feu en 36, grand lecteur de Barrès, puis de Céline, patriote, raciste et antisémite, cela va de soi, mais rappelant qu'il était dreyfusard, ce qui prouvait sa bonne foi... quand les israélites le méritaient, Adrien attribuait à l'Internationale judéo-maçonne les malheurs de sa patrie. C'était elle qui avait miné le moral de l'armée, conduit les Français à détaler comme des lapins en 40 et un héros de Verdun devenu gâteux à accepter un armistice déshonorant. Gaulliste de la première heure, qu'eût-il fait si le général de Gaulle se fût appelé Lévi ? Il ne manquait en somme à Jean-Marie que d'être juif.

« Il a d'ailleurs un drôle de nom pour un chrétien...

– Mais maman, Henninger, c'est un nom alsacien !

– C'est ce qu'ils disent tous... Moi, je trouve ça bizarre qu'il ne soit même pas baptisé. »

En attendant, pour un Fils du Peuple, Jean-Marie savait écrire. Et Hermine avait un faible pour l'écriture, précisément. Il restait un espoir. Du moins Jean-Marie le croyait.

« Hermine, puisque vous m'avez autorisé à vous donner ce si beau nom, merci de votre affection et de la confiance que vous montrez au " petit garçon " que vous voyez en moi. Croyez que j'aime Louise avec toute la lucidité que j'ai amassée et nourrie du temps où je proclamais bien haut que l'amour n'existe pas tout en écrivant le contraire.

« Je sais ce que représente pour vous d'avoir à vous séparer de votre calme grande petite fille et que j'apparais parmi vous comme un intrus. J'espère être assez délicat pour vous le faire peu à peu oublier et vous persuader que nous serons deux maintenant à vous aimer. Elle a tant besoin de votre tendresse et de votre approbation, ne les lui refusez pas.

« Pour tout ce qui était ma vie, je ne veux rien dire, car il y a des désastres qui découragent le discours. Mais ne croyez pas que je désespère. Je constate seulement que je suis mort – pour des mois – et c'est une curieuse sensation. Soyez sûre que je serai d'une énergie farouche et que rien de ce qui peut m'aider à guérir ne sera négligé. Mais auparavant, il y aura cette période où j'entre, cet état confus où l'on ne sait qu'une chose, c'est qu'il ne faut pas penser... ces petits matins où l'on s'éveille avec cette respiration un peu bruyante qui se résout vite en deux ou trois quintes de toux, et avec ce point douloureux qui vous rappelle que cette toux-là n'est pas comme les autres.

« Je vous dis cela, Hermine, parce que vous

êtes un peu ma mère, la seule que j'aie... et parce que j'ai besoin de le dire. Mais cela ne regarde pas Louise.

« Mon corps se venge, moi qui étais si fier de lui, de la bonne machine, pas belle mais fidèle et solide. Je vois toute la profondeur de l'abîme qui se présente et je le regarde sans vaciller. Mais la peur est une étrange chose : je me croyais peureux et je crois que la mort ne m'effraierait plus. Or il ne s'agit pas de mourir mais de guérir. C'est une chose bien banale en soi, n'est-ce pas, et sans grandeur. C'est pourquoi je vous demande de m'excuser d'être cause de souffrances pour Louise et d'inquiétude pour vous.

« Mais ne craignez rien : c'est peut-être un petit garçon qui est parti au sana, c'est un homme qui en reviendra, j'espère. »

Toute mère se fût émue, bouleversée peut-être. Pas Hermine. Emue, oui. Mais quel rapport avec son souci, le sauvetage de sa grande imbécile de fille qui risquait de s'engloutir dans l'amour fou et l'exaltation du sacrifice? Loin de souhaiter, comme toutes les mères de mes amies, que j'arrête mes études et renonce à mon travail pour me consacrer à la guérison de Jean-Marie et lui faire réciter ses questions d'internat, elle ne craignait qu'une chose : que je tape ses manuscrits et que j'ouvre plus tard la porte à ses clients.

« Tu te prends à tort pour une adulte. Moi je sais que tu n'es pas finie et qu'une erreur aujourd'hui peut t'être fatale », me répétait-elle.

Six mois passèrent. Le BK lâchait du terrain et cette attaque semblait jugulée. Plus rien ne serait tout à fait comme avant, mais on pouvait envisager de revivre, de caresser des projets, de faire semblant.

Moi, la vivante, de crainte qu'il ne s'égare trop haut, je lui écrivais chaque jour pour le rappeler à la réalité, recomposant sans relâche le décor de sa vie passée, la vraie, et le ligotant à son futur par tous ces menus détails qui étaient devenus de grandes obsessions en ces temps de pénurie : appartement à découvrir, ravitaillement à assurer, queues, alertes et marché noir.

Septembre 43

Voici la liste de ce que j'ai mis dans ton colis, dis-moi s'il te parvient intact :

– Un savon de Marseille entamé. (Par moi, ce n'est pas le postier qui aura pris un bain.)

– Deux tubes de mines de crayon.

– Les *Lettres à un jeune poète* que tu m'avais demandées.

– L'*Histoire de la littérature française* de Kléber Haedens. (Une merveille !)

– 12 nonettes.

– Un petit pot de rillettes faites par papa.

– Un paquet de Banania. Pas pu avoir de sucre.

Je suis passée à la Récupération et j'ai pu toucher 70 points textiles. Ça m'en fait 124 et je vais pouvoir t'acheter une robe de chambre très chaude.

Je t'écris à la bougie car on nous a coupé l'électricité. Papa avait pourtant préparé toute sa ration de tabac et des friandises pour l'électricien mais il a été incorruptible. On a compris pourquoi après... Un contrôleur vient toujours vérifier que les punis sont effectivement dans le noir !

Nous avions dépassé notre allocation, évidemment.

Mon chéri, quand tu m'écris une lettre trop tendre, s'il te plaît traite-moi de mégère de temps en temps pour m'empêcher de pleurer. Car je me sens tout endolorie depuis ton départ. J'ai comme une terrible grippe de cœur.

J'ai encore eu 12 nonettes aujourd'hui, je te ferai un colis vendredi avec 6 œufs que nous venons de recevoir de la campagne. Je me suis dépêchée de les empaqueter pour les soustraire aux regards. Chez nous on n'a pas mangé d'œuf depuis un mois !

Dîné chez ton petit père hier et suis allée dans ta chambre par mégarde pour chercher le Laforgue que tu m'as demandé. Un peu de ton odeur de Prince pâle y flottait encore, qui m'a mis les larmes aux yeux, et, au corps, le souvenir des « sorts » que tu me faisais. Comment vont les Swann ? Swann le Petit, douce chose délicieuse et hypocrite et Swann le Glorieux, toujours sur la brèche (hum...), conquérant impénitent, bâton du chef d'orchestre qui m'enivrait de symphonies éperdues... (Ah, Louise ! Tu devrais écrire !) On raconte qu'à Sancellemoz on danse, on flirte et on baise beaucoup. On dit aussi que la tuberculose aiguise les sens et porte à l'amour. Ce ne sont pas des choses à dire à une femme de prisonnier !

C'est ce sentiment que tu es à la fois fort et faible qui me fait tant t'aimer. Si tu n'avais été que faible, je t'aurais seulement beaucoup aimé. Mais si tu n'avais été que fort, je n'aurais jamais osé me laisser aller. Tu sais mêler les deux d'une manière émouvante. J'aime autant ton cynisme que ton lyrisme, le poète désespéré que l'idéaliste impitoyable. Moi aussi je suis sûre que tu as du talent. Je suis même beaucoup plus sûre du tien que du mien.

As-tu reçu le pot de beurre salé? Et les nonettes? (*Je me demande d'où venaient toutes ces nonettes?*)

Parfois j'ai peur que tu ne me trouves trop amoureuse et que tu te dises comme Montherlant : « Ah! non. Je suis incapable de l'aimer puisqu'elle est amoureuse de moi! »

En plus j'ai maigri de deux kilos et j'ai « une figure de Croate », comme dit maman. On me fait des piqûres intraveineuses de gluconate et je prends du Calcoléol. On va me refaire une cuti puisque l'autre était négative. « Mais si tu as attrapé la tuberculose de Jean-Marie, ne crois pas qu'on va t'envoyer à Sancellemoz », me dit-elle pour me décourager.

Mais ne crains rien : moi je sais que je souffre seulement d'une maladie de langueur. Je m'ennuie tellement de toi! De tous les *toi,* ceux qui ricanent, ceux qui écrivent des vers toute la nuit, ceux qui jouaient de l'harmonica si tendrement, ceux qui dansaient le swing et vous autres, les toi désespérés auxquels je voue une secrète tendresse.

Je suis odieuse à la maison car je ne supporte pas la pitié. Maman qui est toujours à rôder dans le couloir entre dans ma chambre chaque fois qu'elle m'entend renifler et je réponds que je suis enrhumée. Elle part en claquant la porte et j'entends... « Refuse la tendresse... Cœur de pierre... Plus jamais m'occuper d'elle... » Si seulement c'était vrai!

Ah! Si tous les hommes te ressemblaient je serais une putain!

Octobre 43

Tu me parles de grandeur, d'idéal... la vue permanente du mont Blanc doit t'inspirer. Moi je te suis de loin, traînant le bagage des contingences, et j'ai peur que tu me trouves bien enlisée dans les soucis de survie. Pardonne-moi de n'être héroïque que par procuration. Tu sais que j'aime ton absolutisme et ta passion de la Médecine. Mais il ne faut pas que tu oublies les savoureuses petitesses et les odieuses nécessités de la vie quotidienne. Mon rêve d'absolu le plus fou ? Trouver un appartement pour nous deux. On ne trouve *rien* officiellement, tout se négocie en douce avec des dessous de table monstrueux, qu'on ne récupérera jamais puisqu'ils sont illégaux. Mais tu verras, mon matérialisme a du bon. Je sais tirer des charges de destins, même contraires, et nous sortirons de ce bourbier. Depuis que je t'aime, mon égoïsme a changé de camp : de nous deux, c'est toi qui es le plus moi-même.

Novembre 43

Ne m'écris pas de si longues lettres, mon aimé, je ne peux supporter l'idée que tu te fatigues. Et donne nouvelles détaillées, please, de ton pneumo. Je n'aime pas apprendre les choses par ton père. Ne t'inquiète pas, j'ai pris mon parti de la situation. Je sais attendre et je n'ai pas peur de la souffrance. Si tu as des adhérences, eh bien nous ferons encore plus attention, après. Ne te laisse pas charcuter sous prétexte que ça va plus vite.

Ici, drame terrible : Lou est arrivée complètement affolée à la maison parce qu'on supprime les contingents de tissu et de laine à presque toutes les maisons de couture. Autant fermer sa maison, dit-elle, et elle n'a pas d'argent de côté. Papa trouve tout de suite une solution : « Tu vendras tes bijoux ! »

Les deux femmes lui tombent dessus. « Toujours des solutions de vaincu, dit l'Hermine. On pourrait commencer par ne plus boire de vin ? » et pour illustrer son propos, elle renverse son verre sur la nappe. Lou rigole. Vexé, Adrien jette son verre sur le mur où il se fracasse. « Si tu veux jouer à ça, dit Hermine, je suis aussi forte que toi ! » et elle bascule le légumier plein d'épinards sur le parquet. Il y en a partout. Du rouge et du vert ! Lou qui a horreur de la saleté et des cris court de l'un à l'autre : « Ne faites pas les idiots ! Regardez-vous... vous êtes comiques ! Et puis pensez aux prisonniers... »

La pensée des prisonniers n'a aucun effet, ils hurlent de plus belle et comme à chaque séance, on reprend à la case zéro : « Tu n'es jamais d'aucun soutien. Si nous t'avions écouté, il y a longtemps que Lou aurait fermé sa maison et que j'aurais cessé de peindre. Au fond, Louise tient de toi, c'est une défaitiste, elle aussi... » Ça y est, j'ai beau m'aplatir contre les murs, je me retrouve au cœur du champ de bataille. Et c'est à moi qu'on va demander de ramasser les épinards et la verrerie pendant que le dernier acte se joue dans les larmes, mais pas avant que papa n'ait piqué une de ses colères blanches qui font peur même à Hermine. « Ton cœur, crie-t-elle, attention à ton cœur, mon Ien-Ien ! » oubliant que c'est elle qui vient de le torturer ce cœur. Lou le mignote, Hermine le couche et lui fait une tisane, et jusqu'à deux heures du matin les deux femmes s'enferment dans le petit salon et tirent des plans pour que Lou fasse partie du contingent de couturiers qui conserveront le droit de vivre. C'est Lelong, président de la Chambre syndicale de la couture, qui choisit les rescapés. Dès demain matin, Lou ira voir Lucien. Elles mettent au point le discours à tenir : surtout ne pas se présenter en quémandeuse victime d'un mauvais sort, mais en artiste indignée. Elles choisissent une robe d'artiste indignée. Hermine corrige, conseille des intonations, trouve des formules et fait répéter. Ien-Ien dort à poings fermés comme un enfant qui a reçu une bonne fessée. Elles vont gagner, je le sens. La défaite ne leur va pas au teint.

La combativité? Comment est-ce que ça s'attrape?

Je dîne souvent avec ton petit père et tes deux frères. Il m'oblige à finir tout ce qui est dans mon assiette, ce qui m'est d'autant plus pénible que sévit en ce moment chez toi une gâte-sauce innommable! Mais il paraît que j'ai mauvaise mine et que je suis trop maigre pour faire une mariée! Les « bêtes », ça va; mais les hanches sont minces, minces, minces. Ton père a peur que je ne lui fasse pas d'héritier. Je lui répète que ce ne sont pas les grosses vaches qui font les plus beaux enfants.

Tes frères ont décidé de renoncer à leurs cartes de tabac pour te procurer des victuailles. Ils fument d'immondes mégots de feuilles de chêne qui empestent toute la maison. Chez moi, il y a longtemps que nous avons confisqué sa carte à mon père, outrées que sous prétexte qu'il fait pipi debout, il ait seul le droit de fumer. Hermine a failli s'y mettre, par défi! (A la pipe, pas au pipi debout, encore qu'elle soit capable de tout!) Quand tu lui écris, mon cher chéri, je t'en supplie, dis-lui que tu as bon moral et que tu ne tousses plus, sinon elle t'imagine blême et suffocant comme la Dame aux Camélias et me fait un tableau apocalyptique de notre avenir. Heureusement que tu « ne craches pas le sang » : littérairement, ce serait complet. Déjà elle répète à tout le monde que l'amour ne me réussit pas et que je me laisse mourir depuis ton départ. Et ne lui écris pas non plus de s'occuper de moi, elle ne fait que ça. M'apporte une tasse de chocolat ou des biscuits vitaminés à minuit quand je suis en train de travailler (ou de t'écrire), mais c'est en réalité pour jeter un regard de désapprobation sur une activité qu'elle déplore. Il paraît que je suis ta vestale et que j'ai bien tort de corriger et de taper tes poèmes au lieu d'en écrire moi-même. Elle me rappelle encore avec indignation le jour où j'ai refusé de te laisser réparer mon vélo qui était crevé, tu te souviens ? Il paraît que devenir la servante d'un homme au lieu de se faire servir n'est pas la bonne méthode pour se faire aimer ! Il paraît que je m'en apercevrai trop tard ! Préviens-moi à temps, s'il te plaît.

Elles ont gagné ! On a fêté ce soir la victoire de Lou qui vient d'être classée parmi les cinquante « Créateurs de haute couture », qui en tant que tels bénéficieront d'allocations de lainage, de soierie, de fil, etc. et qui pourront donc continuer à gagner leur vie. Elle a décroché du même coup un contrat pour plusieurs centaines de capes d'infirmières, ce qui lui permettra de ne pas renvoyer d'ouvrières. Car côté clients, ça se raréfie. « Il ne faudrait pas que la guerre nous fasse perdre le goût du luxe, ce serait une défaite de plus », nous a déclaré une Lou au sommet de sa forme en déballant un sac d'admirables chocolats de chez Mary, faubourg Saint-Honoré, où elle s'est inscrite. Elle préfère renoncer à sa ration de Menier pendant des semaines pour s'offrir de temps en temps de vrais chocolats « comme avant ».

Et ta pleuroscopie ? Tu me parles de politique, de littérature mais jamais de ton poumon. Est-ce qu'ils veulent toujours te faire une section de brides ? Je suis opposée à toutes ces agressions. Quand on les laisse commencer, on entre dans un cercle vicieux. On se laisse faire un pneumo, c'est anodin et puis toute la ronde des interventions en découle. Tu n'as pas de fièvre et tu te sens mieux, bien que ton pneumo ne soit que subtotal. Qu'est-ce qu'on veut de plus ? J'aime mieux t'attendre un mois de plus et qu'ils ne farfouillent pas dans ta chère plèvre. Mais évidemment le docteur D. a écrit un livre sur la pleuroscopie, il faut bien le mettre en pratique. Le pneumo doit fonctionner selon toutes les règles de l'art, quitte à lacérer un torse et l'on ne regarde pas l'état général ou le moral du malade qui est autour. D. voudrait que tous les malades subissent ce qu'il a subi. En plus, c'est comme ça qu'il gagne sa vie, pas en te regardant faire ta cure. Je les crois capables de tout, ces monstres, et même de faire de l'art pour l'art. Et pourquoi pas une bronchoscopie pour aller voir de plus près ? Et puis dans quelques mois, quand tu seras habitué au mot, une « belle » thoracoplastie ! Et si les résultats sont mauvais, c'est toi qui auras mal réagi. Eux t'auront déchiqueté avec beaucoup de compétence.

Et je ne pourrai que trépigner de rage. Je t'appelle *mon* amour mais tu es à tout le monde plus qu'à moi. Et *ils* feront finalement ce qu'ils voudront. J'ai l'impression que tu es un animal promis à la vivisection et qu'on t'a exilé dans les montagnes pour étouffer toute protestation.

« Ah! paître dans notre coin et forniquer et rire... »

Mon aimé, la viande au marché noir, c'est 19 ou 20 francs le kilo à Paris. Le prix qu'on te propose est donc intéressant. Achète, je t'en prie. Quand te convaincrai-je qu'il est moins cher d'acheter de la viande ou de l'huile au marché noir que de payer un mois de sana supplémentaire? Je suis horrifiée que tu manges si mal là-bas et que tu n'engraisses pas. Sont-ce les insufflations qui te fatiguent? Je sais que vous êtes contre le marché noir dans ta famille. Mais il faut d'abord être contre la tuberculose.

Décembre 43

La Mère Noël arrive, mon ange! Je partirai le 25 décembre. J'ai pu obtenir une fiche d'accès dans le train grâce à un vieil admirateur de Lou qui travaille dans les bureaux de la SNCF, rue Saint-Lazare. Au pire, je ferai le voyage couchée dans le couloir mais je suis sûre en tout cas de pouvoir monter. Je rentrerai le 31, c'est le seul jour où j'aie une chance de trouver une place assise et en même temps de ne pas manquer mes cours qui reprennent le 3. On a trop besoin d'argent pour que je prenne des libertés. J'apporte une hotte pleine de provisions et de menus trésors. Trouve-moi une chambre pas trop loin de Sancellemoz pour les six jours que je passerai au plateau d'Assy. Crois-tu que je pourrai passer une nuit avec toi dans ta caserne? Faire le mur pour entrer? Si ton père m'entendait, il dirait que je veux t'assassiner. Tout le monde me considère désormais comme une anthropophage. J'entends chuchoter partout que « ce serait une folie de les laisser se marier à Pâques », comme si j'étais une Messaline incapable de contrôler ses sens et qui va aggraver ta... perte de substance ! Je te conjure de rappeler à ton père que je ne te poursuis pas pantelante et que je suis capable de résister aux avances de Swann.

Imagines-tu qu'on ne s'est pas revus depuis qu'on est « fiancés » ? C'est un peu comme pour un mariage par correspondance, tu vas voir arriver ta future et il sera trop tard si tu es déçu pour changer d'avis !

En attendant, ne parle pas trop, mon ange et ne va pas trop souvent dire tes vers au Club des poètes. Cela retarde l'avenir. Un avenir qui sera notre présent dans quelques jours, pour quelques jours. Mais c'est la guerre et même l'amour nous sera rationné. Voire, dit Grandgousier...

3 janvier 44

Depuis que je t'ai quitté, je suis la petite marchande d'allumettes d'Andersen : quelques secondes de bonheur et de flamme, et puis je me retrouve les bras vides, dans l'obscurité glaciale, comme si j'avais tout rêvé. Je ne veux même pas te parler de ces journées : je ne veux pas avoir les yeux rouges à table tout à l'heure. Mais c'était si troublant de nous dire enfin des mots que nous n'avions jamais utilisés « qu'en écrit » ! Ils paraissaient soudain si violents, presque obscènes parfois. « Je t'aime » est encore une formule terrible pour moi. Et quand tu me le dis, c'est comme si tu me balançais une grenade, une splendide grenade qui me fait éclater d'émotion. Je m'aperçois que quand on écrit, c'est toujours plus ou moins de la littérature. On se fait plaisir, si sincère soit-on. La parole est violente.

Je suis rentrée sans histoires de Saint-Gervais, le principal étant de réussir à passer sur le quai. Puis on s'accroche aux portières, aux poignées, on se coince sur les marches ou sur les boogies, c'est la panique, et puis une fois en route, c'est comme si les gens qui sont à l'intérieur se résignaient à dégonfler, ça se tasse et tout le monde finit par entrer, quitte à regonfler à la gare suivante pour empêcher les nouveaux salauds de monter !

On s'est tout de suite aperçu à la maison que je ne ramenais pas la couverture qu'on m'avait « prêtée » pour que j'aie chaud dans le train. « Tu dépouillerais ta famille pour couvrir Jean-Marie ! Il a un père, non ? Et lui, bien sûr, s'est laissé faire. Il ne s'est pas demandé si tu en aurais besoin dans le train du retour ? »

Ah ! vivement que ma famille ce soit toi. Mais Hermine a raison d'être jalouse. C'est vrai que rien ne compte devant toi, ta guérison. Si tu as chaud, je suis heureuse et tout le monde peut crever ici. D'autant qu'ils ne me font pas pitié...

Bonne nouvelle : je vais avoir des leçons particulières avec un jeune dadais qui viendrait à domicile deux heures par semaine pour 50 francs de l'heure. 400 francs de plus par mois et il est en troisième, classe facile.

J'ai tout le temps faim depuis ces six jours passés à la montagne, c'est bien ennuyeux. Pour comble de malchance, je dîne ce soir chez ton petit père à qui j'apporte tes lettres et tes poèmes. Il va encore falloir lutter contre mes larmes imbéciles. Ah ! si on pouvait m'opérer de mes glandes lacrymales !

Maman a un appartement en vue pour nous avec un dessous de table possible. Lou nous aidera. Elle a décidé de sortir ses réserves personnelles de soie et de me tailler une robe et des dessous brodés pour ton retour. On commence à parler de notre mariage depuis que les nouvelles de ta santé sont meilleures. J'ai toujours rêvé de moi en blanc en haut des marches de Sainte-Clotilde, sans penser au garçon qui serait près de moi ! C'étaient *mes* noces ! Et bien sûr les parents tiennent à l'église. Ils n'envisagent même pas que cela puisse être autrement. Aujourd'hui je suis prête à faire comme tu voudras. Mais moi, je suis amoureuse, pas ma famille ! Elle, elle marie sa fille unique et c'est le dernier acte de ma vie qui leur appartienne encore. Pardonne-leur, mon ange, et laissons-leur cette journée, veux-tu ? Tu dis que ce serait un sacrifice pour toi, de tes idées. Mais pour eux aussi, ce serait un sacrifice de me voir partir sans cérémonie, sans la caution de l'Eglise.

Je te quitte pour aller à l'enterrement d'une amie de classe qui vient de mourir de septicémie. Elle faisait sa médecine aussi mais tu ne la connaissais sûrement pas : elle était laide et chaste. Pas mettable, comme disaient les Infâmes.

Ton petit père est si heureux de pouvoir annoncer que tu vas mieux ! Il est transfiguré de bonheur. Oh ! n'aie plus de liquide, je t'en conjure. Que 1944 soit enfin une bonne année !

J'ai beaucoup aimé ton dernier poème, sauf le vers final : « L'air est pur, la route est large ! » C'est pas possible d'être aussi « Chantiers de jeunesse » ! On s'est disputés là-dessus avec ton père, pour qui ce que tu écris est toujours beau. Pis, c'est sacré! Une étrangère comme moi ne devrait pas avoir le droit de changer une virgule.

J'ai dû renoncer au petit déjeuner : toujours pas de beurre dans la maison et du pain de maïs immangeable. On n'a plus de viande ni de fromage et pas vu un œuf depuis deux mois. Mon rêve le plus fou... un œuf à la coque! Maman du coup vient de se faire classer J3 sous prétexte de maladie, ce qui nous donne droit à un demi-litre de lait par jour, mais lui enlève la moitié de sa ration de viande.

Je viens de recevoir vos honorées nos 101 et 102, m'informant que vos nouvelles radios sont bonnes. Attendons les tomos mais c'est déjà bien rassurant. Vous avez été merveilleux dans cette affaire et je vous I(dolâtre) de plus en plus.

Je suis invitée ce soir au cabaret pour écouter des poèmes de Gilbert Prouteau dits par Alice Field. La grande débauche!

Hier soir l'Hermine m'a prise à part quand papa était couché et m'a dit avec un regard qu'elle croyait propre à me désarçonner : « Cela ne sert à rien de ne pas me faire de confidence car JE SAIS! Tu as couché avec Jean-Marie, mon intuition me le dit. » (Je croirais plutôt qu'elle a fouiné dans mon journal une fois de plus.) Je refuse d'avouer : l'expérience m'a appris que maman profitait toujours dans un moment de colère des confidences extorquées dans un moment de tendresse. Je ne veux pas qu'elle parle de « mes coucheries » avec ce don qu'elle a pour rendre les choses laides.

Fait divers qui ne te réconciliera pas avec la religion : au cimetière, hier, j'ai vu grand-mère jeter subrepticement des sels d'eau de Javel sur les arbustes de la tombe voisine de celle de grand-père pour les tuer et qu'ils ne fassent plus d'ombre sur les géraniums de *sa* tombe !

Vous êtes un imbécile, mon Amour. Votre lettre de ce matin est idiote, mon Amour. Restez donc sagement dans votre lit à 210 francs par jour et pensez à votre avenir qui est aussi le mien. L'argent n'est pas votre problème pour l'instant. Et retournons aux grands débats.

Alors, vous voudriez avoir le courage des héros et, en plus, vos idées à vous ? Mais les héros les vomissent, vos idées ! Ils n'ont ni votre esprit destructeur ni votre sens du dérisoire, sinon ils ne pourraient plus se montrer héroïques. A moins que les pessimistes ne fassent les plus beaux martyrs ? Et puis il n'y a pas que les champs de bataille et le concours de l'internat. Le plus difficile, le plus ingrat, c'est peut-être le courage de tous les jours, dans un lit. Et personne ne te donnera de médaille pour celui-là. Si : moi.

Non, je ne t'en veux pas d'être jaloux. J'aime assez que tu m'imagines nue dans les bras de tout un chacun. D'autant plus que tu prends soin de me faire savoir que « ça a été très dur pour toi de rompre avec Annette ». Je trouve que « dur » aurait suffi. Si c'était *très* dur, t'avais qu'à pas. Moi je n'ai pas de sacrifice à t'offrir. Avant toi, je n'avais aimé personne.

Les ceusses qui veulent votre bien sont la pire engeance qui soit. Je savais que Lou avait parlé de moi à Hauteclocque, inspecteur général de l'enseignement, pour lui demander un remplacement à faire dans une école primaire puisqu'elle sait qu'en ce moment je ne travaille que l'après-midi. Eh bien, je commence dans trois jours! Dix-huit heures par semaine et à Bois-Colombes et dans une école de garçons! J'ai envie de mourir d'ici là. Mais hélas! J'ai trop de santé pour ça et trop d'amour-propre pour me faire porter malade.

En attendant, c'est toi qui as 37°8 le matin. C'est trop. Ton liquide est peut-être en train de devenir purulent? T'a-t-on fait une ponction?

Je trouve tes deux lettres sur mon bureau en rentrant de Bois-Colombes. Ton liquide était à dix centimètres de ta clavicule, mon amour? Et qu'arrive-t-il quand il monte jusqu'en haut et remplit tout l'espace? Nous n'irons plus au bois, mon ami s'est noyé?

Quant à moi, je suis descendue aujourd'hui dans la fosse aux lions. Mes monstres ont entre quatorze et dix-sept ans, l'âge le pire, celui où ils méprisent les « bonnes femmes » et réagissent à tout par la grossièreté. Tous les deux jours, je leur fais instruction civique! Je ne sais même pas ce que c'est, on n'étudie pas ça dans nos milieux. On considère sans doute que les bourgeois ont le civisme dans le sang puisque la société leur plaît telle qu'elle est! J'enseigne tout, même l'histoire naturelle. Ils en sont au *Bourgeois gentilhomme,* la pièce de Molière que j'aime le moins. Mais le pire, c'est le domptage de ces fauves ricanants. Je deviens une machine à crier : « Taisez-vous, là-bas », ou : « Cessez de mâcher du chewing-gum en classe. » Et s'ils continuent à mâcher en me narguant, qu'est-ce que je fais? Pour l'instant, je fais semblant de ne pas voir. Les « petits » ne valent guère mieux. « Faut-y vous appeler Mzelle ou Mdame? » J'ai dit Mzelle mais j'ai eu tort.

Tu m'écris que tu ne vois autour de toi que des rechutes. As-tu réfléchi, mon petit garçon, que ceux qui n'ont pas rechuté ne sont justement pas là pour te le dire ?

Je voudrais bien savoir en combien de temps ta plèvre va se recoller. Ton poumon est-il encore comprimé ? As-tu moins de fièvre depuis la ponction ? 64,400, tu es redevenu maigre. Que dit Tobé ?

A Bois-Colombes, je fais des découvertes troublantes. La grande différence entre les primaires et les secondaires, c'est que les mômes du primaire, pleins de vivacité et de bon sens dans la vie pratique, semblent les laisser au vestiaire dès qu'ils entrent en classe. Ils ne comprennent plus rien, se bloquent et vous regardent comme si on leur parlait une langue étrangère. L'école pour eux est un monde à part, où l'on n'utilise pas les qualités et les défauts du dehors. Au point qu'ils répondent n'importe quoi, des phrases non signifiantes : « La table du *Meunier, son fils et l'âne* ressemble à une comédie parce qu'ils sont crédules. »

Qu'est-ce que tu veux rectifier ? Il faudrait repartir de zéro, les convaincre que les mots veulent dire la même chose à l'école qu'à la table familiale. J'ai l'impression qu'au début, ils vont aussi vite que les gosses de riches. Et puis à partir d'un certain âge (la puberté ? la découverte des classes sociales et de l'injustice ?) ils décrochent et s'en foutent. C'est alors que les secondaires les doublent et les dépassent, généralement pour toujours.

C'est très décourageant. Ce n'est pas la prédestination, mais ça y ressemble. J'avais envie de verdure et d'oubli ce soir. De prendre mon train dans l'autre sens; jusqu'à la mer, de me coucher dans le sable et d'entendre près de moi les vagues qui viennent et vont. Le *Cheueueuiiisss,* comme dit Jules Romains.

Et si tu avais été marié à Annette quand je t'ai rencontré? Je crois que j'aurais aimé vous avoir pour amant, Monsieur. Le rôle est mieux fait pour vous que celui de mari. Mais moi je serais une mauvaise maîtresse car j'aime le plein de l'été et l'heure de midi, le chocolat noir et l'amour au soleil. Quand j'étais ta maîtresse, je n'osais pas être infidèle de peur que tu ne te détaches de moi. Mais quand je serai ta femme, je deviendrai la plus indocile des maîtresses.

Hermine trouve que mon amour pour toi se voit trop! Et le tien, pas assez! Elle prétend que tu me trouves anorexique, toujours en retard, me laissant déborder par mon travail et que d'ailleurs tu apprécies beaucoup trop « les vraies jolies femmes » pour te contenter longtemps de moi. Il paraît que tu l'as dit à des amis communs. Si c'est vrai, je sais que c'est pour sauvegarder ton honneur d'Infâme... ce qu'il t'en reste, mon pauvre fiancé! L'adolescent qui méprisait les femmes et haïssait le mariage ne peut pas mourir tout à fait. Je ne le souhaite pas. Il ne faut assassiner personne en soi, à cause des miasmes.

Ça ne va plus du tout d'ailleurs à la maison. Des amis sont venus déjeuner hier et tout de suite on les a mis au parfum : « Notre fille refuse d'utiliser ses dons. Elle n'a qu'une idée : ne pas se faire remarquer. Elle n'aime que les seconds rôles... » Mon père, qui fonce toujours dans les brèches ouvertes : « Oui, elle nous a bien déçus. Elle avait de l'imagination et du sens poétique étant enfant. Ses études l'ont stérilisée et l'amour ne l'arrange pas. L'instruction qu'on donne aujourd'hui tue la création et étouffe l'esprit critique. Louise est un fruit sec. »

C'est ce qu'il y a de plus terrible dans la vie de famille : ne jamais pouvoir effacer son ardoise. On traîne son enfance comme un boulet et les parents vous ligotent en vous rappelant sans cesse vos antécédents. La merveille avec toi, c'est que tu ne sais pas quelle petite fille j'ai été.

Le ciel s'est obscurci quand j'ai annoncé que nous voulions nous marier dans la chapelle du plateau d'Assy, en costume de ski, et que l'aumônier était d'accord à condition qu'une partie de la cérémonie se déroule à la sacristie. On ne laisse pas un dangereux athée comme toi trop près de l'autel ! Le bombardement s'est aussitôt déclenché :

« Ah ! bon, alors Jean-Marie se dérobe maintenant ? Il nous avait promis qu'il se ferait baptiser, pourtant.

– Mais maman, ce serait une telle hypocrisie, ce baptême ! Un simulacre...

– On passe sa vie dans les simulacres. Si Jean-Marie ne veut pas s'y prêter, eh bien, nous non plus n'irons pas faire mille kilomètres pour voir un simulacre de mariage. Tu n'as qu'à te marier là-bas sans nous.

– Mais enfin, vous n'allez à la messe ni l'un ni l'autre, alors pourquoi tenir tant à l'église ?

– Notre civilisation est bâtie sur la religion catholique et nous ne devons pas être les artisans de sa destruction, énonce doctement Adrien. Toute société a ses rites. Il faut s'y plier, sinon c'est nous-mêmes que nous détruirons en fin de compte. »

Le soir, maman est venue faire la scène du III dans ma chambre. Elle serait affreusement malheureuse que je « vive en concubinage » avec toi. Il faut me pardonner mes parents, mon aimé. Ne pas te mettre en colère. De ma vie, je te le jure, je ne t'entraînerai vers un acte que tu n'aurais pas envie de faire. Mais là, je ne suis pas seule. Du moins je ne voudrais pas me marier seule. Maman a déjà contacté plusieurs prêtres. Lou en a bien sûr un dans sa manche, qui accepterait de te baptiser en quinze jours, ce qui permettrait un mariage normal à l'église.

Ah ! si mon amour pour toi pouvait suffire à te faire oublier ce cerceau de clown où je te demande de sauter !

10 janvier 44

Ce mariage tourne au cauchemar. Pourquoi en faire tout un monde, de ce ridicule baptême, et t'obstiner dans un anticléricalisme puéril ? S'il fallait faire le compte de tout ce qu'on laisse de côté pour épouser quelqu'un, je pourrais moi aussi aligner des griefs. Après tout, je romps, moi, avec l'éthique familiale, je trahis Hermine. Je perds mon mom, je devrai m'adapter à ta vie, à ton métier. Une femme qui se marie perd beaucoup plus que sa liberté. Mais je ne veux penser qu'à ce que je gagnerai. Toi, tu fais de ce baptême un symbole, celui de ton apostasie. Nous n'en sortirons pas vivants. Donc, si tu y tiens horriblement, on ne parle plus de tout ça, Jean-Marie, et on se marie à la mairie, à la sauvette.

20 janvier 44

Je viens de recevoir ta lettre qui commence par

« Seul compte mon refus. » Quatre pages pour me dire : « Si tu crois que tu vas me faire marcher, tu te trompes. » Pourquoi les phrases les plus vulgaires ressortent-elles, même chez un poète, chaque fois qu'on se dispute ? Et moi, je ne « marche » pas ? Le plus souvent à ton pas ? Et bien sûr, tu ressors Annette. Annette ne t'aurait pas demandé le baptême, elle. Bien sûr, elle est juive ! Mais sa famille t'aurait imposé d'autres choses, sois tranquille. Les familles juives n'aiment pas que leurs filles épousent des goys. Et « Annette respectait tes idées ». Et moi, je ne les respecte pas ? Je ne te demande pas d'en changer puisque je les partage. Mais il y a les gens aussi. Ils valent peut-être quelques sacrifices.

Et tu me lances mon amour à la tête : « Toi qui ferais tout pour m'épouser, tu n'es même pas capable de... » Oui, je ferais tout. Pas toi ? Mais il ne s'agit pas de moi en l'occurrence mais de mes parents. La vraie question est : crois-tu que tu serais vraiment humilié par ce geste ? Crois-tu que tu ne pourrais jamais l'oublier ? Crois-tu que cela empoisonnerait ton amour pour moi ?

Ah ! quelle merdre que la vie, Père Ubu. Quelle merdre que la guerre, que la tuberculose, que l'amour, que les parents. Rien à quoi se raccrocher, tout vous trahit, tout se dérobe : ni appartement, ni argent, ni santé, ni liberté, ni nourriture, ni chauffage, ni courrier assuré ni rien ni rien ni rien.

Ta femme de Rien. Ton fruit sec.

Il fait si glacial dans ma chambre en ce 29 janvier 1944 que j'ai froid aux dents quand je respire par la bouche. J'écris au lit avec mes gants de laine.

Nous ferons finalement ce que tu voudras pour

ce sacré mariage. Mais j'ai hâte d'avoir ta réponse. Si tu pouvais me dire : « Ne crains rien, je te donne cette journée ! » En attendant, personne ne me cause ici. On se mesure, on se suspecte, on feint de s'ignorer.

Je voulais te faire un colis mais pour le moment je n'ai *rien* à y mettre.

Tu as maigri de 800 grammes, mon homme de paille ? Sont-ce ces problèmes de baptême qui te rongent les sangs ?

Oh ! mon soulagement quand j'ai enfin reçu ta lettre, mon amour ! Le ciel a repris une couleur et tu m'as délivrée d'un poids affreux.

Mais il faut que tu restes à Sancellemoz, tant que ce sera nécessaire. J'aime mieux te savoir là-bas à consolider ton poumon qu'ici à te fatiguer, à mourir de faim et à ne pas pouvoir te faire insuffler si Paris est assiégé. Toutes les radios parlent d'un débarquement pour cette année. On dit qu'en ce cas, dès le premier jour, tout le monde sera consigné chez lui. Tu ne peux pas te permettre de jeûner, d'être privé de soins.

Ton père voudrait faire imprimer une plaquette de tes poèmes. Nous avons dîné avec un éditeur de ses amis venu de Rodez et comme toujours il a été émouvant d'admiration pour toi, lisant tes vers, expliquant tes images et ne se révolvant pas à critiquer une seule ligne. Il trouve que tu vaux bien Laforgue !

Comme un bonheur ne vient jamais seul, mon remplacement à Bois-Colombes se termine cette semaine et je crois que nous avons trouvé un appartement. Hermine a apitoyé le gérant en lui disant que tu étais « poitrinaire ». Elle ne dit jamais tuberculeux, ni BK. Bacilles, ça va. Sanatorium, c'est à proscrire. A ses amis, elle dit :

« Jean-Marie est à l'altitude. » Elle me reproche de mettre sur mes enveloppes « Sanatorium de Sancellemoz » : « Personne n'a besoin de savoir que ton fiancé est en sana. »

J'ai de plus en plus hâte que tu reviennes. Je commence à en avoir soupé, du goût de ton absence. Je pense à ton odeur de prince Hamlet quand tu es au lit, dans ton pyjama rayé. Elle te devance un peu quand je me penche vers toi et elle me serre le cœur de bonheur.

Février 44

Avec ton caractère anxieux, tu te demandes, mon amour, si tu m'aimes assez passionnément. Je comprends que tu t'inquiètes parfois de cette femme qui est entrée dans ta vie presque par erreur et qui t'encombre de son bonheur à réaliser. Ne t'inquiète pas pour mon bonheur, mon homme de paille. Je m'en débrouillerai. Ne pense qu'au tien.

Quelquefois, moi aussi je ressens ce curieux vide. Nous ne sommes pas encore habitués à faire une si grande place à quelqu'un. Et je crois que nous attachons trop d'importance aux mots, à nos humeurs épisodiques. C'est encore un des méfaits de l'absence. Au-delà d'un certain point, il faut qu'elle cesse, sous peine de dégâts.

Vu l'abbé Colas qui accepte de te baptiser après une « instruction accélérée ». Il nous a posé quelques questions : « Ce jeune homme... il aime le travail? Il cherche la vérité? Il répugne au mensonge? (Ça, c'est la meilleure!) Alors, a-t-il conclu, c'est un chrétien qui s'ignore. » Est-il sincère?

Croit-il vraiment te convertir « en accéléré » ? Je crois qu'il cherche à faire plaisir et à toucher de l'argent pour les pauvres de la paroisse mais ne peut l'avouer.

« J'ai une grande estime pour vous, madame, et tout ce que je pourrai faire pour assurer le bonheur de la petite Louise, je le ferai. Dès le retour du jeune homme, qu'il vienne me voir et nous arrangerons sa situation. »

Il était venu déjeuner et il a fallu sortir pour lui les dernières rillettes et *le* pot de confitures de marrons fait par Adrien. Ça m'a fendu le cœur.

25 janvier 44

Quel soulagement d'avoir enfin trouvé un appartement, mon ange, je n'aurais pas supporté d'aller habiter dans ta chambre boulevard Malesherbes et de recommencer à courir vers la salle de bain en guettant tes frères. Moi non plus je n'ai pas envie que nous ayons un enfant tout de suite. Ce sera toi, mon enfant, tant que tu seras en convalescence.

Tu me demandes de t'envoyer un roman d'Hemingway. On n'en trouve plus : il est interdit. Je t'envoie *Pierrot mon ami* de Queneau à la place et *Les Voyageurs de l'impériale.* Et puis je t'ai acheté chez Georges Hugnet *Mes propriétés,* de Michaux, édition originale sur japon, paru en 1929. C'est merveilleux. Un peu cher. Mais je ne te dirai pas le prix pour ne pas faire monter ta température ! Je mets de côté tout ce que je gagne en ce moment. De toute façon, comment le dépenser ? Il n'y a plus que trois séances de cinéma et de théâtre par semaine, à six heures trente, et les métros partent des têtes de ligne à dix heures au lieu de onze.

J'ai tout de même vu, en compagnie d'Agnès, *Le Soulier de satin,* avec Madeleine Renaud. Une langue superbe : Corneille, Hugo et Péguy réunis, mais il manque à mon goût l'humour noir d'Anouilh ou de Jarry. Trop de grandeur m'écrase.

Les journées commencent à rallonger mais la vie raccourcit. Tout se resserre autour de nous. Bientôt nous n'aurons plus le droit de remuer. Je vois venir le jour où l'on interdira les mariages.

Lou a trouvé au marché noir un métrage de tissu pour ton costume de mariage. 325 francs le mètre, bleu marine. Son tailleur ne te prendra que 2000 francs de façon. Envoie-moi tes mesures : largeur d'épaules, hauteur de « bassin » comme disent les tailleurs. Quel érotisme ! Et je suis folle de joie : elle m'a trouvé les fameux bas nylon dont on parle tant. Très fins et *inusables,* dit-on. 550 francs la paire mais ce n'est pas une folie puisqu'ils durent six mois !

On commence à faire des allusions chez toi aux risques que tu prends en m'épousant. On me parle sans cesse de ton sommeil. Je le sais, morbleu, qu'il faudra que tu dormes et que nous ne sortions pas le soir. Ton père n'a pas l'air d'avoir confiance en moi non plus pour les repas à l'heure et la discipline de la sieste. Tu mangeras en tout cas mieux que chez lui ! J'amasse des provisions comme une fourmi : je viens de recevoir un seau de miel que je cache derrière mes chapeaux... des fois qu'on aurait faim un soir.

5 mars 44

J'ai l'impression désagréable que tu as montré mes lettres à ton père quand il est allé te voir. Il me déclare neurasthénique et capable de te saper le moral ! Tu lui as sûrement lu le passage idiot où je te disais que je mourrais si on ne se mariait pas en juin. J'ai honte maintenant vis-à-vis de lui. C'était pour toi seul que j'étais mourante... Résultat, il m'épie, me tire la paupière pour voir si je suis anémique, dit que je chipote. J'ai beau crever de faim, quand je vois arriver la ragougnasse qu'on mange chez toi, ça me la coupe.

Je n'ai toujours pas le matelas qu'il nous a promis. C'est pourtant la pièce essentielle de notre mobilier. Je le soupçonne de vouloir nous offrir des lits jumeaux pour te protéger de ma convoitise. Ça se voit donc tant que ça que je t'aime ? « Ça, je t'aurai vue amoureuse », me dit Hermine sur un ton hostile. Elle a cherché à se faire un allié de ton père, venu dîner hier : « Est-ce bien prudent de les marier ? – Voulez-vous parier qu'avant trois mois Louise nous annonce qu'elle est enceinte... – Ce ne serait pas souhaitable vu l'état de santé de Jean-Marie. – Et comment pourrions-nous la mettre hors d'état de nuire, chère madame ? – Le plus simple, cher monsieur, serait de lui faire poser une ceinture de chasteté dont vous et moi aurions la clef. Nous pourrions l'ouvrir une fois par semaine, c'est bien suffisant. On en fait d'exquises aujourd'hui chez Hermès... et inoxydables, donc très agréables à porter. »

Guéris, lève-toi et viens, je ne peux plus les supporter par moments, nos chers parents.

10 mars 44

Je t'envoie une page blanche aujourd'hui, pour te décevoir. Hein ? Tu l'es, déçu ? Comme ça tu verras la différence avec quand c'est qu'elle est remplie, la page.

15 mars 44

Mon amour, ne vous montrez pas trop intransigeant et toujours prêt à l'injure. Non je ne me laisserai pas « avoir » (sauf par vous) et nous serons mariés en juin. Mais soyez plus conciliant avec l'Hermine. N'oubliez pas que si moi j'étais tubarde, votre père ne serait pas emballé non plus par ce mariage. Ne vous montez pas le ciboulot tout seul là-bas. J'ai tort de me plaindre trop souvent. Mais tout sera prêt quand vous arriverez. Toute cette soirée, j'ai ourlé des serviettes et marqué notre linge, comme une épouse ancienne. Vous m'eussiez aimée, sous la lampe.

Voici ma 187e lettre, la dernière de ma vie sans toi et le 187e jour de la lutte de Jean-Marie pour sa libération.

Paris a été bombardé hier soir. C'est peut-être un prélude au débarquement. Si c'est ça, notre mariage est foutu. Belle remarque de patriote ! S'il y avait une famine à Paris, je te donnerais mon corps à manger, comme Jean l'Ours. As-tu lu ce livre dans ton enfance ? Jean l'Ours ne pouvait remonter du fond d'un puits qu'en nourrissant l'aigle qui le portait. Chaque fois que le coup d'aile de l'animal faiblissait, l'homme se coupait un nouveau morceau de cuisse. J'aimerais retrouver ce livre.

On a passé deux heures dans l'abri. Lou, qui était venue dîner, avait mis, en prévision de l'alerte, « son petit ensemble vert bouteille ». L'élégance, c'est de porter ce qu'il faut où il faut.

Mon ange, je sais que nous allons avoir encore un mois difficile. Notre immense désir de présence absolue devra attendre le 5 juin. Il ne faudra pas dilapider les premières vagues de passion n'importe comment... entre deux portes menaçantes... On en dépensera juste ce qu'il faut... de quoi panser les plaies de tant d'absence. Tu me diras, mon aimé, tout ce que tu n'as pas mis dans tes lettres. On se dévoilera les endroits douloureux pour les consoler d'abord. Je ne peux plus rien t'écrire moi non plus. Le tapis d'écriture entre nous est usé jusqu'à la corde. La moindre parole aura plus de pouvoir, la plus bête, la plus banale, la plus évidente : je t'aime.

VII

MARIAGE DE LOUISE

JEAN-MARIE revint le 15 avril 1944.

Le 15 mai, il se retrouva baptisé à la suite d'une instruction catholique puérile et malhonnête.

Le 5 juin, il épousait Louise en la basilique Sainte-Clotilde.

Le 6 juin, les Alliés débarquaient en Normandie.

Et pour tout arranger, entre-temps, il était devenu père.

« Qui, apprenant qu'il est père d'un enfant, n'a été pris d'une sueur froide et puis d'une colère froide et puis d'une vague joie et aussi d'un écœurement et d'une haine pour toutes ces larves qui hantent le monde et ne cherchent qu'à sortir et à prendre pied sur cette terre où nous marchons déjà si difficilement, si contraints et étouffés ?

« Qui n'a senti vaciller sa misérable petite couronne, mais enfin sa couronne, et n'a senti s'ajouter aux cordages innombrables qui le tiennent déjà une nouvelle et tenace amarre ? »

C'est en lui offrant *Tu vas être père* que Louise trouva le courage d'annoncer à son fiancé la présence en elle du « spongieux malfaiteur » dont parlait Michaux. Jouissant d'un corps absolument conforme aux manuels et fonctionnant sans le moindre caprice, il ne fit pas de doute pour elle que dix jours de retard signifiaient grossesse. Quand on vient soi-même de renaître, fragile encore et incertain de sa victoire, quand six mois d'absence et le spectre à peine conjuré d'une maladie qui a la réputation de ne pas lâcher ses proies, exacerbent l'égoïsme et l'instinct de conservation, quand un pays tout entier, après cinq ans de guerre, retient son souffle, pressentant que les équilibres vont basculer, que pèsent quelques cellules qui tentent de s'organiser en être humain et de s'installer en force dans un autre être humain ?

Pour les destins, l'inexorable et la fatalité, ces deux-là étaient servis. L'incertitude de l'avenir, celui de la France comme celui de Jean-Marie, exigeait qu'ils restent tous deux disponibles et sans entraves.

Il ne leur déplaisait pas non plus de désamorcer l'image bêtasse de la jeune mariée dans la robe de sainte femme en lourd jersey de soie blanc crème qu'avait dessinée Lou, par celle de la jeune avortée radieuse. C'était une preuve qu'elle tiendrait bien en mains leur destin et ne se laisserait pas dicter sa vie par un spermatozoïde erratique. Une preuve d'amour aussi à Jean-Marie qui avait besoin d'elle tout entière pour consolider sa guérison, pour se remettre à l'internat, pour exorciser ses angoisses familières devant le piège du mariage et l'engrenage de la famille bourgeoise. Endosser d'un seul coup la conjugalité et la paternité, un fardeau bien trop lourd pour un ex-Infâme !

L'imminence de la cérémonie obligeait à agir vite. Pas de piqûres bidon, de sondes posées dans des arrière-boutiques. (« Et maintenant attendez que ça vienne. ») Le professeur V., oncle de Hugo et chez qui Jean-Marie avait été externe, accepta de régler le problème en quelques coups de cuillère à pot. A contrecœur. Sans affection. Sans douceur non plus. Mais les circonstances particulières, l'estime qu'il avait toujours manifestée à Jean-Marie du temps où les Infâmes promettaient de devenir de brillants médecins avant d'être dispersés par la Résistance ou la tuberculose, l'obligeaient à accéder à cette demande.

V. habitait un appartement typique de professeur agrégé, boulevard Saint-Germain. Jean-Marie, qui était venu avec Louise à bicyclette, s'installa pour l'attendre dans le café d'en face, d'où il pouvait surveiller la fenêtre du cabinet. Louise ne ressentait aucune appréhension, puisqu'elle était entre des mains si expertes. Et dans tous les hôpitaux de France des centaines de femmes n'étaient-elles pas curetées tous les jours sans anesthésie par de jeunes mecs débutants qui résistaient rarement à leur pouvoir tout neuf de faire mal et de faire peur ? Enfin, que représentait cette intervention d'une demi-heure face aux six mois de solitude et d'angoisse que venait de vivre Jean-Marie ?

C'était la première fois qu'elle montait sur une table gynécologique. Elle aurait eu besoin d'un mot de sympathie.

« Tenez, voilà un mouchoir, dit le professeur V. Pas de cris, je vous en prie, j'ai des patientes dans ma salle d'attente. Vous vous le mettrez dans la bouche si nécessaire. Mais vous n'aurez qu'à me faire signe : je m'arrêterai autant de fois qu'il le faudra.

– Comme chez le dentiste ? » répondit Louise en s'efforçant de rire.

On était entre gens du monde après tout, même si elle se trouvait aujourd'hui par hasard épinglée demi-nue, comme une grenouille encore une fois, en face de ce monsieur en complet-veston qui enfilait un tablier de caoutchouc par-dessus sa blouse blanche pour se protéger des éblaboussures.

V. ne lui fit pas le cadeau d'un sourire. Pas foutue de se laver correctement, devait-il penser. Jean-Marie est fou de se marier dans son état. Et pas encore interne! Rien de tel qu'une femme pour foutre une carrière par terre. A moins d'épouser comme moi la fille d'un patron. Et elle n'est même pas extraordinaire... Mais il n'ouvrit pas la bouche et ne lui expliqua rien. Il travaillait le sourcil froncé, jetant un bref coup d'œil de temps à autre sur le visage, là-haut, pour juger de l'effet produit. Louise avait l'impression qu'on s'en prenait au centre d'elle-même, qu'on grattait l'intérieur de son intérieur, avec des bruits rêches qui faisaient aussi mal que le mal. A plusieurs reprises, V. lui fit boire une gorgée de cognac. Elle détestait le cognac mais était-ce bien le lieu de prendre un ton mondain pour dire : « Je prendrai plutôt une vodka »?

Elle mit son point d'honneur à ne pas se servir du mouchoir. Elle se répétait que c'était tellement moins affreux que de se faire écraser les ongles par la Gestapo ou de subir le supplice de la baignoire. Pas question de faire du cinéma. Elle l'avait voulu. Elle allait redevenir elle-même, seul maître à bord.

« C'est un peu long, s'excusa V. en revenant à la charge après une courte pause, mais je veux qu'il ne reste rien dans la matrice. C'est important pour les suites. Vous serez tranquille... pour vous marier », ajouta-t-il avec tout de même un sourire de connivence.

Louise ne se comportait pas trop mal... pour une pisseuse.

Une demi-heure plus tard, il fit signe à Jean-Marie par la fenêtre. Dès que Louise se sentirait mieux, il pourrait la raccompagner chez elle mais elle devrait garder le lit deux ou trois jours.

L'émotion, la pâleur de Jean-Marie firent oublier à Louise sa douleur. Douleur était d'ailleurs un trop grand mot : elle se sentait rouée de coups, endolorie, vidée de ses forces, mais fière et heureuse. Débordante d'amour. D'un amour qui ne signifiait plus charge supplémentaire, piège féminin, mais seulement amour. Et liberté. Sous prétexte d'une intoxication alimentaire due à un de ces lapins avariés que l'on recevait alors par la poste et que le Professeur n'avait pas le courage de jeter à la poubelle, Louise put passer deux jours au lit.

C'étaient les derniers jours qu'elle vivait dans sa maison d'enfance en tant que fille, que fille de sa mère. Si marquée qu'elle fût par l'éducation Morvan, elle avait tout de même l'impression de trahir un peu, de changer de clan et d'apporter désormais au clan Henninger ses forces – sa force de reproduction entre autres – ses capacités d'amour, de dévouement, de service. Hermine ne se décidait pas à se rendre à son atelier et rôdait dans l'appartement comme une bête qui va lâcher son petit avant d'être tout à fait sûre de lui avoir appris à voler, son unique petit, qui allait porter un nom que personne ne connaissait un an plus tôt, et endosser la double livrée d'infirmière puis d'épouse de médecin – si tout allait bien – au profit d'un homme qui peut-être ne la valait pas et prendrait son effacement pour un dû.

« Je ne sais pas si elle se rend bien compte, répétait-elle à Adrien.

– Est-ce que tu te rends compte, toi, que tout est commandé pour le mariage ? Tu as dit tout ce que tu pouvais dire, je te fais confiance. Alors fous-lui la paix.

– Tant qu'elle s'appelle encore Louise Morvan,

je me sens responsable d'elle. Un buffet, ça se décommande. »

Adrien leva les yeux au ciel :

« Mais tu as l'air d'oublier le principal : elle est amoureuse, lui rappela-t-il.

– Justement, répondit Hermine que cette remarque galvanisa, c'est à moi d'y voir clair.

– Tu te rends compte, mon Zizou, dit-elle en lui apportant son plateau avec un bol de bouillon de légumes, que c'est la dernière fois que je t'apporte à manger au lit ! »

Elle contempla sa fille d'un œil humide d'attendrissement, non comme une dépendance d'elle-même mais comme une étrangère, pour la première fois. Avec ses cheveux drus et très longs comme ceux d'une Tahitienne, mais couleur de marron d'Inde, ses pommettes saillantes, son teint mat et cette bouche gourmande qui se projetait au-devant de son visage, elle ressemblait à un Gauguin dans sa chemise fleurie, un Gauguin aux yeux pervenche.

« Tu seras très belle, je crois, dans la robe de Lou avec ce voile de jersey de soie. Je suis très contente finalement que nous ayons renoncé au voile de tulle classique. Les froufrous vaporeux, ce n'est pas ton genre.

– Au moins, je n'aurai pas trop l'air d'une mariée, c'est ça que tu veux dire ? demanda Louise en souriant.

– Oh ! mon chéri, ce n'est pas l'air qui m'inquiète, c'est la chose. Je ne te dirai pas qu'on ne se marie qu'une fois mais tout de même. Je voudrais tellement être sûre que tu ne le regretteras pas...

– Maman, Jean-Marie est un être de qualité, quelqu'un d'exceptionnel même, tu le reconnais toi-même.

– Oui, mais un malade, pour longtemps

encore. Je ne voudrais pas que tu présumes de tes forces. C'est toi qui vas être amenée à tout donner et je sais que tu en es très capable, c'est bien ça qui me fait peur. J'ai peut-être été trop égoïste dans ma vie... j'ai peur que tu ne le sois pas assez.

– Tu étais une artiste, toi, tu avais une vraie vocation. Me garder pour quoi ? Pour enseigner les déclinaisons dans une institution religieuse ?

– Te garder pour toi, tout simplement. Moi je suis sûre que tu seras quelqu'un un jour... si tu ne te galvaudes pas trop en route.

– Aimer, ce n'est jamais perdu. Je sais que ce n'est pas tout à fait ton avis à toi, mais... »

Son avis ? Arrivée à la cinquantaine, Hermine se demandait bien ce qu'elle pensait exactement de l'amour, tout en contemplant ses mains ravissantes, des mains de primitif italien aux dernières phalanges légèrement retroussées, s'absorbant machinalement dans la tâche exquise de décoller en un seul morceau la pellicule de vernis rouge qui couvrait ses ongles très longs.

« Ma mère à moi m'a laissée me marier sans me poser une seule question sur mes sentiments et je n'avais que dix-huit ans. Cela n'a pas toujours été une réussite. Je n'en parle jamais mais je te le dis aujourd'hui : c'est dur d'être toujours la plus forte. Et malgré les apparences, je sais que tu seras toi aussi la plus forte dans ton couple. Ne crois pas que ce soit la meilleure place. Pas tous les jours. Ne laisse pas s'installer des habitudes. Moi, j'ai eu Lou, heureusement.

– Mais Adrien t'adore !

– Je l'adore aussi mais c'est un faible. Et les faibles, ce sont eux qui vous bouffent, contrairement à ce que tu crois.

– Mais je ne pense pas du tout que Jean-Marie soit un faible.

– Peut-être, mon chéri, mais il peut le devenir

s'il te sent forte. Et puis il fallait que je te dise tout cela. Il est toujours temps de changer d'avis, tu sais... même sur les marches de l'église. Tu sais que ce n'est pas le scandale qui me fait peur ! »

Hermine éclata de son rire glorieux.

« Maman ! Moi je le déteste.

– Je sais, mon Zizou. Et j'aime bien Jean-Marie moi aussi... mais je voulais te mettre en garde contre ta force, pour une fois, cette espèce de courage, de mépris pour ta santé quand il s'agit de quelqu'un que tu aimes. Je voudrais que tu penses à toi comme à quelqu'un de bien, c'est tout. »

C'était une sorte de testament, en somme, à la veille de la grande séparation. Elles se regardèrent en souriant mais leurs yeux s'emplissaient de larmes. C'était la première fois qu'Hermine parlait d'elle-même. Louise prit sa mère dans ses bras. Elle n'avait jamais pensé qu'il pouvait exister une petite fille, en elle aussi.

Deux jours plus tard, une visite à V. lui confirma que « tout était bien parti ».

« Tout de même, leur dit-il, pour vous comme pour toi, Jean-Marie, attention ! Les capotes anglaises, c'est pas fait pour les chiens... »

Mais Jean-Marie lui affirma que les Infâmes avaient toujours été les champions du feu d'artifice sur le gazon. Pas un accident en cinq ans et d'innombrables compagnes ! Seule une nuit un peu folle après tant de mois d'abstinence pouvait excuser celui-ci, qui ne se reproduirait plus.

Trois jours plus tard, ils se mariaient à l'église. Dans sa robe virginale, Louise se réjouissait de défier secrètement la religion, les prêtres, ses parents, qui avaient exigé ce simulacre de baptême avant d'accorder leur bénédiction. Il avait abjuré, elle avait avorté : ils étaient quittes.

Ils conquirent enfin le droit de s'installer dans

le petit appartement du XVIe qu'ils appelaient « la case », à cause des rideaux africains et des meubles de rotin, très loin de leurs habitudes et de leurs parents respectifs. Leur amour était bien trop jeune et inexpérimenté pour l'exposer à trop de sollicitude. Le Professeur aimait Louise, bien sûr, mais redoutait les effets de la passion. Sa petite bru bien élevée ne se transformait-elle pas la nuit en vampire, buveuse des forces de son fils, dont il examinait à chaque rencontre la pâleur ou les cernes dans un silence peuplé de sous-entendus. Dans l'autre famille, c'est Jean-Marie qu'on poursuivait de regards soupçonneux, cherchant à débusquer les bacilles prêts à bondir.

« Je suis sûre qu'on peut attraper la tuberculose par le cul, comme la syphilis, affirmait Hermine à a fille. Comme je te connais, tu dois croire que c'est une preuve d'amour de ne pas faire attention. Je t'en supplie, pense à toi aussi, mon chéri. »

Ils étaient traqués de tous les côtés et attendaient avec impatience de partir pour Chamonix où le Professeur leur avait trouvé par un collègue un gîte pour l'été. Jean-Marie avait pris les montagnes en grippe mais on disait la mer « mauvaise pour les poumons ». Si Louise avait eu quelque chose aux poumons, il lui semblait que c'est à la mer qu'elle aurait couru, la mer mère. De toute façon, elle savait de science infuse qu'elle n'était pas de celles qui attrapent la peste et c'est sans la moindre bravade qu'elle ne tenait tout simplement pas compte des BK. Sa cuti restait négative d'ailleurs, chose rare pour quelqu'un qui a toujours vécu dans une grande ville, remarquait le phtisiologue qui l'examinait régulièrement et qui trancha souverainement pour la montagne. L'âge et le mariage n'y changeaient rien : il fallait continuer à obéir.

Hermine voulut profiter de l'inaction forcée de Jean-Marie pour entreprendre ce portrait de lui qu'elle lui avait promis. Elle prenait rarement des hommes pour modèles, préférant les paysages chimériques et les visages de femmes qui, étrangement, ressemblaient tous par quelque détail à Lou, son premier modèle. Les têtes sans chevelure ne l'inspiraient plus depuis le temps lointain où elle avait exécuté sur commande tant de portraits de militaires. Jean-Marie heureusement ne faisait pas trop « homme ». Son visage large de Finlandais, sa blondeur et cette expression d'adolescence qui s'attardait encore dans son sourire lui plaisaient bien. Ils passèrent de longues heures à l'atelier et Hermine se mit sans doute à aimer cette âme qu'elle voyait éclore au bout de son pinceau. Elle le peignit à demi assis sur le coin d'une table, une jambe pendante, son harmonica dans une main et ce regard tourné vers l'intérieur de ceux qui sont encore sous le charme d'une musique. On était en juin. Sa chemise s'ouvrait sur son cou large et rond et un mot venait irrésistiblement aux lèvres en voyant ce portrait : juvénile.

Pendant ce temps, l'Histoire courait à leurs trousses. Les Américains entraient à Rennes, à Mortain, au Mont-Saint-Michel, les Anglais à Vire. Hitler était blessé dans un attentat. Paris se préparait à un siège et von Choltitz lançait des appels au calme. Jean-Marie, lui, faisait la sieste chaque jour et menait cette vie de vieillard qu'il haïssait tandis que Louise parcourait la ville à vélo pour un kilo de pommes de terre ou un pot de mélasse. Puis ce fut le couvre-feu à neuf heures et il apparut qu'il était trop tard pour quitter Paris. Il n'y avait ni trains, ni restaurants, ni cinémas... seule la lecture n'était pas rationnée. Louise et Jean-Marie se couchaient tôt et pour vivre un peu plus ensemble ils lisaient le même livre en s'attendant au bas de chaque page. Après tant de solitude, il s'éblouissait de la présence constante de celle qu'il aimait, ne se lassant pas de la toucher, ne supportant pas qu'elle s'éloignât ni même qu'elle travaillât dans l'autre pièce, presque heureux que l'état de siège leur fournît un prétexte à vivre uniquement l'un pour l'autre.

Le 17 août, un avis fut placardé dans chaque immeuble : on instaurait des cartes de détresse donnant droit à un plat cuisiné par jour. Des queues monstres se formèrent dans les mairies car il n'y avait plus de gaz et le courant électrique n'était rétabli que de dix heures du soir à minuit. Plus de facteurs non plus, plus de croque-morts, plus d'agents dans les rues. Des drapeaux français apparaissaient puis disparaissaient, on tirait des coups de feu dans une rue, dans une autre de petits groupes se formaient et chantaient *La Marseillaise,* mais on savait qu'il restait encore vingt mille SS dans Paris.

Le 21 août, le premier journal français reparut. Il y était question d'une mobilisation générale des hommes de dix-huit à cinquante-cinq ans. Jean-Marie ne se sentit même plus un homme.

Le 22 août, son frère Vincent fut abattu près de la gare de Lyon, alors qu'il se rendait à l'Hôtel-Dieu, son brassard médical bien en vue. Blessé, il était tombé de sa bicyclette sur la chaussée et le soldat allemand, qui semblait avoir tiré sans raison précise, l'acheva sur le trottoir, à bout portant. Une « souris grise » lui enleva sa montre et son portefeuille. On mit longtemps à l'identifier.

Jean-Marie se sentait fatigué et ne bougeait plus de la case. Mais c'était la guerre, maintenant, qui allait arriver jusqu'à lui : le 25, l'armée de libération faisait soudain irruption dans sa chambre : Hugo et le Chérubin téléphonèrent qu'ils venaient d'entrer dans Paris avec la division Leclerc! Exultant, balbutiant de trop d'émotions confondues, ils lui annoncèrent qu'ils étaient cantonnés non loin, à l'asile Sainte-Perrine, et qu'ils l'attendaient. Jean-Marie, qui se sentait triplement traître aux Infâmes, du fait de sa maladie, de son mariage et de l'abandon de ses études, frémit à l'idée qu'ils auraient pu débarquer chez lui et le trouver, vaincu, blafard, au fond de ses draps. Sous leurs uniformes glorieux, avec leurs képis cernés de velours grenat, leurs visages brunis et creusés, leurs jeeps, ils faisaient si évidemment partie d'un autre monde, de ce monde de vivants qui lui paraissait si lointain.

Hugo ressemblait plus que jamais à Heathcliff. La guerre lui avait apporté les événements extrêmes dont il avait besoin et il paraissait enfin en paix avec ses démons et libéré du mépris. Sa vie n'était plus quotidienne, ce qu'il lui avait tant reproché. Les êtres non plus : Bernard venait d'être tué sur une route normande, à quelques kilomètres de la propriété de ses parents auxquels il avait téléphoné une heure plus tôt en disant : « J'arrive! »

Ce climat de catastrophe, de cruauté et en même temps d'absurde, lui épargnait de devenir fou lui-même. Il apprit le mariage de Jean-Marie avec une indulgence proche de l'indifférence et son séjour en sana avec une affectueuse condescendance. Que pouvait-on faire à l'arrière en effet, sinon se marier, meubler sa petite case, soigner ses petites maladies?

Jean-Marie palpait ses amis comme un aveugle; ses yeux ne lui suffisaient pas pour s'assurer qu'ils étaient vivants. A travers eux, les Infâmes existaient encore, bien sûr du côté des vainqueurs. Des larmes dans les yeux, il les écoutait parler de l'Afrique comme de vieux coloniaux et chaque récit, chaque exploit, chaque évidence de cette complicité entre Hugo et le Chérubin que lui ne partagerait jamais, tuait un peu plus sa jeunesse.

La division Leclerc repartait vers l'Est et Jean-Marie dut leur dire adieu. Il n'avait pas réussi à rejoindre la France Libre avec eux deux ans plus tôt : il ne participerait pas non plus à la délivrance de son pays. Il avait ses piqûres à ne pas manquer, sa température à prendre matin et soir sans faute, sa sieste abhorrée. Il se haït un peu plus.

C'est en pleine explosion de joie, tandis que les Parisiens voyaient et touchaient enfin ces Alliés mythiques et ces Français Libres dont ils suivaient depuis tant de mois à la radio les espoirs et les luttes, qu'il se remit à avoir de la fièvre. Le premier 37°5 fut attribué à l'excitation de la victoire, au chagrin de la mort de Vincent et de celle de Bernard. Mais l'intéressé ne s'y trompa pas. Quand on a été tuberculeux, tout est tuberculeux : la moindre lassitude, le dixième supplémentaire, une toux anodine un matin. Louise se demandait même si cette passion qui jetait Jean-Marie vers elle avec une intensité presque tragique, ce n'était pas aussi la tuberculose.

Il fallut entrer de nouveau dans la ronde infernale et retrouver le vocabulaire du sérail. On ne parlait pas de rechute d'ailleurs, mais d'épisode évolutif. Jean-Marie dut se faire pratiquer des tomographies dans un Paris en liesse où personne n'avait le loisir de s'apitoyer sur un jeune homme en civil qui toussait un peu. Les images furent déclarées suspectes. Et tandis que des troupes de jeunes gens aux visages de lumière s'en allaient vers l'Alsace et l'Allemagne, Jean-Marie fut lui aussi invité à partir vers l'Est, avec mission de réoccuper quinze mètres carrés sur le plateau d'Assy.

Mais pour l'instant, les civils ne pouvaient quitter Paris. Le courrier ne fonctionnait plus depuis trois semaines, ni les trains ni le métro et personne ne disposait d'assez d'essence pour un si long voyage. Ce fut un triste sursis que le Professeur s'ingénia à réduire au minimum. Le 10 septembre, son fils se retrouvait à Assy, à la case départ.

Louise, comme Hermine autrefois, eut la sagesse de décliner l'invitation à retourner vivre chez sa mère. Elle commençait tout juste à se sentir plus femme que fille, et ce retour au giron familial eût risqué d'anéantir ce progrès. Et puis elle voulait vivre dans le souvenir de Jean-Marie et le regard ironique de sa mère sur ce genre de dédication la glaçait d'avance.

Elle hésita à reprendre son agrégation. Ne possédant qu'une licence de lettres et quelques certificats isolés, elle ne pouvait enseigner dans un lycée et restait vouée aux tarifs de misère des cours privés. Mais préparer le concours signifiait ne pas gagner d'argent pendant un an encore, peut-être deux. Et elle avait maintenant charge d'âme. Lou lui conseillait plutôt le journalisme ou la radio. Louise se sentait beaucoup plus proche d'elle depuis son mariage, comme si de passer dans le clan des adultes lui eût soudain donné la distance nécessaire pour apprécier l'esprit original et l'humour très spécial de Lou, sans souffrir de ses sautes d'humeur. Moins acharnée qu'Hermine à faire de Louise une battante, elle était sujette à des élans de cœur pour cette petite fille qu'elle s'était mise à appeler « mon Raton » comme Hermine autrefois. Sans que Louise comprît bien pourquoi, Lou s'était prise d'une sorte d'amour maternel pour Jean-Marie, sa maladie faisait de lui à ses yeux un de ces êtres désignés par le sort pour prendre le mal sur eux et l'exorciser. Il était poète donc Elu, et, sans le dire, elle le voyait déjà marqué par la mort. Le jour de son mariage, elle avait remis à Louise un très gros chèque en lui chuchotant : « N'en dis rien à ta mère. Mais tu es un peu ma fille aussi. Et c'est à toi que je laisserai tout quand je mourrai. A qui d'autre? Les bonshommes, tu sais... Enfin je ne devrais pas te dire ça aujourd'hui, mon pauvre Raton! »

Pensant qu'un nouveau métier distrairait Louise, elle la recommanda à un ami qui venait de prendre la direction du tout nouveau Journal parlé. Dûment chapitrée par ses mères, et envoyée se présenter comme journaliste, elle revint secrétaire, au grand désespoir d'Hermine qui voyait déjà sa fille éditorialiste et s'adressant chaque soir aux Français! Mais Louise préférait taper les éditoriaux des autres. La seule idée de s'adresser à un auditoire adulte et de surcroît invisible, la paniquait. Si elle avait choisi d'enseigner, c'était précisément pour rester à l'abri des murs d'une école, au sein d'une hiérarchie sûre, intouchable sur son estrade, face à des élèves qui, en 1945, n'avaient jamais encore eu l'audace de critiquer un professeur.

« Comment peux-tu te résigner à n'être qu'une courroie de transmission, disait une fois de plus Hermine, alors que tu as l'occasion d'écrire, de te dépasser, de faire quelque chose par toi-même?

— Pour se dépasser, il faudrait d'abord qu'elle se rattrape! dit Lou, lucide.

— Mais laissez-la donc, intervenait Adrien, résigne-toi, Hermine. Tu ne vas pas la tourmenter toute ta vie. Ce n'est pas sa faute si elle n'est douée que pour le secrétariat. Quoique personnellement, j'aimais mieux le professorat.

— Ah! non, criait Hermine, c'est ça qui l'a stérilisée. Enseigner Montaigne, Racine ou Voltaire, ça décourage toute velléité d'écrire chez les timides comme elle. La moitié des journalistes n'ont aucun talent, ils n'ont que du bagou. Le jour où ma Louise comprendra ça... » et Hermine couvait sa fille d'un regard ému, essayant de la « magnétiser », de lui insuffler un peu de cette ambition, de ce désir de briller dont elle-même débordait.

Louise promit de s'essayer à quelques reportages... plus tard. Il lui suffisait pour l'instant de gagner deux fois plus qu'à l'institut Sainte-Clotilde et de conserver toutes ses forces pour aider Jean-Marie. Car une rechute, ce n'était plus un accident mais déjà une habitude qu'il fallait prendre. Ils se sentaient tous deux embarqués dans un sinistre *remake,* face à un mal qui prenait son temps, leur temps à tous les deux, et s'installait à l'aise dans leur vie, barrant tout avenir. Ils n'avaient pas même eu le loisir de se remplir l'un de l'autre, pas même trouvé l'occasion d'une première dispute, pas même entamé l'émerveillement de se réveiller ensemble... et voilà qu'à l'heure où les autres recommençaient à vivre, où des journaux se créaient tous les jours, où des écrivains se remettaient à écrire, Jean-Marie, à vingt-trois ans, se voyait condamné pour la deuxième fois à entreprendre une croisière sans date de retour sur cet immense paquebot immobile qu'était Sancellemoz, ancré dans un univers ouaté de neige où s'étouffaient les bruits du monde et le déchirement des toux, parmi des voyageurs analogues, exilés de leurs vies, cloués dans les cabines de tous ces paquebots échoués qui portaient des noms de bateaux : le Brévent, le Mont-Blanc, le Martel de Janville.

Libéré depuis trois mois seulement, il retrouva en remontant à bord les mêmes visages familiers, galériens ramant de leurs forces dérisoires contre la marée, opérés allongés pour le compte, insufflés, thoraqués, sectionnés, recyclés parmi les soignants, rechutés, mortifiés ou parfois guéris, mais tous désormais terriblement mortels.

Au plateau d'Assy, on pouvait soupçonner à juste titre chaque habitant d'en être ou d'en avoir été. Les médecins, les infirmiers, l'aumônier, le libraire, le chauffeur du car, l'épicier, tous « en » étaient. Mais les Anciens Malades ne retrouvaient jamais tout à fait la paix puisque rien ne garantissait qu'ils ne redeviendraient pas à l'occasion de Nouveaux Malades et cette fois ne finiraient pas par en mourir. Dans cette vaste franc-maçonnerie du BK, chaque stalag parvenait à recréer un microcosme émouvant, plus authentique et plus vivant que la société d'avant, parce que là on appréciait le miracle de vivre. Là-haut, la musique, la littérature, l'art et l'amour retrouvaient soudain une importance majeure et très pure, hors du temps et des pesanteurs quotidiennes. Tout se vivait à cru, à vif, dans cette « Impasse La Guénésie » sartrienne où l'étranger en visite se demandait parfois si tout ce monde qu'il voyait bouger, manger, faire l'amour, n'était pas déjà de l'autre côté du miroir.

Durant son premier séjour, Jean-Marie avait trouvé quelque charme aux coutumes locales, à ce monde où la poésie soudain devenait plus qu'une valeur refuge, une source de vie. Ce bégaiement de son histoire, ce retour sur les lieux de son crime – puisqu'il se sentait coupable de sa maladie – l'étendirent cette fois pour le compte. Il s'enferma farouchement dans le désir de guérir et refusa toutes les formes de vie larvée et les compensations qu'offrait ce sanatorium de luxe. Il redevint fœtus, cessa presque de respirer, ne vécut, ne se nourrit, ne puisa de forces que dans son amour, dans ce courant ininterrompu d'écriture pour lequel Louise et Jean-Marie se transfusaient mutuellement et qui devint leur cordon ombilical. Une suite de mots d'amour, coupés de leur réalité terrestre, exacerbés par leur abstraction, et qui devinrent de plus en plus fous et irréels à mesure que la Mort étendait son ombre sur le paysage.

Cependant, c'était toujours la guerre, même si elle avait changé de visage. Le courrier circulait plus mal qu'avant. Ils se remirent à numéroter leurs lettres mais sur la première, datée du 10 septembre 1944, Jean-Marie avait écrit : Série B.

VIII

LETTRES DU SANA

Septembre 44

Première nuit à Sancellemoz qui est aussi la 189e si on sait compter. J'ai pris ma température après ces journées de voiture, un peu anxieux : 36°8. Je suis fier de moi. Voyez à quoi je suis réduit ! J'ai l'impression d'être un mauvais soldat qu'on envoie pour la deuxième fois à Biribi.

Nous avons fait bon voyage. Obtenu deux litres d'huile contre quatre paquets de Lucky Strike. Deux fois arrêtés par les gendarmes qui se sont étonnés de nous voir circuler avec un laissez-passer américain et qui voulaient absolument l'ancien *Ausweis* allemand ! Plusieurs fois arrêtés par des FFI de dix-huit à vingt ans qui portaient leur fusil mitrailleur comme une canne à pêche et qui se laissaient attendrir par quelques cigarettes américaines.

La plupart des ponts, comme les Allemands, ont levé le pied. Nous avons traversé la Seille à Ciseray en Côte-d'Or sur un bac ingénieusement tracté par deux hommes à l'aide d'un câble et de quelques poulies. La guerre fait renaître les Robinsons suisses. La voiture à court d'essence a dû me laisser au Fayet mais j'ai eu la chance de trouver un camion pour Assy.

5 octobre 44

Le grand sana est fermé faute de charbon et je suis installé à l'annexe dans une toute petite chambre au nord. Je vais vivre en cure intégrale jusqu'à ce que cette poussée soit terminée, prenant mes repas au lit, ce qui m'évitera de parler. Je n'ai pas une aussi jolie vue que l'an dernier : je ne vois que les sapins noirs qui masquent le grand sana. Mais j'ai retrouvé la plupart de mes amis de l'an dernier. Faut-il s'en réjouir ?

Hier j'ai raconté aux Ledoux la bataille de Paris et ils m'ont raconté la bataille de Sancellemoz : trente Allemands sur le toit du sana agitant de grands draps blancs pour se rendre. Mais ils sont revenus plus tard au Mont-Blanc, le sana des prisonniers, et ont emmené le directeur, le docteur Arnaud. On vient de retrouver son corps. Ils l'avaient fusillé.

La gentille Mme Dolet est morte. Elle a fait une évolution foudroyante. Elle paraissait aller très bien quand je l'ai quittée. Elle avait trois fils et un mari prisonnier.

Ma boîte en or, mon à-moi.

Ce matin 37° 1.

J'ai mis votre grande photo près de mon lit, celle où vous portez du foin, ma petite Gauguin, souvenir de notre voyage de noces en grande banlieue !

Je suis allé au grand sana sous prétexte de tomos. Car bien entendu on ne voit rien de précis sur les radios. L'image ne paraît guère différente de la précédente. Peut-être un peu moins homogène (?!). Rien à l'auscultation. Poids : 64,400 kilos. Léger amaigrissement donc, normal après les restrictions de l'insurrection. Degeorges n'a pas l'air de s'affoler sur mon cas. Il pense qu'à l'occasion d'une grippe j'ai fait un petit remaniement de ma lésion.

Je ne suis pas triste, mon amour. J'éprouve au contraire une âcre jouissance devant le vide étonnant que crée votre absence ou plutôt la mienne. Je suis presque heureux de tant souffrir dès que vous n'êtes plus à ma portée. Je suis comme une carcasse ousque i'n'y a plus rien n'à l'intérieur,

Votre Biribi.

Mon Tout. 37° ce matin, 37°1 hier soir.

Je reviens du Médical où j'ai vu les tomos. Elles ne sont pas excellentes, mon ange. Il y a un petit trou, indiscutable. Pas très grand mais un peu plus grand que celui de l'an dernier. Il se voit sur les tomos 7 et 8. On a fait ce matin 4, 5 et 6 pour voir jusqu'où il s'étend en arrière (les centimètres se comptent en partant de la paroi postérieure). La lésion de l'an dernier qui était plus antérieure (de 8 à 10) est bien cicatrisée et fibreuse. Il s'agit donc d'une nouvelle infiltration. Degeorges dit que c'est le genre de trou qui se bouche tout seul, par la cure.

Alors voilà. Je vais redoubler de silence et de repos avec une farouche énergie. Farouche, mon amour. Je vais faire de la cure déclive, c'est-à-dire les pieds un peu surélevés. Il paraît que cela facilite la guérison par la légère congestion passive que cela provoque.

Rien ne me fait peur, soyons au-dessus de ces bêtises pulmonaires. Tâche d'aller voir le docteur Douady pour qu'il te fasse une intradermo. Fais-le pour me rassurer.

Je lis l'*Histoire de France* de Bainville et le *Journal* de Julien Green. Cette fois, tu ne me rattraperas jamais, question culture !

J'ai vu ce matin avec Degeorges les tomos de 4 à 7 faites hier soir pour voir jusqu'où allait la perte de substance. On ne la voit que sur 7 et 8. Rien à 9 et rien encore à 6. Elle a donc 2 centimètres en épaisseur et en largeur. Il faut donc : 1) boucher ce trou. 2) consolider.

Ma petite fille, je suis encore en état de sidération affective. Quelque chose m'interdit de penser à toi, l'instinct de fuite devant la douleur. Mais si je ne peux évoquer ton corps ou ta voix ou ton regard, tu vis cependant à chaque seconde. Comment t'expliquer cela ? Je ne suis plus jamais tout seul. Tu as transformé mon destin. De nihiliste et négateur qu'il était devenu, tu l'as rendu à sa voie véritable de don et de passion. Je n'aurais rien pu créer car j'étais prisonnier de mon mépris pour l'humanité et de ma volonté de refuser l'universelle veulerie. Je continue à croire que les êtres ne valent pas grand-chose mais ma passion pour toi me prouve que cela vaut parfois la peine de vivre.

Je confie cette lettre au frère du docteur Pignon, capitaine parachutiste, deux citations, croix de guerre, arrivé hier. Il vient de prendre avec 11 hommes un train blindé et 527 Allemands. C'est son ordonnance qui le raconte, un ex-petit gars du maquis à la figure poupine et à l'accent paysan, qui nous avoue avoir volé 19000 litres d'essence et fait 17 prisonniers avec un revolver... pas chargé !

Ils seront à Paris demain et déposeront cette lettre chez toi.

Ce soir, mon cher grand amour, j'ai 37°5 mais j'ai un rhume carabiné. Je laisse ma fenêtre ouverte jour et nuit, j'ai peut-être tort. Mais ne t'inquiète pas : je tousse à peine et je crache très peu.

Je suis pour trois semaines dans la grande chambre des Ledoux partis en « permission de détente » et parce qu'on avait besoin de ma chambre pour une opérée. J'ai un balcon, un cabinet de toilette et surtout le poste de TSF qu'ils m'ont gentiment laissé. La radio est toujours aussi vulgaire et nulle mais on entend de l'excellent jazz américain. Enfin ! Hélas, je n'ai même plus le droit de jouer de l'harmonica.

Je ne pense encore à toi qu'avec beaucoup de prudence. Sinon ça fait trop mal.

Mon amour adoré, 36°9 ce matin, 37°4 ce soir. Mon rhume va mieux mais je tousse encore un peu.

Il pleut toutes les larmes du ciel mais Biribi renonce à protester contre tous les malheurs qui l'accablent. Mais je te demande pardon, ma Tite. Nous étions si heureux ! Je pensais ce matin avec une joie profonde à notre vie. Je pensais à toi lisant le soir, les rares soirs où tu pouvais, mon ange... Et moi la tête sur ta poitrine, les mains vagabondes, t'empêchant de lire en paix. Et nos réveils et nos gestes instinctifs du matin pour nous « emmêler ». Ah ! Dieu de Dieu, être arraché d'un tel bonheur. Nous n'avons décidément pas de chance, ma bien-aimée.

Mais ayez pas peur, je me soigne farouchement. Je ne vois personne sauf Pignon deux minutes par jour qui vient me faire ma piqûre. Je dors régulièrement de 2 à 4 heures. Le soir j'éteins au plus tard à 9 h 1/4 et le matin je réussis à rester sans lire de 9 à 11 ! Un programme exaltant, non ?

Si tu peux trouver du Stérogyl 15 et un moyen de me le faire parvenir, fais-le. On en manque ici.

Peut-être par Poirot qui est pharmacien-chef à Bicêtre ? Papa le connaît, demande-lui. Si tu peux te procurer des cigarettes américaines, mais gratuitement, cela me servira de monnaie d'échange. On obtient n'importe quoi ici avec du tabac.

Mon ami Derain qui voulait « faire psychiatre » devrait venir ici, il aurait un rôle énorme à jouer. Le côté moral, si important, est totalement négligé. On vous flanque dans une chambre après vous avoir révélé que vous avez une caverne et débrouillez-vous. On ne s'enquiert pas si vous avez bon appétit et si vous faites bien la cure. On vous dit : « Ne bougez plus et attendez. » Vous n'êtes qu'une radio, tous les quinze jours.

Grâce à toi, je m'impose une discipline stricte, un dépouillement et une vigilance de tous les instants. Je vis replié sur moi-même, enserrant de mes deux bras ma bien-aimée. Une seule chose m'est intolérable : l'idée de ta souffrance. Aussi, lâchement, je ne tente pas de l'imaginer. Et toi, ma merveilleuse, tu as le courage de me la cacher. Au fond, tu as une personnalité très forte et très dynamique sous tes airs de contemplative. Et tu es exigeante. C'est pour ça que j'ai pu t'épouser. Je redoute sans cesse ton jugement et cela m'empêche d'être moi-même, c'est-à-dire beaucoup moins bien que je ne parais ! Pourtant il y a une chose que tu ignores, je crois : c'est la saveur de l'acte gratuit. Les actes absurdes, inutiles, parfois dérisoires. Mais il y a tout un être en réserve chez toi qui attend patiemment d'avoir le droit de vivre.

Je me suis beaucoup épuré depuis l'an dernier. Ce reste de vague romantisme et d'angoisse « géniale » que je tolérais encore, je l'ai perdu. C'est toi qui m'as mis en garde contre mon goût d'être plaint et je crois m'en être débarrassé.

Je n'ai pas encore le courage d'écrire aux amis, à mes frères. Mais qu'ils m'écrivent eux. Dis-leur.

Hier soir, Biribi avait 37°4. Ce matin, 37°3 et ce soir de nouveau 37°4. Ce n'est pas beaucoup mais c'est encore trop. Je tousse un peu quand je parle et je crache, surtout le matin au réveil, comme classique. Je continue la cure déclive : on met des cales sous les pieds du lit qu'on surélève cran par cran pour s'habituer. Mon rhume n'est pas encore fini. Peut-être est-ce lui qui me donne ce peu de fièvre, mais j'en doute.

Le plus décourageant dans ce traitement, c'est qu'il n'y en a pas ! Et ce qu'il y a de « les bras m'en tombent », c'est de recommencer pour la deuxième fois exactement la même lutte pour « la guérison définitive ». Mais le découragement et le relâchement de la discipline de cure sont justement les caractéristiques de la mentalité de malade que je veux à tout prix éviter. J'en suis très loin, rassure-toi, mais seulement un peu désabusé et d'une amère lucidité. Ce recommencement d'une catastrophe a quelque chose de sinistrement farce. Mais je suis décidé à vaincre. Je te demande seulement, pour m'aider, de ne pas trop souffrir. Sors avec tes amis, essaie de t'amuser, d'être oublieuse un peu. Il faut comprendre, mon amour, que c'est la passion la plus absolue et la plus sûre qui me dicte ces mots. Je t'aime avec toutes les violences.

Victoire : 36°9 ce matin !

Je confie cette lettre à une voiture qui repart demain pour Paris. Il y a plusieurs taxis qui font la navette presque chaque semaine. Un jour tu pourrais en profiter. Mais il faut que tu aies une semaine de congé au moins car le voyage prend déjà deux jours.

Mme Aubert m'a confié dans le plus grand secret que l'approvisionnement en charbon était assuré pour l'hiver et qu'on pourrait bientôt retourner au grand sana. De toute façon, je ferais la même chose là-bas qu'ici. J'ai un emploi du temps très chargé : le matin après toilette et petit déjeuner, deux heures de cure déclive. J'enlève mes oreillers; je mets l'épaule droite sous le traversin de façon à avoir le thorax plus bas que le bassin et je lis ainsi, couché sur le côté. Pas très pratique. Puis après déjeuner, de 2 à 4 au moins, je dors. Ou je fais semblant. Puis de nouveau déclive si j'ai le temps après t'avoir écrit. Après dîner, j'écoute la TSF, je lis et je t'écris encore. A neuf heures, j'éteins et j'écoute du jazz dans le noir. Les Ledoux reviennent bientôt, hélas. Tout cela est sinistrement sans intérêt mais je sais que tu aimes savoir.

Mme Aubert va me donner du Stérogyl. Je ne sais comment elle fait, elle a toujours des produits introuvables : sucre, thé, biscuits, apéritifs. Elle en fait profiter tous ses amis. On vient de lui proposer une thoraco. Elle n'est pas d'accord bien sûr.

Mon amour, ce soir Tobé va m'apporter tes lettres de Paris. Je n'avais rien de toi depuis une semaine. Je vais trembler en revoyant ton adorée écriture... que je déteste car elle est signe que tu es loin.

Ce soir, Pignon est venu prendre le thé avec moi et m'a invité pour écouter un oratorio de Bach. Si peu que ce soit, j'ai trouvé miraculeux de sortir de ma chambre, même pour aller dans une autre chambre à deux pas de la mienne. Cet allongement perpétuel finit, à mon avis, par être préjudiciable. On devient grabataire. Je crois que je vais prendre un repas par jour en bas. Cela avivera mon appétit, qui est déjà bon, sois tranquille.

J'ai une filière pour te faire faire des après-skis. Pelletier s'en est fait faire d'admirables avec un morceau d'une vieille robe de chambre, par une malade. Mais il faut fournir le tissu et l'artiste ne travaille que si ça lui chante. Aurais-tu du tissu genre laine des Pyrénées ? Amènes-en si possible quand tu viendras.

Un mot de ma santé : je crois que je suis sur la bonne voie. Je crache encore mais moins. Je n'ai plus cette toux persistante que j'ai eue un moment. Ma température est normale, sauf ce soir où j'ai attrapé 37° 4 à force de secouer le thermomètre qui était monté à 41° à côté du réchaud où je me faisais cuire ma farine lactée envoyée par mon n'ange. Je passe au Médical mardi et on me fera une radio vendredi que Tobé emmènera à Paris samedi. Il ira voir papa. Tâche d'être là. J'espère qu'il y aura déjà des progrès.

J'ai fini le *Diderot* d'André Billy. Nous sommes des dégénérés à côté de ces philosophes du XVIIIe à la fois si pénétrants et si naïfs, si savants et si nébuleux, si sceptiques et si chimériques. Quelle curiosité et quelle fièvre de savoir !

C'est moi qui suis malade et c'est vous qui maigrissez, ma Tite, je ne suis pas content. Et mes Bêtes, alors ? Je sais bien que vous aimez pas toujours jouer aux Bêtes, mais vous êtes pas toute seule. Il y a Swann et il y a Biribi. Alors apportez-leur quand vous viendrez de belles Bêtes. Et surtout ne tombez pas malade. Faites faire une intradermo, je vous en supplie.

Je suis descendu déjeuner aujourd'hui à la table de Pignon et d'Armingeat. Pignon a un peu de liquide dans un de ses pneumos. Ce ne sera sans doute rien mais il est inquiet. Quant à mon amie Mme Aubert, elle va passer à la thoraco, c'est décidé, et le moral est très bas. J'ai été lui présenter mes hommages avant déjeuner. Ça m'a fait un drôle d'effet de parler à quelqu'un après presque un mois de silence et de solitude. Je disais n'importe quoi et ça me faisait un plaisir fou. (Vous en faites pas, Mme Aubert est absolument « immettable ».) Elle a dû recevoir beaucoup de visites aujourd'hui car tous ici vivent avec le spectre de la thoraco. Ce n'est pas seulement une mutilation mais une torture : le patient est assis à califourchon sur une chaise, les bras sur le dossier, tandis qu'on lui scie les côtes sous anesthésie locale seulement car l'anesthésie générale est contre-indiquée. On est donc aux premières loges pour entendre la scie mordre vos propres os. Et le pire c'est qu'on sait qu'il faudra remettre ça : l'opération se fait en deux ou même en trois temps. On ne peut couper trop de côtes d'un seul coup.

Demain, Médical. 36°9 ce matin, 37°2 ce soir.

Je reviens du Médical. Tobé a regardé mes tomos et radios. Il ne s'est pas affolé du tout et pense que ça va parfaitement s'arranger. Mais il va falloir que je fasse environ dix-huit heures sur vingt-quatre de cure déclive. Ce n'est pas que ce soit désagréable. Peu en tout cas. Mais cela m'empêche d'écrire, d'autant qu'il faut être couché sur le côté malade, le droit pour moi. On peut à peine lire. Bref, on me condamne à l'immobilité absolue. Et je suis étonné de mon manque absolu de réaction. On me dirait de rester huit jours sur un seul pied que j'essaierais de le faire sans protester. Poids inchangé : 63,900 kilos. Coup classique avec le changement d'altitude. Je commencerai à engraisser dans quinze jours.

Il fait un temps de cochon. 8° dans ma chambre ! Tobé a trouvé du charbon mais il faut aller le chercher à la mine et pas de camions. Il va bientôt être deux heures, l'heure de ma cure non déclive mais sans lecture. Après, cure déclive avec lecture, puis lecture sans cure, puis déclive sans cure, puis cure sans déclive avec lecture, etc.

Refusant obstinément de penser, je me lance dans les Simenon. C'est la faute à vos lettres qui causent un regain d'intensité de mon réflexe d'inhibition. Vous comprenez, mon cher amour, que si je me laisse aller à penser aux Bêtes et à s'emmêler, il n'y a plus moyen de s'enthousiasmer pour la cure déclive. Aussi je mène une existence décérébrée.

Toi aussi tu dois commencer à avoir froid. Occupe-toi du poêle à sciure promis par Lou. Les scieries vendent leurs débris pas trop cher, paraît-il. Je ne veux pas que tu aies froid sans moi, mon cher, cher amour.

Pour en revenir à mes radios, Tobé et Degeorges pensent qu'il y avait déjà un réensemencement entre le 15 avril et le 8 août. Je me souviens avoir eu un choc en voyant mes radios à Paris chez Douady : je les trouvais moins claires. Mais D. avait dit que non. Ici ils disent que si. Quelle importance d'ailleurs ? Je ne pouvais pas revenir plus vite au sana. Et le poumon, qu'est-ce que c'est à côté du cœur ?

Tu me dis que tu vas seulement être payée 5 500 francs à la Radio. Alors n'aie vraiment pas de scrupules, pour ce prix-là, à venir me voir dès que possible. Il me semble être ici depuis toujours et que ma vie heureuse est révolue depuis des siècles. Oh! quand tu pousseras la porte de ma chambre, je serai fou de bonheur. Mais *après,* il faudra être heureux, mon amour. Il faudra être ivre mort de bonheur, comme je l'ai été durant ces quatre mois et ne pas lésiner, tout lui sacrifier, *tout,* car la vie est unique. Pardon d'être bêtement grave, moi qui recommande la dérision. Mais le coup de matraque a été trop dur. Je n'arrive pas à reprendre mes esprits.

Ce matin 37°3, ce soir 37°2. Je ne tousse plus, ne parlant plus! Inutile de s'énerver d'ailleurs, c'est dans deux mois qu'on pourra se demander si la guérison s'est mise en branle. On vient de soulever mon lit d'un nouveau cran sur les cales. Pignon est parti faire un remplacement de dix jours au Brévent et personne n'est venu me faire ma piqûre. A part Tobé, tout le monde s'en fout ici.

37° ce matin. Les journées passent vite mais il y en a tant...

Il n'y a pas de départ pour Paris en ce moment. Ne t'inquiète pas si le courrier est très irrégulier de ce fait. Un taxi partira de Paris le 25 octobre, papa te donnera l'adresse.

On m'a fait un examen des crachats. Positif évidemment mais bacilles peu nombreux. Ce soir 37°3. Temps de cochon. Je reste couché la journée entière sur le côté droit. Pour un jeu de con, c'est un jeu de con.

J'ai reçu la première note. Le prix de la chambre est de 135 francs par jour avec la réduction « pour étudiant en médecine ». Mais on ne m'a pas encore compté les tomos. J'ai payé sur les 10000 francs que m'avait donnés papa, mais c'est presque ce que tu gagnes et ça me rend malade. Tu me diras que ça ne fait pas beaucoup de différence puisque je le suis déjà ! Saint-Hilaire-du-Touvet serait moins cher, mais il n'y a pas de place.

Dis-moi quand tu viens. Le besoin que j'ai de toi m'engloutirait si je le laissais venir à la surface.

Novembre 44

J'ai écrit un poème. Je le trouvais génial tout à l'heure, mais le processus de décomposition a commencé : je barre une ligne toutes les dix minutes. Je te l'envoie avant qu'il n'en reste rien.

J'ai reçu, ô surprise, ta carte interzones par la poste. Une carte si correcte que je te reconnaissais à peine. « Alors, on a honte de moi, qu'il a dit Swann, qu'on ne m'embrasse pas sur les cartes ? » Tu sais comme il est ombrageux...

Tu me dis que tu viendras dans un mois. Mais les trains viendront-ils, eux ? On dit que les rails ne sont plus parallèles et que les tunnels sont bouchés par des wagons de munitions.

Je t'envie d'être à Paris et d'avoir vu Churchill et de Gaulle sur les Champs-Elysées. On dit que les FFI sont émouvants parce qu'on peut lire en les voyant toute l'ambiguïté et l'absurdité de cette guerre : casques anglais ou bérets français, treillis US ou canadiennes râpées, jeunes visages de colonels. Enfin une armée du cœur !

Un ami m'a apporté un tas de lettres et de journaux ce matin. Bonheur ! J'ai l'impression d'aller mieux et j'ai même réclamé un supplément à midi. De nouilles, évidemment.

Vous êtes complètement folle de m'avoir acheté une canadienne et je vous I de plus en plus. Moi aussi je pense souvent à l'enfant que nous ferons. Mais on avait dit qu'on attendrait, on a attendu. Et jamais je n'oublierai ce que vous avez fait pour cela. Nous avons été jusque-là pour mieux nous aimer et j'en suis très fier. Il ne faut jamais céder aux destins. Ça me va bien de dire ça ! Et puis je veux vivre, plusieurs fois, le moment où nous le ferons, notre fils. Et songez que si nous avions accepté le hasard, vous ne pourriez pas venir me voir le mois prochain : vous auriez charge d'âme. Et vous êtes déjà chargée de la mienne, qui est si lourde.

T'en as de la veine, dis donc, môme, de voir des films Zaméricains. Je suis heureux pour toi que les cinémas soient enfin rouverts. Raconte-moi bien tout. L'Amérique nous manquait et si les films valent les romans...

Comme je vais mieux, je repense à l'internat. Hugo, depuis qu'il est devenu un farouche guerrier, a raison de dire que les concours sont mesquins et humiliants. Mais le drame, c'est que pour nous, médecins, il n'y a pas de vie possible sans avoir été interne. Je veux absolument l'être. On ne crache que sur les concours qu'on a réussis.

Ma boîte en or, pensez à toucher nos cartes de charbon ou à les transformer en supplément d'électricité. Je ne veux pas que vous soyez obligée de mettre un homme dans notre grand lit pour vous réchauffer. J'ai vu que les Parisiens auraient droit à cinquante kilos de charbon pour les fêtes. Vous voyez que je lis bien les journaux. *Carrefour* et *les Lettres françaises* m'agacent un peu avec leur « style résistant ». Actuellement, tout est bon pour se pousser et un fusillé, c'est encore ce qu'il y a de mieux. Quant à ces messieurs les écrivains, ils se congratulent à qui mieux mieux d'avoir survécu et pleurent d'émotion d'avoir eu si peur. Je ne serai pas avec eux. Je serai pâle de rage de n'avoir rien fait et de n'avoir pas même le droit de leur botter le cul avec des bottes de vrai cuir qui auraient fait des pas libres sur une terre libre.

Mon île au loin, ma Désirade, ma Louise, mon Giroflier,

Je parviens lentement au temps où la tendresse devient aussi douloureuse que le désir, tu comprends ce que je veux dire ?

« Femme venue vers moi du fond de l'absence.
Ecartant les refus comme des branches
Femme de peu, de beaucoup, de tout, passionnément... »

Seule la poésie m'est un baume.

Cela dit, je vais mieux et je vais me retaper très vite.

1) parce qu'il y a moins de dégâts cette fois-ci, en dépit de la petite caverne qui n'est que l'élimination de quelques noyaux caséeux qui étaient restés là.

2) parce que je suis beaucoup moins épuisé que l'an dernier.

3) parce que j'ai une forme torpide, peu virulente, qui rétrocède déjà au bout d'un mois de repos total.

Si j'avais un pneumo, je guérirais en trois mois et ne risquerais pas de rechute. Sans pneumo, je mettrai six mois. Je n'ai aucun mérite à tenir le coup parce que je suis sûr de guérir. *Il n'y a de vrai courage que sans espérance.* Je souligne pour que tu admires.

« Non, je ne mourrai pas sans avoir étreint le bonheur... », premier vers de mon prochain poème.

Il paraît que les lettres commencent à arriver par la poste. Cela changerait ma vie. On est venu me recenser hier pour reconstituer les dossiers de mobilisation. C'est une des grandes consolations de ma maladie de penser que je ne serai jamais soldat. On peut se dire que je perds au sana les deux ou trois ans que j'aurais perdus à la guerre. Avec moins de risques d'être tudé. Et je suis moins malheureux que mes pauvres amis en Alsace. Hugo m'écrit que les combats sont durs. Après l'héroïsme du débarquement, la gloire de la libération de Paris, cela a quelque chose de grotesque de faire encore la guerre comme si tout n'était pas joué.

Longue visite de Pignon ce soir. Je n'ai pas de plus grande joie que de pouvoir lui parler de toi. Mais il est un peu catéchisant et doctoral. Et puis il croit en Dieu et moi pas. Il croit au Bien et au Mal et moi pas. Il croit à la Vertu et moi pas. Nous avons fait du Banania et mangé des biscuits américains qu'il avait, avec la confiture de marrons faite par ton père. Le triste de cette longue occupation, de cette maladie, c'est qu'on se soucie plus de manger que de penser. Tu m'as influencé aussi dans ce domaine. Le professeur Nimbus et ses fils étaient de purs esprits. Tu me diras que ça ne m'a pas tellement réussi.

A part ça, il commence à faire froid et j'ai du mal à écrire. Mes doigts s'engourdissent dès que je les sors du lit. Mais je crache de moins en moins. T° : 36°9 et 37°2. Douady m'écrit qu'il pourra sans doute m'avoir une chambre en décembre au sana des Etudiants, ce qui nous coûterait beaucoup moins cher. En plus, je pourrai peut-être faire jouer une de mes pièces. (Ou lancer un journal qui pourrait s'appeler : « Les tuberculeux parlent aux tuberculeux ! »)

Ce matin, Médical. Excellent. J'ai repris 400 grammes. Tu retrouveras en décembre mon torse de vizir. Mes tomos sont incomparables avec celles de l'an dernier où tout le lobe supérieur était infiltré. Cette fois seulement l'angle sterno-claviculaire est atteint. Tobé est optimiste. J'ai d'ailleurs recommencé à travailler. Fait une question hier et une aujourd'hui. Il ne m'en reste que 179, plus l'oral, pour être interne. Autant dire qu'on y est ! Peux-tu m'acheter à Copy-Odéon « Artère mésentérique supérieure » et « Artère mésentérique inférieure » ?

On opère Mme Aubert demain.

Dis-moi avec précision quand tu comptes arriver. Car par des amis de Pignon à Lyon, je pourrais te faire réserver une place pour la correspondance et tu pourrais coucher chez eux à Lyon. Il te faut dix jours de congé minimum en comptant les quatre jours de voyage.

Savez-vous, mon aimée, que je commence à y croire ? J'embrasse mon alliance comme ça, tout à coup, souvent... Je ne suis pas croyant mais fétichiste !

Changement de décor : Tobé vient de revoir mes nouvelles radios faites hier : il y aurait une image suspecte. On me refait des tomos tout à l'heure. Quoi qu'il en soit, je t'aime et je m'en fous.

Hier 37°2 et 37°6 le soir. Un peu fatigué. Ce soir, de nouveau 37°6. Mais je ne crache pas beaucoup. Cette petite poussée est une plaisanterie. Je la méprise. Je suis follement heureux quand je pense à toi. Et c'est tout le temps.

Tu me parles de ton journal. Ne l'abandonne pas, je t'en supplie. Tape-le. Il faut lui donner une ligne générale. Tu es partie en ne croyant à rien qu'au soleil. Vers quoi iras-tu? Pas trop de masturbation intellectuelle. Décris, tu es douée pour ça. Use de ton humour féroce, de la lucidité de ton œil bleu qui ne cille pas. Vous verrez, nous serons des Créateurs. J'ai mille idées pour l'avenir.

Ça va mieux. 37° ce soir. Mais je suis en rogne. « Ils » ne nous chauffent pas. Il n'y a d'eau chaude qu'une heure par jour. En rogne aussi parce que tu vas peut-être retarder ton voyage. Je sais que tu as de bonnes raisons et que nous avons besoin de cet argent. En fait, je te reproche une chose : c'est que je suis paresseux et toi pas. Ton activisme m'enrage parce qu'il te prend à moi et parce que je suis condamné au vide. Déjà l'an dernier, le nombre de choses que tu faisais plutôt que de venir me voir, parce que tu es raisonnable, choses qui pour moi ne pèseraient pas une seconde en face de toi... Mais pardonne-moi, ma Tite. Je sais que je t'avais demandé d'être ma discipline. Et tout s'inverse ici. On sent peu à peu dans ce monde raréfié que l'important n'est peut-être pas où l'on pensait.

Tobé a vu les tomos. Il faut déchanter un peu. Pas d'image de caverne mais un petit remaniement des lésions qui montre que je suis encore en poussée et que la maladie est encore active. D'ailleurs je tousse et j'ai 37° 5 ce soir. Tobé emporte mon dossier à Paris et en discutera avec mon père et toi. Mais dis bien aux familles que je ne marche pas pour l'inquiétude et la tristesse. Dans un mois j'aurai jugulé tout ça. Je préfère avoir la tuberculose et toi, que ni l'une ni l'autre. *Sic.*

Situation stationnaire. Hier soir 37° 4. Il est évident que ça continue à évoluer de façon torpide et sournoise.

Je suis torturé de te voir travailler tant. Ne te laisse pas faire. Impose tes conditions. Comme je vais aller au sana des Etudiants, je ne coûterai presque rien bientôt. J'ai d'autant plus honte que je ne fais pas mon devoir : ce soir 37° 7. Et je tousse. Et dehors pluie et brume comme d'habitude. J'écris quelques poèmes. Misère et débilité. Palpitations. Larmes. Terreur de l'impuissance. Je vois par ma fenêtre un sapin noir tout seul qui semble monter la garde devant mon tombeau.

Décembre 44

J'ai fini le poème sur « Roger Pironneau fusillé ». S'il paraît, je ne veux pas le signer. On ne se méfie jamais assez de soi.

Je vais mieux. 37° 4 hier soir. A l'auscultation, on entend quelques râles mais pas des râles de caverne. A la scopie, augmentation de densité des infiltrations vues sur les tomos à la partie inférieure du lobe supérieur. Par contre la lésion du début semble stoppée. La poussée actuelle n'affecte pas une forme ulcérative, et il n'est pas sûr d'après Degeorges que ces infiltrats se creusent. Je n'ai pas maigri et suis peu fatigué. En résumé, je fais une petite évolution évidemment fâcheuse mais pas de gros dégâts pour le moment. Ayez pas peur mon n'ange : votre Biribi, il ira bien.

Quand venez-vous ? Je vous attends de toute ma vie. N'apportez pas de costume pour moi, j'en ai pour un bout de temps à rester au lit. Et le gris que j'ai suffit pour les repas.

Je suis en train de lire *Le Dieu des corps,* de Jules Romains, et cette lecture me donne un bonheur insensé. J'étais né pour aimer et par pusillanimité j'ai joué à l'esprit fort. C'est la redoutable terreur d'être semblable aux autres qui m'a fait les détester. Il faut être très fort pour oser aimer. Cette religion des corps, c'est tellement celle que j'ai pour toi. C'est idiot de le dire comme ça, merde ! Je n'arrive pas à exprimer simplement que je t'adore à en mourir et que ma passion de toi ne s'apaise un peu que dans ton corps. Le corps est en quelque sorte l'église et le champ de bataille. Car la religion de l'amour est une religion ardente, dure, parfois cruelle. Et il est probable que quand je me sens pris d'un désir violent de te faire mal, j'obéis à une nécessité profonde d'exprimer ma passion par quelque chose qui soit au-delà de la volupté. Je rêve parfois, je te l'ai dit, à des séances de knout. En même temps je voudrais tomber à tes pieds dans la plus totale humilité pour te remercier de la grandeur et de l'absolu que tu m'as donnés. Je voudrais que tu comprennes que cette humilité peut se concilier avec le désir de domination, de te voir livrée. Je suis prêt à tout sacrifier à cette passion. Je t'aime. Tout est évident, sûr et nécessaire à présent.

N'est-ce pas incroyable que je sois ici, délirant de bonheur dans la solitude, avec ma toux et ma lésion ? Et pourtant je te jure que je vis presque à chaque instant dans un bonheur suffocant. Il y a des imbéciles qui parviennent à cet état en croyant en un Dieu qui n'existe pas. Quelle foutaise qu'un Dieu avec qui on ne peut pas faire l'amour !

Je n'ai peur de rien, même de la mort. Je ne suis plus anxieux. Je pense à tout ce qui te déplaît encore en moi et qu'il faut que je supprime ou que j'acquière pour redoubler ton amour. Toi aussi je sais que tu as vaincu beaucoup de choses pour moi.

Quand il m'arrive de me mettre à genoux devant vous pour vous embrasser, ne vous dérobez pas, je vous en supplie. C'est l'acte le plus pur d'adoration. Aussi ma chérie, ne m'interdisez rien, s'il vous plaît. N'ayez plus de ces réflexes de défense devant certaines caresses. Vous ne savez pas comme ils me font mal. Votre abandon m'est précieux et encore plus votre désir et votre initiative. Un geste que vous faites de vous-même me ferait éclater en sanglots parfois.

Bizarre épisode fébrile hier : 37° 4 le matin, puis frissons, mal à la tête et 39° le soir. A peu près ce que j'avais fait à Paris en juillet, tu te souviens ? Ce soir, je n'ai plus que 37° 6. Grippe ou tuberculose ? Les paris sont ouverts.

Si tu ne peux pas venir en décembre, tant pis ! Mais peut-être pourrais-tu profiter d'une ambulance amenant un malade ? A moins de prendre un taxi, mais ça coûte deux mille francs. Pignon cherche une combine.

J'ai une infirmière absolument étonnante de gentillesse. Elle s'appelle Dauphin et c'est bien sûr une ancienne malade. Elle vient me préparer des tartines à quatre heures, qu'elle me force à manger, et me cuire le Banania que tu m'as envoyé. Chacun ici a son réchaud sur sa table de nuit pour mitonner ses petits suppléments qui sont le meilleur de notre alimentation.

37°4 ce matin, OUF! Cette nuit à minuit, je ne dormais pas et j'ai entendu la voiture de Tobé qui arrivait. Mon cœur s'est mis à battre : il y avait une chance sur mille pour que tu sois dedans. « Peut-être était-ce toi, Nue sous ta chair, Vêtue seulement de mon attente... » Mais rien n'est venu, sauf Pignon ce matin avec « ma » canadienne, les lettres, l'Olfamide que vous avez pensé à m'envoyer et le chandail gris que vous m'avez tricoté. Il est d'un chic qui ne m'est pas habituel. Je vois que vous n'avez pas perdu l'espoir de me rendre élégant.

Dis aux amis de m'écrire même si je ne leur réponds pas toujours. Tobé m'a dit d'écrire le moins possible. J'attends l'arrivée de papa pour déclencher une offensive visant à te faire embaucher par le sana comme secrétaire ou assistante. Tu serais logée et nourrie mais peu payée. Pignon pense que ça peut s'arranger.

Il neige enfin après tant de pluie. Hier soir, crise de toux terrible qui m'empêchait de m'endormir. Je pense que c'est la flèche du Parthe de ma poussée.

Merde! J'ai encore 37°6 ce soir. Mais je t'aime tant plus que jamais et je suis parfaitement heureux en toi, car en moi ce n'est évidemment pas habitable pour le quart d'heure. J'ai soudain envie de te faire un enfant pour être encore plus en toi.

Médical ce matin. J'ai encore maigri de 400 grammes : 63,600. A la scopie, infiltration du lobe supérieur un peu plus dense et étendue mais pas de caverne. Enfin, pas encore. Je t'avoue que par moments, la révolte submerge tout. Il n'y a pas beaucoup de pas à faire pour que ma haine de la vie soit plus forte que la vie elle-même. Et surtout pour que ma haine de la vie des autres et l'impossibilité où je me trouve d'inventer une vie sur mesure, me pousse à reprendre mes billes et à rentrer chez ma Bonne Mère, la Terre. Il ne faudra pas m'en vouloir, mon amour. Vous savez bien que tout ça, c'est des mots et que les mots, ça n'a jamais tué personne. Du moins, on le dit. « Tu fais l'intéressant. Tu seras bien avancé quand tu seras mort ! » Ils ne se demandent pas de combien j'aurai reculé si je vis.

Ce soir
Où toute la détresse du monde
Sanglote éperdument dans l'âme
Où tout jusqu'au silence s'est fait larmes
Je me désespère
Après la lointaine procession
De toutes les échappées claires vers le bonheur
Et je sens descendre en moi
De lourdes mottes de désespoir
Qui écrasent dans mon cœur
De pauvres
Lamentables
Et inutiles regrets
Venus trop tard
Frissonnants et humbles
Chétifs d'aller toujours pieds nus à travers les [cailloux
Vers une maison chaude et épaisse
Quant aux murs
Et qui sont morts
De n'avoir pu vivre
Au long des rudes coups de cognée
Des jours obstinés
Qui s'exténuent

A abattre le grand peuplier
Haut dressé dans le ciel
Qui fait si mal
En tentant pour se retenir
De s'agripper
De toutes ses racines
A mon cœur misérable et suffocant

Je ne peux rien t'écrire que ce poème et je te demande pardon. Mais tu sais que nous aimons les mots et combien ils soulagent parfois et disent l'indicible.

Amor Amor Amor, c'est le dernier air à la mode in USA et c'est assez voluptueux. Mais nous ne sommes pas là pour volupter. Une nouvelle ahurissante : Tobé est arrêté. Deux types sont venus de Lyon avec un mandat d'arrêt. Ça doit avoir un rapport avec son amitié pour Maurras, plus quelques dénonciations locales. Toute la maison est bouleversée. Occupés ou libérés, les gens sont toujours aussi immondes.

Je suis heureux que comme moi tu aies envie de faire notre Jean-Baptiste. Pignon a levé mes derniers scrupules en me disant qu'il n'y a pas de danger à faire un enfant au cours d'une poussée évolutive. Il a fait ses deux fils en ayant des bacilles. Quand je serai convalescent, on me dit que nous pourrions louer une chambre à Assy et que tu trouverais facilement des leçons à donner. Tu pourrais enseigner le latin et l'anglais en plus du français. Mais je ne veux pas que tu viennes avant que j'aille bien. Quel que soit mon mépris pour mon état, il retentirait sûrement sur notre amour. Et cela, je ne le veux pas. J'aime mieux la solitude que de t'imposer un amant tuberculeux. Et pourtant le moindre mot de toi maintenant, le moindre regard, me feraient pleurer. Tu es la part la plus dure, mon amour, dans cet exil. Pour moi, c'est très simple : ma vie s'est arrêtée. Pour toi au contraire, qui sembles si assurée de vivre, le présent existe sans moi et la vie quotidienne éparpille sournoisement tes souvenirs. Et puis il y a ta soif de bonheur, ton goût du plaisir, qui rôdent. J'ai peur de ne pas rester toujours supérieur à moi-même. J'ai peur de me trouver si bien avec toi que j'en oublierai de me surveiller. J'ai peur d'entrer en béatitude et somnolence. Tu fais bien de me rappeler parfois que tu sais encore me comparer aux autres. Et je t'admire de puiser dans notre amour martyrisé tant d'énergie. Je te jure que je le retrouverai, ce temps où j'étais fier que tu m'admires parce que je me tuais de travail.

Je me gave. Bouillie Nestlé le matin avec tartines de miel, car Biribi n'a plus de confitures. Et je tousse moins. 37° le soir depuis quelques jours. Passé au Médical : la poussée semble se stabiliser.

Viens. J'ai un atroce besoin de toi. Pas de courrier depuis des jours. Nous sommes bloqués par la neige.

P.-S. Le Banania est fini, apporte-m'en si tu peux quand tu viendras.

Je vais bien. J'ai vu l'aumônier aujourd'hui. Il a tiqué sur ta belle photo et je lui ai raconté le « crime » du baptême. Le pauvre homme en a été bouleversé. « C'est monstrueux, a-t-il dit, j'aurais préféré vous donner un faux certificat de baptême. » Ils disent ça, mais après !

Je suis heureux que tu aies enfin un radiateur.

Je m'inquiétais de te savoir dans notre case sans le moindre chauffage et avec pas beaucoup de graisse sur tes os, que j'aime.

Mon adorée. La question est : seras-tu dans le car ce soir ? Je n'ose y croire car si tu n'as qu'une semaine de congé c'est beaucoup de frais pour trois jours ici.

Pas de renseignements sur Tobé, emprisonné à Lyon. Mais si l'on commence à poursuivre les délits d'opinion, c'est le retour aux méthodes nazies.

Hier soir, 37°4. Je tousse à nouveau un peu. Je suis fou de rage de ne pas être capable de juguler cette ignoble maladie. Je finirai par réclamer la thoraco. Je vois d'ici mon ange qui lève les bras au ciel !

Décembre 44

Ma Tite en or, je ne vois rien d'autre qu'un poème pour dire ce qu'a représenté ta venue, ton apparition avec du givre dans les cils et des flocons sur ton bonnet, ton séjour dont je ne sais déjà plus s'il a duré trois jours ou trois éternités et ton départ avec des larmes dans les cils. J'ai commencé à l'écrire mais rien n'est plus difficile que le bonheur. Ce n'était pas seulement toi, pas seulement la solitude enfin exorcisée, mais l'irruption de quelqu'un venu de l'autre monde, celui où personne n'est obsédé par la mort. C'est un autre aspect de cette maladie : la relégation parmi ses semblables, qui ont tous le même souci, avoué ou dissimulé, et l'impossibilité de penser longtemps à autre chose. Tu m'as réappris la vie. Et ton séjour a réussi à me rendre heureux malgré l'atroce nouvelle que tu apportais. Mais depuis j'ai l'impression d'un cauchemar. Dis à papa que je voudrais dédier à Hugo ma plaquette de poèmes. J'aurais voulu mettre : « A mon frère, l'Infâme. » Mais la mort est passée et il est redevenu Hugo. Nous avons à présent cette atroce richesse : un passé. L'enfance, c'est fini. Penser à l'avenir où il ne sera pas, c'est déjà le trahir. Il me laisse un monde plus difficile mais les causes ont la beauté de ceux qui meurent pour elles.

J'ai bien pensé à toi cette nuit, sans doute allongée dans le couloir contre un adjudant quelconque ! Au moins tu n'as pas été obligée de descendre à pied au Fayet avec ton sac au dos. Tout le monde ici ne parle que de ton exploit à l'aller. Pour des gens condamnés à ménager leur moindre souffle, tu ne peux imaginer ce que cela représente : pouvoir aller jusqu'au bout de ses forces.

37° 1 ce soir, ma plus basse température depuis mon arrivée ici. Ta venue aura fait pencher la balance du bon côté. Ce matin, Médical. Rien de nouveau mais cela ne s'aggrave plus. Poids inchangé.

Tobé est venu me voir ce matin. Il semble remis de ses émotions. Reçu une lettre de papa. Il a écrit à Bernou, le médecin de Châteaubriant. Mais je me demande s'il est bon de changer de méthode en plein traitement ? Bernou n'y va pas par quatre chemins. Il coupe deux ou trois côtes, débride la plaie, met à nu la caverne et la maintient ouverte pendant des mois pour pouvoir cautériser au nitrate d'argent les infiltrats deux ou trois fois par semaine, jusqu'à ce que tous les tissus nécrosés aient été brûlés. Ça laisse un trou parfois comme le poing dans le poumon, mais l'idée de tirer à boulets rouges sur cette lèpre torpide qui ronge dans l'obscurité ne me déplaît pas. Je crois pourtant que le plus sage serait d'attendre le printemps. Ceux qui vont chez Bernou sont ceux qu'abandonne la médecine traditionnelle et je n'en suis pas encore là.

Mlle Dauphin est arrivée ce soir de Paris et m'a donné toutes les merveilles que tu lui as confiées : crème de foie gras, biscuits, beurre. Tu aurais dû garder le beurre, ma Tite, tu en as autant besoin que moi. Merci pour tous les journaux. Je ne voyais pas Schumann et Jean Marin comme ça. Marrante aussi la note boche menaçant les Français qui toucheraient à un cheveu des collabos! Ils n'ont d'ailleurs pas besoin de s'en faire, les Messieurs qui préféraient une occupation allemande à une victoire russe. On les aura bientôt tous relâchés avec des excuses. Je comprends les ceusses qui vont chercher les Miliciens dans leurs prisons pour les exécuter. Ce n'est peut-être pas souhaitable mais c'est trop facile d'avoir fait torturer des Français et d'être puni en devenant directeur de journal. Décidément, je crois que je voterai communiste. Je pense au cri de Timbault aux soldats qui le fusillaient : « Vive le Parti communiste allemand! » Le communisme est le nouveau christianisme. Mais moi, je fais partie de la bourgeoisie dégénérée et je ne suis peut-être plus capable d'avoir une foi.

Biribi se fout du monde : Monsieur avait 38° 1 hier soir et 38° 2 ce matin. Je crois que c'est la grippe. Pourquoi n'aurait-on pas la grippe comme tout le monde sous le prétexte qu'on est tuberculeux? On me donne des drogues et des grogs. Je t'enverrai un télégramme dès que la fièvre sera tombée.

Je suis fou de joie que tu projettes de venir en janvier. C'était si court cette fois que j'ai l'impression de t'avoir rêvée.

Je viens de terminer un article sur les charognards qui se font un nom avec l'héroïsme des autres. Ça s'appelle « Les chiffonniers de la gloire ». Peut-être pourrais-tu le faire parvenir à Sangnier ? Ou au *Canard enchaîné* ? En tout cas, ça m'a soulagé, c'est l'essentiel. J'ai terminé « Peuple des morts », qui sera le dernier poème de la plaquette.

J'ai pleuré cette nuit en pensant à Hugo et à ce que j'ai écrit un jour sur lui : « Il est le terrifiant gardien de notre pureté. » Oui, nous avions tous peur de lui qui était à l'affût de la moindre défaillance. J'osais à peine lui avouer que je t'aimais. Il avait une soif insensée d'absolu et quand il hésitait, il détruisait pour être obligé d'aller plus loin. Je me demande s'il n'est pas allé au-devant de sa mort, sachant qu'il serait inapte à vivre dans le monde de compromis où je sens que nous entrons ? Si je n'étais pas retombé malade, il est probable que je l'aurais rejoint à la 2e DB malgré mon scepticisme, ma lâcheté, mon mépris pour les Maîtres à penser qui se muent en Maîtres à mourir. Mais le vide à perpétuité du sana m'a redonné le sens du dérisoire. Il faut me pardonner. Je sais que tu as raison de dire que l'Amour n'est pas un but, mais la vie même. Mais je suis privé de tout, ici, même de pouvoir t'aimer, donc de la Vie même. Ne me crois pas nihiliste. Ce n'est qu'une réaction de défense. Mais tu as raison de m'insuffler l'espérance et la volonté.

La voie littéraire est peu glorieuse et dangereuse par ses tentations de bassesse. Une seule solution : tenter d'avoir du génie, comme d'autres ont tenté cette chose impossible : le débarquement de Normandie. L'épique n'est pas un genre littéraire mais une forme de vie : le cri de Timbault, la lettre de Guy Môquet ou de Decour... il faudrait être Claudel pour transposer cette épopée-là.

A part ça, détails sordides : la « grippe » ne va pas mieux. 38°3 ce soir.

Les serments que j'ai pu te faire
Oublie-les mon bien cher amour
Ma vie n'était qu'une chimère
Et mon départ est sans retour

Le bonheur que je t'ai promis
Te le donner n'est pas permis
Des soucis grotesques me lient
Au vieux néant qui me rallie

L'éternité de nos baisers
Devenait tendrement réelle
Le défi était trop osé
La douleur seule est éternelle

La mort est là-bas qui m'appelle
L'entends-tu qui frappe du pied ?
Mon désespoir est bagatelle
Au festin où je suis convié

Je m'en vais sans avoir connu
Le bonheur dû au bienvenu
Je coule à peine appareillé
Je ne serai pas envié

Mon âme est belle n'ayez crainte
Elle vint sans joie s'en va sans plainte
Regrettant dans son cœur crevé
De n'avoir pu que te rêver

Hier soir, 37°5 mais ce matin de nouveau 38, mal de tête et nausées. Je commence à trouver une drôle de tête à cette grippe. Dauphin toujours aussi gentille se démène pour m'avoir une chambre au sud avec terrasse de cure. Ça coûtera beaucoup plus cher, ce qui fait que je me trouve bien dans ma petite niche au nord.

Je dois t'avouer que ton Biribi a passé une très horrible journée. Pour la première fois, il a fait une crise de dépression. Réveil en sueur, quintes terribles et douloureuses. 39° ce soir. Seul et abandonné, je n'en pouvais plus. Bref, c'est clair : je fais une nouvelle poussée qui n'a pas l'air de vouloir plaisanter. Or ni Tobé ni Degeorges ne sont venus me voir. On se fout un peu trop de vous ici.

Si je ne vais pas bien, il me sera impossible de rester sans toi. C'est comme de ne pas respirer. J'irai à Châteaubriant le plus tôt possible. Je le dirai à papa qui arrive demain. Tu pourras venir facilement de Paris. Repasser une nuit avec toi dans notre case fera plus pour ma guérison que ces trois affreux mois de Sancellemoz. Pardonne-moi. Oh! s'il n'y avait que la vie quotidienne, ce serait facile de vivre. Mais il y a l'autre : celle qui fait mourir. Et ce n'est pas facile de mourir quoi qu'en disent les vivants.

On m'a fait radios et tomos : il y a une nette extension locale avec un petit trou discutable. Mais cela reste localisé au lobe supérieur. Rien à gauche, rien dans les autres lobes. On a décidé que je resterais ici et que tu viendrais dès la réouverture du grand sana travailler comme secrétaire médicale puisque tu es d'accord pour plaquer la Radio. Mais ne viens pas pour les fêtes :

pas moyen de te loger ici et trains impossibles. Et puis actuellement je tousse dès que je parle.

Tout va mal sur tous les fronts. On me dit que von Rundstedt a réattaqué à Colmar. En Belgique le front « se stabilise », on sait aujourd'hui ce que veut dire le vocabulaire des communiqués. Et les cent mille Allemands de la poche de Lorient ?

Sans journaux, sans radio, sans soins, sans argent, sans toi, sans toi, sans toi, qu'est-ce qu'il me reste pour vivre ? Une belle baudruche qu'on appelle l'espoir.

J'ai été très ému que mon à-moi m'envoie le seul œuf du trimestre. Je sais combien elle aime les zœufs. Dauphin m'a fait une mousse au chocolat avec la plaquette apportée par papa.

Quant à la question argent, si tu quittes ton travail, papa pourrait nous aider en ce moment. Il t'aime beaucoup et surtout il comprend, lui, que j'ai besoin de ta présence pour guérir. Puisque tu as viré ta cuti, tu pourrais avoir un certificat médical prescrivant du repos. D'ici fin janvier, je te jure que j'aurai repris le dessus. Au cas où ça ne s'arrangerait pas tout seul, ces Messieurs du Médical ont des intentions sanguinaires : ils parlent de pneumothorax extrapleural; et comme j'ai le malheur d'être du bâtiment, je ne suis pas enthousiaste, je te l'avoue. Regarde dans mon Sauvy : tu auras une idée de la gâterie.

22 décembre

C'est Noël dans trois jours. Pour la première fois, je redescends en dessous de 38. Petit Jésus, merci. On arrive à se contenter de peu, tu vois. C'est une maladie qui douche admirablement les ambitions. La seule idée qui calme la fièvre : penser à la fraîcheur de tes lèvres quand tu es arrivée l'autre jour après deux heures d'ascension dans la neige. Je t'aime d'être forte et je t'aime d'être faible. J'ai reçu ce matin ton télégramme posté il y a six jours. Ça va de mieux en mieux.

Tobé m'a examiné ce matin en raison de ma voix voilée : laryngite catarrhale banale, séquelle de ma grippe. C'est d'autant plus important, mon aimée, que la laryngite tuberculeuse frappe et tue en quelques jours. Une jeune femme en est morte le mois dernier. « On meurt à tour de bras dans la vie d'automne/Et ce ne sont jamais les morts triomphales/Que mérite la grandeur de nos destins. »

23 décembre

Je viens de recevoir à l'instant la réponse d'un mort : la poste, toujours consciencieuse, me retourne ma dernière lettre à Hugo. Sur l'enveloppe, un tampon : « Retour à l'envoyeur. » Et à la main, en dessous, une mention qui constitue la plus belle des litotes : *Le destinataire n'a pu être atteint.*

Mais l'envoyeur, lui, a pu être atteint. Terriblement.

24 décembre

En cette nuit de Noël solitaire, je veux te dire que depuis que nous nous aimons je n'ai cessé de t'adorer et de t'admirer toujours davantage. Il n'y a pas eu un moment de déception, moi qui étais le plus cyclothymique des Infâmes, le plus infâme des cyclothymiques ! Tu as toujours été plus sûre, plus présente, plus inespérée. Je me souviens qu'Hugo t'avait ordonné de ne pas faire souffrir son ami. Vous ne l'avez jamais fait souffrir, sauf une fois, et il l'avait cherché. Souffrir est son vice secret. Mon amour, je te dois tout et passerai ma vie à te le prouver, si BK me prête vie.

25 décembre

Je suis en pleine démence amoureuse. J'ai 37°, je ne tousse plus, je me sens parfaitement bien, il fait beau et tu es la plus belle. J'ai déjeuné au lit sagement et pour une fois c'était bon : tournedos béarnaise, frites, salade et une pomme. Puis cure. Puis 37°6. Puis fête chez les Ledoux : vin, champagne, vrai café et tout ce qu'il faut pour rire et faire rire à la noce et en société. Mais pas l'ombre d'un début de stupre. Je pensais trop intensément à toi, au bonheur que ce serait de t'avoir dans mes bras et de danser avec toi. C'est mon infirmière si merveilleuse, Dauphin, qui avait organisé le buffet. Elle nous a annoncé qu'au cours de sa radio de routine on avait trouvé « quelque chose ». Elle rechute. Tomos demain et le grand jeu qui recommence. Ça va lui valoir au moins six mois de lit, sans compter une évolution toujours possible. Voilà la récompense de son dévouement. Elle rechute du côté opposé à sa thoraco. Elle avait un pneumo depuis cinq ans qui était relâché depuis un an. C'est encourageant. T'as le bonjour de Jésus.

28 décembre

Dauphin est au lit. La tomo a montré un foyer

pneumonique sans cavité. Elle est évidemment désespérée. Elle a 38° 2 et il paraît qu'elle pleure toute la journée. Qui a inventé la tuberculose? La mienne a 37° 4 ce soir.

Je relis Michaux. Pour le comprendre, il faut avoir connu la solitude, la vraie, celle d'une chambre. Moi aussi je ne tarderai pas à pouvoir entrer dans une pomme. Je suis sur la bonne voie.

31 décembre

Je suis passé au Médical ce matin. A la scopie il semble bien que le foyer au-dessus de la scissure continue à s'étendre un peu. En tout cas ce n'est pas encore stabilisé comme en témoigne mon 37° 9 d'hier soir. Ce matin, 37° 4. De plus j'ai perdu 350 grammes, bien que je bâfre. Mais je vaincrai parce que tu es la plus forte. Le moral reste élevé car l'espérance de t'avoir bientôt près de moi domine tout. La tuberculose telle que je la pratique est une école inégalable de maîtrise de soi. Le courage guerrier après ça, c'est de la rigolade.

Si tu n'as pas de skis, emprunte ceux de mon frère. Et apporte si tu peux du sucre, je n'en ai plus depuis plusieurs jours.

Je suis si pressé de me sentir stabilisé pour ton arrivée, que je le souhaite maintenant, ce pneumo extrapleural. Mais inutile de te dire que l'idée d'avoir la plève décollée des côtes, il serait plus juste de dire arrachée, pour créer un espace à insuffler, me terrorise. Une fois sur le billard, je me tiendrai bien. Mais d'ici là... J'ai horreur de la souffrance physique. C'est ce que l'on appelle être un héros.

1ᵉʳ janvier

Nom de Dieu, je me sens génial ce soir. Je prie le Ciel (qui s'en fout bien) que cette lettre ne t'arrive jamais parce que tu seras dans mes bras avant. Dans son télégramme, Tobé espère la venue de papa ou la tienne. Mais dis-toi bien que Biribi a un moral d'acier et que cette opération, c'est roupie de sansonnet. Je viens de relire les dernières lettres d'Hugo et après ça, il est de la moindre décence de se conduire proprement ici. Donc fais tes valises et n'oublie pas tes « fanfreluches » adorées. Ça manque furieusement de fanfreluches ici.

Tobé a été extrêmement affectueux avec moi et j'ai en lui une confiance entière. On sent qu'il pèse votre cas comme un cas de conscience et pas seulement un problème technique. C'est un grand type. Et quand je l'écoutais me dire : « Il y a plus de risques à attendre qu'à intervenir et comme notre métier consiste à peser les risques... », je me disais comme Antoine Thibault : « Quel beau métier, nom de Dieu, quel beau métier! » Est-ce que le plus beau poème égale jamais cela?

Mon amour, nous serons heureux un jour, aie confiance en moi. Depuis qu'on m'a annoncé les mauvaises nouvelles, je vis dans un état de joie exaltée et très pure. Je n'avais rien écrit depuis « Peuple des morts » mais je viens d'écrire un hymne à la solitude. Louise, le jour où j'aurai le génie de Rimbaud ou de Laforgue, je t'aimerai comme tu dois être aimée. Ce soir, je me sens leur égal. J'écoute une sensuelle rumba sur la TSF que ma folle m'a achetée et je voudrais t'écraser sur mon torse de vizir qui va en prendre un sacré coup dans deux jours. Cela n'enlève rien à ma joie, elle vient de trop profond. Vois-tu, la

Mort, ça doit être comme l'absence, ça n'entame pas les âmes bien nées. Tu es si près de moi qu'avec un peu de concentration, j'arriverais à faire l'amour avec toi et à jouir. Et toi ?

Je te donne ma vie en te demandant pardon qu'elle ne soit pas plus sûre.

IX

MORT DE JEAN-MARIE

Mais laissez-moi vous qui m'aimez
M'en aller dans la nuit rôdeuse
Caresser cette louve affamée de ma vie
Pour allaiter après les morts de son silence
Et partir en suivant les étranges musiques
Comme les rats jadis un musicien bizarre
Ecouter les musiques les musiques étranges
Les étranges musiques...

Quand je l'ai revu le 5 janvier, Jean-Marie venait d'être opéré et je n'ai même pas osé l'embrasser sur le front car il ne formait plus qu'un bloc de douleur et d'incrédulité. Comment ne meurt-on pas de douleur ? disaient ses yeux. Assis dans son lit pour éviter toute pression sur la longue déchirure qui descendait de l'omoplate jusqu'à la taille, il semblait prisonnier d'une horreur incommunicable, et imperméable au monde des vivants. Les yeux fixes, hagards de douleur – la bouche tordue de douleur – le torse raidi de douleur – il demeurait totalement immobile dans la terreur du moindre frémissement qui serait venu accroître cette douleur qui lui semblait pourtant infinie. Mais il fallait bien respirer, hélas ! Chaque inspiration le poignardait dans le dos, chaque expiration, chaque mot prononcé, chaque sourire tenté, chaque grimace. Penser même faisait douleur.

Pratiquer un pneumothorax extrapleural, c'est écorcher vif un homme. Non seulement on arrache centimètre par centimètre le feuillet externe de la plèvre de la paroi thoracique où il adhère normalement, mais on remplit d'air l'espace ainsi créé, empêchant toute cicatrisation et provoquant sur ces parois à vif une intolérable brûlure qui irradie jusqu'au bras, au cou, aux reins.

Quelques amis des chambres voisines entrebâillaient la porte mais reculaient épouvantés devant une si visible intensité de souffrance.

Le deuxième jour, Jean-Marie conserva le même visage farouche. Il me regardait intensément mais ne pouvait articuler qu'une petite phrase en déplaçant à peine les lèvres : « J'ai mâ-âl. » Même le chirurgien qui passait matin et soir avait honte et s'en allait très vite. L'opération avait réussi, il fallait attendre, tout était normal, tant de douleur était normal. La morphine agissait à peine, on devait la garder pour le soir quand la souffrance deviendrait *vraiment* intenable. On ne devait pas en abuser, rappelait l'infirmière. La douleur, on pouvait en abuser. La tolérance de l'être humain semble sans limites dans ce domaine, jusqu'à ce que l'on meure, d'autre chose, dit-on.

L'entourage, c'est bien emmerdant pour les chirurgiens. L'entourage ne comprend rien. Il réclame. Il exige des explications. Il dérange pour un oui ou un non. « Mon mari a mal... Mon fils a froid... Il tousse... Il ne respire plus...! » Qu'on leur foute la paix, nom d'Esculape! Ils ont fait ce qu'ils pouvaient contre la mort, le virus, le bacille. Ils ne sont pas Dieu. Ah non, ils ne sont pas Dieu.

Au bout de quelques jours qui durèrent cent

ans pour Jean-Marie, qui sait? la douleur recula d'un pas. Elle n'était plus qu'atroce. Sauf quand il fallait tousser. Alors je voyais monter la panique dans ses yeux. Il serrait les lèvres, se concentrait de toute son énergie dans le refus, mais la salope arrivait implacable, explosive, avec son cortège de secousses. Des larmes coulaient longtemps sur ses joues tandis que la vague refluait, tout doucement. Il fermait les yeux, épuisé. Il y avait tout de même un progrès : il pouvait souffrir moins ou plus. Dès que l'on peut comparer, on est sauvé. Son humour était revenu. Il m'a dit : « Tu vois, on m'a enlevé une côte le 5 au matin et le 5 au soir j'avais une femme! »

Tobé, très stoïque dans son rôle de bourreau, nous avait pris à part, le Professeur et moi, pour nous expliquer pourquoi il avait décidé d'opérer si soudainement. C'était la seule chance selon lui de stopper cette évolution insidieuse qui risquait à tout moment de se précipiter.

Il nous apprit que Jean-Marie avait eu une hémoptysie la nuit du 31 décembre, une autre le 1er janvier et une troisième le 2 janvier. J'ai compris tout à coup que le quatrain trouvé dans son tiroir en arrivant n'était pas une fantaisie poétique :

Bonnes gens qui passez
Arrêtez-vous pour regarder
La vérité de ma bouche sortir
Car bon sang ne saurait mentir.

On m'avait installé une porte sur la baignoire, dans la petite salle de bain attenante à la chambre et je dormais là sur un matelas de camping et dans mon sac de couchage. Notre petit père a dû repartir très vite, ses cours reprenaient à l'université. Jean-Marie commençait à connaître des moments de répit, il mangeait un peu et réintégrait tout doucement le monde des humains. On venait de le réinsuffler sans autre douleur qu'une certaine oppression. Interdiction de tousser pour ne pas chasser l'air dans le tissu cellulaire à travers des sutures encore fragiles. La pression était à + 7, le poumon bien « collabé », et l'enflure de son visage avait bien diminué. Mais il fallait se lever dix ou douze fois par nuit pour le déplacer, le faire boire, le gratter, apaiser ses cauchemars chaque fois qu'il parvenait à s'assoupir. Non, ce n'était pas de la nervosité ni un excès de souffrance, c'était « un déséquilibre neurovégétatif ». Ah ! bon.

Le cinquième jour, comme il ne reprenait pas de forces, on décida de lui installer un goutte-à-goutte. Depuis le début de janvier, il neigeait puis il pleuvait sur la neige, les toitures dégoulinaient sur les terrasses de cure avec un bruit lugubre et je les prenais en grippe, ces montagnes pelées qui bouchaient l'horizon. Il faisait très froid dans les chambres des malades : faute de charbon on ne chauffait que quelques heures chaque soir. Je dormais sur ma baignoire avec mes chaussettes de ski, un col roulé et ma grosse robe de chambre en laine des Pyrénées.

C'est Pignon qui vint installer le trépied et le flacon, puis l'aiguille dans la veine de Jean-Marie. Il était trois heures de l'après-midi, il neigeait comme d'habitude de grosses pellicules, tout était blanc et totalement irréel, je m'en souviens. Le liquide a commencé à couler doucement tandis que Jean-Marie somnolait et que je corrigeais près de lui la plaquette de ses poèmes que le Professeur allait publier à compte d'auteur. Il a très vite eu un peu froid et j'ai rajouté une couverture sur son lit. Mais il avait de plus en plus froid et a dit : « Réchauffe-moi les mains dans les tiennes, tu veux bien ? Je ne sais pas pourquoi j'ai froid comme ça. » J'ai glissé sa main libre sous mon chandail mais c'est elle qui m'a glacée. Pignon trouvait qu'on devait terminer le flacon et qu'il se réchaufferait après. Mais comme Jean-Marie respirait très fort, ce qui pouvait faire fuser de l'air dans les tissus, il a fini par enlever le flacon aux trois quarts vide en disant qu'on reprendrait la perfusion le lendemain. Mais après son départ, les tremblements n'ont pas cessé, au contraire. Ses frissons se sont multipliés, amplifiés, rapprochés jusqu'à ne plus faire qu'un long tremblement ininterrompu. Et tout à coup, en l'espace de deux minutes, il lui est poussé sur le cou une grosseur, puis une autre dans une joue, comme s'il avait emmagasiné une énorme bouchée. Ses dents claquaient si fort qu'il ne pouvait plus parler et même son lit en était secoué. J'ai sonné, mais à l'heure des siestes les infirmières aussi sont en cure. J'ai voulu courir au bureau de Tobé mais il s'agrippait à moi en me suppliant des yeux de ne pas le laisser seul.

J'étais presque couchée sur lui pour tenter de le réchauffer quand j'ai distinctement entendu un craquement, comme une ficelle qui lâche, comme un caoutchouc trop tendu qui cède, puis un autre, puis un autre...

« Ma cicatrice... craqué, a-t-il réussi à articuler. Chercher Tobé... »

Mais le bureau médical était vide. Et Pignon n'était pas dans sa chambre et aucune infirmière dans les couloirs et je galopais de la réception au secrétariat, du haut en bas de cette Maison des Morts, sans rencontrer âme qui vive. J'ai fini par découvrir Tobé au dernier étage, dans son appartement privé, et quand je lui ai décrit la situation en deux mots, oubliant que je n'étais qu'une cliente à qui l'on doit systématiquement mentir, il a lâché un « Merde » involontaire et tout vieux et lourd qu'il fût, il a dévalé les trois étages avec moi et nous sommes enfin arrivés au chevet de Jean-Marie. Il était livide, défiguré et toujours secoué de tremblements. Tobé a posé sa main sur le bras glacé et a tout de suite compris. Moi aussi. Pignon avait dû sortir le flacon de la glacière au dernier moment et le brancher sur le tuyau sans imaginer qu'au lieu de la vie c'est la mort qu'allait instiller ce fluide glacial dans les veines de Jean-Marie. Sans un commentaire, Tobé s'est mis à défaire le pansement. Au milieu de la longue balafre verticale qui lui barrait le dos comme d'un coup de sabre, une bouche s'était ouverte, une large bouche aux lèvres de chair crue qui respirait au rythme du poumon avec un affreux bruit mouillé. Tobé semblait avoir vieilli de dix ans soudain mais il n'a pas prononcé une parole.

Quand Pignon, enfin alerté, est arrivé en courant, on m'a demandé de sortir : on ne règle pas ses comptes entre médecins devant le *vulgum pecus*.

Quand je suis revenue, tout semblait rentré dans l'ordre, les médecins avaient retrouvé leur masque impénétrable et ce vocabulaire pompeux qui endort le malade et ses proches. On avait entouré Jean-Marie de bouillottes, il ne tremblait plus et ne semblait pas souffrir et il arborait pour me rassurer son sourire, ce merveilleux sourire goguenard qui abaissait les coins de sa bouche et lui donnait un air d'enfant qui va pleurer.

Mais le lendemain, la fièvre remontait : 39°1 le matin, 40° le soir. Le jour suivant, 39°8 et 40°6. Jean-Marie croyait à une pleurésie purulente mais Tobé écarta l'hypothèse : demain il « visiterait » la plaie et le passerait à la scopie. C'était grave, car son père, alerté par téléphone, annonça son arrivée très prochaine. Le scénario des médecins était prêt. A quoi bon avouer? Faire part de ses remords, de son inquiétude? Il n'est pas bon que le client puisse douter du Pontife.

Le lendemain on descendit à la salle septique Jean-Marie, qui avait 40°9, pour procéder à un lavage de la plèvre aux fontamides. Au dernier moment, je n'ai pas eu le courage d'y assister. Enveloppé comme un moine dans une couverture blanche, il jetait des coups d'œil suppliants au chirurgien car il ne se sentait plus assez de forces pour souffrir, ce jour-là. On l'a installé sur la table à pansement où il est resté assis, les jambes pendantes, la tête penchée en avant comme un animal qui n'en peut plus. J'ai vu préparer un bock plein d'eau chaude avec du Lucol et un très long tuyau de caoutchouc et je suis partie rôder dans le couloir. Je regardais de temps en temps par le trou de la serrure qui me révélait juste le visage de Jean-Marie. Il avait l'œil fixe d'un bœuf qu'on saigne ou bien tournait des regards traqués à droite et à gauche vers des cliquetis d'instruments. Moi je m'efforçais de marcher pour ne pas m'évanouir. Pour me distraire, machinalement je suis entrée dans une autre salle d'opération où l'on venait d'opérer une dame Léonard. Des draps souillés de beau sang vif gisaient par terre près d'une cuvette pleine de compresses sanglantes. Et sur une table roulante, cinq ou six petits os sanguinolents, comme des manches de côtelette dans un récipient d'émail blanc bordé de bleu marine. De toute façon, n'étais-je pas dans un univers de Grand-Guignol?

Enfin j'ai vu passer Jean-Marie sur son chariot. Le lavage avait « très bien réussi ». Le désossement de Mme Léonard aussi, sans doute. Il a fallu une demi-heure pour replacer Jean-Marie dans son lit. Il avait vomi son petit déjeuner : les derniers restes de chocolat et l'unique pot de lait de la journée. On m'annonce qu'on recommencera un lavage de plèvre demain, mais au lit.

Quant à l'armoire à glace, on va enfin l'enlever ce soir. Jean-Marie ne pouvait s'empêcher d'y observer son visage. J'avais voulu la déplacer mais il s'en serait inquiété. Aujourd'hui, c'est lui qui a demandé qu'on l'enlève.

« Le poumon est-il toujours collabé malgré la fissure ? » a demandé le Professeur à Tobé dès son arrivée. Nous avions appris le vocabulaire mais on pouvait toujours nous rouler dans la farine. Nous ne demandions d'ailleurs qu'à être rassurés, à espérer encore. Oui, l'affaissement du lobe supérieur restait suffisant. La cicatrisation serait plus longue sans doute mais il ne fallait pas nous inquiéter, les médecins allaient suivre l'évolution de très près.

Suivre, c'était le mot juste. Et même galoper. Jean-Marie s'en allait très vite. Le lendemain, il n'avait que 39°. On décida de poser un drain dans la plaie. Le surlendemain, il avait de nouveau 41° et on entreprit de laver chaque jour avec le dernier sulfamide découvert, la cavité béante qui s'était infectée. Le bocal sous le lit s'emplissait régulièrement d'un liquide opaque que Tobé examinait sans pouvoir cacher son anxiété. Il était déjà évident pour lui que tout était perdu, y compris l'honneur, et je l'ai surpris plusieurs fois adossé à la porte lors d'une de ses visites, contemplant Jean-Marie avec une impuissance désolée qu'il masquait bien vite derrière un sourire encourageant dès qu'il se voyait observé. « La résistance naturelle de la jeunesse, n'est-ce pas... Un cœur solide... Le désir de vivre... » Quand on n'a plus que cela à offrir en rempart...

Et pourtant le rempart tenait bon. La feuille de température était atroce : jamais en dessous de 39°. Certains soirs, le mercure butait sur le sommet. La résistance naturelle de la jeunesse, oui, elle existait. Et l'aveuglement et l'optimisme naturel de ma jeunesse à moi. J'avais bien eu le pressentiment que c'était foutu à la seconde où les sutures avaient lâché et puis comment continuer à sourire à celui qu'on aime si on ne croit plus qu'il vivra ? J'ai oublié mon pressentiment et nous avons fait comme s'il allait guérir. Mais lui faisait semblant. Pas moi.

J'étais sans doute la seule à y croire, à ne pas voir le bleu de ses yeux qui pâlissait chaque jour, à ne pas sentir cette odeur fade qui envahissait la chambre que je ne quittais plus et qui faisait fuir les visiteurs, la seule à ne pas entendre les musiques étranges, les étranges musiques... Le regard des amis aurait dû m'alerter : ils ouvraient la porte trop doucement et demeuraient sur le seuil, atterrés par le visage blême sur l'oreiller, incapables de faire un pas en avant.

« Je ne veux pas te fatiguer, juste un petit bonjour », balbutiaient-ils avant de s'enfuir.

Je ne l'ai vue, cette mort, que bien après, sur les dernières photos de Jean-Marie assis dans son lit, l'œil fixe au fond d'orbites déjà creuses, sa petite mèche blond argent tombant en biais sur son front. Bien que petit, il avait un beau front d'homme grand ou de grand homme. Mais son large cou était devenu celui d'un oiseau et portait difficilement sa tête. Mon Eskimo ressemblait maintenant à ce Lapon retrouvé récemment « parfaitement conservé » comme on dit, dans la tourbe glacée de son pays.

Papa était venu le voir pendant ce dernier mois. Mais toutes ces têtes plus ou moins maladives autour de lui l'obsédaient. Il ne croyait pas que ça aurait l'air si malade, un malade ! Il n'avait pas ses skis et s'ennuyait à mourir toute la journée, passé la visite et les quelques mots qu'il trouvait à dire sur ce ton jovial qu'on prend pour parler aux condamnés. « Alors, mon p'tit vieux, ça va mieux, ce matin ? » disait-il devant une feuille de température pourtant éloquente et le visage défait de son gendre. Trouve-t-on le ton juste pour parler à quelqu'un qui va mourir ? Moi, j'étais naturelle parce que je n'y croyais pas. Ce n'était pas du courage, mais un refus viscéral. Je ne saurai jamais si j'ai pu l'aider ainsi, mais je lui donnais l'occasion de me faire encore un cadeau : son courage. Il ne me montrait plus les petits poèmes qu'il écrivait parfois :

Je vais mourir la vie est belle
Un oiseau meurt les nids sont prêts
La branche casse mais après
La graine au vent porte des chênes
Je vais mourir la vie est belle

« Tu me diras si l'aumônier vient rôder autour de ma chambre, s'inquiétait-il parfois. Ce serait le signe de la fin. Ces gens-là attendent votre débâcle. »

Mais l'aumônier connaissait Jean-Marie et avait conçu assez d'estime pour lui pour ne pas lui faire « le coup du bon Dieu » comme auraient dit les Infâmes. Ils avaient parlé de Jean Barois.

« Ma foi en RIEN est aussi forte que la vôtre en Dieu, lui avait dit Jean-Marie, et je me mépriserais de recourir à vos consolations. Ce ne serait pas de la foi mais de la peur. »

Dix jours plus tard, Jean-Marie tenait toujours et le Professeur, que le chagrin amenuisait de jour en jour (c'était le deuxième fils qu'il allait perdre en moins d'un an), revint avec un remède qu'on disait miraculeux et qu'il avait pu obtenir dans un hôpital de campagne américain. On l'appelait « pénicilline » et le disait souverain dans les cas de septicémie. Car Jean-Marie ne mourait plus de tuberculose mais du traitement de la tuberculose. Il mourait d'un médecin imbécile.

On commença les piqûres avec un espoir insensé, 600000 unités par jour. Le matin, Jean-Marie avait 41°5. Le soir, le thermomètre marquait 38°. Nous nous sommes embrassés, le Professeur et moi, dans le couloir. Les Américains allaient-ils réaliser un second miracle ?

Le lendemain, il n'avait plus que 36°4 mais sa faiblesse faisait mal à voir. Un autre miracle allait pourtant lui rendre la vie pour quelques heures : le Chérubin était en permission et annonçait sa visite. Mais même la joie était maintenant une émotion trop forte pour lui. Ses lèvres tremblaient quand il serra les deux mains de son ami et j'ai cru qu'il allait éclater en sanglots. Le Chérubin se mit très vite à parler d'Hugo, de la guerre, de la vie. Il n'avait pas besoin de poser des questions, il était du bâtiment lui aussi. Il m'apparut comme un revenant, surgi d'un monde oublié, irréel, la réalité pour moi étant devenue ce fil de vie qu'il fallait maintenir. Le Chérubin passait la semaine à Megève et promit de revenir.

La pénicilline était arrivée trop tard sans doute. Deux jours après cette visite, Jean-Marie eut une hémorragie. Il était si faible le matin suivant qu'on renonça à lui refaire son pansement. Des cernes rouges s'élargissaient lentement sur ses oreillers. Odeur fade du sang, de son cher sang, qui montait de ses épaules quand je me penchais vers lui. Ce fut cet après-midi-là, tandis que les médecins, réunis dans le couloir, s'interrogeaient sur son ahurissante résistance, qu'il a soudain cessé de respirer. J'étais en train de frictionner à l'eau de Cologne la partie de son dos que l'on pouvait toucher. C'est l'autre bouche, la fausse, qui a cessé de respirer la première. Etonnée de ne plus entendre l'horrible chuintement, j'ai lâché le torse de mon vizir et je l'ai appuyé sur l'oreiller, encore incrédule. L'expression de ses yeux bleus blanchissait comme si un nuage s'interposait entre le monde et lui.

« Il est mort tout de suite », a dit le Professeur d'une voix brisée.

J'étais tentée de crier que non. Une seconde plus tôt il me disait : « Continue, ta main me fait du bien... » On ne part pas sur une petite phrase comme celle-là. Une seconde plus tôt, il avait 36°4. Une seconde plus tôt, j'avais un mari, un amour, ses belles mains étaient encore chaudes et sa petite mèche tombait comme d'habitude sur son front.

Comme les cœurs simples, le Professeur n'avait pas peur des morts. Il s'est allongé très doucement sur le lit et a posé sa tête sur la poitrine de son fils. Bêtement j'ai failli crier : « Attention à son dos! » Mais on pouvait s'appuyer sur lui maintenant. Il n'avait plus mal nulle part.

Je suis restée là, debout, incapable de toucher à « ça », cette forme que Jean-Marie venait de quitter. Je refusais de finir sur ce contact-là, sans qu'il puisse me faire une de ses Infâmes plaisanteries, sans qu'il puisse me chuchoter : « Mets ta main sur Swann, je t'I. » Lui qui aimait tant l'humour noir, c'était le moment ou jamais.

J'ai laissé le Professeur s'occuper de tout. C'était comme si, en mourant, Jean-Marie était redevenu son fils, un fils que je lui avais emprunté pour quelques mois; si peu... J'ai ressenti le besoin de respirer un autre air tout à coup, le bel air du dehors, un air qui n'aurait servi à personne. Je m'étais tant retenue d'être vivante depuis deux mois, d'ouvrir les fenêtres, de faire du bruit, de rire fort que j'ai ressenti le besoin de sortir dans la neige qui luisait au soleil, pure, étincelante, insolente, éternelle. Le village d'Assy m'apparut, sous ce soleil trompeur, comme un cimetière de vivants et je n'ai plus eu envie que de m'enfuir.

Adrien est venu pour l'enterrement. Il a toujours été parfait pour les enterrements. Il a l'air naturellement en deuil de quelque chose mais il ne vous fait pas éclater en sanglots en vous citant un mot du cher disparu ou en vous rappelant à quel point vous avez perdu un être d'exception. Son incapacité à trouver un mot de réconfort me faisait du bien. Le Chérubin est venu lui aussi de Megève.

« Jean-Marie est mort de faiblesse mais aussi de Destin, m'a-t-il dit. Nous savions tous et lui aussi qu'il mourrait jeune. »

J'étais contente qu'au moins l'un des Infâmes fût près de lui ce jour-là. Le dernier frère Henninger est arrivé lui aussi, portant sur son visage, héritage déchirant, la bouche de Jean-Marie.

On a mis celui qui m'appelait ma Tite au cimetière de Saint-Gervais. Pas question en pleine guerre, alors que les vivants circulaient à peine, de transporter un macchabée. Car il s'appliquait désormais à Jean-Marie, ce nom grotesque que les Infâmes donnaient aux cadavres qu'ils disséquaient; et ce macchabée, on pouvait bien le brûler, le jeter à la mer, le dépecer à l'hôpital, ce n'était plus le corps que j'avais aimé. De toute façon, comme nous n'étions pas plus fétichistes les uns que les autres, cette tombe ne signifiait rien pour nous. Le vrai mausolée de Jean-Marie, ce serait ces montagnes, gardiennes de sa solitude, qu'il avait contemplées et haïes pendant tant de mois.

Mais comment échapper à la minable farce du cercueil de chêne, poignées façon bronze? On n'ose jamais repousser les propositions douloureuses mais fermes des Messieurs des Pompes funèbres, qui ne vous montrent le bas de gamme qu'à titre indicatif, assumant à l'évidence que ces modèles rustiques constitueraient une injure à l'égard du disparu. Ils ne commencent à respecter votre douleur qu'à partir des poignées d'argent.

Si assuré que l'on soit de son amour pour un défunt et du dérisoire de ces signes, on devient vulnérable aux hommes de l'art, qui vous imposent leur échelle des valeurs, le temps de vous faire signer un chèque. Le Professeur finit par transiger sur les poignées et le satin de la doublure. D'autant que nous sommes restés fermes sur l'essentiel : nous ne passerions pas par l'église. Jean-Marie vivant, je l'avais obligé à trahir. Il n'était plus question de récidiver sans son accord.

Quatre pelés, trois tondus qui se débarrassaient d'un cadavre dans un cimetière inconnu où ils ne reviendraient sans doute jamais... la mort s'y réduisait à une opération d'hygiène, une brève cérémonie d'adieu aussi laide, aussi révoltante que la mort doit l'être quand on a vingt ans. L'encens, les orgues, les promesses de vie éternelle, les « il est heureux là-haut », hochets et mensonges. Nous étions pénétrés de l'injustice de cette mort évitable et sans prestige, puisqu'on ne pourrait même pas dire comme pour Vincent ou Bernard : « Mort pour la France. » Hugo aurait apprécié que les fastes d'un enterrement catholique ne soient pas venus adoucir ou masquer l'intolérable. Nous nous sentions totalement misérables ce matin-là, glacés, perdus au bout du chagrin. Le fossoyeur ressemblait à celui de Laforgue, Jean-Marie me faisait un dernier clin d'œil, et il pleuvait sur la neige.

X

LOU-EEZE

CHACUN sait qu'il existe quelque part un village, un paysage, un jardin, des visages qui sont sa patrie, sa source. Péguy a inventé le vrai mot : son ressourcement. Pour Louise, à Kerviglouse, l'âge n'avait plus le même âge, les larmes étaient moins amères, elle retrouvait son âme intemporelle, son noyau, l'essence d'elle-même.

Les trois Grands venaient de se partager le monde à Yalta mais à Paris on faisait plus que jamais la queue dans des mairies glaciales pour toucher ses cartes d'alimentation, de charbon, de textile. Louise brûlait ses derniers annuaires dans son poêle à sciure. Les théâtres et les cinémas restaient fermés et les bureaux de la Radiodiffusion française n'étaient toujours pas chauffés. Quitte à risquer la pneumonie, elle préférait la risquer en Bretagne et demanda deux semaines de congé, pour chagrin, qu'elle camoufla en congé de convalescence, justifié par sa fatigue et le virage de sa cuti dans les plus mauvaises conditions qui soient. Adrien partit avec elle la première semaine.

Jean-Marie n'avait pas eu le temps de connaître la chaumière. Elle s'y retrouva donc étrangement « comme avant », comme si tout cet épisode de sa vie n'avait été qu'un cauchemar dont on se réveille en entendant le grincement familier d'un volet ou le claquement des sabots de la voisine sur le chemin. Mars était un beau mois, comme tous les mois en Armor, sauf peut-être janvier. Elle verrait enfin dans toute sa beauté l'immense mimosa de son jardin et le camélia du pignon nord avec ses fleurs parfaites, rose strié de blanc. Et puis à Kerviglouse elle n'aurait pas à expliquer comment Jean-Marie était mort – ici, on disait décédé – ni à endurer des condoléances sur un cœur encore à vif, ou, pire, le soulagement mal dissimulé de la famille : « Vous savez, ça vaut sans doute mieux comme ça. Avec ces maladies-là, on peut traîner pendant des années... Il aurait fini par contaminer Louise, forcément ! » Ou les remarques idiotes des amies d'Hermine : « Pauvre petite ! Si jeune... C'est épouvantable ! », ce qui lui donnait l'envie de répliquer que justement, jeune, on gardait assez de vitalité pour guérir et que c'étaient les vieilles veuves qu'il fallait plaindre.

Ce n'est pas Josèphe, sa voisine, qui poserait des questions. Elle se contenterait d'accomplir les gestes habituels avec une affection discrète. Elle allumerait chez Louise pour l'accueillir un vrai feu, cette fois, bien qu'elle ne supportât pas l'idée du bois qui brûlait pour rien, même celui des autres. Elle l'inviterait à partager sa bouillie d'avoine ou ses galettes de blé noir comme elle faisait chaque hiver, étant tacitement admis que l'été Louise redevenait touriste et mangeait parisien. Hors saison, Josèphe lui ouvrait sa chaumière, démunie de tout ce que l'on considère aujourd'hui comme si indispensable à la vie, mais dont les murs avaient vu naître, accoucher et mourir sa mère dans le même lit, sous la même couette, dans le même dénuement, ce lit surélevé où elle comptait bien mourir elle aussi, quand l'heure serait venue, dans la même paix.

« Une seule chose que je demande : jamais l'hôpital. Je ne veux pas mourir comme un chien. »

Pourquoi comme un chien ? Sans doute parce qu'elle en avait un justement, un croisement de rat et de loulou de Poméranie, une chose indescriptible à laquelle elle ne donnait que les soins minimum, sans manifester une tendresse qui eût paru là-bas indécente. Les bêtes sont là pour travailler, elles aussi, ramener les vaches ou garder les fermes, et non pour servir de compensation aux humains en mal d'amour. On ne se fatigue pas pour leur trouver un nom. Celui-là s'appelait Toutou.

Pour Josèphe, la mort de Jean-Marie ne serait qu'un épisode de cette longue chaîne d'épreuves qui sont notre lot. La mort, c'est la vie et on a toujours l'âge de mourir. Elle-même avait perdu un fils de treize ans, mousse sur le chalutier *Prends courage,* à sa deuxième marée. Il lui en restait deux, marins-pêcheurs eux aussi, et une fille coxalgique qu'elle n'avait jamais fait opérer faute d'argent, faute d'information, faute aussi de trouver que c'était nécessaire. On est habitué par ici aux filles qui boitent et ça n'avait pas empêché Jocelyne de se marier. Elle était bouchère au bourg, habitait une belle maison et avait un peu honte de cette mère qui n'avait jamais fait d'autre voyage que Lourdes, avec un billet gagnant à la tombola de la paroisse; cette mère qui faisait pipi debout comme autrefois, derrière son bûcher pour ne pas salir les « water-closets » que son fils lui avait fait aménager dans la maison (ce qu'elle trouvait dégoûtant), juste après la disparition de Youn, son mari, l'année même où il allait prendre sa retraite. Soûl qu'il était, sûrement, le jour qu'il avait été balayé par une lame sur le pont de son bateau. Josèphe ne l'avait pas regretté. Mais dit-on jamais ces choses-là ?

Louise se réinstalla dans sa chambre comme on se blottit dans des bras connus. Le matelas n'était qu'une vaste éponge mal essorée et le radiateur à butagaz produisait plus d'humidité que de chaleur. Mais en hiver, le soleil plus bas sur l'horizon entrait à flots dans la grande cuisine et la colline d'en face était dorée d'ajoncs. Elle se dit qu'il faudrait décrire à Jean-Marie toute cette beauté. Il lui fallut une seconde pour se rappeler que personne n'attendait plus ses lettres pour vivre. Elle ne parvenait pas à émerger de son passé et se surprenait chaque matin à guetter le pas du facteur. Tant d'amour ne pouvait s'évaporer en un jour; il en flottait encore autour d'elle comme des brumes qui ne se décident pas à disparaître.

Agnès vint passer avec elle le dernier week-end. Encore une présence que Louise allait perdre : son amie se mariait avec un jeune homme qu'elle connaissait à peine, qui rentrait de quatre ans d'oflag en Allemagne. Ils s'étaient rencontrés quelques semaines seulement avant la guerre et avaient correspondu durant toutes ces années, se laissant peu à peu dépasser par les mots, qui ont leurs exigences. Et maintenant il était trop tard, aucun d'eux n'osait trahir des engagements pris dans une autre vie par des gens qui n'étaient pas tout à fait eux. Et puis Agnès avait vingt-six ans et redoutait de rester vieille fille près d'un père déjà vieux et qu'elle ne pourrait plus abandonner si elle ne le quittait pas tout de suite. Louise n'osa pas lui poser de questions mais son amie lui sembla inquiète de devoir suivre à Saint-Etienne cet ingénieur qui serait son mari, ce monsieur sanguin et moustachu qui aurait dans soixante jours le droit de la déshabiller et de lui apprendre à être une femme. C'est un poète délicat et un peu impuissant qu'elle aurait dû épouser, pensait Louise en la voyant vivre à Kerviglouse, si déplacée, si craintive devant la Nature, qui bien sûr s'ingéniait à lui nuire en toutes occasions. Agnès avait toujours trop chaud ou trop froid, attrapait des rhumes au mois d'août. C'est elle que piquait la grosse araignée, qu'épouvantait la souris, que griffait le chat. Ses plaies s'infectaient, ses chevilles se tordaient dans les chemins creux, les crustacés lui donnaient de l'urticaire, sa peau refusait de brunir. Un peu ignoblement, Louise se sentait mieux vivre quand Agnès était présente ! Les plus sincères amitiés se bâtissent ainsi sur des composantes qui ne sont pas toujours honorables.

Elles revinrent ensemble à Paris, l'une pour préparer son mariage, l'autre pour aménager son veuvage. Louise retrouva son bureau de secrétaire à la Radio et dut se décider à affronter sa solitude. Elle accrocha dans l'alcôve de la case le portrait de Jean-Marie qu'Hermine n'avait pu terminer et où la vie et la mort se partageraient désormais l'espace de la toile. Le visage était achevé et son sourire triste et goguenard semblait dire à Louise : « A quoi bon ? » mais les mains n'étaient pas finies. Hermine ne se souvenait pas des mains de son modèle. Elles n'étaient qu'esquissées, délimitées par un trait gris, mais vides et transparentes comme des mains qui ne pourraient plus rien saisir, ce qui conférait au portrait une étrange beauté.

Louise aussi se sentait vide et transparente et supportait mal de se retrouver seule le soir, au coin de... pas de feu. Elle se laissa convaincre par sa cousine Sylvie, la sœur de Bernard, de s'inscrire en qualité d'interprète bénévole au Centre d'accueil franco-allié. On ne recrutait plus depuis des mois pour cause de surpeuplement mais Sylvie, qui était devenue secrétaire de l'American Red Cross, pistonna Louise en arguant du fait qu'elle avait été professeur d'anglais, ce qui n'était pas le cas de la plupart des hôtesses, alléchées par l'espoir de se faire chauffer et nourrir par l'armée américaine plutôt que par l'ambition de servir à la compréhension entre les peuples. Il s'agissait de piloter dans les musées et monuments parisiens ceux des Libérateurs américains, canadiens ou australiens, qui manifestaient le louable désir de connaître autre chose de Paris que Tabarin ou Pigalle. Rien n'interdisait ensuite de les aider à choisir dans les grands magasins un cadeau typique pour la *Mom,* la *Wife* ou les *Kids* et, munie de cette justification culturelle et familiale, d'accepter à dîner ou à danser, voire de faire connaître aux *Boys* la chaleur d'un foyer français. Du côté des filles, on cherchait avant tout à *manger.*

Aucun trois-étoiles, aucun Bocuse ou Troisgros ne devait par la suite offrir à Louise un émerveillement comparable à celui qu'elle allait éprouver en pénétrant après cinq années de restrictions dans ces palais de Dame Tartine qu'étaient les clubs américains, le Rainbow Corner, l'Independance Club de l'hôtel Crillon, le café Weber, le Club canadien de l'avenue Montaigne. Tous proposaient aux jeunes ventres affamés les mêmes trésors : lait concentré à gogo, steaks gros comme vingt tickets d'alimentation, pâtisseries lourdes comme le Taj-Mahal, croulantes de crème fraîche, et autres denrées qui n'existaient plus depuis longtemps qu'à l'état de fantasmes pour estomacs obsédés. C'était avec les yeux du ventre que les hôtesses voyaient les Américains. Chaque militaire, si laid fût-il, valait son pesant de chocolat, de protides, de glucides et, comme des chiennes de Pavlov, chacune se prenait à saliver à la seule vue d'un uniforme.

Aux yeux de quelqu'un qui émergeait du monde raréfié d'un sanatorium, puis d'un village breton endormi dans le passé et surtout peuplé d'enfants et de vieillards, cette armée de jeunes hommes éclatants, bien vêtus et bien nourris, apparaissait comme autant d'articles de luxe dans une miraculeuse vitrine. On découvrait que les surplus américains ne consistaient pas seulement en blousons et en treillis mais aussi en ces échantillons ravissants d'un peuple prospère, sûr de sa force, de l'excellence de ses institutions et de la justesse de sa cause.

Louise eût trouvé indécent, quelques semaines après la mort de Jean-Marie, d'aller danser avec d'autres hommes. Mais les Américains n'étaient pas des hommes, c'étaient les libérateurs! Elle eût trouvé indécent de faire l'amour si vite avec des Français. Mais les Américains n'étaient pas des Français, c'étaient des combattants qu'il fallait bien récompenser d'être venus sur notre terre, si loin de chez eux, tirer au sort une croix de bois.

Curieusement, c'est une guerre qui avait permis à Hermine trente ans plus tôt de découvrir la liberté et c'est une guerre aussi qui allait permettre à Louise de mener cette vie de jeune fille libre qu'elle n'avait jamais connue, du fait de l'occupation, de sa mère, de son mariage et de ses propres complexes.

Une conjonction d'événements rares autorisait en 45 les jeunes filles de bonne famille à se conduire comme des p... respectables. Dans l'euphorie de la Libération, nombre de demoiselles du faubourg Saint-Germain élevées dans les collèges religieux du quartier se mirent à trouver naturel d'échanger quelques heures de leur présence contre du savon, des boîtes de conserve ou des cigarettes. Peu à peu les visites de musées ou du château de Versailles se firent plus brèves. On s'était embauché sous des prétextes culturels, on restait pour des motifs nutritionnels et les moins endurcies par leur éducation découvraient qu'en temps de guerre les relations humaines, et plus profondément les relations sexuelles, sont une des rares compensations à l'horreur et à l'absurdité. En somme, on avait tondu sous les applaudissements des bien-pensants de pauvres filles qui s'étaient trompées d'uniforme et voilà qu'on encourageait ces bourgeoises bien élevées à laisser parler leur cœur et leurs appétits, l'essentiel étant de paraître assez distinguée pour donner à ses activités, quelles qu'elles fussent, des allures de BA.

Dans ces ouvroirs du sexe où elles se rendaient, munies de la bénédiction d'innocentes mères qui sous-estimaient gravement l'attirance de l'uniforme après cinq ans de privations, ces innocentes parcouraient en accéléré les étapes rituelles de la séduction : présentation aux parents, baisemain, chaste baiser au coin des lèvres, thé dansant puis permission de minuit, Longue Marche vers l'accès aux seins, baiser sur la bouche enfin... toutes ces opérations se trouvaient concentrées sur une seule soirée ou une semaine maxi, selon la durée de la permission de Don ou de Steve. La plupart des jeunes filles habitaient chez leurs parents, ce qui rendait problématique toute conclusion et ménageait un alibi aux vertus chancelantes. En cette époque reculée où la virginité restait cotée très haut, la situation pour les filles se présentait en somme d'une manière idéale : tous les plaisirs du flirt sans l'horrible dilemme du passage à l'acte !

Louise, elle, jouissait d'une position plus exceptionnelle encore, cumulant l'honorabilité d'une femme mariée, la liberté d'une veuve et l'allure d'une jeune fille. Elle disposait en outre d'un local.

Au moins cette fois-là, la première de ta vie, ma Louise, tu as su profiter de la conjoncture, y compris de ton malheur et tu as décidé de soigner le mal par le mal, de guérir d'un homme par des hommes. Tu savais d'ailleurs que Jean-Marie ne t'aurait pas aimée en veuve éplorée. Je sais que, parfois, on n'a pas le choix. On est anéanti. J'ai lu ça. On me l'a affirmé. Il faut croire, ma chérie, que tu n'étais pas de cette fabrication-là. Et comment vivrait-on sans cette bienheureuse faculté d'oubli ?

D'ailleurs, si tu n'avais pas connu cette période, Louise, mon enfant, ces six mois volés à une vie qui n'aurait jamais dû être la tienne, je me demande où tu aurais appris à baiser. Je dis bien : baiser. Car faire l'amour, tu connaissais. Au nom de l'amour, tu te savais prête à n'importe quoi. Sauf à jouir bien sûr, mais ça, c'était ton affaire, pensais-tu, et qui s'en apercevrait ? Tu n'imaginais pas qu'on puisse faire à l'être aimé le cadeau de son abandon ou celui, plus grand encore, d'une demande. Se donner était recommandé, réclamer était vilain. Plus vite on semblait satisfaite, et plus ils étaient contents, contents d'eux, de nous. Et tu voulais qu'ils soient contents. « Ils » ! Ma parole, ma pauvre Louise, j'oublie qu'à vingt-sept ans tu n'avais connu que deux hommes et même qu'un homme et demi à vrai dire et que pour toi amour continuait à impliquer oubli de soi.

Mais je t'absous, petite Louise, parce qu'à mesure que Jean-Marie sombrait dans la maladie, il t'imposait une difficile sublimation. Ce n'était plus un acte de chair que vous accomplissiez mais vraiment l'amour. Et le plaisir se devait lui aussi d'être sublime. Combien de temps et combien fort aurait-il dû t'aimer pour que tu oses enfin redescendre sur terre et avouer tes préférences ? Hermine n'avait jamais laissé entendre qu'un amant pût être meilleur qu'un autre ou un plaisir partagé. Tout le jeu consistait à se faire désirer tout en retardant au maximum la petite sauterie. Après quoi, on reprenait ses grands airs, on rajustait ses plumes comme une poule qui vient d'être sautée – elle parlait d'ailleurs des femmes qui couchent comme de « poules » – et on se remettait à vaquer aux affaires sérieuses, un reste de mépris dans le regard.

Mais connaît-on jamais sa mère ? Hermine n'a voulu te montrer que la face d'orgueil de sa vie. Elle t'a raconté un jour non sans fierté sa nuit de noces – enfin une petite chèvre qui ne s'était pas laissé manger au matin – sa bataille pour exister comme peintre à une époque où l'art relevait pour une femme d'une certaine inconduite; ses efforts pour peindre ailleurs que dans le salon et obtenir un atelier à elle, comme les « vrais » artistes; mais elle n'a jamais évoqué sa tendresse amoureuse pour Lou, dont elle a conservé pourtant toutes les lettres, sachant bien qu'un jour tu les lirais; et jamais non plus le sentiment qui la lia toute sa vie à Adrien, si profond qu'il la fit mourir trois jours après lui, sans autre raison apparente que la peur de rester sans lui sur la terre.

Pour l'heure, en ce printemps 45, tu n'éprouvais qu'un grand besoin d'être une femme, tout simplement. Ça tombait bien : déguisée en petite veuve du Gay Paree, tu allais avoir accès à un réservoir d'hommes comme il te les fallait. La flatteuse réputation des Françaises te parait à leurs yeux de qualités que tu n'avais jamais eues et te donnait une audace que tu n'aurais jamais plus. Tu savais bien que tu reviendrais à la France, aux Français, à tes complexes. Mais qui n'a ressenti la nostalgie d'être une autre, qui est peut-être une elle-même qui se fût épanouie en d'autres temps ?

Tu as commencé très habilement par changer de goûts en matière d'hommes. Tu les voulais beaux. D'abord beaux, et comme tu n'aurais jamais osé les choisir en France, par doute sur ta propre beauté, que tu t'empressais de camoufler derrière l'affirmation qu'un bel homme ne pouvait être qu'un animal sans cervelle. De toute façon, pour des rencontres sans lendemain, tu n'avais que faire de leur cervelle. Tu les voulais frais, naïfs et élémentaires. Beaucoup l'étaient. Les natifs du Texas s'appelaient Tex, les rouquins, Red et les MacLean, Mac. Ils se montraient charmés par ton appartement d'où l'on découvrait tout Paris, conforme à l'image d'Epinal d'une France peuplée de Mimi Pinson qui prenaient l'amour à la légère et vivaient sous les toits. Horrifiés aussi que l'eau chaude ne coulât pas à toute heure dans les lavabos, incrédules et pleins de compassion quand tu leur disais avoir manqué de lait ou de savon.

Tu sortais presque tous les soirs. Ton désir d'oublier coïncidait avec celui de la France et vous réappreniez ensemble la fureur de vivre. Curieusement, le Professeur semblait t'y encourager et c'est Hermine, vaguement frustrée de ne pouvoir t'aider à oublier ton « drame », qui n'était pas loin de te considérer comme une « grue ». Mais le Professeur, chez qui tu allais souvent déjeuner lui apportant des provisions sur l'origine desquelles il ne pouvait avoir de doutes, comprenait sans le dire que tu ne portes pas un deuil désormais inutile à son fils et se réjouissait que le poids de larmes, d'angoisse et de sacrifices qu'avait représenté ce mariage pour si peu de jours de bonheur, ne t'empêchât plus de vivre.

Libre, disponible, vulnérable, tu étais mûre pour un coup de foudre, ma pauvre chatte. Je ne sais pas pourquoi je dis « pauvre », ce fut une histoire délicieuse.

Il existe évidemment en moi, à côté de la personne furieusement adulte et raisonnable qui occupe le devant de la scène, une romantique incorrigible, increvable, qui de temps en temps prend le dessus et m'entraîne sur des chemins improbables. J'ai ainsi été victime de deux coups de foudre dans ma vie et même de trois si je compte pour deux ceux que j'ai ressentis pour le même homme à des années d'intervalle. Un seul pourrait passer pour un accident. Trois, c'est une tendance ou une faiblesse, comme on voudra. Je n'en avais pas ressenti dans ma jeunesse, bien sûr, étant un paratonnerre ambulant. C'est Werner qui fut mon premier. Un choix complètement aberrant, vu ce que j'étais à l'époque : les yeux irrésistibles de Gary Cooper, le sourire de Clark Gable, les épaules et la haute taille de Gregory Peck, plus l'air brutal d'Anthony Quinn... beaucoup trop pour une jeune femme qui avait horreur de westerns et des cow-boys. Mais les coups de foudre, c'est comme ça.

Je me souviens si bien de toi, ce soir-là, Louise de ma jeunesse : il faisait très beau place de la Concorde et tu adressais une fois de plus une pensée émue à von Stülpnagel qui avait refusé de faire sauter Paris malgré les ordres d'Hitler. Tu avais une faim de louve et besoin de consolations faciles, car tu venais de vivre une journée éprouvante : on t'avait chargée d'interviewer des WACS de l'armée américaine et tu t'étais retrouvée atteinte de mutisme et d'imbécillité comme d'habitude devant le micro. Tu n'arrivais toujours pas à placer ta voix, il ne sortait qu'un filet haut perché aux intonations laborieusement enjouées. Tu t'épuisais et ne faisais aucun progrès, au contraire. Mais comment oser « refuser sa chance » et dire : « J'ai peur ! Je voudrais redevenir secrétaire » ?

« Moi, à ton âge, éructait Hermine, si j'avais eu la chance qu'on m'offre un micro... »

Oui, tu le savais fichtrement bien qu'Hermine à ta place fût devenue une brillante journaliste. Alors tu allais au massacre, espérant t'aguerrir.

Le soir, quand la panique relâchait son étreinte pour quelques heures, c'était exquis de laisser tomber d'un ton négligent : « Oui, je suis journaliste à la Radio française. » Les Américains du moins ne t'écouteraient jamais sur Paris-Inter. « *Ooh ! Very interesting job !* » C'était bon de paraître *interesting.*

Je te revois attachant ta bicyclette bleue aux grilles du Crillon. Je me souviens même de la robe que tu portais car elle te plaisait pour une fois. Lou ne t'avait pas fait cadeau d'un de ses modèles impitoyablement chic, « tout à fait ton genre », estimait-elle, et que tu n'aurais jamais songé à discuter puisqu'elle passait pour la femme la mieux habillée de Paris. De toute façon, c'étaient les robes qui avaient raison et toi qui ne savais pas les porter. Petite journaliste minable, que savais-tu du chic ? C'était ce qu'elle appelait « une petite robe toute bête », de celles que tu aimais justement, bleu marine avec des ramages blancs; bête parce qu'elle avait une vraie taille, des pinces pour la poitrine, une coupe banale, et ne ferait pas siffler sur ton passage les ouvriers qui repavaient la rue Raynouard. C'était presque l'été, la saison qui te seyait le mieux. En entrant dans l'hôtel Crillon tu as jeté le coup d'œil rituel aux officiers qui devisaient dans le hall d'entrée... « Bigre! Belles bêtes... » t'es-tu dit en riant intérieurement de ce renversement des rôles et en même temps de l'exquise facilité avec laquelle tu te prélassais dans le rôle d'une femme femme femme devant de beaux militaires. Tu te sentais prête pour le vieux marché entre le mâle et la femelle, celui que tu abhorrais et abhorrerais toute ta vie. Mais avoir envie de ce qu'on déteste, au moins une fois dans sa vie, quel plaisir raffiné! Il s'agissait de se faire choisir par n'importe lequel de ces porteurs de pénis, pour pouvoir accéder à son bras au premier étage, celui du buffet. Sans homme, pas de bouffe.

Tu avais bien repéré un grand beau mâle qui dépassait les autres d'une tête, mais distraitement. Tu n'intéressais jamais ce genre de mec, de toute façon. Mais tandis que tu gagnais la salle de danse au fond, cherchant les visages amis d'autres filles occupées à la même activité que toi, une ombre immense s'est inclinée devant toi : « *Shall we dance?* » t'a-t-on murmuré d'une voix profonde et avec cette phrase bouleversante, tu t'es trouvée foudroyée, étendue pour le compte... ou ça n'allait pas tarder. Vous vous êtes mis à danser. L'orchestre jouait *Poinsiana* et tu n'avais envie que de lui dire : « Oui, je suis libre... Non, je n'habite pas chez mes parents... Venez voir ma collection de papillons... » Pour donner quelques lettres de noblesse à ce vulgaire désir, tu as évoqué la parabole de Platon, les deux moitiés séparées qui retrouvent soudain leur portion manquante... Oui, Platon, bien sûr... mais mâtiné de satyre et d'une nymphe tout à fait lubrique.

Une semaine plus tard, tu lui donnais la clef de ton appartement et vous vous installiez d'emblée dans une sorte d'état conjugal. Il te téléphonait d'Orly-Field chaque fois qu'il arrivait de Francfort ou de Washington et tu le retrouvais en rentrant de la Radio en train de nettoyer à fond ta cuisine, de te confectionner un gâteau nourrissant ou de disposer dans ton garde-manger des œufs pondus aux USA huit jours avant. Lui aussi voulait faire grossir « les Bêtes » et il en avait les moyens. Depuis quand n'avais-tu pas mangé de nougat ? De caramel mou ? De vrais choux à la vraie crème ? De beurre à la cuillère, qu'on fait fondre sur sa langue comme une hostie ? Quel Français aurait pu t'offrir ces cadeaux de nabab ? Jeune juif allemand émigré à douze ans aux Etats-Unis en 1926, Werner n'avait été que deux ans à l'école dans sa nouvelle patrie avant d'entrer dans la confiserie paternelle sans enthousiasme. Etait-ce le fait d'être juif ? D'avoir quitté à douze ans un pays qu'il croyait le sien pour débarquer sans argent et sans appui dans un autre dont il ne connaissait pas la langue ? En tout cas, à trente ans passés, Werner avait oublié de devenir un Mec. Il te répétait avec une tendre admiration que c'était beau, la culture, et qu'il te savait dix fois plus intelligente que lui. Il ne trouvait pas cela indécent : c'était comme d'avoir les yeux bleus ou les épaules larges. Il n'avait jamais pensé à l'intelligence comme à un don essentiel. On pouvait se débrouiller sans, la preuve, il avait réussi à devenir pilote bien qu'il eût toutes les peines du monde à assimiler un savoir livresque. Engagé dans l'armée de l'air, il avait enfin découvert sa vocation, sa seule passion, et volait pour l'état-major du SHAEF, « *Supreme Headquarters of Allied Expeditionary Forces* », expliquait-il avec la ferveur de ceux qui adhèrent de tout leur cœur à une patrie qu'ils n'ont pas reçue de naissance.

Auprès de lui, tu n'étais plus la Louise d'Hermine, ni même la squaw de Jean-Marie, mais

Lou-eeze comme il disait, une fille qui aimait être réveillée deux fois par nuit pour faire l'amour; qui riait à des plaisanteries idiotes, qui se moquait que son amant ne sût pas qui était Nietzsche ou Utrillo : une fille qui ne cherchait plus à faire plaisir ou à faire semblant puisque Werner pressentait et devançait ses désirs les plus secrets. Vous écoutiez de la musique ensemble sur AFN et il adorait les chansons sirupeuses. Comme beaucoup d'Amerloques, il aimait tout ce qui était *nice.* La *nice soft music,* les *nice light operas, a nice dinner,* les *nice girls.* Tu savourais cette naïveté.

Il ne lisait jamais un livre, seulement des revues et des manuels techniques d'aviation. Il comptait rester pilote dans le civil plus tard et abandonner les gâteaux. Il t'entretenait avec enthousiasme des bombardiers B47 et des C54 et t'ennuyait à périr. Tu lui expliquais la culture française, Sartre et Aragon, et tu l'ennuyais à périr. Mais soudain vous périssiez tous les deux dans la tendresse. Tu était enfin sûre d'être aimée pour toi-même, ton corps, tes yeux, ta façon de marcher, ta gaieté, puisque Werner ne connaissait ni ton pays, ni ton passé, ni tes amis, ni même ta langue.

La dimension tragique indispensable à la flamme de tout amour, tu la puisais dans la précarité de vos liens, dans le malentendu que tu pressentais déjà entre vous. Tu te réveillais heureuse, dans la paix d'un désir partagé, libre d'être toi-même, absoute d'avance d'écrire, de réussir, de voyager, puisque lui n'avait pas la tête pour et ne serait jamais qu'un pilote; mais le suivre en Amérique te paraissait impensable. Tu avais pourtant déjà la nostalgie de cet homme-là, de cet amour-là, bien avant qu'il ne te demande de l'épouser et de venir vivre à Philadelphie, Pennsylvanie. Et lui ramait, innocent, vers un avenir qu'il croyait radieux. D'autant que Lou se montrait très affectueuse envers celui qu'elle appelait « le grand chien ».

« Il a tout à fait la bonté d'un chien, tu sais, c'est rare pour un homme », te disait-elle tranquillement devant lui puisqu'il ne comprenait pas le français. Ignorance qui constituait un atout pour lui puisque Hermine ne parlait pas l'anglais, ce qui te permettait de maintenir au moins le bénéfice du doute sur son niveau culturel. Lou se moquait bien de l'intelligence, surtout chez un homme! Elle était séduite par ses manières, son goût évident pour les femmes, son empressement, son sourire.

« Tu le regretteras toute ta vie, si tu le laisses filer, prédisait-elle. Avec lui, tu pourras faire ce que tu veux. Je suis sûre que tu deviendrais un grand écrivain...

– Mais, Lou, il est si peu cultivé! Je m'ennuierais affreusement avec lui à la longue.

– Justement! C'est comme ça qu'on écrit le mieux. Si tu épouses un homme intelligent, tu es fichue, toi, avec tes complexes. Tu as besoin d'un bon chien dévoué, pas d'un autre intellectuel. Tous les créateurs ont besoin de quelqu'un comme ça et eux, ils trouvent. Les muses, ça court les rues, on se bat au portillon pour devenir femme d'artiste. Mais les « hommes d'artiste »... si j'en avais trouvé un, moi... Ta mère a eu de la chance, avec Adrien! Réfléchis bien, mon Raton. »

C'était tout réfléchi. Tu savais que tu ne supporterais pas très longtemps qu'il regarde tes livres sans avoir envie de les ouvrir, qu'il répète à tout propos les quelques dictons qui formaient sa philosophie : « Il ne faut jamais parler de politique ou de religion avec ses amis »... « Quand on veut, on peut »... ou « Pierre qui roule n'amasse pas mousse ». Toi, justement tu aimais parler de politique ou de religion... Et puis il ne connaissait les films que par les noms des vedettes, jamais par celui des metteurs en scène; pour lui les best-sellers étaient forcément les meilleurs livres; il était pour le capitalisme, « A chacun sa chance », contre les « coupeurs de cheveux en quatre », c'est-à-dire tous les philosophes et contre les politiciens qui sont, tous tant qu'ils sont, des vendus. Il t'écoutait ahuri, vaguement troublé qu'on puisse mettre en doute de si agréables certitudes. Mais combien de temps et de répétitions faudrait-il pour que la graine germe et qu'il admette qu'on pouvait assumer simultanément deux idées contradictoires sans devenir *nuts* ?

Et puis tu aimais la France, tu avais besoin de ce climat, de cette culture-là pour exister, pour travailler, pour écrire un jour, peut-être, et tu n'arrivais pas à lui faire comprendre l'humiliation que tu ressentirais à être embarquée sur un bateau de *war brides*[1] et livrée aux US avec un certificat de mariage, comme du foie gras ou des articles de Paris, puis réceptionnée par des familles méfiantes qui se demanderaient par quels subterfuges toutes ces intrigantes venues du pays du french-cancan avaient subverti leurs innocents fistons.

Werner se montra douloureusement surpris. Comment pouvait-on lui répondre *non* puisqu'on l'aimait ? Car on l'aimait, n'est-ce pas ?

Bien sûr, mais en Américain, *I love you,* ce n'était pas tout à fait « je t'aime ».

« Dis-moi ce que tu me reproches. Qu'est-ce qu'il faudrait que je change pour te plaire ?

1. Epouses de guerre.

Apprendre le français en trois mois ? Changer de métier ? »

Mais tu lui reprochais l'impossible : d'habiter l'Amérique, d'être pilote, c'est-à-dire le plus beau métier du monde à ses yeux et à juste titre. Tu lui reprochais même de « te tenir par les sens », au point que tu avais presque envie de renier ton éthique, comme aurait dit Hermine.

« Ça te gêne peut-être que je sois juif ? » proposa-t-il un soir.

Tu as éclaté de rire. Il avait l'air tellement américain avec son nez en l'air et son allure de cowboy et ce qui n'était pas amerloque faisait allemand.

« J'aurais eu peur de ta religion sans doute mais comme tu ne pratiques pas ! »

Son visage s'assombrit. Si seulement ç'avait été la religion, il aurait été prêt à se convertir. Ah ! non ! Pas deux baptêmes !

L'espoir mettait du temps à mourir. Il restait longuement assis le soir dans l'alcôve, accablé, ses mains épaisses, d'avoir pétri tant de pâte dans l'arrière-boutique paternelle, disait-il, ses grandes mains préhistoriques qui t'attendrissaient, pendant entre ses genoux. Tu t'en voulais de ne pas pouvoir le dire, ce mot tout simple, qui ramènerait une lueur de vie dans ses yeux si peu faits pour le malheur, et cet immense sourire aux coins relevés que tu aimais ; ce mot qui refermerait ses bras si longs autour de toi. Tu allais avoir froid sans lui et plus jamais tu ne susciterais chez un homme un éblouissement aussi passionné, une admiration aussi inconditionnelle. C'est rare, les aveugles ! Tu lui embrassais les poignets, te caressant les lèvres à ses avant-bras poilus, ses bras de bûcheron, mais tu répétais doucement : *non.* Tu respirais son dos qui sentait la gomme Eléphant de ton enfance, mais tu n'oubliais pas qu'il fallait répéter *non.* C'était comme de taper sur les doigts d'un naufragé agrippé à ta barque.

Vous avez dîné au restaurant le dernier soir. Il ne prenait même pas la peine d'essuyer les larmes qui débordaient une à une de ses paupières.

– Je vais me faire muter en Allemagne. Je ne pourrais pas rester à Paris et ne plus courir chez toi dès que j'ai garé mon avion. Je ne veux pas connaître d'autre Française.

– Mais tu peux continuer à venir... C'est d'aller t'épouser en Amérique que je ne peux pas faire. »

Il haussa les épaules et son visage dépité eut l'air bête tout à coup. Ce Vieux Monde européen était bien compliqué. Tu n'étais plus sa fiancée mais une maîtresse française incompréhensible.

« *How am I going to survive without you, Lou-eeze? I will never marry. I will wait for you.* »

En arrivant à la maison, Werner n'a pas voulu franchir le palier et t'a rendu sa clef, sans un mot. Pourquoi refusait-il cette dernière nuit ? Tu n'as pas osé lui dire qu'en France les chants désespérés sont les chants les plus beaux et que tu aimais les dernières fois et ce goût de jamais plus. Il était bien trop simple et carré pour comprendre. Vous vous êtes embrassés très mal, là, sur ce palier idiot, et tu t'es dit qu'il n'avait même pas su soigner sa mise en scène pour partir en beauté.

C'était pourtant la fin de Lou-eeze, l'adieu à une jeune fille rieuse et facile que j'aimais bien et qui allait rejoindre Tite dans les limbes du non-vécu. Toi, Louise, tu allais retrouver tes problèmes, tes doutes, tes Français et dormir seule en face du sourire énigmatique de Jean-Marie dans l'alcôve. Tu ne te sentais pas assez assurée de toi-même pour aimer si loin de tes bases. Et tu avais sûrement raison. Mais tu savais que plus jamais un homme si beau et qui disait des choses si tendres et si bêtes, ne te donnerait ce creux à l'estomac, cette faiblesse dans les jambes et cette sécurité au cœur.

La sécurité au cœur, tu n'étais pas près de la retrouver.

XI

MADAME ARNAUD CASTÉJA

« Je hais le passé. Le souvenir m'est désagréable », écrivait Valéry.

A moi aussi les souvenirs sont désagréables : ils m'empêchent de reconstituer mon passé tel que je le voudrais, tel que je crois qu'il a été. Il aurait fallu pour cela ne rien conserver. Que puis-je devant mes propres témoignages, ces lettres, ces déballages intimes, sinon admettre qu'elle a été heureuse, la Louise de ma jeunesse, même si ce bonheur-là me fait bondir aujourd'hui, même si cet homme-là, cet Arnaud qu'elle allait épouser en 1946 et aimer pendant vingt ans, ne lui a jamais donné... ce qu'elle n'a d'ailleurs jamais osé espérer.

Ce qui est irritant dans un passé, c'est qu'on ne saura jamais s'il eût pu être différent. A quoi bon me demander si Louise eût obtenu davantage en « s'y prenant » autrement ? Sa caractéristique était de ne pas savoir s'y prendre et ce fut peut-être sa force autant que sa faiblesse. De toute façon, on vit avec ce dont on dispose en soi, à tel moment, dans une situation donnée. Et quand je juge aujourd'hui que j'ai été mal aimée, négligée, frustrée, je me trompe, puisque la femme d'Arnaud, bien ou mal aimée, considérait qu'elle possédait l'essentiel : vivre avec un homme qu'elle aimait, elle.

De toute façon, elle ne se croyait pas du nombre de celles qu'on choisit ou qu'on adore. Hugo ne l'avait pas choisie. Jean-Marie l'avait reçue en cadeau d'un autre qui ne la voulait pas. Werner avait surgi de ce désir soudain qu'elle avait ressenti pour un grand bel animal un peu con – ah ! oui, un peu con surtout, c'était indispensable, pour qu'il ne ressemble en rien à Jean-Marie.

Et Arnaud aussi elle l'avait choisi, circonvenu, attiré à elle, alors qu'il habitait chez une autre, prétextant qu'il était impossible de trouver à se loger en 46 et qu'il s'arrangeait très bien de cette double vie, un peu d'amour chez Louise et puis le gîte, le couvert et un autre peu d'amour chez Lucienne, l'autre dame.

« Tu as bientôt vingt-sept ans, lui rappelait Hermine, et ton père et moi sommes très inquiets pour ton avenir. Toutes ces coucheries américaines ne nous ont plu qu'à moitié, tu le sais. Enfin, c'était l'époque ! Mais il serait temps que tu songes sérieusement à te caser. Toutes tes amies sont mariées déjà ! »

C'était vrai. Agnès attendait son deuxième enfant. La cousine Sylvie était partie épouser un GI au fond de l'Arkansas, la pauvre ! Le Chérubin, fidèle aux Infâmes, avait choisi une fille de patron riche et moche et venait de toucher sa première prime de consolation : la réussite dans un très bon rang au concours d'internat. Bientôt, Louise ne serait plus une jeune veuve mais une femme seule, de celle que l'on n'invite pas volontiers dans les ménages bourgeois; puis elle basculerait, la trentaine venue, dans les limbes où sont reléguées les vieilles filles, véritable caste hindoue où avait végété toute sa vie celle que l'on n'appelait plus que « cette pauvre Jeanne », parmi les vierges flétries, marquées pour toujours par la honte de n'avoir pas été distinguées par un homme et qui ne servent désormais, sortes de bonnes sœurs sans Dieu, qu'à soigner les moribonds, enseigner le catéchisme et garder leurs neveux et nièces.

Un reste de sagesse incitait Louise à ne pas s'engager trop vite. Mais Hermine, persuadée que sa fille était de l'étoffe dont on fait les héroïnes de *Back Street*, la mit en garde :

« Tu n'as déjà pas eu une vie tellement réussie jusqu'ici, mon pauvre chéri. Se mettre en colle n'est pas le bon moyen de se faire épouser, je te préviens.

— Mais je ne cherche pas à me faire épouser, maman, j'ai envie d'être heureuse avec quelqu'un, c'est tout. »

Ce goût d'être heureuse avant tout paraissait à Hermine du dernier naïf et relever d'une sentimentalité de bonniche.

« En tout cas, si tu devais vivre en concubinage, ton père en mourrait de chagrin. »

La naïve enfant ne veut pas désespérer ses parents. Puisque le concubinage risque de faire mourir papa, va pour le mariage. Arnaud est après tout présentable, c'est un grand brun comme Hermine les aime.

« Oui, il est assez joli garçon, concède-t-elle, mais il fait province. Tu ne trouves pas, Adrien ? »

Le malheureux est de Montpellier en effet et Adrien est sommé de répondre qu'effectivement il n'a pas l'aisance et l'allure d'un natif du VIIe. Faire province, aux yeux des Morvan, c'est rédhibitoire. C'est le contraire de chic, de spirituel, d'artiste. De Parisien, en un mot. A la radio, Arnaud est pourtant devenu, depuis qu'il est monté dans la capitale, un brillant journaliste, réputé pour ses jeux de mots et sa causticité; mais il ne parvient jamais à faire rire Adrien et Hermine. « Nous n'avons pas la même famille de comique », disent-ils, hautains. Cependant, puisque Louise l'aime et qu'on n'espère plus qu'elle réussira à faire un brillant mariage, celui-ci est peut-être un moindre mal.

La cérémonie a lieu en avril 46 dans l'intimité. L'autre famille ne paraît pas très enthousiaste non plus. La mère d'Arnaud, prétextant une sciatique, ne s'est pas dérangée et même le marié semble se demander ce qu'il fait là. Seule Lou qui adore les cérémonies a l'air d'être à la noce. Elle trouve le promis moins bien que le Grand Chien certes mais ses oreilles de faune, étroites et pointues du haut, sa démarche ondulante et ses yeux couleur de topaze lui plaisent.

« Regarde-le marcher, fait-elle remarquer à Hermine pendant la cérémonie, il a l'air d'un tigre !

– Justement ! Il ne fera qu'une bouchée de ma fille.

– C'est bon parfois d'être mangée, insinue Lou. C'est pas parce que tu ne sais pas ce que c'est...

– Et toi, tu ne sais pas ce que c'est que d'être mère », lui réplique Hermine sûre de toucher le point vulnérable.

Elle commence à l'irriter depuis quelque temps, cette Lou qui ne se décide pas à vieillir, cette Lou que rien n'a entamée depuis le temps où elles découvraient ensemble l'exquise dimension de l'amour des femmes et qui sait dire parfois, comme les enfants ou les fous, des vérités qui désarçonnent ou dérangent.

Agnès est venue de Saint-Etienne faire la connaissance du conjoint et servir de témoin à sa meilleure amie. Elle est enceinte de sept mois et son visage a perdu cette fine poudre de la jeunesse qu'on voit sur certaines peaux de rousse, comme sur une aile de papillon. Elle était ronde avec des yeux attendrissants dans un visage imprécis : elle devient une grosse dame qu'on ne remarque plus.

« Peut-être n'était-elle faite que pour être une jeune fille, dit Lou.

– C'est vrai qu'on n'imagine pas Clara d'Ellébeuse en sous-préfète aux champs », approuve Adrien qui l'avait surnommée ainsi, sensible à son charme fragile, du temps où elle venait pencher sa tête rousse contre la brune de Louise sur leur programme de latin-grec. Il y a des êtres qui ne sont faits que pour un seul âge de la vie...

Le témoin du marié, c'est Félicien Rey, une des voix les plus célèbres de France depuis qu'on entend son éditorial politique sur les ondes chaque soir. C'est un garçon encore jeune mais déjà empâté, un de ces hommes qui bouclent leur pantalon sur le bas-ventre faute de pouvoir lui faire franchir l'obstacle d'un estomac distendu. Cette rondeur, ses bras qui paraissent trop courts pour sa taille, ses yeux bruns tombants comme ceux d'un saint-bernard, accentuent encore l'air de bonté qui émane de toute sa personne. Il couve d'un regard amoureux sa femme Viviane, une brune éclatante à l'allure de mannequin dont on se demande comment il a pu l'acquérir.

Le déjeuner, dans un restaurant de marché noir du XVIe où vont les « Grands » de la radio et de la presse, semble être pour Arnaud l'occasion de démontrer qu'il ne se sent pas du tout marié et que les copains continuent à compter avant tout. Louise s'obstine à guetter un signe de complicité conjugale alors que justement il met son point d'honneur à les éviter. Elle tente de lui prendre la main pendant le repas mais il déteste les exhibitions publiques de tendresse et les manières de midinette : « Calme tes ardeurs, lui dit-il en jouant l'effarouché pour faire rire la compagnie, on dirait que c'est la première fois que tu te maries ! »

Hermine, qui observe le manège, lit déjà l'avenir dans le regard humble de sa fille, qui s'est crue obligée de rire la première. C'est foutu, pense-t-elle, elle est partie du mauvais pied. Ce ne serait pourtant pas difficile de le mettre au pas, ce petit coq prétentieux, mais à condition de le moucher tout de suite. C'est parfois dans les premiers jours d'un mariage que les rôles se distribuent, que celui qui aime le plus va baisser sa garde, parfois pour la vie.

Le déjeuner se prolonge interminablement comme ces repas pas très réussis qu'on n'ose justement pas finir comme ça. La famille est déjà partie mais Arnaud offre le champagne au patron et retient ses invités parce qu'il sent que Louise voudrait rentrer et qu'il ne va pas commencer à obéir. Tout le hérisse en elle ce jour-là et surtout qu'elle paraisse si sûre que l'amour va ouvrir toutes ses portes secrètes. Il a peur de ce besoin de communion qu'il devine en elle et qui n'attend qu'un encouragement pour l'engloutir. Il voudrait la blesser une fois pour toutes... et qu'elle comprenne... Mais il sait déjà qu'elle est de celles qui se relèvent en souriant, sans rancune. Lui, il en est plein, de rancune. Contre lui-même et contre cette journée idiote. Et d'abord contre le mariage. L'extase est au menu, ce soir. Obligatoire. Et merde pour l'extase. Il faut pourtant rentrer ensemble, elle pendue à son bras, Mme Arnaud Castéja... ce nom qu'elle va habiter désormais. Lui qui se sentait si libre avec Lucienne, qu'il méprisait juste assez pour la désirer tranquillement, comment a-t-il pu se laisser piéger par cette famille où trône une belle-mère qui n'a manifestement aucune indulgence à son égard ? Et par la faute de cette guerre il ne va même pas ramener Louise chez lui mais aller habiter chez elle, coucher dans un lit qui a déjà vu... Bon, il refuse noblement de s'attarder à cette pensée mais au moins ne se laissera-t-il pas traiter comme un amant, un de plus. Il faut l'indiquer clairement dès le premier jour. Les mauvais plis se prennent vite.

De toute façon, la case telle qu'elle est ne lui plaît pas. Il faudra qu'il y imprime sa marque. Elle a vu trop de choses auxquelles il n'aime pas penser. Pas facile de déménager, malheureusement. En tout cas, ne pas attendre pour montrer qu'il est le maître. Le soir même, en faisant le tour du propriétaire qu'il est devenu, il attaque :

« Ça ne t'ennuie pas qu'on retire le portrait de Jean-Marie de l'alcôve, ma Chouquette ? On pourrait le mettre dans la salle à manger... au-dessus de la cheminée, par exemple. »

Louise répond que non, non, bien sûr... elle aurait dû y penser. C'est indélicat de faire coucher un monsieur sous le portrait de son prédécesseur. Tandis qu'Arnaud s'empare d'un marteau, monte sur une chaise et commence à enfoncer un crochet X dans le mur, elle lui enlace les jambes et pose sa tête contre son dos. Elle a envie de le toucher depuis ce matin et elle aime en avoir plein les bras, d'un homme. Werner adorait qu'elle noue ses bras autour de lui pendant qu'il cuisinait et qu'elle s'accroche comme une pieuvre. Mais Arnaud détache posément les mains de sa femme et se dégage :

« Tu me gênes, voyons ! Et puis j'ai horreur qu'on me tripote.

– Je croyais que je n'étais plus *on* depuis ce matin ? »

La chute d'un large éclat de plâtre avec le crochet y afférant épargne à Louise une réponse cinglante.

« Je n'osais pas te conseiller une cheville, dit-elle en éclatant de rire tout en ramassant les débris. J'ai tout ce qu'il faut dans l'armoire du palier, si tu veux...

– Merci, je ferai ça demain tranquillement », marmonne-t-il, irrité par la gaieté de sa femme.

Si elle avait crié : Merde tu as esquinté mon mur, il aurait pu répondre : Merde c'est pas *ton* mur et ce plâtre c'est de la merde et je déteste cet appartement de merde plein de fantômes de tes maris et amants... Merde, quoi ! Un homme a bien le droit de faire tomber un morceau de plâtre sans qu'on se foute de lui !

Mais Louise conserve son sourire et son air énamouré tout en feignant de s'occuper du dîner, le premier dîner de leur vie commune. Elle virevolte, met ses plus jolies assiettes, assure l'animation pour un public qui reste maussade. Elle se répète qu'elle est idiote de vouloir à tout prix que ce jour marque un changement. Le mariage, c'est tous les jours de la vie et Arnaud a horreur des anniversaires et des réjouissances à jour fixe. Il a horreur aussi qu'on l'épie. Elle l'irrite ce soir, Louise, avec sa sentimentalité étalée comme du beurre sur un pain qui n'est pas encore quotidien, qui ne le sera jamais s'il ne tient qu'à lui. Il ne compte pas s'encroûter. Il voyagera.

Un peu plus tard, il se déshabille, le dos tourné comme pour lui signifier qu'elle n'a pas acquis par contrat le droit de voir son sexe. En tout cas, pas tous les jours. Il lui signale qu'il doit se lever très tôt le lendemain car il a rendez-vous à neuf heures avec un boxeur, salle Wagram, pour une interview.

La quitter pour un boxeur ? Le lendemain de

son mariage il n'a pas pu s'arranger pour faire la grasse matinée ?

La grasse matinée, cette expression lui soulève le cœur, à Arnaud. Et puis il ne se sent pas plus marié aujourd'hui qu'hier sous prétexte qu'il a signé un vague papelard à la mairie.

« Tu es décidément, sous tes airs d'intellectuelle, une midinette, ma pauvre Chouquette », lui dit-il en lui tapotant la nuque, adoptant pour la deuxième fois ce diminutif grotesque qu'elle n'ose refuser car il constitue peut-être une étape vers le difficile « mon chéri » et l'imprononçable « mon amour ».

Il enfile son pyjama, haut et bas, entre dans le lit qui est devenu conjugal lui aussi depuis quelques heures – ce qui n'est pas une qualité pour un lit – et se tourne vers le mur. Il ne faudrait pas croire que c'est arrivé.

Il est vingt-deux heures trente. Louise s'allonge près de lui en essayant de ne pas dramatiser. Ce serait même plutôt comique : « Abandonnée le soir de ses noces »... « A peine entré dans l'appartement de sa belle, le séducteur dévoile son vrai visage »... « Le parfait fiancé n'était qu'un sinistre individu... » Ce sont de ces choses qui n'arrivent qu'aux midinettes, précisément, pas dans « nos milieux ». Elle n'a pas sommeil et voudrait lire mais n'ose pas rallumer. Elle ne sait pas encore s'il supporte la lumière quand il dort, ni si ça l'énerve qu'on lise au lit à côté de lui. Elle ne savait pas, ce matin encore, qu'il n'était pas bricoleur, qu'il détestait qu'on le tripote ou qu'on le critique, qu'il ne ramenait pas forcément son fameux humour à la maison. On devrait faire remplir un questionnaire avant le mariage. « Tu as épousé un inconnu, pauvre idiote ! » se dit-elle en essayant d'étouffer la sourde angoisse qui monte en elle. Est-il possible qu'elle, Louise, licenciée ès lettres classiques, professeur de latin, grec et compagnie, journaliste, enfin presque, à la Radiodiffusion française, ait pu commettre une monumentale bévue ? Bien sûr que non. En fait, elle a jusqu'ici vécu dans l'irréel : le sublime avec Jean-Marie, la passion physique avec Werner. Il s'agit cette fois de réussir à établir une relation véritable avec un homme normal, dans les vraies conditions de la vie, c'est-à-dire dans la difficulté. Il faudra s'adapter et non exiger qu'il se conforme à son idéal, ne pas faire comme Hermine, et pour commencer, ne pas rejeter ses goûts à lui. Dans un bel élan, elle prend la résolution de l'accompagner aux courses dimanche prochain, d'aller aux matches de boxe crier « Tue-le » s'il le faut. Elle apprendra la belote, le 421, voire le bridge. Elle ne ricanera plus devant ses journaux sportifs ou ses romans policiers. Il faudra aussi renoncer à jouer les intellectuelles qui ne comprennent rien aux règles du rugby. Impardonnable quand on épouse un homme du Sud-Ouest ! Fallait épouser un gars du Nord, ma vieille ! Mais y'aurait eu le football, tout aussi sinistre...

Programme peu réjouissant, mais c'est ça ou faire ses valises et rentrer chez maman en avouant qu'on n'est pas fichue de choisir un homme. Et puis il y a cette odeur qui l'émeut là, tout près d'elle, un peu amère comme celle du foin coupé. Elle rampe tout doucement vers la forme en chien de fusil près du mur et pose une main sur sa hanche, sans bouger les doigts... se souvenir qu'il n'aime pas être tripoté. Pas de réaction. Il dort ou il attendait ce geste ? Par des reptations successives qu'elle tente de faire passer pour les mouvements naturels du sommeil, elle vient se coller à lui peu à peu, se moulant à son dos, les jambes en zigzag dans le pli de ses jambes à lui. Il ne bronche toujours pas. Elle demeure immobile, soudée à cet homme qui est désormais son destin. Elle l'apprivoisera. Elle saura. Il n'a jamais été heureux jusqu'ici auprès d'une mère sans tendresse et de femmes épisodiques. Elle, elle va l'aimer, lui apprendre. Elle sent qu'elle pleure un peu, sans savoir si c'est d'émotion devant l'inconnu vertigineux qu'est un homme avec lequel on va vivre ou de nostalgie pour Jean-Marie relégué dans la salle à manger, avec son visage pâle et intense et sa passion toujours à fleur de cœur, Jean-Marie dont elle se souvient maintenant comme d'un très jeune poète venu d'un autre monde et qui est retourné y poursuivre son éternelle jeunesse. Elle a trois ans de plus que lui, déjà ! Sait-elle après tout si, sans la maladie, leur amour eût atteint cet absolu qu'ils ont connu ?

Arnaud dans son sommeil se retourne en gémissant. Elle a déjà remarqué qu'il geignait en dormant comme un chiot qui cherche la chaleur du ventre de sa mère. Elle n'ose pas dire de mots qui pourraient le hérisser, alors elle geint elle aussi en le serrant dans ses bras. Il lui murmure d'une voix indistincte : « Je t'aime. » Elle n'est pas sûre d'avoir bien entendu mais son malheur s'est évaporé d'un seul coup. Ils font l'amour doucement, sans paroles.

Louise se sent pleine de courage soudain pour l'avenir, quel qu'il soit. Drôle de mot pour une nuit de noces ! Elle reste éveillée longtemps encore avant d'appareiller enfin vers le sommeil. Elle ne sait pas qu'elle vient de faire la connaissance d'une compagne de ses nuits futures : l'insomnie.

Depuis la publication des bans, Louise ne prend plus de précautions, enfin ! Elle n'en avait jamais pris du temps des Américains non plus, mais pour des raisons qui humiliaient son orgueil national : on avait dû leur dire là-bas que toutes les Françaises souffraient de maladies vénériennes. En soldat discipliné et méticuleux, Werner ne manquait jamais, lorsqu'il se mettait au lit, de déposer l'engin, sous pli discret, sur la table de nuit, prêt à être enfilé le moment venu avec une dextérité de vieil habitué mais non sans claquements immondes qui donnaient à Louise l'impression d'être prise avec des gants de vaisselle.

Désormais, elle reste couchée après l'amour dans la moiteur des corps emmêlés et l'odeur douce-amère du plaisir dans laquelle elle aime s'endormir. Mais Arnaud n'est pas un homme d'après. Il ramasse bientôt son pyjama jeté sur le tapis, signifiant que le quart d'heure de grâce est passé, et Louise le regarde se diriger vers la salle de bain dans la pénombre, ses hanches étroites se divisant harmonieusement en longues cuisses frisées sur toutes les faces; elle l'observe intensément, apprenant par cœur ce profil, cette silhouette à côté desquels elle va vivre et elle se demande pourquoi l'amour se résout en tant de mélancolie. Tiens, il a les chevilles enflées, le soir, elle ne l'avait pas encore remarqué. Peut-être inspecte-t-on moins un amant quand on a peu de chances de soigner trente ans plus tard son ulcère variqueux. Mais maintenant cet inconnu est devenu sa famille et toutes ses actions vont retentir désormais sur sa vie à elle, et pour commencer, sur cet enfant, qu'ils viennent de faire ensemble et auquel il va donner la moitié de ce patrimoine héréditaire dont elle connaît si peu de chose.

Elle ne le lui dit pas tout de suite. Elle veut se délecter seule d'abord de son secret. De toute façon, Arnaud ne posera pas de questions : tout

« ça » lui fait un peu peur, un peu dégoût. Il ne sait pas utiliser les grands mots. « Il faut parler sérieusement des petites choses et légèrement des grandes », affirme-t-il pour justifier son incapacité. Pendant l'amour, il ne fait aucune remarque, ne demande rien, ne donne aucune indication. Alors elle non plus. Il fait ce qu'il a à faire sans qu'elle sache vraiment s'il a besoin d'elle, de son corps particulier, ou tout simplement de faire l'amour tous les deux jours. Il n'a pas l'ardeur de Werner. Est-ce qu'il a moins envie d'elle ou moins de besoins ? Elle se demande quelle est la norme mais il n'aime pas qu'on l'interroge... elle peut ainsi garder ses illusions.

En fait, il se déclare très heureux à l'idée d'être père. Selon lui, Louise a besoin d'un enfant pour s'équilibrer. Etre trop intellectuelle n'est jamais bon pour une femme. Et il se réjouit pour sa part de se prolonger en la personne d'un fils; qui s'appellera Gustave bien sûr, selon la tradition familiale.

« Gustave? Mais c'est un nom à vous déclencher une fausse couche!

– C'était le nom de mon père, dit Arnaud, pincé.

– Un Gugusse! ou un Tatave! Tu ne te rends pas compte? Non, chéri, pas Gustave, par pitié...

– Mais c'est toi qui ne te rends pas compte, ma Chouquette, je suis le fils aîné et le prénom du premier-né, c'est sacré chez nous... »

Chez nous? Ah! oui, c'est vrai, « chez nous », ce n'est plus chez les Morvan, cela veut désormais dire chez les Castéja. Et « chez nous » les prénoms se transmettent en sautant une génération, les aînés s'appelant tour à tour Arnaud puis Gustave.

« Et si c'est une fille?

– Pour les filles, c'est libre. Tu peux l'appeler

Varicelle si ça te fait plaisir », dit-il généreusement.

Quelle importance, en effet? Les épouses ne sont que les récipients où les Arnaud et les Gustave fabriquent de nouveaux Castéja.

« Varicelle! Je trouve ça presque plus joli que Gustave... ou même que Chouquette. A propos, d'où sors-tu ce prénom de petite chienne? »

Arnaud prend l'air ulcéré :

« J'ai une cousine qu'on appelait comme ça et que j'aime beaucoup. Mais si tu préfères que je t'appelle Loulou?

– Non merci! Tu vois, j'adore les surnoms mais pas les diminutifs. Je ne t'appellerai jamais Nono, comme ta mère. »

Mais pourquoi pas « chérie », pense Louise. Ce n'est pas difficile à dire? Enfin, peut-être que si.

En tout cas, pour Gustave, il n'est pas question de faire fléchir Arnaud qui est si fier de ce père, directeur du plus grand quotidien du Sud-Ouest, mort subitement sur un champ de courses quinze ans plus tôt, et qui a laissé une réputation flatteuse, celle d'un homme digne de ce nom, grand chasseur, bon buveur, brillant conteur, joueur de poker et trousseur de jupons. Son épouse, qu'il avait rendue parfaitement malheureuse et qu'il laissait criblée de dettes, « était une sainte », disait-on, une de plus, qui n'avait vécu que pour ses enfants, tous des fils, merci Seigneur, puis pour Dieu quand les petits avaient volé de leurs propres ailes. Arnaud considérait sa famille comme normale. Rendre une épouse malheureuse n'est pas souhaitable, certes, mais n'a jamais constitué une faute véritable dans ces pays du Sud. Un homme est un homme, n'est-ce pas? Et les femmes sont hélas beaucoup trop sentimentales et ne supportent pas les vrais hommes, tout le problème est là. Et ce n'est tout de même pas à eux de changer, ils ont leur carrière, eux, la matérielle de la petite famille à assurer, un rôle social à tenir, les copains, les week-ends de détente à la chasse, le rugby et puis, un tempérament viril, bon Dieu ! C'est cela qu'elles ne veulent pas comprendre. Il ne dit pas tout cela. Pas comme cela en tout cas. Il valait mieux ne pas s'engager sur le terrain des familles en effet, les différends personnels prenant, à l'échelle familiale, des proportions dangereuses. De toute façon, des problèmes plus immédiats allaient se poser : Arnaud se vit offrir peu après son mariage la promotion qu'il attendait depuis des mois : devenir grand reporter à la Radio.

« Tu te rends compte de ce que ça représente pour moi ? L'occasion de faire mes preuves, de voyager et aussi de gagner plus d'argent pour nous deux... pour nous trois, corrige-t-il.

– Et nos vacances ? Notre voyage de noces qu'on avait retardé ?

– Enfin ! Tu imagines bien que je ne vais pas demander mon congé annuel à peine nommé ! Mais on prendra huit ou dix jours cet été, je te le promets. »

Il l'avait prévenue en l'épousant : la priorité pour lui, c'est son travail, sa réussite, son indépendance financière, son, sa, ses... Chouquette comprend bien sûr. Elle ne va pas faire une scène pour un voyage de noces de plus ou de moins. Pas de chance ! Le premier s'était passé en sana, le second aura lieu chez Madame Mère car Arnaud tient absolument à lui faire connaître sa famille, son pays natal, le collège de jésuites où il a fait de brillantes études, son ancienne équipe de rugby, ses copains de fac, sa première petite amie aussi, une fille épatante ! Et il se réjouit tant de ce voyage qu'elle en est heureuse elle aussi puisque ce sera une occasion de le connaître mieux. Dans son milieu originel pour lequel il est devenu une vedette, l'enfant du pays monté à Paris pour y exercer un métier qui, en 1946, apparaît encore comme prestigieux, il va retrouver sûrement cet humour, ce goût de la fête, cette légèreté qui avaient séduit Louise du temps où elle faisait encore partie du public, de son public. Depuis qu'elle n'est que son épouse, elle a découvert un autre homme. C'est une chose impossible à expliquer, presque honteuse et qu'elle n'a osé confier à personne, même à Agnès.

A Montpellier, elle retrouve en effet le garçon que toutes les filles jugent irrésistible et il redevient ce séducteur impénitent, ayant toujours un secret à chuchoter à l'oreille de ses voisines qui les fait glousser d'aise, et s'arrangeant pour faire croire à chacune qu'elle bénéficie de faveurs particulières, qu'il dispense en réalité à toutes. Il passe d'interminables soirées dont il est le héros dans les différents cafés de la ville, suivies de cassoulets « homériques » comme ils disent, chez l'un ou l'autre de ses amis. Ils y évoquent les virées du bon vieux temps, les coups pendables et les coups tirés, les souvenirs de cuites forcément homériques elles aussi, et Louise se sent toujours en retard d'un mot de passe ou d'une allusion codée à un passé que tous ici connaissent mieux qu'elle. Elle écoute, elle sourit, elle dit « Ah oui ? » ou « Formidable ! » et, n'osant pas donner elle-même le signal du départ, finit par s'endormir sur place autant par ennui que par suite d'une de ces incoercibles somnolences qui fondent sur elle depuis qu'elle est enceinte. Replongé dans son climat, Arnaud reprend machinalement son accent du Sud-Ouest dont il ne garde à Paris que quelques intonations chantantes et une manière bien à lui de dire « ce midi », et de prononcer « promeunade », « acheuter », ou « plaisanteurie ». Elle aime le voir heureux et s'attendrit avec Mère sur le petit garçon en costume marin et aux yeux mélancoliques des albums de famille. Ils habitent au rez-de-chaussée de la belle et austère maison où il a passé son enfance et dont sa mère a dû vendre ou sous-louer la plus grande partie à la mort de son mari pour payer ses dettes. « Appelez-moi-Mère », comme elle s'est intitulée dès leur première rencontre sans mettre une once d'affection dans sa demande, est une grande et belle femme complètement déserte. Les coins de sa bouche tombent, ses cheveux bruns sont sans vie, sa peau fine et incolore est morte. Elle porte des bas, même au mois d'août.

« Appelez-moi-Mère » leur a préparé une chambre à lits jumeaux.

« Je n'ai pas de grand lit, ment-elle en cachant mal sa satisfaction, et d'ailleurs, tu dormiras mieux dans ton lit de jeune homme, mon fils, car tu dois être fatigué. Et vous aussi, Louise », ajoute-t-elle, se souvenant que c'est sa belle-fille qui est enceinte de quatre mois.

La pièce, qui donne sur la cour, est noble et lugubre avec de lourdes tentures de velours décoloré par les ans.

« Je vous demanderai de laisser toujours les persiennes mi-closes, ma petite fille, dit-elle à Louise qui se dirigeait vers la fenêtre pour l'ouvrir, car ici le soleil mange les couleurs.

— Quelles couleurs ? souffle Louise à Arnaud. Moi, c'est dans cette pénombre que je perdrais vite les miennes ! »

Arnaud hausse les épaules. Ici ce n'est ni triste ni gai, ni clair ni sombre, puisque c'est chez lui ! Et puis ne seront-ils pas dehors toute la journée ? Ils sortent beaucoup en effet, chez tous ces copains d'Arnaud qui ont un accent aussi fort qu'une odeur d'ail et pour qui l'amitié, visiblement, est une affaire d'hommes, mais qui font un effort pour Louise parce que c'est la première année et qu'ils savent que cela ne va pas durer. Les légitimes se lassent vite – ou on les lasse vite – de participer à ces virées.

« C'était une chouette soirée, hein ? lui dit Arnaud presque chaque soir quand ils rentrent un peu ivres de vin de pays et alourdis de spécialités régionales. Comment as-tu trouvé mes amis ? » ajoute-t-il sans voir que Louise se fout de ces amis dont il ne parvient pas à se séparer, dilapidant le maigre capital d'intimité qui leur reste, ces dix jours sur lesquels elle comptait tant, et qu'elle attend qu'il la prenne enfin dans ses bras et lui dise comment il la trouve, elle, et qu'elle est formidable pour une femme enceinte de quatre mois, et qu'il remarque qu'elle n'a pas eu une fois mal au cœur et ne l'a jamais embêté pour se faire raccompagner plus tôt. Elle a attendu toute la journée pour commenter les événements avec lui, pour discuter des uns et des autres... une vieille habitude familiale qu'Arnaud déteste, justement.

« Mes amis, c'est sacré, coupe-t-il sèchement dès qu'elle esquisse une réserve.

– J'espère que tu ne dis pas ça de moi. J'aurais horreur d'être respectée parce que je suis ta femme, une vache sacrée une fois pour toutes. Laisse-moi croire que je gagne tous les jours le privilège de te plaire.

– Ce serait bien fatigant. Viens plutôt me rejoindre dans mon lit de jeune homme, au lieu d'ergoter... »

Louise a envie d'ergoter sur ce terme d'ergoter qu'il emploie chaque fois qu'elle discute. Mais s'il avait raison ? Si cette manie de tout critiquer n'était qu'une preuve de prétention, un vice de famille, comme dit Arnaud ? Elle refoule ses discours et se glisse dans le lit étroit, tout contre lui. Plus tard, ils parleront, quand elle lui aura donné assez de preuves d'amour pour désarmer sa méfiance.

Ils reviennent de Montpellier plutôt soulagés de retrouver leurs occupations. Arnaud ne sait pas s'arrêter longtemps, il est inapte à l'oisiveté et puis il n'aime pas rester nuit et jour sous le regard de sa femme. Il s'est battu toute son enfance pour échapper aux empiétements de sa mère, il ne se remettra jamais sous la coupe d'une femme.

Mais à Paris les soirées sont longues et reviennent... tous les soirs. Et arrive toujours un moment où Louise ne se retient plus de poser des questions : est-il déçu par elle ou non, l'imaginait-il autrement, regrette-t-il de s'être marié finalement, pourquoi l'a-t-il choisie, elle...

« Tu remets ça ! Tu es chiante, tu sais. Etre heureux, qu'est-ce que ça veut dire ? Le temps que je te réponde et je ne le serai peut-être plus. »

Elle le sait, qu'elle est « chiante », mais comment échapper au malaise qu'elle éprouve à le voir revenir chaque soir le visage fermé et disparaître derrière la pile de journaux qu'il ramène comme pour se protéger ?

« Il faut que je lise tout, ça fait partie de mon métier, tu ne veux pas comprendre. »

Mais quand, au bout d'une heure de « compréhension » qu'elle a passée à s'activer dans les bas-fonds, elle demande en venant se mettre à table : « Alors, quoi de neuf ? » il répond : « Oh ! pas grand-chose », alors qu'il discute interminablement politique ou littérature quand Félicien est là. C'est toujours en présence d'amis qu'elle apprend ce qu'il pense du gouvernement Ramadier ou du film qu'il a été voir cette semaine justement celui qu'elle voulait tant voir avec lui. Si elle insiste, il s'en tire par une pirouette :

« Ce qu'il y a de neuf aujourd'hui ? Rien qui puisse t'intéresser. Ah ! si : les jupes raccourcissent...

– Salaud !

– Et on se demande si Juliette Gréco n'est pas enceinte... »

Qu'est devenu le simple bonheur de dire à l'autre : « Tu n'imagines pas ce qui m'est arrivé aujourd'hui ! » et le bonheur de le voir intéressé, amusé par des riens, A-MOU-REUX en un mot ? C'est cette grossesse peut-être qui la rend trop sensible aux humeurs d'Arnaud et il faut donc se réjouir que ses nouvelles fonctions l'amènent à voyager souvent. Comme les gens qui aiment, elle a l'impression qu'il part beaucoup plus souvent qu'il ne revient. Mais au moins ces absences lui donnent-elles l'occasion de lui écrire ce qu'elle n'ose pas lui dire en face, pour ne pas voir apparaître le visage résigné qu'il prend quand il écoute ses « bavardages ». Il lui répond de petites lettres ironiques du genre : « Ma chère Nina, Colette, pardon : Louise », et termine par : « Amoureu... Affectueusement ». Il adore plaisanter quand c'est aux dépens de sa femme et ne se montre tendre que quand il est loin d'elle, faisant partie de cette catégorie d'insatisfaits qui sont persuadés que c'est toujours mieux en face et qui écrivent à celle qu'ils ont quittée : « Tu verras, ma chérie, quand je reviendrai... » mais qui, une fois revenus, ne savent même plus ce qui leur manquait et n'aspirent qu'à repartir.

Heureusement, il reste l'espérance. Elle ne sait pas encore, cette petite Moi de vingt-huit ans d'âge, qu'elle va se taper dix ans d'amour total durant lesquels elle restera sans cesse sur sa faim de lui, jusqu'à ne plus avoir faim et non pas jusqu'à ce qu'il comble cette faim. Nuance.

Fut-ce un bien ? Pourquoi pas. Peut-être est-on gagnant quand on a aimé, même quand on s'est fait avoir. Peut-être n'a-t-il pas été perdu, tout ce temps dédié, toute cette énergie engloutie dans les petites tâches quotidiennes, parce que vivre était dur en cette après-guerre et qu'elle voulait avant tout qu'Arnaud puisse mener l'existence qu'il aimait. Elle, elle l'aimait, lui. Chacun ses plaisirs.

Juin 46

« Comme ces huit jours m'ont paru longs, mon aimé, surtout les dimanches, bien que j'y trouve un avantage : ne plus écouter les résultats sportifs ! Hier, ta mère m'a emmenée chez Rumpelmayer : choux, éclairs au vrai chocolat, tartelettes comme avant. Elle m'encourageait à prendre de tout mais je la soupçonne de vouloir surtout nourrir à travers moi l'héritier Castéja !

Noublie pas de répéter tous les soirs en te couchant que je suis la femme la plus aimante, la plus fidèle, la plus enceinte de toi (du moins je l'espère...) et néanmoins la plus intelligente que tu aies rencontrée. Tu verras que tu finiras par t'en convaincre.

C'est drôle, je n'ai aucune des « envies » des femmes enceintes mais des dégoûts. Je ne peux plus voir mes cheveux. Je rêve d'avoir la bouche d'Ingrid Bergman, un petit nez fin et des cheveux d'or. C'est évidemment sans espoir. Ne t'inquiète pas (au cas où tu viendrais à t'inquiéter), c'est le mal de cœur qui se tourne en nausée de moi-même : je me vomis. Conséquence : je te trouve de plus en plus beau. C'est bien ennuyeux car ce n'est pas de cette manière que je guérirai de mon amour pour toi que tu trouves parfois si excessif. Mais quand j'observe Viviane et Félicien par exemple ou que je surprends les regards énamourés dont Claude enveloppe son épouse toute neuve (et je ne suis pas ta vieille épouse non plus : j'ai cinq mois !) je me dis que j'aspire seulement à ce que tout homme amoureux donne à sa femme. Et comme 1°, tu ne me le donnes pas, et que 2°, je suis bien ta femme, c'est le troisième terme qui cloche : tu ne dois pas être amoureux. Réponse, s.v.p.

J'ai reçu ta carte postale de Nice et je suis bien heureuse d'apprendre que le « pays est beau et que tu penses bien à moi ». J'aurais préféré que le pays soit laid mais que tu penses énormément à moi !

Quand je reçois des témoignages aussi flagrants de ta gentille indifférence, je me promets de te le faire payer cher au retour. Et puis dès que la porte d'entrée s'ouvre et que je te vois apparaître dans ta grosse canadienne et marquer un temps d'arrêt pour demander : « C'est bien ici qu'on m'aime ? », j'oublie mes résolutions.

En fait, je pense que le mariage ne te convient pas. Si tu le regrettes trop, dis-le, on avisera. Mais ne me laisse pas croire que c'est ça, une vie conjugale. Etre enceinte, amoureuse, esseulée, c'est peut-être trop quand on a seulement à se mettre sous la dent que le pays est beau et que l'absent pense bien à vous.

Viviane et Félicien sont adorables avec la veuve pas du tout joyeuse que je suis et ils m'accueillent souvent à dîner. Tu me diras que Félicien n'a pas beaucoup de caractère et Viviane, pas beaucoup d'idées, bonnes conditions pour éviter les heurts. Toi... tu as trop de caractère et tu trouves que j'ai trop d'idées ! Chaque fois que je ne pense pas comme toi, tu considères cela comme une attaque personnelle, et mes idéaux, tu les appelles des idées fixes. Pourquoi n'ont-ils jamais l'honneur d'être admis comme un des fondements de ma... excuse-moi... personnalité ? Quand nous sommes séparés, j'espère tant que nous allons finir par nous accepter l'un l'autre et cesser de nous heurter. Et finalement, c'est séparés que nous sommes le plus proches. Tu m'aimes quand tu rentres dimanche en huit et que tu m'écris pour te faire pardonner de petites lettres hâtives mais tendres où tu m'appelles « Amours, délices et orgues ».

J'ai suivi ton conseil et viens d'accepter de changer de travail pendant un an ou deux. Je rédigerai les bulletins d'information qui passent toutes les heures sur Paris-Inter. Même salaire mais horaires plus agréables : trois jours sur quatre (y compris les dimanches) soit six heures-midi, soit midi-six heures, soit six heures-minuit. « On n'entendra plus ton nom sur les ondes, m'a fait remarquer Hermine, espérant me vexer. Le reporter de la famille, ce sera Arnaud Castéja, désormais. »

Et alors ? Il faut me rendre à l'évidence que je ne suis pas douée. Dépouiller les dépêches, rédiger un bulletin sans faute de français ni gaffe politique, je saurai. Finie la panique d'avoir à interviewer Charles Munch, P.H. Teitgen ou Marcel Cerdan sans rien connaître à la boxe, à la justice ou à la direction d'orchestre. Je ne sais un peu que ce que je sais bien, grave infirmité pour un reporter. J'ai toutes les peines du monde à finir mon papier sur Ben Barka pour le journal *Qui* et je dois le rendre jeudi ! Là il faudrait du brillant, du culot, de la rapidité d'esprit, je me sens timorée, scrupuleuse et besogneuse. Je suis soulagée que la naissance d'un bébé soit un alibi honorable pour renoncer.

Pourtant ces mois de grossesse solitaire, la certitude qu'elle serait dans leur couple celle qui aimerait le plus et qu'elle ne suffisait pas à rendre Arnaud heureux, ne constituaient pas un malheur aux yeux de Louise. C'était la vie. Et elle comportait aussi ses moments de bonheur. Certainement. Même si je n'en ai gardé aucun souvenir, ils ont dû exister. A condition de s'enthousiasmer pour ce qu'aimait Arnaud, de partager ses idées et de pratiquer les mêmes sports que lui, elle parvenait à l'illusion d'une vie commune, sinon à celle d'un amour partagé. A condition aussi d'accepter ses accès de désamour.

Je n'ai pas voulu te le dire hier soir pour ne pas gâcher notre dernière nuit ensemble, mais je n'irai plus déjeuner à la cantine de la Radio avec toi. Pourquoi m'invites-tu ? Le temps que j'arrive, cela ne t'amuse déjà plus et je sens que tu te dis : « Qu'est-ce qu'elle fait là, celle-là ? Ah ! oui, j'oubliais : je suis marié. » Alors pour te prouver que tu n'es en rien diminué par ma présence, tu continues tes messes basses avec la secrétaire ou toute autre femelle présente. Tu ne me fais venir en somme que pour me montrer comment tu fonctionnes et il ne me reste qu'à déjeuner entre le vieux Claude Weiss et ton ami Félicien qui me donne la délicieuse sensation de ne pas être une imbécile parce qu'il m'écoute, lui. As-tu seulement remarqué que je suis partie avant le café ? (J'avais rendez-vous chez le médecin. Oui, tout allait bien, merci !) Tu n'as même pas levé les yeux. Il fallait montrer à ta voisine que tu étais resté le délicieux coureur qu'elle avait connu, bien qu'on ait essayé de te mettre la corde au cou.

Et tout cela j'y suis d'autant plus sensible que je me sens diminuée en ce moment. J'ai l'air normal comme ça mais je ne peux plus me battre. On a perpétuellement la sensation d'abriter quelque chose de fragile, d'être réquisitionnée pour le service de l'espèce, hors du circuit où brillent les filles vides et légères. Le seul moment que tu ne donnes qu'à moi, c'est notre brève complicité de la nuit, mais elle m'attriste autant qu'elle me comble car cet abandon du corps ne s'accompagne jamais d'un abandon de l'esprit. Je me sens rabaissée de ne recevoir de mots tendres que dans le moment où tu n'es pas toi-même. Le plus petit mot d'amour en dehors de l'amour, le plus mince témoignage d'estime dans la journée me seraient tellement plus précieux.

Pourquoi je ne te dis jamais ces choses-là en face ? Tu ne me laisserais pas finir, tu me traiterais de vampire assoiffé de ton sang. Je ne l'ai jamais trouvé, ton sang ! Tu te protèges bien.

Plus que six jours à t'attendre et deux mois à attendre Gustave. Tu me trouveras abominablement grossie, cette fois, et cela ne risque pas de s'améliorer, mon pauvre chéri. Je commence à souffler en remontant le boulevard Delessert à bicyclette, et je rêve de pouvoir déposer Gustave dans le caniveau pour continuer toute seule. Mais ce genre d'occupant a un bail 3-6-9 et c'est lui qui me donnera congé quand il l'aura choisi. C'est ça qui m'ennuie le plus : ne plus commander chez moi ! Tu ne sauras jamais ce que c'est d'abriter quelque chose qu'il faut enrichir de son calcium, qui se sert le premier de tout ce qui entre et qui vous est à ce point étranger qu'on ne sait pas si c'est mâle ou femelle, mongolien ou génial. Je n'ai jamais si bien compris la détresse de toutes les femmes enceintes malgré elles et qui n'en sortiront que par la Porte des Sept Douleurs. Au moins suis-je placide de nature et ne me laisse pas impressionner par l'accouchement des « copines », malgré les très horrifiques descriptions d'Agnès pour son second. La sage-femme pendant tout le « travail » ne lui racontait que des histoires de déchirures, de forceps, d'enfant bleu et de cordons enroulés autour du cou. Pour finir : épisiotomie. Elle a été recousue trop serré et depuis a affreusement mal en faisant l'amour. « De quoi vous plaignez-vous ? lui dit l'accoucheur. J'ai refait de vous une vierge ! »

Te rends-tu compte de ce que tu m'écris ? A ma plaisanterie sur les trop jolies speakerines de Marseille, tu me réponds : « Je n'ai pas de chance en amour : pas le temps, et pas d'occasions. » Tu n'attends tout de même pas de moi que je te plaigne pour cette « malchance », mon sale bonhomme !

Tu disais l'autre jour chez les Rey que tu divorcerais tout de suite si je te trompais. Mais tu ne dis jamais ce que tu ferais si je continuais à t'aimer comme ça. T'aimer, cela va de soi, je suppose : pas de récompense. On peut d'ailleurs tromper de mille façons. Ta froideur n'en est-elle pas une ? Si je ne meublais pas tes vastes silences, si je ne t'interrompais pas quand tu ne dis rien, si je ne te dérangeais pas pour t'embrasser tandis que tu étudies interminablement les pronostics de ton foutu PMU, de quoi vivrions-nous ?

Mais comment reprocher à quelqu'un de trouver plus d'excitation sur un champ de courses qu'avec sa femme ? C'est probablement la faute des gens, s'ils ne sont pas assez aimés.

Je m'en veux de t'avoir « fait une scène » l'autre soir après t'avoir écouté pendant quarante minutes marivauder avec tes voix inconnues d'INF I. Mais qu'est-ce que je suis censée faire, moi, dans ton lit quand chaque soir à l'heure où nous sommes « enfin seuls », tu éprouves le besoin de décrocher le téléphone pour débiter des galanteries, faire espérer des rendez-vous, deviner à la voix la couleur des cheveux ou des yeux de tes interlocutrices ? Cela m'a amusée, ou j'ai fait semblant, la première semaine. Tout-Paris en parlait, c'était drôle. Mais tous les soirs !... c'est comme si je lisais des pornos au lit à côté de toi. Dans vingt ans, on en aura peut-être besoin mais je trouve indécent que tu m'imposes de t'écouter faire l'amour à d'autres par téléphone avec ton célèbre « organe », que chacune reconnaît d'ailleurs, ce qui ajoute à ton plaisir.

Hermine n'a fait aucun commentaire l'autre jour quand tu lui as appris l'existence de ce réseau parallèle que j'appellerais volontiers un bordel oral... Mais tu vas encore dire que je manque d'humour ! Je crois qu'elle avait honte pour moi. Il n'y a pas besoin de lui faire un dessin, à elle. Cet après-midi, tandis qu'elle épilait ce qui lui reste de sourcils devant sa coiffeuse et avec cet air de Pythie qu'elle prend quand elle veut m'opérer à cœur ouvert, elle m'a lancé à brûle-pourpoint :

« Je suis sûre que tu n'es pas heureuse. Ne réponds pas, ce n'est pas la peine de me mentir. C'est idiot de t'être mariée si vite. »

Je lui ai rappelé que papa devait mourir si je vivais en concubinage.

« Mais qui t'obligeait à vivre jour et nuit avec Arnaud ? Toi, quand tu aimes, c'est tout de suite la boulimie. Tu aurais pu le voir de cinq à sept et découvrir s'il t'aimait vraiment avant de prendre le voile !

Je lui ai signalé que j'étais enceinte de cinq à sept (mois) et qu'il était un peu tard pour réfléchir. Pour me consoler, Lou m'a fait remarquer que le marivaudage téléphonique était un sport que je pouvais pratiquer même enceinte ! Hélas ! je n'ai pas le cœur de le faire devant toi et pas le goût de le faire sans toi. Mais rassure-toi, je crois que je redeviendrai dynamique quand je n'aurai plus un polichinelle dans le tiroir. Tu verras, quand le Gugusse sera né et que je serai de nouveau une et indivisible, nous repartirons de zéro. Au besoin, je ferai couper le téléphone, tu verras comme tu seras heureux ! C'est tellement facile d'être heureux... presque aussi facile que de ne pas l'être. Je te vois d'ici hausser les épaules à cette formule : « Littérature ! » Ce n'est pas parce que c'est bien formulé que c'est faux.

Alors tu ne rentres pas ce week-end ? A moi, tu le sais, aucun sujet de reportage ne semble assez important pour justifier un surcroît d'absence. Je sens que le jour de mon accouchement tu seras à Gap pour interroger les habitants sur la neige !

Viviane me propose de venir habiter chez moi les derniers temps. Mais j'aurais trop peur qu'elle me renverse une casserole de bouillon sur le ventre, elle est inouïe de maladresse ! Et puis les Rey sont deux et ils sont gais. Les gens gais me dépriment, les gens ironiques aussi. Le clin d'œil gros comme une maison d'Hermine à Adrien quand j'annonce que finalement tu ne rentreras pas samedi mais mardi :

« Tiens, je croyais qu'il n'y avait pas d'émission pendant le week-end... »

Adrien fronce le sourcil pour la faire taire. Cette pauvre innocente enceinte jusqu'aux yeux, ce ne serait pas charitable de lui mettre la puce à l'oreille...

Je n'ai envie que d'une chose : qu'on m'apporte dans mon lit une douzaine de belons avec du vin blanc et qu'on me dise tendrement : « Oh! qu'elle était laide, la grosse femme enceinte! Oh! qu'elle allait être belle, bientôt! Oh! qu'elle allait nous faire un beau bébé! » sur le ton dont Hermine parle à son chien adoré... Et même si je ne suis pas ton chien adoré, mais plutôt ton chéri abhorré, reviens vite, mon Marco Polo, me dire tout ce qui te navre et aussi les quelques petites choses qui te rendent heureux.

Toujours rien à t'annoncer. Je trouve honteux que tu me quittes si souvent et que ton fils, lui, ne se décide pas à me quitter. J'ai très peur d'avoir une fille, on dit que ce sont elles qui tardent... J'ai un peu mal au ventre tout le temps. Le docteur Lamaze pense que les douleurs peuvent s'étaler sur quatre ou cinq jours et que ça ira très vite après. Mais comme je suis dure au mal et que j'aurais honte de me faire conduire au Belvédère pour rien, j'ai tendance à croire que « ça » ne peut pas être « ça »!

Et comme de toute façon je ne peux plus mettre mes chaussures toute seule parce que je ne vois plus mes pieds et suis incapable de me baisser, j'aime mieux t'attendre.

17 décembre

Au secours ! Je n'ai plus du tout envie d'accoucher. Un soudain recul devant le prix à payer. Encore un instant, monsieur le bourreau. Il est évident, mathématiquement évident, que l'énorme chose qui est dans mon ventre ne peut pas sortir par les voies naturelles. Cela va éclater, je vous dis. Si on ne me répétait pas que tant de femmes ont réussi ce tour de force... Mais a-t-on jamais pensé à la panique de la première femme enceinte de son premier enfant devant ce ventre qui devenait monstrueux, pour aboutir à des douleurs incompréhensibles ?

Je n'ai même plus rien à tricoter, j'ai assez de chaussons et de brassières pour des triplés. Je ne suis plus qu'une grosse vache qui attend. Et pendant ce temps, toi, toujours jeune et alerte, tu es en train de devenir un personnage connu, de faire des choses passionnantes, me laissant à mon destin de femelle mammifère, qui ne me vaudra ni gloire, ni mérite, ni argent. Banalité des destins féminins, alors que pour chacune, au moins la première fois, ce banal paraît si exceptionnel ! Enfin, j'ai passé une très bonne nuit. Le mieux de la fin, j'espère.

Oui, c'était le mieux de la fin. Peu avant Noël, à neuf heures du soir, Louise fut prise de douleurs qui ne laissaient plus aucun doute et Arnaud, qui était de passage par un heureux hasard, put la conduire à la clinique du Belvédère. Elle ne voulait pas souffrir devant lui et risquer d'imprimer dans sa mémoire l'image d'un sexe écartelé, d'où suinteraient, avant et après l'enfant, toutes sortes d'humeurs, de sang et de sanie. Louise n'avait jamais vu d'accouchement mais était obsédée par l'idée qu'en poussant elle pourrait ne plus contrôler ses sphincters. Elle avait encore plus peur de péter que de souffrir. Et puis de divers côtés on lui parlait d'époux qui, ayant vu la sortie d'une larve gluante par une ouverture plus ou moins déchiquetée, n'avaient plus jamais désiré leur femme.

Elle s'était juré d'accoucher sans meugler et, dès que le Fils serait né, de prendre la trousse de maquillage déposée à cet effet sur la table de nuit, de se mettre du pancake doré, une touche de rose Bourjois, du rouge Guitare, d'enfiler la chemise de nuit de soie pervenche couleur de ses yeux offerte par Lou pour cette occasion, et alors seulement de faire entrer l'Heureux Père. Les deux mères, Lou et Hermine, resteraient en revanche près d'elle.

L'affaire avait commencé bien proprement : elle n'avait pas perdu les eaux dans le taxi, une autre de ses hantises, et était arrivée à la clinique sur ses deux pieds, souriant poliment aux infirmières.

« Ah! une primipare? Alors on a le temps. D'ailleurs « on » n'a pas l'air d'avoir bien mal. »

Qu'est-ce qu'elles en savaient, ces gonzesses?

La salle de travail était sinistre comme toutes les salles de torture. Le lit n'était pas un lit mais une table de boucher avec des crochets de fer. Le médecin était là, heureusement, ni mort dans la nuit, ni parti aux sports d'hiver et remplacé par un débutant : autre hantise!

Pour le reste, il ne s'agissait que d'être stoïque. Elle refusait de devenir une Ancienne Combattante de l'Accouchement, une de ces femmes dont les guerres sont les grossesses et chaque mise au monde Verdun. Hermine avait accouché en trois heures et n'en parlait jamais. Elle aussi prouverait à Arnaud que les femmes n'étaient pas des handicapées à vie, vouées aux règles douloureuses, aux déchirures, aux migraines, aux tristes ménopauses.

Hermine courait comme la mouche du coche, des infirmières au médecin, rappelant qu'elle, elle avait eu un prolapsus de l'anus et des hémorroïdes qui étaient sorties par un trou pendant que l'enfant sortait par l'autre. « J'ai eu plus mal au derrière qu'au devant », répétait-elle à la sage-femme qu'elle voulait obliger à confectionner un goupillon surmonté d'une boule de chiffon pour maintenir le sphincter de sa fille.

Lou en revanche s'était assise à la tête du lit, tenant à accoucher par procuration et à jouer le rôle qu'elle n'avait pu tenir auprès d'Hermine près de trente ans plus tôt. Elle passait sans cesse sa main potelée sur le ventre de Louise avec une tendre envie : « Tu vas devenir ce que je n'ai pas su être et je ne l'ai jamais regretté comme aujourd'hui, c'est drôle. Et puis de te voir là, une et bientôt deux, je me retrouve bête et inutile, comme un homme ! Mais pourvu que ce ne soit pas un garçon, moi qui ne supporte pas de voir un enfant jouer avec un pistolet ! »

Adrien pense qu'un garçon rétablirait un peu l'équilibre. On ne lui envoie pas dire que si c'est pour qu'il s'appelle Gustave, il faut prier le ciel que ce soit une fille.

Louise ne les écoute plus. Elle entre dans la phase où il s'agit de ne pas perdre pied, ni la face. C'est l'aboutissement inexorable du processus commencé dans l'insouciance du plaisir et qui va se résoudre là, dans la panique d'un corps. « C'est comme le Scenic-Railway », murmure-t-elle à Lou qui se demande ce qu'elle veut dire. Louise voudrait lui expliquer, entre deux bouffées de chloroforme, qu'elle ressent exactement la même terreur que lorsque son père l'emmenait, petite fille, à Luna-Park, mais elle n'en a pas le temps. Les dernières contractions se succèdent, les garces, à leur rythme et sans tenir compte de ses supplications. – Ah ! non, pas déjà ? – Eh si, ma petite, c'est pas toi qui commandes. Fallait pas y aller ! C'est précisément ce qu'elle se disait quand le wagon du Scenic-Railway abordait le dernier piqué et qu'il était trop tard pour crier : « Je veux descendre ! » On ne réfléchit jamais assez avant de prendre son billet.

« Enfonce tes ongles dans mes mains, cela te fera du bien », dit Lou de là-bas, qui lui semble si loin, du pays des vivants qui n'ont mal nulle part.

Un peu avant minuit, la douleur change de registre. Là encore, l'utérus met le temps qu'il veut à se dilater, deux heures ou vingt-six, comme pour Agnès, et l'expulsion démarre quand cela lui plaît. C'est le moment où les infirmières s'écartent humblement, les choses devenant sérieuses. On appelle le Grand Sorcier enfin, qui vient s'asseoir entre vos cuisses et voilà que va commencer le tête-à-tête intime avec cet homme qui vous a toujours appelée *Madame,* bien qu'il fourrage dans votre intimité depuis sept mois. L'amour a débuté par un homme et il va aboutir par un autre que vous prendrez aussi pour Dieu. Et Dieu dit :

« J'aperçois la tête de votre enfant, madame. »

Et c'est une des plus belles phrases que vous aurez entendues.

Madame, qui va vivre avec lui un moment encore plus unique que l'amour, voudrait lui mettre les bras autour du cou et lui dire : « S'il te plaît, sois plus tendre. Dis-moi que tu me trouves courageuse. Donne-moi une autre bouffée de chloroforme, je t'en supplie. Tu vois que je ne hurle pas mais c'est atroce d'avoir aussi mal. Fais quelque chose, toi qui peux tout. »

Lou a été priée de sortir, pourquoi ? Louise se retrouve seule parmi des têtes inconnues penchées autour de son sexe et qui se moquent bien de sa tête à elle. Pendant une seconde, par la porte entrouverte, elle a aperçu Arnaud lui faisant un signe d'encouragement. Il a l'air d'un coupable pris la main dans le sac... au moins, en ce moment, il ne pense qu'à elle. Mais elle, elle ne pense qu'à cette bulle qui va crever, c'est sûr, car la boutonnière est trop juste, c'est bien ce qu'elle pensait : ça ne passera jamais. Quatre fois l'accoucheur a saisi la tête entre ses doigts. « Allez, allez, allez, allez... Encore, encore encore encore », glapissait l'infirmière d'une voix stridente, sans cacher son mécontentement quand l'accoucheur la sentant à bout, arrêtait le processus :

« Lâchez tout, madame. Ce sera pour la prochaine poussée. Reposez-vous. Reprenez votre souffle. Tout va très bien, vous ne serez même pas déchirée. »

Merci, mon amour. Tu vas me le donner bientôt, cet enfant ? C'est à Lamaze qu'elle parle, c'est lui son homme en cette occurrence extrême... Mon Dieu, pardonnez-moi mes offenses et délivrez-moi du mâle... ce petit mâle, ce haut mal, sinon je vais éclater comme Plick et Plock dans le livre de Christophe et il y en aura partout.

Et puis juste au moment où Louise a la certitude qu'elle ne peut plus s'élargir d'un millimètre sans éclater, soudain c'est la glissade, la douce douce glissade, délicieusement gluante... l'enfant sort en quelques soubresauts et un calme divin descend dans son corps délivré.

Quand elle reprend ses esprits, Hermine est devant elle, défaite, son rimmel au menton, soutenue par Lou, double Pietà. Adrien s'est réfugié au fond de la chambre, tout désarçonné par la dimension magique d'un événement qu'il se plaisait à croire biologique. Arnaud est assis sur le lit et lui tient la main. A gauche, il y a une petite créature qui dort dans une brassière rose, une horrible brassière rose ! D'un rose qui paraît aussi noir aux yeux de Louise que la voile de Thésée, celle qu'il oublia de changer pour avertir Egée, son père, qu'il rentrait victorieux.

« Surtout, mettez-lui la bleue si c'est bien un garçon », avait-elle recommandé à la sage-femme. Mais si elle s'était trompée, comme Thésée? Louise referme les yeux et ne demande rien pour prolonger un peu l'espoir, mais Arnaud se penche sur elle avec un visage ému :

« Tu as une très belle petite fille, dit-il et il sourit bravement. Elle pèse sept livres. »

Louise est profondément déçue, affreusement humiliée; et puis très vite un peu fière. Et puis, de plus en plus fière.

Et puis profondément heureuse.

XII

LES RÈGLES

« Tu les as ?

— Elles sont arrivées ?

— Alors ? Toujours rien ?

— Merde, qu'est-ce que tu vas faire ? »

Messages de détresse, appels au secours, prières, exercices violents et dérisoires, vérifications incessantes sous la jupe, obsession de la tache rouge qui signifiera liberté... « Les règles, quel beau mot ! » avait écrit autrefois Lou à Hermine. Quelle belle chose surtout quand elles arrivaient, vous délivrant pour un mois, un mois seulement, un mois encore, d'un avenir imposé, avec son poids d'amour en supplément.

Non, Louise n'avait jamais songé à utiliser de capotes. Ni Arnaud. Il n'en avait tout simplement pas été question. L'amour doit rester poétique, n'est-ce pas ? Naturel. Et puisqu'elle se débrouillait sans, c'était tout de même plus agréable. Ils échangeaient sur ce problème le minimum d'informations.

« Ça y est ? IL est passé ?

— Oui.

— Ça va ? Tu te sens OK ?

— Ça va. »

Ouf, jusqu'à la prochaine. Surtout ne pas donner trop d'importance à ces épisodes, sous peine de tuer l'amour. Il était admis qu'Arnaud n'était pas assez maître de lui dans ces moments-là pour se retirer à temps. C'était plutôt sympathique, non? La Nature, la nature humaine, fait bien les choses. A côté de la maladie, de l'épreuve, elle donne généralement le mode d'emploi, la dose de grâce tout juste suffisante pour la supporter. S'il avait fallu penser à ses fins de mois chaque fois qu'on faisait l'amour, aucune femme sensée ne l'aurait plus fait.

Cinq avortements et deux accouchements en quatre ans, dont un seul désiré, c'était bien ennuyeux mais c'était la vie, la vie conjugale. Ou bien on les faisait passer ou bien on pouponnait à perpète, comme Agnès qui en était à son quatrième en cinq ans, décalcifiée, variqueuse et naufragée dans l'eau du bain où trempaient en permanence les couches des deux derniers. A chacune de choisir, si elle le pouvait, et de garder, si elle le pouvait, l'amour de l'amour. Les autres faisaient semblant. A la surface de la société, rien ne venait troubler l'eau tranquille de la bonne conscience générale. Les remous restaient souterrains, vécus dans le secret, la solitude, le désespoir, la maladie ou la dépression. Mais le plus souvent c'était la vie et sa miséricordieuse faculté d'insouciance qui prenaient le dessus.

Sans rancune, sans amertume, sans révolte, Louise ne faisait que se rattacher en somme à toutes ces chères, ces émouvantes folles de tous les temps, qui ont répondu OUI à un homme, à un instinct aussi profond que l'instinct de survie, OUI à un moment de tendresse ou d'oubli, à ce vertige divin qui montait en elles, à ce tropisme obstiné, OUI, même avec le risque d'être abandonnées, insultées, flétries, d'être chassées et maudites par leur famille, d'accoucher seules dans la honte, condamnées par la société jusque dans leurs bâtards. Le OUI des jeunes bonnes des beaux quartiers, des petites filles troussées par leur père, des jeunes secrétaires amoureuses du patron, le OUI des épouses qui détestent ça, des mères de douze enfants et qui continuent, le OUI des femmes battues ou qui ont peur de l'être, des filles mères qui en ont déjà deux et qui y croient encore; OUI parce qu'on ne sait pas dire NON à un homme, ou à la vie.

Quelle autre explication à cette démence? Moi je n'ai rien trouvé.

Fin avril 47, Pauline a quatre mois. Louise a repris son travail au Journal parlé. La vie n'est pas facile dans la petite case où nul refuge ne permet d'échapper aux cris d'un nouveau-né. Arnaud préfère travailler au bureau et rentrer tard, quand l'enfant est baigné, repu, théoriquement neutralisé. L'obligation de recourir à une gardienne-d'enfants-femme-de-ménage laisse peu de bénéfices à Louise sur son salaire. Aussi, quand il faut se rendre à l'évidence qu'elle constitue un terrain d'une désolante réceptivité et qu'une nouvelle grossesse s'annonce, n'est-il pas besoin de longues discussions. Louise a une adresse. Elle profitera pour l'intervention d'une des absences d'Arnaud qui s'évanouit à la vue du sang et auquel elle ne veut pas imposer ce genre de cérémonial. Il insiste un peu, gentiment, mais c'est un principe chez elle : il est déjà bien assez ennuyé d'être affligé d'une femme qui tombe enceinte dès qu'on la touche et elle n'a envie que d'une autre femme, pour l'aider. Au point qu'elle se refuse à retourner chez le professeur V. dont elle n'a gardé qu'un souvenir d'humiliation. Elle décide de n'en pas parler non plus à sa mère. Hermine rend toujours les hommes responsables et elle ne veut pas lui donner de nouvelles munitions contre Arnaud. Mais Lou, comme d'habitude, est là, pour qui tout est naturel, Lou qui ne s'embarrasse ni de principes ni de conseils inutiles, qui ne dramatise rien, qui accepte qu'on se trompe, qu'on récidive, qu'on soit idiot. Elle a pris rendez-vous chez Jeanne Saulnier, une sage-femme qui dirige une pouponnière à Montmorency et que Louise connaît un peu pour l'avoir rencontrée chez sa mère. Elle s'est toujours demandé ce qui liait cette petite femme maigre et effacée qui venait parfois déjeuner et l'artiste brillante qui lui manifestait une si fidèle affection. Elle le devine aujourd'hui.

Comme les êtres affrontés aux événements fondamentaux de l'existence, Jeanne Saulnier ne gaspillait ni ses émotions ni ses bonnes paroles :

« Tu sais, ma petite fille, qu'il ne faudra pas jouer à cela trop souvent, lui dit-elle seulement avant de l'emmener dans son cabinet. Je vais te poser une sonde que tu garderas jusqu'à ce que la fausse couche se déclenche. Dès que l'hémorragie commencera, tu enlèveras la sonde, surtout. Pas pour trois gouttes de sang... attends que ça saigne vraiment.

– Je n'ai que treize jours de retard, ça devrait se décrocher facilement ? Peut-être pourrais-je éviter le curetage en clinique ? Ça a l'air idiot mais c'est tout l'argent de nos vacances qui y passerait !

– Avec un peu de chance... Ecoute, prends bien ta température matin et soir. Tu devrais seulement avoir des règles plus douloureuses et plus longues. Si tu n'as pas de fièvre, c'est que tout s'est bien passé. Mais si tu as la moindre inquiétude, vois tout de suite ton médecin, celui qui t'a accouchée. Ils ont l'habitude, va. Mais ne parle pas de la sonde, surtout; ce n'est pas la peine de le mettre dans une situation impossible.

– Et qu'est-ce que je lui dirai ?

– Rien. C'est un homme bien, je le connais. Il

ne te demandera rien. Moins on en dit dans ces affaires-là, mieux cela vaut. Pour tout le monde. Installe-toi, ma chérie, je reviens. »

Louise monte sur l'horrible table, éperdue de reconnaissance. Des paroles tendres en ces moments-là, une main douce et non mercenaire, vous feraient sangloter.

Jeanne ne pose aucune question. Elle estime assez Louise pour la considérer comme une adulte qui a le droit d'orienter sa vie comme elle le sent. Son petit visage maigre, ses mains de travailleuse manuelle qui avaient mis au monde tant d'enfants, ses yeux bleus comme délavés par trop de larmes, disaient assez qu'elle n'était plus là pour juger. Elle avait encore l'air à cinquante ans de la maigre petite fille de l'Assistance qu'elle avait été, puis de la timide infirmière, séduite et abandonnée par le médecin de la maternité où elle était employée. Un médecin qui préparait les concours et dont Jeanne comprenait bien qu'il serait tout à fait inconséquent pour lui d'épouser une petite infirmière pauvre, pas très belle et un peu rachitique de surcroît. L'abandon, elle connaissait déjà bien, elle avait pris l'habitude. Il était aujourd'hui professeur agrégé, disait Jeanne avec un respect attendri, elle ne s'était donc pas sacrifiée pour rien. Mais il s'était très bien conduit, envoyant chaque mois un peu d'argent, pour l'aider à élever leur fils. Il avait toujours refusé de le voir car il avait trois fils de son côté, des vrais, et n'aurait voulu pour rien au monde que cette erreur de jeunesse fût connue, ne serait-ce que par respect pour sa femme qui était très catholique et avait le cœur fragile.

Jeanne n'avait plus jamais aimé un homme, en dehors de son fils. Elle s'était consacrée aux femmes qu'elle accouchait ou soignait, toutes ces femmes dont tant étaient seules dans ce moment effrayant et merveilleux de donner la vie et auprès desquelles, d'instinct et dix ans avant les autres, elle inventait la naissance douce et consciente.

« Je ne te fais pas mal, mon petit ? demanda-t-elle doucement en introduisant le spéculum qu'elle venait de passer dans de l'eau bouillie chaude pour épargner à Louise le froid du métal. Voilà, tout est en place, annonça-t-elle quelques minutes plus tard. Tu vas mettre une garniture bien serrée pour que la sonde ne bouge pas. Surtout que tu rentres à bicyclette, je suppose, ajouta-t-elle avec un sourire résigné. Fais attention tout de même : si tu avais un accident et qu'on te trouve avec ce fourbi... »

Mais elle n'eut pas d'accident, ni ce jour-là ni trois jours plus tard. Un petit geste et neuf mois de grossesse et des années de soins étaient rayés de sa vie. Louise se sentit soulagée d'un poids infini. La faute était effacée, la faute d'être un ventre qui ne vous obéit pas, qui piège les maris, qui menace l'amour. Elle s'enorgueillit de n'avoir pas manqué la Radio un seul jour. Brave corps, va ! L'avenir lui sembla moins chargé de menaces.

Arnaud, pour la première fois, revint avec des fleurs. Il ne demanda pas de détails et se contenta de hocher la tête d'un air mi-douloureux, mi-dégoûté quand elle lui raconta en quelques mots sa visite chez Jeanne.

Louise ne se sentait pas fatiguée, mais malgré leurs problèmes financiers, il la pressa de prendre la semaine de congé d'hiver qui lui restait et de partir quelque temps avec Viviane. Hermine, qui revenait de Londres où elle venait de faire une exposition très réussie, était dans sa semaine de bonté et proposait de garder le bébé, ce qui permettrait de libérer un peu « la jeune fille ». Elle était parfaite, la jeune fille, en dehors du fait qu'elle avait droit au repos hebdomadaire, elle. Droit aux rhumes, aux entorses, aux indigestions, aux chagrins d'amour... Depuis la naissance de Pauline, Louise vivait chaque matin dans la terreur du coup de téléphone de Mme Le Gall annonçant que sa fille Simone s'était foulé un cheveu et devrait garder la chambre.

« Mais bien sûr, madame, la pauvre Simone ! Dites-lui de bien se soigner surtout, on va s'arranger... »

Un bon coup de pied au cul, oui ! Mais hélas on ne pouvait plus recourir à cette méthode. Les Germinie Lacerteux, les cœurs simples, les servantes qui ne se couchaient que pour mourir, on n'en trouvait plus à La Bouée, bureau de placement de la rue de Passy pour Mère en Détresse. Et n'est-ce pas toujours la détresse quand on est mère ?

La vie était encore contraignante en 47, comme si le pays ne parvenait pas à abandonner ses habitudes d'occupation, et il fallait perdre beaucoup d'heures avant d'obtenir le droit de commencer à vivre. Louise bénéficiait d'une carte de priorité mais, dans les mairies, des milliers de mères brandissaient la même devant le guichet des cartes E pour moins de deux ans, puis fonçaient recommencer la queue au guichet des J3, réservé « aux jeunes et aux mères ayant allaité un nourrisson ». N'allaitant plus mais bénéficiant encore de la carte J3 pour quelques mois grâce à la reconnaissance de la nation, Louise était en outre invitée à se procurer le certificat reconnaissant l'impossibilité d'allaiter, ouvrant ainsi droit à faire la queue pour « l'allocation spéciale lait concentré » puis à se présenter au guichet 7 pour toucher lesdits tickets.

Restait ensuite la queue la plus longue, celle des adultes sans spécialité comme Arnaud, qui n'avaient droit qu'à la carte M, et à ne pas oublier la carte de tabac réservée aux mâles de l'espèce, puis l'inscription obligatoire dans un bureau de tabac seul habilité à délivrer la drogue. Même le pain s'achetait toujours contre tickets et jamais la ration n'avait été si basse : 200 grammes par jour. Après tant d'années de restrictions, toutes ces brimades commençaient à paraître insupportables.

C'était en plus l'avril d'un hiver qui n'en finissait pas, la saison où monte comme une sève le besoin de respirer un autre air. Louise rêvait surtout de sommeils profonds que ne viendraient pas déchirer les hurlements d'un nourrisson. Elle partit donc avec Viviane pour Kerviglouse où Arnaud et Félicien promirent de les rejoindre pour le week-end. C'étaient ses premières vacances de jeune fille depuis qu'elle ne l'était plus et elle y retrouva cette allégresse de vivre qu'elle croyait avoir perdue depuis son mariage. Adrien vint passer quelques jours pour compléter son illusion du passé et ils reprirent leurs promenades botaniques et géologiques. Toutou Lagadec lui aussi revint à ses habitudes et s'installa avec autorité dans la chaumière où il jouait pendant quelques mois chaque année au chien adoré.

Viviane virevoltait, se coinçant les talons dans les fentes du vieux parquet, brûlant les petits plats qu'elle préparait avec des mines de conspirateur, achevant les saladiers fendus qui avaient survécu à force de soins depuis dix ans et oubliant son porte-monnaie au village.

« Tu vois, je casse tout et je perds toutes mes affaires, même mes fœtus », disait-elle avec un petit rire triste.

Elle qui se désespérait de ne pouvoir avoir d'enfant enviait la fécondité qui désespérait Louise.

« D'accord, un enfant, c'est merveilleux mais à condition de renoncer à Nietzsche, à Platon, au cinéma l'après-midi, aux dimanches à traîner au lit...

– Tu ne lisais pas Platon tous les jours !

– Non, mais je pouvais. Maintenant, c'est Spock ! »

Viviane se moquait de Spock comme de Platon, comme de Kravchenko d'ailleurs qui divisait alors les familles comme l'avait fait l'affaire Dreyfus et dont Adrien leur lisait des passages le soir autour du feu de bois devant la vieille cheminée au linteau de granit qui avait réchauffé des générations de Bretons avant eux. Toutou, un œil noir et l'autre blanc, le ventre plein, comblé de caresses, vautré comme un Sybarite, feignait de dormir pour retarder le moment où on le renverrait à la paille humide de sa niche.

Les feux de bois, quand ils sont autre chose qu'un décor dans un appartement parisien déjà surchauffé, ont le don de vous ramener aux questions essentielles. Ils avaient l'impression de dire de grandes choses à la lueur amicale des flammes et Adrien se prenait pour le patriarche respecté qu'il eût pu être en d'autres temps, avec une autre compagne.

Mais il fallut retrouver Paris, les départs à l'aube sur sa bicyclette dans les rues encore désertes quand elle était « du matin », les biberons prêts dans la glacière et le plat à réchauffer pour Arnaud quand elle était « du soir », ce qu'il détestait, car il se voyait contraint de monter la garde près du berceau et de manipuler des couches souillées qu'il déposait du bout des doigts dans la baignoire, où Louise les retrouvait à minuit et les grattait avec une palette de bois avant de les laisser tremper pour la nuit afin que Simone puisse les mettre à bouillir le matin. L'éventualité d'une nouvelle grossesse, concrétisée par l'arrivée d'un deuxième petit derrière à décrotter, laver, talquer, crémer, embrasser, langer tous les jours, sans parler des autres orifices à ne pas négliger, lui paraissait inacceptable. Aussi, quand elle se trouva « prise » trois mois plus tard – c'était décidément sa périodicité moyenne – résolut-elle, sans même en parler à Arnaud, d'apprendre à se débrouiller toute seule. Ce n'était qu'une question d'outillage, et à défaut d'outillage, d'ingéniosité.

Vu l'absence de spéculum et l'impossibilité de s'en procurer un, elle se rabattrait sur la traditionnelle aiguille à tricoter. Quant à la sonde, dont la vente était strictement interdite en pharmacie, on pouvait avantageusement la remplacer par de la ligne à lieu, vendue au mètre et en vente libre chez tous les marchands d'articles de pêche. Il ne resterait ensuite qu'à consulter les manuels d'anatomie de Jean-Marie pour le repérage des lieux et à trouver un week-end adéquat, c'est-à-dire où Arnaud serait en voyage, Simone de repos et Viviane disponible pour venir garder Pauline pendant l'intervention, qui risquait d'être longue la première fois. Elle accepta de mauvaise grâce.

« Pourquoi tu ne demandes pas à Arnaud d'être là ? Moi j'ai la trouille. J'ai déjà eu des ennuis avec la police pour la bonne qui a eu une hémorragie chez moi, alors...

– Arnaud ne veut pas d'autre enfant mais il refuse de savoir ce qu'il faut faire pour cela. Et puis, toi, ça m'est égal de te faire peur ou de te dégoûter, ma chérie.

– Mais tu aurais pu essayer l'eau-de-vie allemande avant, ou la quinine... Il paraît que ça marche...

– J'ai tout essayé, crois-moi, et tout obtenu, évanouissements, nausées, tremblements. Tout, sauf une fausse couche. »

Viviane eut d'ailleurs le loisir de passer en

revue les différentes méthodes de destruction depuis Attila et chacun des accidents dont elle avait entendu parler, pendant le temps que mit Louise à repérer la petite bouche ronde de son col utérin et à faire coulisser ses cinquante centimètres de ligne de caoutchouc sur l'aiguille à tricoter qui assurait la montée du tube dans un vagin qui n'avait jamais vu tant de monde à la fois.

« Tu sais qu'on peut avoir un arrêt cardiaque avec un truc comme ça... Et qu'est-ce que je ferais, moi ?

– Eh bien, tu ferais disparaître tout le matériel, surtout. Et ensuite, tu appellerais Police secours, disant que tu viens de me trouver morte. Et tu n'oublies pas le prochain biberon de Pauline : il est dans la glacière.

– Oh ! écoute, ne te fous pas de moi. En tout cas, je te préviens : je suis incapable de t'aider. Je ne peux déjà pas me toucher moi-même...

– Sois tranquille, je ne te demanderai rien, j'aurais bien trop peur que tu me transperces la bedaine et que tu rates l'embryon ! »

Là où Jeanne Saulnier avait mis dix minutes, Louise passa deux heures. C'était indolore mais épuisant de travailler dans cette position grotesque et inconfortable, à tâtons, tout doucement pour ne rien léser. Elle ratait tout le temps l'entrée, la ligne à lieu allait se lover au fond du conduit vaginal et toute la progression était à recommencer. Viviane passait la tête toutes les dix minutes, l'œil angoissé.

« Je débute, disait Louise. La prochaine fois, ça ira plus vite. Je ferai ça directement avec un crochet. »

Viviane haussait les épaules. Elle ne comprenait pas que Louise pût plaisanter sur ce sujet mais chacun puise son courage où il peut.

Quand Arnaud revint, l'ardoise était effacée, tout allait bien, il ne restait plus qu'à recommencer. Il paraissait plus détendu depuis quelque temps, presque heureux. *Paris-Presse* lui demandait des articles, il devenait une vedette et s'épanouissait à la chaleur de sa gloire naissante et de ses fins de mois plus confortables. Il aimait être reconnu et se laissait facilement séduire par les amitiés que procure le succès, acceptant toutes les occasions de sortir et de fréquenter la faune des cocktails parisiens. Louise, elle, redoutait ces soirées où il l'emmenait pour l'oublier aussitôt. Quel intérêt pour lui de s'occuper d'elle puisqu'il était sûr de la retrouver en rentrant ! Personne ne la reconnaissait, sa timidité la maintenait à l'écart et elle regardait, le visage hostile, tout le monde s'empresser autour de « Vous savez, Arnaud Castéja, qui a créé *Aujourd'hui en France...* »

« Tu es un peu monstrueuse, lui disait Arnaud en rentrant, tu voudrais que je ne vive plus en dehors de toi !

– J'ai toujours plus envie d'être avec toi qu'avec n'importe qui, même dans une soirée. Tu considères ça comme une maladie ?

– Jamais... Toujours, c'est une prison en tout cas, cette forme d'amour. Qu'est-ce que tu veux, moi, le monde entier continue à m'intéresser. »

Les femmes du monde entier en particulier, avait envie de répondre Louise. Mais peut-être avait-il raison, c'était du delirium. Tout amour est un delirium. Pourtant, il est tellement évident que très vite, trop vite, on ne tremblera plus en entendant le bruit d'une clef dans la serrure, qu'il ne suffira plus d'une présence pour que la vie prenne un sens... comment ne pas se mettre à genoux quand l'amour est là ?

C'est en septembre 47, Pauline avait dix mois,

que le piège à spermatozoïdes se referma une nouvelle fois. Découragée, Louise décida d'en discuter avec Arnaud. Ce corps, on ne pouvait le violenter tous les trois mois. Et puis ce fils, il faudrait bien le faire un jour ou l'autre... Bref, puisque ces événements nous dépassent... ils décidèrent de laisser la vie sauve à cet embryon. Cela tombait mal pourtant : Arnaud venait de signer un contrat avec les Expéditions polaires françaises et devait partir en avril au Groenland pour deux mois. Il ne serait pas là pour la naissance. Il proposa de rompre cet engagement, mais Louise poussa de hauts cris. C'était déjà assez de lui imposer ce deuxième enfant si près du premier sans lui faire manquer en plus une occasion aussi exceptionnelle. Un enfant dans les bras, plus un dans le ventre, peut-être était-ce un bien qu'il échappe à cette réédition de soucis gynécologiques. Mais l'avenir lui parut inquiétant. Si les années suivantes ressemblaient à celle-ci, elle était en route vers le prix Cognacq... ou la prison pour avortement. Elle avait entendu dire qu'on vendait en Angleterre des rondelles de caoutchouc pour femmes, qui empêchaient la fécondation. Elle tâcherait de s'en procurer. Arnaud n'était pas du tout au courant. Les sexes vivaient très séparés à cette époque, on évoquait rarement ses problèmes intimes d'un bord à l'autre. Les femmes se débrouillaient entre elles. Mais à utiliser sa ligne à lieu trois ou quatre fois par an, Louise se disait qu'elle finirait par perdre son âme sinon sa santé.

Fin avril 48, Arnaud s'envola donc pour l'Ecosse d'où il devait s'embarquer pour le sud du Groenland. Son absence s'aggravait cette fois de l'impossibilité de communiquer autrement que par messages radio.

« Ecris-moi tout de même pendant tout ce

temps, lui demanda-t-il, toi qui adores t'épancher... Que je sache à mon retour si on aime encore ce pauvre Arnaud qui ne va pas tellement s'amuser avec les Esquimaudes.

– Mon pauvre chéri, je sais bien que tu aimerais beaucoup mieux être à ma place et accoucher tranquillement ici...

– Ce qui est drôle, c'est que j'apprendrai la naissance de mon fils sur la banquise ! Gustav, c'est un nom scandinave d'ailleurs. On pourrait le déclarer né à Angmassalik, ça a une autre gueule que Boulogne-Billancourt, avoue.

– Si c'est une fille, Boulogne-Billancourt suffira parfaitement.

– Ce sera un garçon, tu verras. Tu me vois avec deux filles ? Et puis tu serais obligée d'en faire un autre ! »

XIII

GUSTAVE

10 avril 1948

« Attention à ta gorge. Ne sors pas sans cache-nez au Groenland ! »

Les pauvres mots de ceux qui restent, comme sur un quai de gare quand le train ne se décide pas à partir. Arnaud me téléphonait pour la dernière fois, d'Edimbourg, avant le grand saut et la moindre phrase tendre m'aurait fait éclater en sanglots. Et ça, je l'avais déjà fait quand il m'avait dit tout bas avant de fermer derrière lui la porte de la case pour deux mois : « Je suis heureux que tu sois ma femme. » J'avais entreposé cette précieuse information comme une fourmi, en vue de l'hiver qui m'attendait. Il fallait sans doute qu'il s'en aille au bout du monde pour parvenir à l'articuler enfin, cette phrase qui m'assure que je n'ai pas raté ma vie. J'aime encore mieux savoir Arnaud loin et m'aimant, que tout près et pas emballé... D'autant que je ne suis guère reluisante en ce moment, abrutie par un rhume à allure de sinusite, l'œil fixe de la bête qui va vêler, ficelée dans un sac de lainage à panneaux mobiles montés sur ceinture coulissante inventé par Lou mais qui me donne l'air d'un ventre à pattes.

Mon Ulysse des mers du Nord, qui cingle vers la banquise sous une brise pure et salée, intact, léger, inviolé, plein d'excitation comme tous les Ulysses et, comme eux, oublieux des grosses Pénélopes rivées au foyer, me semble faire partie d'un autre univers. Toute à mes fonctions de femelle, je n'ai d'autre choix que d'écouter grossir mon ventre tout en surveillant mon poussin de la précédente couvée.

J'avais projeté d'utiliser ces six semaines de congé prénatal pour rassembler mes écrits, bouts de roman, ébauches de poèmes. Illusion ! Comment accueillir l'inspiration, l'esprit créateur quand le corps est rivé au sol par un si lourd boulet ? Et quand le corps sera libéré, c'est le cœur qui prendra la relève et cette fois, pas pour neuf mois seulement. L'esprit, lui, peut encore jouer à se croire libre. Mais quand il s'agit d'écrire, n'avoir pas *tout* son temps, c'est ne pas en avoir *du tout*.

Du fond de ma deuxième maternité, je rêve à la mer, aux voyages, aux bateaux comme une prisonnière qui en a pris pour longtemps. Seigneur, j'ai besoin d'étés !

15 avril

Reçu une petite lettre d'Arnaud, la dernière avant son embarquement. Suis-je gravement contaminée par la littérature ? « Ton mari qui pense à toi », « je t'embrasse comme je t'aime » et autres « ta pensée est sans cesse près de moi » ne valent pas à mes yeux le petit « Je t'I » de Jean-Marie. Moi, il me semble que j'aime plus quand j'ai su le dire mieux.

« Ce n'est pas de l'encre qui coule dans mes

veines mais du sang », m'a répondu Arnaud un jour où je lui expliquais mon sentiment.

L'encre aussi peut être rouge...

20 avril

Comme les vraies mères du XVIe qui ne travaillent pas, je passe mes après-midi au Bois avec Pauline et j'assiste avec accablement à son apprentissage de la mesquinerie humaine. Elle était née socialiste utopique, prêtant ses jouets et aidant les autres à remplir leur seau. Depuis qu'elle s'est vu arracher une pelle ou un moule par une mère indignée : « Jérôme, voyons, ne laisse pas prendre tes affaires ! » elle a appris elle aussi à hurler dès qu'on touche à son bien. Spectacle navrant du petit garçon assis sur SON pliant au centre du tas de sable, tous ses jouets dans ses bras et ne se décidant pas à prendre le risque de faire un pâté pour ne pas avoir à poser sa pelle un instant. Ce sont ceux-là, celles-là, qui, plus tard, mettront un cadenas au réfrigérateur pour empêcher la bonne de manger la nuit... ou qui diront comme le mari d'Agnès : « Les ouvriers ? Ils dépensent plus que nous pour la bouffe. Alors qu'on ne vienne pas me dire... »

25 avril

Au centre, rien de nouveau. Je suis à peu près aussi ventrue et passive qu'une meule. Et pas plus d'idées ou de fantaisie qu'elle. « C'est beau, une meule ! » dit Lou pour me consoler. C'est beau, oui : à regarder, pas à être.

Pour me distraire, elle m'emmène chez sa voyante favorite qui m'annonce que j'aurai un garçon de neuf livres et qu'elle voit à mes côtés « un homme d'intérieur qui ne veut que mon bonheur ». Un homme d'intérieur au pôle Nord, cela me fait un très grand intérieur !

« En fait, je suis sûre qu'il est amoureux de toi, m'affirme Lou en me ramenant à la maison, mais tu ne lui laisses jamais le temps de s'en apercevoir. Les félins, il ne faut pas les accabler de caresses.

– Mais l'amour n'est pas une recette de cuisine ! J'aime comme j'aime, Lou, je ne peux pas faire autrement. La stratégie, j'en suis incapable et en plus je trouve cela humiliant pour tous les deux.

– Alors il ne fallait pas laisser filer le Grand Chien. Tu choisis un homme du Midi, c'est-à-dire un séducteur doublé d'un angoissé – ils le sont tous – et tu ne le digères pas ! »

Exact. Mais peut-être que je n'aime pas digérer ? Lou déguste ses hommes comme des chocolats fins, gourmande mais vite écœurée. Hermine les phagocyte puis les méprise de s'être laissé faire. Moi, la difficulté m'attire, j'adore aimer et le dire. Grave erreur, paraît-il.

« *Situ-Nemai-Meupas-Jetaim'*, chantonne Lou de sa voix limpide et trop aiguë comme celle de toutes les chanteuses d'opérette en France. C'est triste mais c'est aussi bête que ça, l'amour, tu verras. »

Quand apprendrai-je ce genre de vérité ? Et faut-il vraiment le souhaiter ?

2 mai

Félicien et Viviane venus dîner. J'espérais bien que ce serait pour cette nuit et qu'ils me conduiraient à la clinique, mais rien. Je sens que Gustave va débarquer en pleine nuit dans mes draps bleus et que je devrai couper le cordon avec les ciseaux rouillés de la cuisine. Mais comment courir chercher les ciseaux si je suis retenue par le cordon ?

Nous avons écouté le Journal du soir : le *Force* fait route vers la côte sud du Groenland, je l'apprends comme tous les cherzauditeurs entre les nouvelles politiques et le reportage de Samy Simon sur l'Extrême-Orient. Mon pigeon voyageur, qui s'ennuyait si visiblement au logis, doit dormir à cette heure dans son hamac du lourd sommeil de l'explorateur, entre hommes, entre copains, comme il aime.

Félicien, qui est aussi ému par mon état que s'il était le père, a voulu passer la nuit auprès de moi, au cas où... Lui trouve que c'est beau, une femme enceinte, et je m'épanouirais sous son regard comme une grosse fleur heureuse. Pourquoi n'ai-je pas choisi d'être une grosse fleur heureuse ? Par quel vice ai-je préféré l'inquiétude permanente où me plonge Arnaud ? J'aime qu'il soit imprévisible, fuyant, fantasque, injuste, qu'il n'ait pas le ventre mou de Félicien, ses épaules tombantes, son air triste de phoque qui vient de rater son numéro. Tout se paie; et j'aime l'amour cher, malheureusement.

9 mai

J'ai rendez-vous avec Gustave demain à six heures du matin ! Lamaze estime que l'enfant est plus qu'à terme et que je suis bien brave de ne pas l'avoir expulsé encore. C'est papa-maman qui conduiront leur fille-mère à la clinique. J'ai déposé mon Paulinou chez eux cet après-midi. Il faisait un temps splendide, un temps à courir, à se sentir libre. Dans l'autobus, mes voisins s'attendrissaient sur les bras ronds de Pauline, son visage rose, bleu et blond de poupon de celluloïd et elle s'épanouissait sous leurs regards, souriant à tous. Elle aimera plaire comme Arnaud et elle aura la chance de considérer sa beauté comme naturelle. Je ne me souviens pas d'avoir jamais pensé, petite fille, que j'étais jolie. La beauté m'apparaissait plutôt comme une conquête, le résultat d'efforts que je refusais par orgueil de m'imposer, puisque mon naturel à moi était d'être moche et bourrue !

Ma dernière journée de gestation, je l'ai vécue dans une curieuse euphorie, baignant dans un sentiment de fierté... métaphysique. Avec ma petite vie dans les bras et en moi cette autre petite vie prête à rejoindre la Communauté humaine, j'avais accompli mon devoir biologique : je nous avais déjà remplacés sur terre, Arnaud et moi. Je me sentais magicienne, sorcière, la fille et la sœur à la fois de toutes les femmes qui avaient vu sortir d'elles leur semblable depuis l'âge des cavernes. Dans cet autobus, je me trimbalais en toute simplicité comme un miracle, payant une place, alors que j'étais trois, au pauvre bourdon déguisé en contrôleur qui jouait à faire *grii-ix* avec sa petite poinçonneuse en bandoulière, sous les yeux indifférents de Messieurs à l'air important, abrités derrière leurs cartables pleins de gribouillis. Les hommes devraient se découvrir devant les femmes enceintes de neuf mois, se souvenir que sans elles le monde ne serait pas, au lieu de croire qu'ils sont là de droit divin et que ce qu'ils font est primordial.

Demain matin, les pieds dans les étriers, je serai moins fière. Je donnerai je ne sais quoi pour être le contrôleur d'autobus qui fait *grii-ix* avec sa petite machine. Mais cet après-midi, je suis Dieu. Quelques femmes le savent et me sourient dans la rue. Mais les hommes, eux, sont tous au pôle Nord.

10 mai

C'est Adrien qui m'a conduite au Belvédère. Maman n'aime pas se lever tôt. Elle me rejoindra avec Lou plus tard. Trop tard comme d'habitude. Elles font partie d'une génération de femmes viscéralement incapables d'arriver à l'heure, sans doute parce que l'exactitude est présentée comme militaire et le retard, exquisément féminin, donc recommandé.

En arrivant, Lamaze m'examine et j'ai l'heureuse surprise d'apprendre que le travail est bien commencé. Col très souple. « Tout devrait être fini dans une heure ou deux, madame. » Combien de fois faudra-t-il lui montrer mon cul pour qu'il m'appelle « mon petit » ?

A 6 h 20, première piqûre d'hypophyse pour hâter les contractions et à 7 h 20 apparition d'un crâne brun et chevelu « qui m'a tout l'air de celui d'un garçon », me dit la sage-femme. Je m'endors le sourire aux lèvres; mais je n'aurai été mère de garçon qu'un quart d'heure... En ouvrant les yeux, je retombe dans mon indignité : ce n'est qu'une autre fille de 7,50 livres. « Pas fichue de fabriquer un mâle, va se dire Arnaud. Elle ne vaut pas ma mère. Encore un coup pour rien ! » Seule Lou paraît ravie que NOUS ayons une fille de plus et qu'aucun « petit étranger » ne vienne troubler notre lignée.

Les piqûres ont si bien accéléré le processus que j'ai eu à peine le temps de m'y reconnaître : ça se tordait, ça squeezait, ça s'écartelait, ça moulinait, pour finalement se désempaler en faisant beaucoup plus mal que l'empalement. Crunch Crunch Crunch les contractions, Han Han Hihan les poussées, jusqu'à cette bouffée divine de l'anesthésie. La boutonnière encore une fois n'a pas craqué; mon Lamaze est un prestidigitateur qui sait sortir en douceur les petits lapins.

Il y a des conditions climatiques pour naître, comme il y a des heures pour passer de vie à trépas. On meurt plus facilement les nuits de grand vent. Un jour les météorologistes annonceront : « Vent d'ouest force 7 : sortie probable d'enfants la nuit prochaine. » Beaucoup de candidats à la vie avaient fait leur entrée ce jour-là et ça beuglait dans tous les couloirs, cris de mères ou de nourrissons. On n'a pu m'installer que le soir et dans une chambre minuscule, réservée sûrement aux femmes sans homme. La sonnette ne fonctionne pas, ni la lampe de chevet, mais il est 8 heures et dans cette clinique de luxe personne ne sait ou ne veut démonter une prise de courant. J'ai apporté des brassières mais pas de tournevis.

Neuf heures du soir, les visiteurs s'en vont, les berceaux aussi. C'est l'heure où le cafard descend dans les cliniques d'accouchement. On vous a enlevé ce bout de vous-même pour vous laisser dormir, vous êtes enfin seule dans votre peau mais vous avez mal à ce membre absent. Je le reconnais bien, mon cafard d'il y a seize mois, après Pauline : c'était le soir du réveillon et Arnaud, qui assurait les reportages de la nuit de Noël dans les cabarets, n'avait pu passer qu'en coup de vent. J'écoutais sauter les bouchons de champagne dans les chambres voisines et résonner gaiement les voix des maris... et je pleurais dans ma cellule sans rires et sans baisers.

« Cafard hormonal ! » m'a dit l'infirmière en me trouvant en larmes.

Ce soir encore, juste au moment où mes hormones commençaient à me piquer les yeux, ma belle Hermine, en manteau rouge cardinal et chapeau à aigrette, m'a fait la surprise d'apparaître à la porte : elle venait passer la soirée avec moi. Emotion de me voir pleurer ? Angoisse à la perspective de sa prochaine exposition ? Pour une fois, elle ne songe pas à déclencher une corrida, à débrider un abcès (parce que ça soulage) ou à m'enfoncer la tête sous l'eau (pour que je respire mieux après !) Nous parlons d'elle, chose rare, de cette perpétuelle remise en question qu'est un métier artistique et de la nécessité de s'imposer en tant que peintre en se faisant oublier en tant que femme. Elle a l'impression de repasser toujours le même examen, comme dans les cauchemars. Pour cette rétrospective, elle redoute beaucoup la critique qui depuis quelque temps voudrait la réduire à n'être qu'un peintre mondain sous prétexte qu'elle ne représente pas d'ouvrières sur fond d'usines ou de paysans courbés sur la glèbe.

« A ce compte-là, Watteau aussi ne serait qu'un peintre mondain ! Et personne ne reproche à Van Dongen de peindre des poules de luxe... »

Pour la première fois, j'aperçois la peur et l'impuissance derrière ses bravades. Sa cote aurait tendance à baisser, on trouve qu'on l'a beaucoup vue; on s'est habitué à ses licornes, à ses paysages hantés, à ce réalisme poétique qui a fait son originalité. On déclare qu'elle fait avant-guerre et qu'elle n'a plus vingt ans, ce qui est une évidence. Pour la première fois aussi je découvre qu'elle pourrait devenir vieille, idée inconcevable. Nous nous consolons mutuellement, de tout et de rien, de ce que nous ne pouvons pas nous dire, et qui s'exprime ce soir par miracle. On ne se sent jamais tant la fille de sa mère que lorsqu'on devient soi-même la mère d'une fille.

12 mai

Toute la famille, y compris la tante Jeanne, rassemblée dans ma chambre pour trouver un prénom à Gustave. En l'absence de toute directive laissée par l'auteur, on gamberge sur le titre de l'œuvre : « Marie ? – Ça m'ennuierait, dit Adrien, la drague du port de Concarneau s'appelait la Marie-Salope ! – Alors Blandine ? – Ah ! non, ça fait martyre dans la fosse aux lions. – Constance ? – Beuh ! J'avais une amie de classe hideuse qui s'appelait Constance. – Delphine ? – Bof... » Résultat, c'est toujours Gustave. On a encore vingt-quatre heures pour réfléchir.

Pauline, qu'Hermine a amenée malgré le règlement, cachée sous sa *capa*, a jeté un coup d'œil sur le machin qui dormait dans le berceau et a déclaré : « Chien ! » puis s'est détournée en feignant le plus complet désintérêt. Quant à Viviane, que l'émotion n'empêche jamais de gaffer, elle a constaté que finalement tous les nouveau-nés avaient des têtes de petits vieux.

« Elle a l'air en bonne santé mais qu'est-ce qu'elle trimbale comme valises sous les yeux ! Et puis son nez, dis donc... Quelle patate ! »

Félicien, lui, est venu le soir après son émission avec des livres, des chocolats, des mots croisés et des nouvelles du monde extérieur. L'Expédition n'est pas encore en vue du cap Farewell : plus d'espoir de voir Arnaud revenir avant juillet. Félicien est de ces rares hommes qui ne s'ennuient pas dans une chambre de malade. Il est vraiment venu me *voir*, c'est-à-dire me regarder, s'enquérir de l'effet que produit une montée de lait, me distraire. Il regarde de près le bébé aussi, le touche, ne se contente pas de dire : « Pourquoi c'est si rouge ? » ou « Quand je pense qu'on a été comme ça ! »

Il est absolument outré que j'appelle cette petite fille Gustave. Je propose Mao Tsé-toung. Elle lui ressemble avec son nez épaté et ses cheveux bruns complètement dressés sur le crâne. Mamie Castéja a suggéré au téléphone Mireille. Tollé général. On n'échappe pas à Gustave pour tomber dans Mireille. Elle ne m'a pas caché sa réprobation que j'aie fait une deuxième pisseuse. Et le beau nom de Castéja, alors ?

14 mai

Le dernier délai expire à midi. Une majorité finit par se dessiner en faveur de Marion et Adrien est dépêché à la mairie de Boulogne-Billancourt où le préposé, qui se prend pour Dieu le Père, déclare le prénom irrecevable. « Marie ou Marinette », concède-t-il, souverain. Il ne faudrait pas croire que les parents ont tous les droits ! La France veille.

« Où irait-on si on laissait les gens choisir n'importe quoi ? » dit-il sévèrement à Adrien.

Nouvelles palabres. Finalement à midi moins dix on se rabat sur un outsider : Frédérique. Adopté à l'unanimité moins une voix, hélas, celle du géniteur.

19 mai

Hâte de me retrouver debout mais on me dit que plus on reste couché et plus « tout remonte en place ». Gustave vomit un biberon sur deux. Il lui faut au moins cinquante pour cent de lait maternel pour qu'elle digère. Or, j'avais décidé de ne pas nourrir cette fois mais voilà le chantage qui commence. Je ne l'ai pas désirée, d'accord, mais en plus elle va m'en punir ! On m'a apporté un tire-lait qui me pompe jusqu'à la dernière goutte.

J'aurais voulu profiter de mes « vacances » en clinique pour dormir tout mon soûl, mais on est sur le pied de guerre ici dès cinq heures trente, heure où l'équipe de nuit ramène les gniards affamés dans chaque chambre pour pomper leurs mères. Puis soins, toilette, chariots de petits déjeuners tintinnabulant dans le couloir, balais et serpillières maniés comme des autos tamponneuses contre les murs et les pieds de lit, visite accoucheur, linge qu'on apporte et remporte, visite pédiatre, couches qu'on vient changer... bref un enfer qui dure toute la matinée, ne vous laissant jamais une plage suffisante pour vous assoupir. Et quand dormirai-je maintenant ? Pas avant un an peut-être.

24 mai

Gustave crache toujours et le pédiatre conseille de passer au lait en poudre, mais la clinique ne veut pas changer sa routine, ça compliquerait le travail des infirmières. On me conseille de la laisser vomir encore quelques jours et de changer de lait quand je serai rentrée chez moi ! Scandaleux ! Un remède : la remettre au sein. Mais comme elle grossit normalement et que je reprends la Radio dans cinq semaines, je refuse cette fatigue supplémentaire malgré la réprobation visible du médecin. « C'est pas lui qui aura des seins de négresse et mal dans le dos », me fait remarquer Lou.

Comme je ne dors pas, je lis un livre par jour. Aujourd'hui, *Journal d'une jeune fille* d'Irène Révelliotti, une amie de classe à moi, morte tuberculeuse elle aussi. Je trouve mon journal de jeune fille meilleur. Evidemment, je ne suis pas morte. Alors qui cela intéresserait-il ?

26 mai

Retour à la maison mais encore beaucoup d'heures de lit, c'est-à-dire d'ennui. Le plus dur est de ne pouvoir espérer ni lettre ni coup de téléphone. Et si le *Force* heurtait un iceberg et coulait corps et biens, dont MON corps et MON bien, on ne le saurait qu'en ne le voyant jamais reparaître. Je sais seulement que le gros de l'expédition a débarqué pour monter en chenillette à 4000 mètres, sur le plateau central, tandis qu'Arnaud cabote le long des côtes, visitant chaque district. Très mauvais temps. Les liaisons sont inaudibles.

Gustave devient plus mignonne. Ou est-ce moi qui m'habitue ?

10 juin

Je porte une guépière et je viens de commencer une sérieuse gymnastique. J'ai envie d'amour, de jupons brodés, de décolletés lascifs; et d'homme lascif, surtout. « *Dip your fingers in the water, O Lord, and cool my heart.* » Encore tout un mois à vivre sans Arnaud. J'en deviens presque poète tant je me sens mélancolique :

Quel bagage lourd

Qu'un cœur plein d'amour... (Oui, d'accord, ça, c'est d'un autre.)

A revenir des Groenlands
Pourquoi donc êtes-vous si lents
Comme vous l'êtes
Ooh goélands ! Ooh goélettes ! (Ça, c'est de moi, et pas de Max Jacob comme on pourrait le croire.)

Toujours peu de nouvelles de là-haut. La Radio commence à trouver qu'elle a engagé beaucoup d'argent pour ne diffuser que quelques télégrammes disant qu'il fait très froid.

Hermine m'a ramené Pauline plus belle que jamais avec ses épaules rondes et ses yeux myosotis. Mais sous prétexte que « ça sentait la merde chez moi », nous voilà parties pour une corrida. Il paraît que moi j'étais propre à un an. Elle oublie qu'elle avait une nurse irlandaise qui me suivait partout, le pot à la main ! Elle me fait remarquer qu'elle me rend une enfant bien portante alors qu'elle avait recueilli une rachitique aux fesses pleines de boutons et au nez purulent. Pendant qu'elle tourne dans mes deux pièces, cherchant des preuves de mon incurie pour alimenter son réquisitoire, la maison Tire-Lait vient reprendre sa trayeuse, Gustave se met à hurler et Simone téléphone pour dire qu'elle ne pourra pas venir cet après-midi car on lui arrache une dent.

« Ça fait combien de fois qu'elle te fait le coup de la dent, ta souillon ? demande maman, acerbe. Elle doit en avoir cinquante-deux, au moins ! »

Elle est dans ses grands jours, range mes armoires à son idée, inspecte mon four électrique qu'elle déclare répugnant et dispose dans la glacière les provisions qu'elle m'a apportées car il paraît que je me nourris de conserves comme une clocharde et que j'aurai l'air d'un épouvantail pour le retour d'Arnaud, ce qui ne changera rien d'ailleurs puisqu'il ne prend pas la peine de me regarder. Elle part ravie : ma maison est rangée et moi démolie.

15 juin

A peine le temps de l'oublier et le voilà retrouvé, le rythme infernal. Ne pas m'endormir avant le biberon de onze heures, puis réveils à deux heures, à cinq heures, à huit heures. Stérilisation des biberons et tétines, lessivage des couches, mise sur le pot de Gustave plusieurs fois par jour comme le recommande mon manuel. Il faut la tenir mi-assise mi-adossée à mes jambes et faire couler un robinet non loin. On obtient des résultats. Lui ai donné pour la première fois quelques gouttes de jus d'orange ce matin. Elle a suçoté la cuillère de cet œil soupçonneux qu'elle a et son regard disait clairement : « Toi, ma vieille, tu chercherais à m'empoisonner que ça ne m'étonnerait pas ! »

Et par-dessus ce travail à plein temps, il faut s'occuper de Pauline qui met une heure à ingurgiter ses repas. Je suis en passe de faire une découverte bouleversante : *deux* enfants donne *trois* fois plus de travail qu'un seul ! Et s'ils accaparent votre temps, ils n'adoucissent en rien votre solitude, je veux dire votre solitude d'adulte. J'ai l'impression d'être seule depuis un siècle. Et pourtant il y a seulement deux mois que je regardais partir Arnaud, mon gros ventre appuyé sur le balcon. La voiture de la Radio l'attendait devant la porte et il n'a pas levé la tête. Il savait trop bien que je guettais ce geste. La portière a claqué, comme font les portières, et voilà : un départ pour le Groenland n'était pas plus compliqué qu'un déplacement à Saint-Germain-en-Laye.

Je pense beaucoup à nous pendant cette retraite forcée. Amour chéri, auras-tu assez confiance en moi un jour ? Ne pas oser être heureux à cause, à cause d'une femme, c'est peut-être ton plus grand défaut.

20 juin

Aperçu sur le *Paris-Presse* d'un voisin dans l'autobus : « ... navire danois au large de... haven, tous disparus. » Moment de panique. Et puis il a déplié son journal : ce n'était qu'un paquebot danois qui venait de sauter sur une mine au large de Kobenhaven avec deux cents passagers. Deux cents êtres disparaissent et tout est repeuplé.

Puisque Arnaud n'était pas là, qui n'aime pas beaucoup les témoins de ma vie passée, j'ai accepté l'invitation du Chérubin à une soirée dansante. Partie pleine de gaieté, revenue l'âme endeuillée par ce bal des fantômes. Les ombres des Infâmes, Hugo, Bernard, Jean-Marie qui était le grand maître de ces soirées-stupre, s'accrochaient aux basques du survivant. Quelques-unes des filles qui les avaient aimés étaient présentes, mais mariées à d'autres, et le charme du Chérubin ne suffisait pas à transformer la soirée en fête. Je me suis sentie doublement abandonnée : par le mort et par le vif.

Pauline n'a mangé qu'un macaroni hier en tout et pour tout. Elle pique des rages à la vue de son assiette. Je crois qu'elle fait une crise de désespoir en s'apercevant que Frédérique est installée chez nous pour de bon. Elle la croyait de passage ! Elle tourne dans la maison en murmurant : « Papa ? » puis après un silence elle secoue la tête : « Pas là, papa. Pas là. » Le pédiatre préconise une séparation du milieu familial : il faudrait l'envoyer à Montpellier chez Mamie Castéja. Mais je renâcle à ce traitement draconien alors que son anorexie a commencé parce que je l'ai quittée trois semaines, pour revenir avec un nouveau bébé. Elle croirait que je suis allée en chercher un troisième.

30 juin

Quand je rentre à la maison après mon travail, j'envie toutes les dames des appartements voisins qui attendent leur bourgeois chaque soir, banalement. Je voudrais être aimée banalement et ne pas me retrouver bientôt auprès d'un aventurier qui n'est jamais si loin de moi que quand il est allongé dans mon lit, rêvant d'ailleurs.

1er juillet

Toujours sans nouvelles de mon ours polaire. « Ne vous faites pas de souci et patientez, m'a dit Liotard, le *Force* fait route de retour vers le Danemark. »

Suis donc allée pour le week-end à Poissy chez tante Jeanne. Je fais de la course à pied autour de l'immense pelouse tandis que Pauline poursuit les poules, pousse une brouette pleine de pommes de pin et oublie Gustave.

Jeanne m'a surnommée « Elouisabeth, la femme sans homme ». Elle n'est pas mécontente de voir que le mariage peut se solder aussi par beaucoup de solitude. Au moins ai-je qui espérer. Avec ses bandeaux ceints d'une natte serrée comme un coup de trique, dérisoire couronne qui dégage sa nuque maigre et triste et ses grandes joues molles, Jeanne est l'image même de celle qui n'espère plus. Ses traits se sont peu à peu brouillés, son corps s'est indifférencié. Elle n'a plus *deux* seins mais *une* poitrine, ni *deux* fesses mais *une* zone pour s'asseoir. Elle sent la sueur morte et a la peau grise de celles qu'on n'a jamais regardées. Une peau si désolée qu'elle la dissimule, portant des manches longues en toutes saisons et des bas de fil gris même en été, avec des espadrilles à lacets.

« Comment peux-tu te peinturlurer le visage comme ça, ma pauvre sœur, dit-elle à Hermine qui est venue déjeuner ce dimanche et l'écraser de son élégance, de ses fards, de son esprit, de sa réussite et de l'amour d'Adrien. Je ne t'embrasse pas, tu sais que ton parfum me donne mal à la tête. »

Hermine serait une gourgandine, un demi-castor, elle lui pardonnerait sa beauté, son argent et son insolence. Mais qu'elle s'offre en plus la respectabilité et la dévotion d'un mari lui paraît une injustice révoltante. Cette révolte la tue d'ailleurs et Jeanne est déjà morte sans le savoir.

3 juillet

Joie, joie, pleurs de joie ! Liotard vient de me téléphoner qu'Arnaud arriverait le 6 à Copenhague, qu'il y resterait quelques jours mais qu'il me demanderait de le rejoindre si possible.

Enfin, tu vas poser le pied en terre civilisée, ton cher gros pied ! J'adorerais te rejoindre à Copenhague si cela ne doit pas coûter trop cher. J'attends ton télégramme. Tu ne me trouveras pas grossie bien que je me force à ingurgiter purées et céréales : je n'arrive pas à devenir une femme de harem comme tu les rêves.

7 juillet

Je lis dans les journaux que tu es à Copenhague et que tu vas en profiter pour faire un petit saut en Suède. Pourquoi pas en Russie pendant que tu y es ? Après tout, ce serait charmant de retrouver une Pénélope à cheveux blancs avec deux grandes jeunes filles ! Il paraît que la Radiodiffusion danoise t'offre une visite du pays. Remercions l'histoire et la géographie d'avoir fait le Danemark si petit.

9 juillet

Coincée dans la porte, une petite enveloppe que tu as dû faire déposer par quelqu'un qui rentrait à Paris, lui. Ton écriture enfin... mon cœur bondit. Tu m'aimes ? Tu ne veux pas attendre un jour de plus pour me revoir ? Tu me demandes d'aller à Copenhague ? J'ai les mains moites en décachetant ton enveloppe. Mais je ne trouve à l'intérieur que la lettre d'un employeur à sa secrétaire (qu'il appelle sa zoupinette) et d'un propriétaire qui s'enquiert de l'état de ses biens. Quand oseras-tu parler de tes sentiments ?

« Demande sans faute à Goldman de me faire envoyer la voiture de la Radio à l'aéroport car je ramène un lourd matériel. » (Oui, chef.)

Côté esprit, je vois qu'il ne s'est pas englouti dans l'océan Glacial et j'apprécie que tu aies su éviter « les crevasses aux mains, aux pieds et au Groenland ».

Mais côté cœur, ton seul souci semble être que je n'aie pris aucun plaisir sans toi : « J'espère que tes amis n'ont pas trop tourné autour de toi et que tu as été bien sage. » (Tu mériterais que j'aie été bien folle, je ressentirais moins amèrement que tu n'aies pas trouvé assez de mots pour remplir les deux pages du ridicule papier à lettres dont tu t'es servi. Tu l'as acheté exprès pour moi ? Tu sembles oublier par ailleurs qu'une grossesse de huit mois et une clinique d'accouchement ne constituent pas un cadre idéal pour tromper un mari !)

Enfin côté santé, tu précises que « le pauvre Arnaud est très fatigué, qu'il dort mal et qu'il faudra bien le gâter ». (Tu me ramènes un enfant de plus, en somme ?)

Ultime recommandation, au cas où je n'aurais pensé à rien et t'aurais reçu dans mon habituel taudis, en savates et tablier : « Que la maison soit belle et les enfants torchés. Et toi aussi sois belle, mince, élégante, pour recevoir ton homme légitime. Tu me reconnaîtras à l'auréole des aventuriers et tu seras éblouie par mes bonnes résolutions. » (Merde alors ! Tu parles comme un enfant du catéchisme promettant à son vieux curé qu'il va faire des sacrifices...)

« Tu vas avoir beaucoup de choses à me raconter et je me prépare à écouter sagement tes babillages. » (Et moi qui croyais PARLER ! Il est vrai que face à ta noble aventure mes mélancolies et mon accouchement ne sont que broutilles.)

Tu termines enfin en « m'embrassant affectueusement », ce que je me permets de considérer comme injurieux après trois mois sans baisers d'aucune sorte.

Ça commence bien, ton retour ! J'étais finalement bien plus heureuse avec toi quand tu n'étais pas là.

Bon, j'ai jeté mon venin. Assez récriminé. De toute façon, j'en ai trop dit ici et ce journal que j'ai entrepris à ton intention, je sais déjà que je ne me déciderai jamais à te le montrer. J'aurais trop peur de tes rancunes, bouderies, blessures d'amour-propre. Je dis bien amour-propre car je ne suis pas près de te faire une blessure d'amour.

J'admets peu à peu que la sincérité absolue n'est peut-être pas nécessaire dans un couple, comme je l'avais cru. A Jean-Marie, j'osais tout dire, mes rêves, mes incapacités et jusqu'au désir sans conséquence éprouvé pour tel ou tel garçon dans la rue... J'ai perdu cette liberté de parole. Cela ne veut pas dire que tout est perdu. Toi, tu te méfies de l'écrit, tu n'as jamais su écrire une lettre tendre. Et moi, je n'arrive pas à être moi-même devant toi... Mais malgré toutes ces inconnues, il faudra bien résoudre notre équation, mon amour.

Au fond, au lieu de réagir raisonnablement, j'aurais dû priver mes enfants de lait et bondir à Copenhague pour t'accueillir. On trouve toujours mille raisons de ne pas faire une folie et une seule de la faire, mais c'est la bonne.

10 juillet

Comme une brave conne, je brique l'appartement pour ton retour. J'ai passé mon jour de congé à faire les parquets. J'aime assez cirer les parquets : je fais du ski de fond quand je passe la paille de fer et je rampe dans la jungle quand j'étale la cire à quatre pattes. L'ennui c'est que sur mes cheveux fraîchement brillantinés se dépose la moitié de la poussière que j'enlève par terre et qu'il faudra aller chez le coiffeur demain. Coût de l'opération : sept cents francs. Le frotteur de l'Elysée me reviendrait moins cher! Quant à faire faire les gros travaux par Simone, il n'en est pas question : j'ai dû lui emprunter mille francs ce matin pour faire le marché.

Il fait un temps polaire : 7° le matin et une pluie froide tombe sans arrêt. Tu ne seras pas dépaysé. J'ai rangé ton bureau et fait réviser ta machine à écrire. Manque pas un bouton de guêtre, mon officier !

11 juillet

Autour de moi, on commence à s'étonner. « Il paraît qu'Arnaud est en Europe. Qu'est-ce qu'il fait ? Du tourisme ? » Et moi qui t'attends « sagement » alors que j'ai déjà vingt-neuf ans et qu'un jour j'en aurai quarante-neuf et que mon amour pour toi aura pris des rides aussi. N'oublie pas que les Pénélope peuvent se décourager et qu'on n'en trouve pas à tous les coins de rues. En revanche on tombe sur des Calypso ou des Circé (en l'occurrence dans les fjords suédois où vivent de fameuses enchanteresses) qui vous transforment en porcs. Et certains soirs ne te vient-il pas à l'esprit que les banquises et les fjords ne sont pas plus profonds que l'amour de ta femme ?

13 juillet

Un télégramme de toi ce matin. Enfin, il est arrivé ce jour où je peux dire : demain ! J'en suis si tourneboulée que j'ai failli épingler Gustave après son bavoir (elle a saigné, la pauvre chérie) et que j'ai brûlé mon frichti. C'est honteux de faire un tel effet à une femme. Tu me paieras cela, mon amour. Demain.

XIV

LES DIMANCHES DES MÈRES

IL y a des moments où tout semble aboutir à la même impasse dans la vie de Louise : comment assurer le bulletin d'information de dix-huit heures quinze, avenue des Champs-Elysées, Paris 8e, et le biberon de dix-huit heures, rue Raynouard, Paris 16e, alors que Simone, Ginette ou Lucette quittent la maison à dix-sept heures ? Impasse qui débouche sur celle du dimanche, ou comment étouffer les cris de Gustave qui doit garder la chambre par suite d'un rhume, les récriminations de Pauline qui voudrait sortir et fait du tricycle dans le couloir, tout en respectant le repos d'Arnaud rentré à l'aube et qui espérait dormir tranquille, tandis qu'une pile d'hebdos étrangers attendent d'être traduits pour la revue de presse du lundi matin ? Coups durs, accidents, maladies, incidents dérisoires mais qui exigent une solution urgente; imprévus divers, extraordinairement divers, mais qui tous débouchent sur la même question lancinante, qui ne supporte ni d'être éludée ni d'être remise au lendemain : « Alors, pour les enfants, qu'est-ce qu'on fait ? »

Il y a les Simone, bien sûr, comme les appelle Pauline qui s'était beaucoup attachée à la première. Les Simone sont nombreuses dans les années 50, faciles à ramener des campagnes où elles s'ennuient dans la ferme familiale en rêvant de la capitale, mais elles sont précaires, s'envolant au premier garçon. En fait Ginette a succédé à Simone, puis Lucette à Ginette, pour cause de mariage, de bobo ou de y-en-a-marre, ce qui détraque périodiquement le mécanisme complexe échafaudé par Louise et dont le moindre raté met en péril l'équilibre des familles dont la mère « travaille ».

Mais il existe un recours : « la loge ». Le jour de congé des Simone, Louise laisse Gustave dans sa voiture d'enfant dans la cour et Pauline, qui s'amuse beaucoup plus dans la penderie pleine de vieilles fripes de Mme Bignolet qu'avec les jouets de sa chambre, et qui préfère le ragoût de chat qu'elle mange là-bas à la sole meunière de la maison, descend chez « Bibi » comme dans la caverne d'Ali Baba. Hélas, c'est régulièrement le jour où Mme Bignolet emmène Kiki chez le vétérinaire que le ministère Schumann, qui se moque bien du biberon de dix-huit heures, tombe ! Et du coup, il faut faire un « spécial » et il sera impossible de regagner la case avant huit heures et la concierge ne sait pas quelles proportions de lait et d'eau minérale il faut mettre pour le biberon de Gustave et il est trop tard pour alerter Hermine dans son atelier à l'autre bout de Paris, toujours prête à remarquer d'ailleurs que sa fille ne sait pas s'organiser. Quant à Viviane, elle aurait sûrement un cours de yoga ou un essayage chez Dior. « Tu m'aurais prévenue hier... » Mais ce genre de situation n'arrive jamais hier...

Bref, il ne reste à Louise qu'à bâcler ses bulletins, avec la complicité d'une secrétaire en cas de nouvelle grave à rajouter en dernière minute, puis à pédaler tel Robic pour sauter chez elle entre deux émissions, laissant Gustave avec un calmant dans son berceau et Pauline à dîner avec

Kiki dans la loge fétide. Où elle la retrouvera deux heures plus tard au septième ciel, la bouche pleine des rochers pralinés interdits à la maison mais que Bibi ne sait pas lui refuser, et en train de tartiner sur le derrière de Kiki la crème antiseptique que le vétérinaire a prescrite pour l'eczéma qui lui ronge l'arrière-train. Mais Pauline est heureuse. Peut-être développerait-elle une névrose aux mains d'une nurse suisse qui lui dirait : « Pas touche, caca ! » chaque fois qu'elle tendrait le bras pour découvrir de quoi est fait le monde.

Arnaud, mis au courant des problèmes après coup, s'indigne, trouve rétrospectivement des solutions, expose d'irréfutables théories. « C'est inadmissible... Un peu d'autorité... Discipline de vie... Un minimum d'organisation... C'est tout de même pas difficile de... »

On ne lui dit plus rien et il croit que tout va mieux grâce à son intervention. Les femmes se noient dans un verre d'eau. Evidemment, ce sont elles qui les remplissent, les vident, les lavent, les rangent, les cassent, les servent aux autres, les verres d'eau.

Et les dimanches où le Père est présent, le problème se complique encore. Le T.N.P. joue *Le Cid* avec Gérard Philipe, mais Corneille... casse-pieds, Arnaud a plutôt envie de se détendre et de voir un western extraordinaire, avenue de la Grande-Armée, et son visage se ferme quand Louise déclare que tous les westerns sont pareils et qu'on pourrait remplacer l'Indien, la putain du saloon ou le cheval par ceux d'un autre film sans que le spectateur s'en aperçoive. Viviane et Félicien voudraient les emmener déjeuner dans un nouveau bistrot des Halles, formidable... Mais on ne fera rien de tout cela. « Demande à Mme Bignolet ? » suggère Arnaud. Mais Louise préfère la garder en réserve pour les coups durs.

Et puis elle ne va tout de même pas abandonner ses filles le seul jour où elle peut s'occuper d'elles ? Alors, à nous la Rivière enchantée, le « jardin d'Alimentation » comme l'appelle Pauline, avec quelque logique puisqu'elle y nourrit les animaux, les stations désopilantes au cabinet des glaces déformantes, les répugnants Tom et Jerry au Cinéac Opéra. Arnaud finira par le voir, son western. A quoi servirait qu'il reste à la maison ?

Dimanches des mères parisiennes, mornes dimanches des mères...

Bien sûr qu'elle est une mère heureuse, qu'elle éprouve une profonde paix parfois à regarder ces deux petites succursales d'elle-même, presque de la même taille, la menue Pauline toute ronde et la grande Frédérique qui va bientôt la rattraper. Bien sûr que certains dimanches d'hiver, quand Arnaud n'est pas là et qu'elles accourent dès leur réveil dans la grande île du lit maternel, c'est la fête : les contes des mille et un Matins métamorphosent la chambre en caverne, en oubliettes, en forteresse, en palais oriental selon l'humeur et la couleur du temps. Bien sûr que les tenir chacune sous un bras, le long de son corps, les yeux bleu pâle d'un côté, les yeux vert mousse de l'autre, donne à Louise une impression de finitude et d'éternité... mais il faut aussi traverser des journées marécageuses où l'on se demande à quoi rime de vivre... et c'est à Agnès alors qu'elle expédie ses miasmes pour s'en délivrer, à l'Agnès d'hier, celle des versions latines traduites sous la lampe d'opaline verte en cherchant des « expressions » dans le Goelzer, celle des rêves de gloire littéraire, celle pour qui Louise reste, quoi qu'il arrive, la sereine jeune fille de la Loire en canoë, la fille forte, celle qui ose choisir ses hommes et son destin ! C'est si bon de retrouver une image de soi-même, fût-elle fausse, chez une personne aimée, même une seule, même si elle se trompe. Et si elle seule ne se trompait pas ? L'une pour l'autre, elles auront toujours une image à part, malgré les démentis ou les déceptions de l'existence et c'est le secret de certaines amitiés d'adolescence qui survivent aux séparations, aux maris, aux enfants.

Elles ont toujours rêvé d'écrire un jour, quand elles disposeraient de cette denrée de luxe : du temps à soi. Une denrée qui se fait rare : Agnès vient de donner naissance à son cinquième enfant, une petite renarde rousse comme elle, treize mois après son quatrième, un garçon qui a une malformation du palais et qu'il faut encore nourrir à la pipette. Mais pourquoi ne publieraient-elles pas leur correspondance de collégiennes d'avant-guerre, une époque qui s'apparente au Moyen Age pour les lycéennes de 1950, puis leurs lettres d'étudiantes sages sous l'occupation ? Et puis leurs confidences d'épouses pleines des petites choses et des grandes espérances qui font la trame de ce que l'on appelle les meilleures années de la vie ?

Agnès appelle Louise « Ma chère âme » et lui dit le lent engloutissement dans la vie de province, au moyen de ce style précieux, charmant, désuet, qui lui sert à s'évader de sa vie de femme de cadre dans une usine d'armement, comme on se déguise pour mieux rêver. Même en 1950, Agnès écrivait encore des lettres de demoiselle de Saint-Cyr : « Pardonnez-moi, ma chère âme, ma dernière épître qui était, vous en conviendrez, bêtement piteuse et larmoyante. J'ai tort de me plaindre. En rentrant de Paris l'autre jour, j'ai ressenti une joie sereine à retrouver ma grande maison, laide et calme, dans son jardin fade à pleurer que d'autres ont planté. Au fond j'étais faite pour m'encroûter en province, avec mes cheveux sagement tordus sur la nuque (Etienne ne m'aime qu'en chignon), mes tailleurs classiques et mes feutres beiges. Je n'ai rien écrit depuis mon mariage mais je n'en éprouve même pas de chagrin : de l'avantage d'avoir peu d'estime pour soi. Mais vous, Louise, qui avez tellement plus d'appétit que moi pour les nourritures terrestres, vous devriez faire quelque chose : je vous promets que vous le pouvez. »

Cette confiance qu'Agnès place en elle, il lui en faudra beaucoup, beaucoup de témoignages avant qu'elle ne se décide à « faire quelque chose ». Mais les rôles sont distribués entre elles : Agnès est mélancolique et élégiaque, Louise vitupère ou se répand avec bonheur dans ces grandes tirades sur la nature que l'on appelait « descriptions » du temps où les deux amies se disputaient la première place dans ce qu'elles croyaient être l'estime de leur professeur bien-aimé, Mme Ansermet.

« Avant de *pouvoir* seulement *songer* à *écrire*, chère Agnès (« Trrois infinitifs dans le même membre d'phrrase, c'est trrop, mademoiselle Morrvan ! »), je dois changer d'appartement. Je n'ai pas un centimètre carré à moi dans cette case. Nous en avons un en vue dans le même immeuble que Viviane et Félicien, dans le XVIe encore malheureusement, mais cela me permettrait de continuer à bénéficier des services de Mme Bignolet. Détail vital : il comporte une chambre de bonne. Lucette est ravie de travailler à plein temps. Elle n'a qu'un défaut, Lucette : son amant est receveur sur le 32 ! Et au lieu d'emmener les filles au Bois, elle passe ses après-midi à voyager de la porte de la Muette à la gare de l'Est et retour ou à attendre la fin du service du préposé chéri sur un banc au terminus. Le soir, c'est lui qui fait dîner Pauline (qui l'adore) et qui assure la vaisselle pour que Lucette puisse sortir plus vite. “ Nous avons engagé un couple ”, dit Arnaud aux amis qui s'étonnent de voir un receveur en uniforme leur ouvrir la porte.

« Il reste à souhaiter que Lucette soit affligée d'une rétroversion de l'utérus et ne tombe pas enceinte trop vite...

« Arnaud devait rentrer le 18 mais retarde de deux jours pour aller voir la corrida de Nîmes où il m'invite. Mais l'envie de voir un mari et une corrida ne sont pas des motifs suffisants pour attendrir mon rédacteur en chef et je préfère garder mon capital congés pour le croup, l'angine qui vous a des allures de polio ou la plume sergent-major dans l'œil... De toute façon, je préfère ne pas voir de corrida, ce qui me conduirait peut-être à les apprécier. C'est ce qu'Arnaud appelle à juste titre mon côté buté. Mais il faut bien résister sur deux ou trois points dans cette grande reddition qu'est le mariage.

« Vous me manquez, Agnès. La Sorbonne, où je ne retournerai jamais, me manque. L'inutile et le gratuit me manquent; étudier quelque chose qui ne sert à rien me manque. Nous sommes entrées dans un univers où nous n'avons plus que le temps et le droit de FAIRE. C'est pour cela que je suis si emballée par notre projet de livre, qui va nous obliger à rêver. Mais oserez-vous, pour un rêve, enlever du temps à Vincent et à votre petite Renarde nouvelle-née? J'espère qu'elle est aussi rousse que vous et que celle de Mary Webb? »

Au cours d'une vie, certains événements sont porteurs de destins mais on ne le découvre souvent que plus tard. Pour Louise, ce furent à chaque fois les changements de domicile qui déterminèrent une brisure, un virage ou le déclenchement d'un mécanisme irréversible. Car on quitte une maison sans toujours savoir ce qu'elle va garder de vous, malgré vous.

L'abandon de la case allait ainsi marquer pour Louise la première rupture avec son passé. Jean-Marie était mort. Le voici désormais enterré. Dans le nouvel appartement, plus rien ne rappelle qu'il a existé hormis le tableau inachevé qu'elle accroche dans le salon, bien en vue, pour que des visiteurs curieux lui demandent qui est ce jeune homme au sourire triste qui joue de l'harmonica et pourquoi les mains ne sont pas finies, ainsi aura-t-elle l'occasion de prononcer le mot « Jean-Marie ». Elle ne va jamais sur sa tombe à Saint-Gervais. Il y est trop mort justement. Elle préfère qu'il vive avec elle, quand elle fait ce qu'il aimait faire ou dit ce qu'il aurait dit. Ils sont seuls à savoir tous les deux qu'il revit en elle à ces moments-là.

Evaporé aussi Werner, sa grande masse affalée dans le fauteuil violet qu'on va recouvrir et qui ne sera même plus « le fauteuil violet », ses mains fortes, ses mains de tueur si douces, son sourire quand il s'était couché le premier, toujours pressé, et qu'il tendait les bras vers elle du grand lit au fond de l'alcôve. Elle ne détestait pas toutes ces présences dans l'alcôve et le souvenir bref et charmant, à peine différencié, de Don, de Frank, de Ted, confondus aujourd'hui en une entité, l'*Homo americanus*, qui lui avait en somme donné une si utile leçon de choses, une leçon d'Homme. Une leçon bien oubliée maintenant qu'elle était la femme d'un seul homme et si maladroite et naïve et désarmée de nouveau... comme si l'on n'apprenait rien avec les hommes, rien qui puisse servir pour un autre.

Werner écrivait souvent, des lettres affectueuses et qui ne comportaient rien de louche, pas la moindre allusion à l'alcôve; c'était un noble imbécile qui respectait le mariage et n'imaginait pas qu'une mariée, justement pût avoir besoin parfois qu'un autre lui rappelle qu'elle conserve une valeur érotique. On met cette information dans un coin du cœur, elle pourra sûrement servir. De toute façon, même transparentes, les lettres de Werner avaient le don d'irriter Arnaud au point que le jour où elles arrivaient, il trouvait le moyen de susciter une discussion au terme de laquelle il se retirait sur le divan de la salle à manger, par représailles. Privée de corps, comme on prive un enfant de dessert! Louise se rendait à peine compte qu'Arnaud considérait le don de sa personne comme une récompense et en aucun cas l'absence de Louise comme une punition.

Le nouvel appartement enchante Arnaud, pour les raisons mêmes qui rendent Louise un peu mélancolique. Il fait venir quelques meubles de Montpellier pour y marquer son territoire, une grosse commode bombée avec des poignées à volutes de bronze, une table de nuit dessus de marbre avec le casier pour le pot, dont Louise trouve qu'il sent encore le pipi des familles; des vases de cheminée qui ne seront jamais bons qu'à mettre des monnaies du pape ou ces tristes plumeaux qu'on appelle du nom d'une maladie de femme : gyneriums. Elle habite désormais CHEZ son mari, tout est dans l'ordre. Lou qui n'aime que le moderne ou « le 25 » et qui a liquidé tout le riche mobilier de Léon comme pour mieux abolir son existence, ce à quoi elle a parfaitement réussi, trouve la nouvelle décoration mortuaire : « Tu vois, tu aurais mieux fait d'épouser un exilé, comme Werner. Au moins, ils n'amènent pas leurs momies avec eux. »

Elle l'aide à choisir des tissus africains chez Marie Labattut pour donner un peu d'esprit aux meubles et lui achète un bureau en demi-lune avec des tiroirs à combinaison, à garder secrète, conseille-t-elle. Elle s'est prise d'affection pour Pauline qu'elle emmène le jeudi dans sa maison de couture où la petite passe des heures à jouer avec les liasses d'échantillons ou dans l'atelier où les ouvrières s'amusent à l'habiller dans des chutes de tissu.

On trouve en général que Gustave a l'air d'un rat. Hermine décrète qu'elle est en retard pour faire ses dents et qu'elle a le visage asymétrique. « C'est parce que tu as fait trop de bicyclette pendant ta grossesse », affirme-t-elle.

Arnaud voyage toujours autant et Louise les prend en grippe, ces phrases qu'elle doit répéter sans cesse aux amis : « Ah ! non, il ne sera pas là pour le réveillon, il fait un reportage en direct sur la messe de minuit à Rome... Une enquête sur la fabrication des santons de Provence... Il est à Twickenham, à Lille, à Bordeaux... » Autant être franchement veuve !

Ils ont passé leurs vacances d'été à Kerviglouse les deux premières années, mais Arnaud, comme la plupart des mâles, n'aime pas la plage où les femelles, elles, se trouvent si bien, vautrées comme des mères phoques parmi leurs petits tout nus, bercées par la respiration cadencée des vagues. Il voulait bien faire du bateau et pêcher à la traîne dans la barque d'Adrien, toujours vaillante, mais négligeait de la calfater, de la peindre, de lui accorder ces mille attentions qu'exige une vieille personne pour fonctionner. La maison aussi était une vieille personne qui avait la manie de laisser entrer la pluie toujours aux mêmes endroits : « Fais venir le chaumier, c'est tout de même insensé qu'on ne puisse pas réparer une fuite ici ! » Il ne savait pas que les maisons, comme les voitures, les moteurs de bateaux, les êtres vivants, ont leurs défauts congénitaux et inguérissables et qu'il faut faire avec. Cette maison-là voulait fuir là et tous les efforts des couvreurs n'y avaient rien changé.

Et d'abord, Arnaud n'aimait pas les vacances, qui avaient gardé pour lui leur sens étymologique de « vide ». Ce qu'il appréciait, lui, c'étaient les paysages nouveaux, la disponibilité, le changement. « Tu es casanière... comme toutes les femmes finalement », ajoutait-il, remarque qui avait le don d'allumer dans les yeux de Louise des lueurs meurtrières, déclenchant entre eux l'éternelle discussion qu'ils ne concluront jamais. « C'est physiologique, affirmait-il, que tu le veuilles ou non. »

Louise hait l'idée que son goût, son caractère, ses aptitudes soient le fait de ses hormones. Elle se sent coincée dans son destin d'ovule attendant le bon vouloir du joyeux spermatozoïde, et pour qui toute aventure débouche invariablement sur la clinique du Belvédère.

Enfin il faut se rendre à cette évidence que Kerviglouse ne sera jamais la patrie d'Arnaud. Les souvenirs d'enfance sont comme la poésie, intraduisibles. Louise lui fait visiter des coins bouleversants qu'il trouve parfaitement anodins et lui décrit des moments impérissables de son passé qu'il s'empresse d'oublier dans l'instant. Ce sont là des offenses qui peuvent mener loin, car Louise est très susceptible sur Kerviglouse. Arnaud s'en aperçoit ce jour du 31 août où il lui propose, tout en rattachant avec un cerceau de fer la longue barrière du jardin :

« L'été prochain, je t'emmène en Grèce, pour changer.

– Pour changer de quoi ? » dit-elle.

Il n'insiste pas, il a appris à connaître ce ton rogue qu'elle prend parfois. Avec son absolutisme et son mythe de la Bretagne, Louise décourage ses efforts.

C'est pourtant en Grèce finalement qu'ils passeront leurs vacances, l'été suivant. Félicien a loué un bateau au Pirée pour « faire les Cyclades » avec son vieil ami Claude Weiss, cinquante ans, qui vient de quitter une femme usagée par vingt-cinq années de services pour en épouser une neuve, Carole, vingt-huit ans, sa secrétaire depuis cinq ans et sa maîtresse depuis deux. Une Carole qui vient d'ajouter à ses fonctions professionnelles et sexuelles des obligations domestiques et qui commence à se demander si elle a gagné au change... Mais Claude, lui, a rajeuni de vingt ans et l'univers avec lui : tout est neuf puisqu'il pourra le voir avec les yeux neufs de Carole. Il va lui montrer Venise et Rome et les lacs italiens. Quel intérêt de retourner à Venise avec Germaine ?

Il restait deux places à bord du *Meltem* et Louise a accepté avec enthousiasme. Elle a étudié si longtemps le grec sans voir la Grèce ! Ce sera son premier voyage à l'étranger avec Arnaud, leurs premières vacances sans enfants. Lucette viendra s'installer chez Hermine avec le bébé et Mamie Castéja prendra Pauline à Montpellier.

Peut-être est-on averti par un sixième sens d'un danger bien avant qu'il ne se précise. A quoi bon d'ailleurs, sinon à vous gâcher par avance une période encore heureuse ? De cette croisière de rêve, Louise ne devait conserver qu'un goût d'amertume, alors qu'à aucun moment peut-être Arnaud ne s'était montré si joyeux ni si tendre et qu'il eût été bien surpris et irrité s'il avait pu lire dans le cœur de sa femme.

Il est vrai qu'elle a longuement préparé ce voyage et que lui a horreur de jouer un rôle écrit d'avance. Il a fait du grec chez les jésuites mais il a envie de profiter de Délos sans forcément citer Hérodote et de visiter Naxos sans réciter du Racine. « Pas de bas-bleuisme en vacances, je t'en supplie », lui a-t-il demandé avant le départ.

Le malentendu commence dès le premier jour par un détail idiot comme il arrive souvent : des waters de leur chambre, louée pour une nuit dans un hôtel de second ordre d'Athènes, Louise découvre qu'en grimpant sur la lunette on aperçoit le Parthénon. Elle appelle Arnaud pour qu'il vienne partager sa première vision de l'Acropole mais il refuse de découvrir ce haut lieu de la Grèce par l'imposte des cabinets : « Le Parthénon nous attend depuis vingt-cinq siècles, tu peux bien attendre vingt-quatre heures! Tu as exactement la mentalité d'une voyageuse de Tourisme et Travail. »

Louise range cette injure dans sa boîte à griefs qui ne va pas tarder à se remplir. Quand on cherche, on trouve.

Pourtant la croisière semble bénie par les dieux. Le ketch que Félicien a loué, 15 mètres, un capitaine grec et un matelot-cuisinier, quitte Le Pirée par un vent idéal pour gagner le cap Sounion. Après le paquebot sordide qui les a amenés de Brindisi, c'est soudain le luxe, la beauté, les privilèges de la fortune, que Louise a l'impression de n'avoir pas connus depuis... l'avant-guerre. A bord, Arnaud semble enfin délivré de sa bougeotte et la présence permanente des amis, de l'élément féminin notamment, le maintient dans l'obligation de sourire et de briller. Ils tombent d'accord pour laisser la cabine double à Claude et à Carole, les jeunes mariés, les Castéja et les Rey couchant dans le carré sur les larges couchettes à tribord et à bâbord de la longue table. Cette promiscuité qui écarte tout risque d'intimité ne semble pas désoler Arnaud et Louise a appris à

« modérer ses ardeurs » sur ces sujets. Et puis, elle n'est pas mécontente de voir Carole disparaître le soir dans sa cabine, car elle fait partie de ces femmes-tournesol qui changent de direction et de couleur dès qu'apparaît l'astre de leurs jours, l'homme. Or l'exiguïté d'un bateau ayant l'avantage de ne jamais éloigner un homme de plus de quelques mètres, Carole exsude à longueur de temps une aura de volupté qui désoblige Louise. Belle, elle l'est, c'est indubitable, mais des seins trop seins et des fesses trop fesses. Son opulente chevelure châtain doré apparaît toujours savamment en désordre comme si une main amoureuse venait de l'ébouriffer, sa bretelle glisse par mégarde de son épaule dorée, ses lèvres sont en permanence humides et gonflées et elle y passe souvent la langue d'un air plaintif. Les dents ? Etincelantes, bien sûr et le teint, transparent avec quelques taches de rousseur. Et il allait falloir se taper ça pendant trois semaines, avec pour unique rempart un Claude qui ne paraissait pas de taille à canaliser tant de féminité et d'érotisme. Carole jouissait d'une réputation flatteuse, celle de rendre les hommes malheureux. Ils accouraient comme des mouches sur du papier collant. Elle avait déjà fait divorcer deux directeurs à la Radio, disait-on. Mais la femme de l'un d'eux s'étant suicidée, le mariage promis n'avait pas eu lieu et l'autre était mort d'un infarctus quinze jours avant la noce. Cela n'avait pas effrayé Claude, au contraire.

Louise, qui s'était imaginé ces vacances comme un délicieux huis clos dans une cabine minuscule avec un Arnaud toujours à portée de la main, se trouve déçue d'avoir à le partager, fût-ce avec les Rey. En revanche elle y a gagné un compagnon toujours en représentation et ne manifestant plus le moindre mouvement d'humeur. C'est l'Arnaud d'avant le mariage, l'Arnaud des autres. Est-elle donc devenue la seule personne au monde pour laquelle il ne vaille plus la peine de se donner du mal ?

« Ah ! avoir un époux comme le vôtre, soupire Carole, quel rêve ! Toujours le mot pour rire, je vous l'envie », dit-elle, l'œil allumé par un rêve qui se situe visiblement au-dessous de la ceinture.

Louise n'en veut pas tant à Carole ou à Viviane qu'à ce nouvel Arnaud habité d'une allégresse suspecte qu'elle-même ne réussit jamais à susciter. Elle ne s'avoue pas encore le nom de ce sentiment inconfortable et humiliant qui s'installe en elle, qu'un mot ambigu suffit à faire flamber et que cent mots tendres ne parviennent pas à éteindre. Elle profite des retombées, bien sûr : il ne l'a jamais taquinée si affectueusement, si souvent embrassée au vol, comme si l'assurance qu'ils n'iraient pas plus loin, et qu'elle ne pourrait pas « instruire son procès » comme il appelle son insistance à le connaître mieux, lui conférait soudain légèreté et indulgence.

« Je me sens impardonnable de parcourir les Cyclades avec un cœur aussi mélancolique, écrit-elle à Agnès. Qui me dira si je rêve ? Si Arnaud fait la cour aux deux autres pour me prouver que la conjugalité ne le prive de rien ou si je ne suis qu'une sale fourmi mesquine qui veut tout garder pour elle ? »

Chaque matin, elle jette par-dessus bord dans l'eau transparente ses idées noires, comme une seiche son encre, et se laisse envahir par la joie d'être au soleil et de voir défiler les îles. Et puis dans la journée, les nuages s'amoncellent. Ce matin, l'a-t-il regardée une seule fois ? Et n'a-t-il pas déploré pendant le déjeuner que Louise ne portât pas de longues robes gitanes comme Viviane et préférât s'habiller en « rase-fesses » ?

C'est la première fois qu'il la critique en public et comme une petite fille elle en a les larmes aux yeux. Elle n'ose pas répliquer que les jupes longues de Viviane ont pour but de dissimuler ses mollets de cycliste, alors que le short met en valeur ses jambes parfaites. Oui, parfaites. Mais lui a-t-il jamais dit que ses jambes étaient belles ? Et ce soir, quand elle lui a proposé d'aller admirer le coucher de soleil du haut de la colline de Délos, espérant semer enfin les autres et passer un moment seule avec lui, n'a-t-il pas feint de comprendre que l'invitation s'adressait à tous et pris gaiement une femme sous chaque bras pour aller l'admirer, ce soleil qui avait perdu soudain tout intérêt ?

Et quand la nuit, et la suivante, et la suivante, arrivent sans qu'aucun clin d'œil de tendresse ne soit venu lui signifier : « Nous sommes six mais c'est toi que j'aime », sans qu'aucun geste discrètement obscène ne lui ait rappelé qu'il la désire, elle naufrage alors dans les affres d'un sentiment humiliant, corrosif et qui obscurcit les plus beaux paysages.

Dans un groupe, la grâce favorise ceux qui sont aimés tandis que les exclus, ou ceux qui croient l'être, se voient frappés par le mauvais sort. Félicien eut une intoxication qui le mit en position ridicule sur ce bateau où chacun pouvait entendre ce qui se passait dans les lieux et comment le voisin évacuait. Claude, qui s'était piqué le doigt en faisant de la pêche sous-marine, souffrait d'un panaris. Louise, ayant pris un coup de soleil sur la bouche, se vit affligée d'un de ces boutons de fièvre qui la défiguraient périodiquement depuis l'enfance, surgissant électivement la veille d'une rencontre importante ou d'un week-end amoureux. Arnaud, qui adore trouver sa femme vulnérable, la console tendrement. Si tendrement un soir qu'elle ne peut se retenir de pleurer contre sa poitrine et de lui raconter ses tourments tout en se moquant d'elle-même car à mesure qu'elle les exprime ses soupçons lui paraissent dérisoires.

« Mais quelle imagination tu as, mon Hermione, tu es folle ! Mon intellectuelle, ma femme savante n'est au fond qu'une obsédée et une midinette, c'est pas mignon ça ? Je ne m'en plains pas, note... »

Elle rit et se serre contre lui. Il vaut mieux rire, n'est-ce pas, que de lui faire remarquer que dans un couple, c'est parce que l'un se montre tiède que l'autre paraît obsédé sexuel ! Et c'est vrai qu'Arnaud semble s'arranger parfaitement de cette abstinence à laquelle les condamne sa pudeur, dans ce pays où même les dieux font l'amour sans se gêner. Félicien et Viviane le font bien, eux, quand ils croient leurs compagnons de cellule endormis. Louise aime les entendre chuchoter et soupirer parcimonieusement. Arnaud ne bronche pas. Il a horreur des exhibitions, lui rappelle-t-il un soir où elle le sollicite tout bas d'en faire autant. Pourtant, il lui plaît ici plus que jamais, riant et détendu, tout brun dans la chemise rose qu'elle lui a offerte, avec ses yeux topaze, émouvants comme une erreur chez un homme du Sud. Elle aime le voir préparer la bouillabaisse avec le sérieux et la concentration qu'il apporte toujours à la cuisine, rattraper l'ambiance de la plus désolante des soirées, découvrir des Français charmants au détour d'une colonne dans la plus déserte des Cyclades, organiser des soupers pour prolonger ces inégalables nuits de Méditerranée où l'on ne se résout pas à fermer les yeux à tant de beauté. Le *Meltem* mouillé à l'abri d'une crique, ils restent interminablement accoudés à la table du cockpit sous la lueur douce d'une lampe à pétrole, respirant les odeurs de maquis qui envahissent la mer la nuit tombée, et retournant toujours à l'inépuisable sujet, la Grèce, l'Ancienne, la leur, si présente encore, le soir surtout quand les moteurs se sont tus et que les Héros reviennent hanter ces grottes et ces îles qui ont été le centre et la source du monde civilisé. Félicien et Louise, qui relisent *L'Histoire grecque* du vieux Marcel Cohen, s'affrontent à Claude qui a vécu au Liban et admire les philosophies orientales. Louise, d'instinct, refuse l'Islam, d'abord parce que l'humiliation des femmes dans tous ces pays lui paraît insoutenable. Cette imbécile de Carole cite bien entendu le Cantique des Cantiques dont elle n'a pas lu trois lignes, pour démontrer que les Orientaux vénèrent le corps féminin. Et Viviane déclare avec un regard en coulisse vers Arnaud et Claude qu'elle ne détesterait pas la vie de harem. Il s'en trouve toujours une dans une réunion pour proférer cette ânerie. Qu'est-ce qu'elle mène d'autre, d'ailleurs, qu'une vie de harem ? se demande Louise qui se retient d'exprimer tout haut sa pensée pour éviter que Claude ou Arnaud ne saisissent l'occasion de jouer les coqs dans le poulailler : « Vous avez fini de vous voler dans les plumes ? » dirait l'un d'eux, évitant ainsi d'aborder la question et ramenant la discussion à un problème de poulettes.

Elle n'ose jamais aller contre l'opinion générale, défendre ses vues dès qu'elles peuvent paraître agressives ou déplaire à Arnaud. Or la plupart de ses idées fondamentales semblent lui déplaire. Est-ce qu'il joue à la contredire ? Ou estime-t-il que le lien conjugal comportant l'alignement obligatoire des opinions, il n'est plus souhaitable de discuter ? Toujours est-il que depuis qu'ils vivent ensemble ils n'ont plus jamais de ces grands débats d'idées que Louise adorait et qu'elle est réduite à n'entreprendre aujourd'hui qu'en présence d'amis. Parlerait-elle jamais d'Alexandre par exemple sans Félicien qui sait l'écouter, qui attache de l'importance à ses opinions et ne semble pas considérer que faire des citations relève de l'exhibitionnisme ? Alexandre justement va lui servir à régler son compte avec l'Orient, tout en écrasant au passage de son érudition la trop belle Carole...

« Enfin, Claude, tous ces généraux sortis de la fruste Macédoine, beaux-bons-braves à la guerre, c'était tout un, et sombrant *tous* dans l'intrigue et la mollesse des sérails !

– Mais tu oublies la richesse artistique de l'Orient, toutes ces idées neuves qui ont fécondé la Grèce, intervient Arnaud, surpris de la véhémence de Louise et qui ne devine pas qu'elle se défoule sur l'Orient misogyne de ses rancunes personnelles.

– Fécondée peut-être sur le plan de l'art, mais détruite sur le plan des individus. Moi je trouve désolant que la belle utopie d'Alexandre, décidant de marier vingt mille de ses soldats et officiers sur place à des Persanes, épousant lui-même Roxane, fille d'un quelconque émir, ait échoué et démoli en deux générations la race grecque...

– Mais alors, dit Claude, tu es raciste ?

– Bien sûr qu'elle est raciste, coupe Arnaud. Elle est contre tout ce qu'elle ne comprend pas : le rugby, les romans policiers, les calembours, les Mille et une Nuits... Louise, c'est Saint-Just !

– En tout cas, je suis contre toute civilisation qui bâillonne et enferme ses femmes, même derrière une architecture sublime.

– Et Cléopâtre ? lance cette imbécile de Carole qui ramène toujours l'histoire au lit, c'est plutôt elle qui a dévoré ses mecs !

– Ah ! je l'attendais, celle-là. On vous colle toujours les trois mêmes noms dans les gencives. Tu peux me citer un seul autre exemple dans l'Antiquité ? Xanthippe, Médée, Phèdre, Ariane... toutes des garces, des criminelles ou des victimes !

– Louise a tout de même raison, dit Félicien qui vole au secours de son amie. Toutes les dynasties issues de ce mélange de races, les Séleucides, les Lagides, les Antigonides, ont végété sur tous les plans, excepté celui de la cruauté. *Aucun* des diadoques mis en place par Alexandre n'est mort dans son lit ! Ni pratiquement aucun de leurs descendants pendant deux siècles... C'est inimaginable, tout de même ! Cohen raconte très bien cela.

– N'empêche, dit quelqu'un, Alexandre, c'est un peu Hitler.

– Comment ? dit Louise. Il a été élevé par Aristote et s'il a envahi la Grèce ce n'est pas pour la détruire c'est pour partager une civilisation et une culture qui le fascinaient et il a conquis l'Asie avec *L'Iliade* dans sa poche.

– Peut-être, mais cela ne l'empêchait pas d'exercer des violences de barbare : il rase Thèbes tout entière après une révolte.

– Oui, mais il laisse debout une maison : celle de Pindare. Raser une ville, c'était monnaie courante... »

Sous le ciel grec, entre les hautes îles décharnées dont le profil n'a pas changé, sur cette eau qui a le même goût, la même transparence que du vivant de Pindare, ils existent encore un peu, les héros de cette si petite histoire, quelques siècles, quelques dizaines de milliers d'hommes, une capitale pas plus grande que Bois-Colombes... Ils vivent peut-être pour la dernière fois dans les rêves de toute une génération de bacheliers qu'on appelait « A », de licenciés, de normaliens, pour qui Ulysse, Ménélas ou Alcibiade restent aussi vrais et charnus que Vincent Auriol ou de Gaulle. Qui saura désormais que le coureur de Marathon, ce n'est pas Mimoun ou Viren, sinon quelques mandarins dans le silence de leur cabinet ? Délices de se disputer sous la lune pour Alexandre ! Et grotesque de se retrouver avec une couronne d'épines sur le cœur quand Arnaud s'écrie en remontant sur le pont après sa plongée nocturne :

« Ce qu'on est bien ! C'est le bonheur parfait, tu ne trouves pas ? »

Devant les autres, elle ne peut que répondre : « Parfait. » Alors qu'elle voudrait lui crier qu'elle serait encore plus heureuse seule avec lui, sur un caïque où personne ne les connaîtrait. Mais il ne pose ce genre de question que devant les autres. Imbécile de fabriquer de l'amertume pour si peu. Eh bien, elle est une imbécile et elle en a marre de cette croisière. D'ailleurs, elle a envie de revoir ses filles, surtout Frédérique, dont le regard triste quand elle l'a quittée la poursuit. La promiscuité du bateau lui devient pesante et la cuisine à l'huile, la viande dure, l'éternelle tomate. Elle rêve d'escargots de Bourgogne, de poulets qui ne soit pas efflanqués, des vents humides du Finistère. Elle s'avise qu'il n'a pas plu depuis trois semaines ici. Douces pluies bretonnes-qui-donnent-les-vaches-qui-donnent-le-lait-qui-donnent-le-beurre-jaune-foncé-d'où-suintent-des-gouttes-d'eau-qui-donnent-la-pluie... Sa jalousie aussi l'écœure comme une huile d'olive trop forte, la poursuit comme le goût âcre du résiné dans le vin. Elle en a marre d'entendre Carole répéter « c'est vachement beau » ou « qu'est-ce que c'est chouette », sans jamais trouver d'adjectif plus signifiant.

Les fins de croisière sont toujours un peu mélancoliques. Les WC marins, fragiles du goulot, sont bouchés, et chacun suspecte les crottes de l'autre ou les garnitures de la copine. Le garde-manger est vide, les porte-monnaie aussi, les vêtements sont sales et les serviettes raides de sel. En plus, Louise se sent épuisée. « C'est la chaleur, dit Arnaud, tu es habituée à la Bretagne au mois d'août. » Mais Louise adore la chaleur et ne comprend pas ce qui lui arrive.

Au retour, sa fatigue ne cède pas. Elle ne trouve plus la force de se lever, de parler, de manger. Hermine, venue lui ramener Pauline, observe sa fille de cet œil d'entomologiste dont elle scrute ses proches jusqu'au fond de l'âme et son diagnostic tombe :

« Je suis sûre que tu as une belle jaunisse, mon pauvre Zizou. Arnaud, vous n'avez pas vu le blanc de ses yeux ? (Non, Arnaud ne la regarde pas dans le blanc des yeux.) Il faut appeler le médecin. Et je remmène Pauline avec moi. C'est épuisant, une jaunisse. »

Louise à cet instant ne lutte plus, elle TOMBE malade, elle se laisse enfin aller. C'est presque merveilleux d'avoir une maladie, une vraie, et il faut une mère près de soi pour pouvoir s'abandonner, devenir irresponsable et glisser dans l'enfance retrouvée. Hermine tire les rideaux, pose une bouteille d'eau de Vichy sur un plateau, lui passe de l'eau de Cologne sur le front, va lui acheter une rose qu'elle dispose dans un vase noir sur sa table de nuit, tout ce dont Louise rêvait sans avoir le courage de le formuler.

« Ce doit être cette cuisine lourde qu'on a mangée pendant trois semaines, explique-t-elle. Tout baignait dans l'huile, à bord...

– C'est bien possible, quand on n'est pas habitué, répond Hermine, charitable. Tout de même, ça m'étonne de toi qui as toujours eu un estomac d'autruche. » Regard en coin vers Arnaud. Qu'est-ce qu'il a encore fait à sa petite fille ?

Un estomac d'autruche peut-être, mais un cœur de marguerite. Un peu, beaucoup, passionnément, pas du tout.

XV

UNE BENTLEY À KERVIGLOUSE

Pâques 1952

Ma chère âme,

Pourquoi ne vous appellerais-je pas « ma chère âme », moi aussi, alors que vous êtes, Agnès, tellement plus âme que moi? Jamais vous n'auriez accepté, vous, de prendre la route dans l'énorme Bentley qu'Arnaud a acquise cet hiver pour la somme de un franc, d'un copain journaliste que je maudis aujourd'hui. Et vous auriez eu raison. Mon attitude relève de l'inconscience... ou d'une obédience sans conditions à son mari, ce qui revient au même.

Partis à sept heures du matin (je mets « partis » au masculin car nous étions cinq femelles, mais un hamster et un vieux chien) nous avons mis treize heures à rallier Kerviglouse! Je n'ai jamais conduit une voiture aussi puissante et mis autant de temps à boucler 550 kilomètres. Près de moi, Mme Bignolet, la concierge, son chien Kiki sur les genoux et sa petite-fille, Vévette, quatre ans. Derrière, Pauline, Frédérique et le hamster.

Pour ceux qui n'y connaissent rien, une Bentley, ça fait riche. Pour les quelques-uns qui savent, c'est une émouvante antiquité. Pour les ceusses qui l'utilisent, c'est la panique!

Le départ fut royal... Arnaud, devant la porte, agitait la main, nous nous prélassions sur les sièges de cuir gris... Mais l'euphorie fut de courte durée. A Varades, clac, je crève de l'avant gauche. Jeu d'enfant de maîtriser cette voiture de six tonnes et de l'immobiliser en plein virage dangereux. On crève où on peut. Vous ne serez pas surprise d'apprendre que dans une Bentley il faut sortir tous les bagages du coffre pour accéder à la roue de secours, puisque ces voitures sont conçues pour des Ladies et Gentlemen à chauffeur. Alors pourquoi se gêner ?

Mme Bignolet, comme toutes les concierges, préférant les sacs en plastique et les cartons de chez Inno aux valises, le bas-côté s'est transformé en un instant en campement de gitans. Tandis que les filles, ravies, partent piétiner dans les labours, je découvre que le cric géant conçu pour soulever un wagon est bien celui d'une Bentley mais qu'il ne s'adapte pas à la manivelle qui, elle, provient d'une traction ! Chez Bentley, il est prévu de dire dans ce cas : « Débrouillez-vous, James. Vous allez bien trouver une manivelle dans une ferme, par là. Les manants ont toujours ce genre de chose... »

En l'occurrence, James et la propriétaire de la Bentley n'étant qu'une seule et même personne, j'ai dû faire de l'auto-stop jusqu'au plus proche garage pour ramener un mécanicien, un homme, enfin ! Il ne réussit à changer mon pneu qu'après avoir emprunté dans une ferme voisine une clef à boulons car la sienne ne coiffait pas les boulons exceptionnels de la Bentley. Pensée fielleuse pour la perfide Albion qui se débrouille toujours pour avoir des prises de courant, des vis, des voitures, que les Français ne peuvent pas manipuler.

Au garage, on s'aperçoit que la chambre à air présente un trou énorme, irréparable. Qu'à cela ne tienne! « Holà, garagiste, qu'on amène une nouvelle chambre! » Quelle innocente! Format inconnu au bataillon. Quant au pneu, on me signale qu'il a crevé parce que le précédent propriétaire avait collé un large emplâtre dedans, qui s'était déplacé. Bien. Alors, achetons un pneu!

« Vous voulez rire? Du 650/16, on n'en a même jamais eu. »

La seule solution – mauvaise – c'est de coller un autre emplâtre, qui fait hernie dès qu'on gonfle.

« On ne peut pas considérer ça comme un pneu de secours », me dit gentiment le garagiste.

Mais comme de toute façon je suis incapable de démonter ma roue si je crève de nouveau, je n'ai plus besoin de pneu de secours. Logique, mon cher Watson.

On recharge le coffre, les sacs, les cartons; les filles, dégoulinantes de grenadine et les pieds pleins de terre glaise, s'installent avec Kiki qui se lèche sans cesse le tutu et le hamster qui, hélas! n'en a pas profité pour s'échapper dans la campagne. Et je fais le reste de la route les fesses serrées, grommelant des injures contre l'odieux individu, amateur de vieilles voitures, qui a vendu cette merveille « parce qu'à Paris il n'en avait pas l'usage » à un Arnaud grisé à l'idée d'entrer dans la confrérie des Propriétaires de bêtes de race, Daimler, Rolls, Bugatti and Co. Ce qui lui plaît, comme toujours (et peut-être avec ma propre personne) c'est la possession et non l'usage. Rouler? Quelle vulgarité! Une œuvre d'art n'est pas faite pour transporter une famille.

L'œuvre d'art n'est d'ailleurs pas un pur esprit : elle suce dix-huit litres aux cent, mais il est vrai qu'elle comporte deux tablettes d'acajou, une vitre coulissante pour isoler les Ladies et les Sirs assis à l'arrière des miasmes dégagés par les chauffeurs, cuisinières et autres serviteurs; et qu'elle est dotée d'un vase de cristal et d'un cornet acoustique qui sert à dire : « Vous nous arrêterez chez Ricordeau, James. Vous savez, à Loué. Il y a un bistrot en face où vous pourrez vous restaurer en attendant. »

Enfin, sous l'interminable capot de la bête de race s'alignent *x* chevaux silencieux et stylés. A la question déplacée : « Combien de chevaux exactement? » il paraît que le vendeur britannique est tenu de répondre sobrement : « Suffisamment. » Et c'est vrai aussi que les phares ne présentent pas un point de rouille au bout de vingt ans, que l'allume-cigares fonctionne et que la vue du moteur tire encore des sifflements d'admiration aux vieux mécaniciens qui ont connu M. Bugatti.

Défiler devant un jury à Deauville avec un lévrier (et à condition d'avoir une Simca qui vous attend pour rentrer à Paris), ravissant. Mais faire transporter une famille en bas âge et une ménagerie par une personne ayant des notions limitées de mécanique est un crime. Car les tribulations de Bécassine ne sont pas terminées, ma chère Agnès. Ah! nos vacances de jeunes filles, sac au dos, sans autre souci que nous-mêmes! Plus jamais! *Nevermore,* comme disent ces salauds d'Anglais.

Donc vers neuf heures du soir, à la nuit, tout ce petit monde débarquait enfin à Kerviglouse, merci saint Christophe. Non, il ne pleuvait pas mais il avait plu. Vévette avait beaucoup vomi, mais Mémère avait emmené des sacs et la Queen Mary n'a pas été éclaboussée par ce scandale. Josèphe, qui nous attendait vers cinq heures, avait allumé un feu, éteint depuis plusieurs heures. L'atmosphère était sépulcrale. On a vite branché les couvertures chauffantes et j'ai pris Pauline et Frédé dans mon lit. Mais Kiki ronfle comme une vieille truie et m'a empêchée de dormir une partie de la nuit.

Et puis au réveil, alors que j'allais me livrer à l'euphorie d'être en Bretagne, Pauline, partie reprendre possession de son territoire, est revenue triomphante (les enfants adorent les catastrophes), m'annoncer que la Queen Mary avait de nouveau crevé !

Impossible, pour les mêmes raisons que la veille, de démonter le pneu (cette fois c'est l'arrière droit), pour mettre le pneu de secours, qui d'ailleurs n'en est pas un. On est le samedi de Pâques et il n'est pas question de trouver du 650/16 à Névez, à Pont-Aven, à Tregunc ni même à Quimperlé. Accablée, j'ai une pensée amère pour Arnaud qui roule comme un prince dans notre 4 CV. Je l'ai appelé de la poste et il m'a dit : « Une Bentley, ça se mérite. Elle sent très bien que tu ne l'aimes pas. »

C'est exact. Je reste une heure à la poste pour finir par dégoter deux pneus 650/16 à Vannes, plus la promesse d'un cric et d'une clef pour boulons de tracteur. Mais je ne pourrai aller les chercher que dans trois jours. N'empêche, je suis prête à l'embrasser, cet homme qui a du 650/16 et à lui faire don de ma personne, format 85/65/85 !

A part ça, comme dit Bignolet, la chaumière nous fait le coup de l'abandon comme chaque année. La fosse septique a bien été creusée mais pas mise en service et ce trou boueux attire invinciblement les trois filles. La cuvette des WC et les matériaux sont entassés dans le jardin : on dirait la zone. Bignolet s'active déjà en vue de transformer la chaumière en loge de concierge parisienne. Plus il y a de choses en train, plus elle biche, ne s'habillant aussi qu'à moitié, savates, peignoir et bigoudis, « profitant qu'on est à la campagne ».

Je vous épargne la suite, c'est trop affreux. Comment j'ai dû gagner Vannes à trente à l'heure avec un pneu qui faisait toc-splsh à chaque tour de roue devant des paysans hilares dans les champs, interrompant leurs travaux pour... m'écouter passer, dans une voiture qui ne passe pas inaperçue.

« Et vos pneus, les deux autres... vous les avez vus ? m'a fait remarquer l'homme de l'art vannetais.

– Heu... ils ne sont pas dégonflés en tout cas !

– Non, mais ils sont complètement lisses. »

Bref, cette « affaire » qui nous avait coûté un franc va bientôt valoir son pesant d'or.

Il est dix heures du soir, l'heure où les enfants vous donnent enfin congé. Bignolet qui prend du retard le matin et ne le rattrape pas de la journée est en train de dîner dans la cuisine avec Vévette. Kerviglouse décidément ne lui plaît pas du tout. « Dans huit jours, on sera à Paris, va, mon Kiki. » Elle trouve la chaumière humide, le homard de Job lui a donné une indigestion, et les huîtres sont trop salées. En plus, Kiki Bignolet ne peut pas souffrir Toutou Lagadec et aboie comme un furieux chaque fois que l'autre passe. Il s'ennuie de la loge, paraît-il. Qu'il crève ! Il a le poil jauni comme les touches d'un vieux piano et dort toute la journée sur un bout de tapis persan semé de roses d'Ispahan apporté exprès de Paris pour qu'il ne se sente pas dépaysé.

Le temps est orageux et Frédé est infernale : elle ne veut ni manger, ni dormir, ni se lever, ni se coucher. Je suis d'une faiblesse navrante mais quand j'essaie la contrainte, c'est pire : à midi, je lui ai enfourné de force son repas et l'ai fessée pour qu'elle aille au lit. Un quart d'heure plus tard, elle avait brisé son lit (le sommier s'est effondré en trois morceaux) et vomi son déjeuner. Il a bien fallu la lever, cette garce, et il ne reste qu'à la suivre partout. En dix secondes on la perd de vue : elle a disparu dans une des étables voisines et s'est installée dans le fumier entre les pattes des chevaux; ou bien elle monte sur le banc de la cuisine, enjambe la fenêtre et se laisse tomber de l'autre côté dans les orties et je l'aperçois qui se promène devant les clapiers les deux mains dans le dos, comme Arnaud.

Ne m'écrivez plus, Agnès, nous rentrons dimanche, Arnaud vient nous chercher. La Queen Mary prend déjà ses airs hypocrites... Elle va filer doux dimanche sous la main de son Maître, dépasser toutes nos braves petites françaises comme en se jouant, ce qui fera dire à Arnaud quand nous débarquerons à Paris en un temps record : « C'est quand même autre chose qu'une 4 CV, tu diras ce que tu voudras. »

Mais non, je ne dirai pas ce que je voudrai. Sauf à vous. Dit-on jamais ce qu'on veut à un homme ?

Votre Louise.

XVI

MA CHÈRE ÂME

JUSQU'AUX approches de la quarantaine, Louise ne s'aperçut pas qu'elle était jeune, puis moins jeune; ne se demanda pas si elle était vraiment heureuse, ne souhaita pas une autre existence que la sienne. Peut-être est-ce cela la jeunesse, et ne dure-t-elle qu'autant qu'elle va de soi.

Il arrive aussi qu'on aime quelqu'un pour ce qu'on lui donne plus que pour ce qu'il vous apporte et que l'inquiétude soit un meilleur piment que la sécurité.

Trois événements vinrent remettre le temps en marche : la naissance d'un troisième enfant, la publication de *Ma chère âme* par Louise Morvan et Agnès Deleuze et le divorce de Viviane.

Ce troisième enfant, il fut conçu dans une rondelle... « Elle avait mis, par en dessous, une rondelle en caoutchouc... » Cette chanson idiote que chantait autrefois Adrien, elle se la fredonnait intérieurement chaque fois qu'elle insérait son diaphragme, envoyé par une amie anglaise qui baisait impunément, disait-elle, depuis trois ans grâce à cet appareil « discret et facile à mettre en place ». Discret... voire. Facile, peut-être, mais personne n'avait indiqué à Louise comment le disposer. Bref, six mois plus tard, s'étant crus autorisés à prendre quelques libertés avec le calendrier,

Arnaud et Louise se retrouvaient enceints. On leur apprit un peu plus tard qu'elle aurait dû se faire calibrer à Londres et que seule une rondelle sur mesure assurait une protection efficace.

Louise commençait à se lasser de jouer les faiseuses d'anges et la seule vue de son petit matériel de pêche dissimulé dans le tiroir à gants lui levait le cœur. Le dernier self-service s'était d'ailleurs terminé par un curetage en clinique. Après tout, Gustave attendait toujours dans les limbes et les filles avaient six et sept ans. Elle entra donc en grossesse sans regrets. A trente-cinq ans, on apprécie mieux encore que le miracle de la fabrication de matière vivante se fasse avec tant d'apparente facilité. Elle projetait de quitter le Journal parlé peu avant la naissance, à la fois pour profiter d'une compression de personnel à la Radio qui lui assurerait un an d'indemnité et pour travailler à ce projet de livre qu'Agnès et elle préparaient depuis quelque temps. Elles voulaient écrire un témoignage de première main sur une espèce en voie de disparition, la jeune fille de 1936, si peu différente de celle de 1900, celle que Francis Jammes, Laforgue et Giraudoux avaient décrite avec ironie, tendresse et mépris, cette denrée précieuse, savamment élaborée dans le secret de familles et des institutions religieuses, pour venir s'insérer sans heurts, comme la pièce d'un puzzle bien conçu, dans l'impérative structure sociale et familiale. Aujourd'hui, l'adolescence n'est plus un état mais un si bref passage qu'avec un peu d'inattention il vous échappe. On s'absente pour un voyage et au retour, l'enfant qu'on avait quitté tranquille, sans avoir décelé rien de louche en lui, est devenu, pubère ou non, un « jeune », une race à part qui soudain vous intimide avec ses goûts, ses droits, sa musique, ses vêtements, qui ne sont pas les vôtres.

Cet été-là, pour la première fois depuis ses lointaines années d'enseignement, Louise, enceinte de cinq mois, se trouva riche de trois mois de vacances. Un trésor. Elle partit le 1er juillet pour Kerviglouse avec ses filles, son ébauche de livre et ce troisième enfant qu'elle portait très en avant cette fois, ce qui présageait clairement que ce serait un garçon. Viviane et Félicien avaient loué pour juillet une petite maison dans un village voisin qui s'appelait Kerspern. « A un jambage près... » disait Arnaud... Agnès viendrait y travailler en août et les parents de Louise y passeraient aussi une semaine avant de descendre avec Lou vers « le vrai soleil », comme disait Hermine.

Arnaud, qui évitait le plus possible les rencontres familiales massives, fit cette fois une erreur de *timing* et se retrouva pour un week-end face à une belle-mère qui manifestait de plus en plus ouvertement son regret de l'ascension professionnelle de son gendre, qui se faisait selon elle au détriment de celle de sa fille, confite en mariage comme on dit confite en dévotion. Elle se faisait mal à cette troisième grossesse.

« Un obstacle de plus à ta liberté de créer, disait-elle.

— Mais, maman, puisque je ne crée rien?

— Justement, tu ne te places jamais dans les conditions favorables. Si j'avais eu trois enfants et en plus un mari pour lequel j'aurais tout le temps tremblé d'amour, je ne serais jamais arrivée à peindre. Il faut se préserver une certaine dose d'égoïsme. Ne pas donner aux autres tout ce qu'on a en soi comme possibilité d'amour. Ils prennent tout, les autres.

— Et est-ce qu'on est plus heureux? Je t'entends rarement dire que tu es heureuse, maman. »

Elles se trouvaient seules pour une fois, sans

les filles parties pour la journée herboriser avec Adrien, sans Arnaud qui inaugurait à Saint-Malo une exposition sur Lamennais. Il faisait beau sur « Kertartouze », une de ces journées d'autant plus émouvantes que la Bretagne a le don de les faire paraître miraculeuses, toujours menacées par une perturbation.

« Assieds-toi un peu, enfin ! Arrête de toujours t'activer, dit Hermine. Tiens, si nous allions à la plage ? Au moins là tu ne trouveras pas de mauvaise herbe à arracher ou de clou à planter. Tu ne sais pas te reposer. »

Elles n'étaient pas allées à la plage ensemble depuis combien d'années ? Sur le sable, au bord de la mer comme au bord du temps, on n'a plus d'âge, on retrouve une sorte d'innocence. Le temps coulait dans leurs veines, l'origine des temps et la suite des temps et la fin des temps, avec cet enfant, poupée russe lovée dans le ventre de Louise, elle-même couchée contre le ventre de sa mère... Tous ces ventres, ces sexes féminins d'où sortaient d'autres sexes féminins, qui refaisaient la vie, inlassablement. Hermine posa sa belle main aux ongles rouges sur le ventre de sa fille.

« Oui, c'est vrai, je ne dis pas que je suis heureuse. Ça me paraît bête. Et je ne suis sans doute pas ce que la plupart des femmes appelleraient heureuse. Mais je suis mieux que ça. Quand on a réussi à faire ce qu'on aime et que ce qu'on aime vous comble et en plus vous fait vivre, tu ne sais pas quel bonheur ça représente... surtout quand on vieillit. Ne te laisse pas vieillir sans ça.

– Mais moi, tu me le reproches assez, j'attache beaucoup d'importance à l'amour. Ça représente un bonheur, ça aussi.

– En tout cas, ce n'est pas un métier. Et ton bonheur, comme tu dis, il me fait souvent de la peine. C'est toi qui le fabriques, toute seule; comme cet enfant, là dans ton ventre et il te bouffe tes forces. Ce n'est pas que je n'aime pas Arnaud. En soi! Ailleurs! C'est Arnaud-avec-toi que je n'aime pas. Il te neutralise, il t'annule.

– Parce que j'y trouve aussi mon compte, maman. Parce que je le veux bien.

– C'est ça qui me rend triste. Si tu étais malheureuse, je t'aiderais. Là, je ne peux rien... que regarder tes années qui passent et toi qui restes, comme la Belle au bois dormant.

– J'ai deux enfants et demi, tout de même, un métier pas trop minable, un compagnon...

– Fffff! » Hermine eut un de ses petits ricanements féroces. « Lui a une compagne, oui! Toi, tu es seule. Et tu vaux beaucoup mieux que ce que tu fais à la Radio, bien humblement, à l'ombre d'un mari et d'un rédacteur en chef.

– Tout le monde ne peut pas être rédacteur en chef, ou artiste reconnu, ou best-seller... Qu'est-ce que tu fais de tous les autres, des médiocres, des tièdes, des tranquilles? »

Hermine se retint de répliquer qu'ils ne l'intéressaient pas justement! Etait-ce d'avoir dépouillé son armure de vêtements élégants, d'être allongée sur le sable brûlant, réduite à un corps que rien ne distinguait des autres sinon qu'il était toujours beau (« ton corps de Diane », disait Adrien) mais Hermine se sentait soudain lasse de se conduire en mère. Tant pis, elle n'apprendrait jamais à sa fille à voler de ses propres ailes. Peut-être qu'elle les lui avait cassées en cherchant à les faire fonctionner.

« J'aurais tant voulu que tu aies tout. Et plus facilement que moi. »

Louise supportait bien les avanies mais un mot tendre pouvait la démolir. Une larme coula sur sa joue mais elle supporta le chatouillement et attendit que le soleil la sèche pour qu'Hermine ne la voie pas.

« Je t'ai aimée avec trop d'exigence, peut-être.

– Arrête !

– J'ai l'impression qu'il faut être tellement dure, simplement pour ne pas être détruite. Après, il reste à peine assez de force pour exister, pour devenir soi-même. Et puis tu es bonne, toi, ça ne paie jamais avec les hommes, en tout cas pas avec les hommes comme Arnaud. Je saurais tellement bien le rendre fou, moi, si j'avais ton âge ! Exactement le contraire de ce que tu fais, mon pauvre chéri.

– Maman, on ne va pas recommencer. L'idée de manœuvrer, tu sais bien que ça me hérisse. Et que j'en suis incapable.

– Dommage ! J'aimerais assez lui voir perdre cette certitude que tu es à lui et que ce n'est plus la peine de faire le moindre effort. Tu vois, dit-elle après un long silence rythmé par le *shshsh* des vagues qui remontaient à petites lampées imperceptibles sur le sable beige, quand ton enfant sera né, si tu voulais vraiment te mettre à ce livre avec Agnès, je prendrais quelqu'un à demeure et tu pourrais laisser le bébé chez moi. On ne peut pas travailler avec un machin qui braille. Même pour peindre, c'est impossible.

– Maman ! Ce serait une solution merveilleuse...

– Mais à condition que tu utilises ce temps-là pour toi. Je ne vais pas payer une nurse pour que tu puisses aller bramer avec Arnaud ! »

Toujours le mot pour ridiculiser l'amour ! Mais tout était si paisible, si heureux autour d'elles qu'on ne pouvait s'en vouloir pour un mot. Les vaches du voisin rentraient sans se presser par le chemin de tamaris, balançant leurs pis comme de lourdes cloches. La marée montait en rampant doucement, sans faire un pli, elle aurait bientôt englouti la plage. La mer serait chaude tout à l'heure.

« Je vais baigner l'enfant », dit Louise en se levant, toute percluse de chaleur.

La fraîcheur de l'eau la surprit tout de même et le petit eut un sursaut.

« C'est froid, hein ? lui dit-elle en posant une main sur son ventre pour le rassurer ? C'est la mer, tu vois ? Regarde comme c'est doux quand je nage au lieu de marcher... »

Le petit se laissa aller dans l'eau de mère et ils passèrent un délicieux moment tous les deux.

Le bonheur, ce n'est peut-être pas la réussite, se disait Louise en nageant, suspendue sans poids dans l'eau transparente et se laissant pénétrer par la beauté calme de cet océan, de ce ciel ardent, de la côte où les champs pas encore moissonnés blondissaient au soleil. Ce n'est pas forcément l'amour fou, totalement partagé. C'est plutôt un amour indistinct pour la vie tout entière. C'est de s'accorder au monde, de ne pas rompre l'harmonie d'un paysage.

Lou arriva en voiture ce soir-là. Elle venait dîner à Kerviglouse avant d'emmener vers l'Espagne Hermine et Adrien.

« Tiens, je viens de recevoir une lettre de ton Grand Chien, annonça-t-elle. Il se marie, le pauvre. »

Lou ne manquait jamais une occasion en présence d'Arnaud de souligner à quel point Werner, qu'elle appelait aussi « ton Werther », avait été inconsolable de perdre Louise.

« S'il a épousé une de ces fieffées garces d'Américaines, il ne va pas s'amuser tous les jours, dit-elle.

– Qui veux-tu qu'il épouse, habitant Philadelphie ?

– Il est pilote, il voyage dans le monde entier, non ?

– De toute façon, conclut Lou, c'est toi qu'il regrettera toute sa vie, mon Raton. Je trouve merveilleux d'avoir quelque part dans le monde un homme pour qui l'on est l'Unique.

– Surtout, interrompit Hermine qui trouve qu'on n'a pas encore tiré tout ce qu'on pouvait de ce sujet, surtout quand on vit avec un homme pour qui la diversité est un devoir.

– Presque une question de dignité virile, renchérit Lou.

– La fidélité n'a jamais été votre fort non plus, pour autant que je sache, ma chère Lou, réplique Arnaud en souriant.

– Chez moi, la liberté est une maladie, c'est vrai. Mais au moins, je n'épouse pas, moi, mon cher Arnaud. »

Les deux saintes femmes se relaient pendant tout le dîner pour mettre Louise en valeur et tenter d'inquiéter un Arnaud tranquille comme Baptiste et que la présence bien visible d'un troisième petit Castéja achève de sécuriser.

Il fit très beau cette année-là en Bretagne, comme par un moment de grâce avant la tempête et les uns et les autres y passèrent le meilleur été de leur vie pour des raisons fort diverses et même opposées, dont chacune, si elle eût été connue, eût suffi à gâcher le bonheur des autres.

Viviane se résout à mettre enfin un nom sur l'exquis malaise qui la paralyse depuis quelque temps en présence d'Arnaud. Sa dernière fausse couche l'a laissée sans espoir d'avoir un enfant et elle n'a plus envie que de peupler sa vie d'un autre amour. Félicien, qui croit que sa femme a pris son parti de sa stérilité et décidé d'être heureuse malgré tout, affiche un bonheur béat. Arnaud se demande s'il n'est pas depuis longtemps amoureux de Viviane mais il croit – et il croira longtemps – que cela ne va rien changer et qu'il va réussir en douceur, sinon la quadrature du cercle, du moins la triangulation du couple. Quant à Louise, elle est sûre que cette fois ce sera un garçon; elle commence à se passionner pour son futur livre et s'imagine en voyant Arnaud si épanoui qu'il se met à aimer Kerviglouse et même – tout arrive – la vie conjugale.

Côté jalousie, RAS. Depuis qu'elle aime Arnaud, elle vit de toute façon dans un état d'anxiété diffuse et elle se le reproche à tel point qu'elle en devient aveugle à des symptômes et des coïncidences qui eussent crevé les yeux d'une bonne sœur. Le jour où Arnaud déclare qu'il en a un peu assez de perdre son argent sur les champs de courses et qu'il aimerait passer ses dimanches à la campagne avec elle et les enfants, ce sont Louise et Félicien, ravis, qui plantent eux-mêmes le décor de leur futur malheur : les Rey vont chaque semaine dans la propriété de leurs parents près de Rambouillet et proposent aux Castéja d'utiliser la petite maison de gardien qui se trouve libre. Une idée qui les réjouit tous les quatre.

Louise s'y installe déjà pendant ses dernières semaines de grossesse pour concentrer, expurger, replacer dans leur contexte historique les centaines de lettres qui vont composer *Ma chère âme.* C'est devenu une entreprise familiale, Adrien faisant des recherches à la Nationale dans les journaux de l'occupation pour éviter toute erreur historique, Lou se chargeant de Pauline et de Gustave les jours de congé, tandis que Louise tape sa moitié du manuscrit, qu'Hermine classe et corrige.

En octobre, le livre est proposé à un premier éditeur, accepté immédiatement, alors que tout le monde leur prédisait une longue suite de rebuffades. Les deux amies n'arrivent pas à y croire : c'est pour elles un rêve qui continue, leur rêve de jeunes filles du temps où elles arpentaient le boulevard Saint-Michel, buvant un bock au Capoulade ou un chocolat chez Pons, pleines d'un avenir aussi imprécis qu'exaltant.

C'est l'enfant qui paraît le premier et sa mère, accouchant « sans douleur » mais non sans déception, l'accueillera d'un « Merde! » retentissant. Car ce n'est toujours pas Gustave. Du coup, puisque le clan Castéja est de toute façon frustré, on appelle l'enfant Adrienne.

Heureusement, la sortie du livre fait bientôt oublier cette troisième malfaçon. Sur la couverture, deux porte-plume croisés comme en possédaient autrefois les écolières dans leurs plumiers de carton bouilli, au manche marbré de plusieurs couleurs, et qui rappellent ces bâtons de pâte à modeler que l'on finissait, après combien d'hésitations, par mélanger tous ensemble et rouler sous sa paume en un long ver de terre.

L'éblouissant rêve continue : le succès est immédiat. Les journaux féminins s'intéressent à leurs confidences, *Elle* propose de les faire paraître en feuilleton, on invite les deux auteurs à la radio. C'est donc vrai qu'elles existent? Quelques critiques saluent la fraîcheur du livre, son authenticité. D'autres y retrouvent leur jeunesse, cette vie quotidienne sous l'occupation qu'on a voulu oublier et qui commence à redevenir un sujet à la mode. On leur demande des articles, elles donnent leur avis sur les mœurs des jeunes filles d'aujourd'hui, la virginité, la fidélité, l'amour. Elles passent à « Rendez-vous à 5 heures »; c'est la consécration. Leur chère âme se vend à six mille exemplaires par jour.

Arnaud écoute gentiment sa femme parler tirages, réimpression, tournées de signatures. Il a peu participé à la mise au point du livre, les correspondances, notamment entre femmes, ne le passionnant pas. Il avait surtout apprécié que Louise ait trouvé une « distraction » depuis qu'elle ne « travaillait » plus.

Mais elle mesure avec un peu d'amertume ce qui la sépare encore de la position d'écrivain. Comme elle vient d'accoucher et qu'Agnès a cinq enfants, on leur demande volontiers s'il est plus douloureux de « pondre » un livre ou un bébé. *Le Figaro* titre sa critique : « Quand ces dames troquent le plumeau contre la plume. » On s'interroge sur leur amitié : « Deux femmes qui ne se crêpent pas le chignon, c'est rare... » Dans *Nice-Matin,* on rend compte de leur livre mais à la rubrique « Pour vous, Mesdames » et non à la page littéraire. On en oublie de parler du style, de l'intérêt, ou non, des personnages. En public, elles se défendent mal. Agnès, à qui le trac donne une voix de fausset, bredouille; Louise se laisse démonter par la moindre critique. Quand un journaliste de radio leur reproche de « n'être que deux petites bourgeoises qui se regardent le nombril », elle ne trouve rien à répondre et se sent coupable de sa naissance.

« Et alors, dit Hermine qui ne manque pas une émission où passe sa fille, ce n'est pas une tare! La plupart des écrivains étaient des bourgeois et ton journaliste n'est sûrement pas fils de mineur. Il ne faut jamais te laisser mettre en posture d'accusé, mais contre-attaquer.

— Mais comment ? gémit Louise.

— Par exemple, j'aurais dit au type : « Et si « nous avions été deux ouvrières, en quoi notre

« livre vous aurait-il paru meilleur? » C'est toi qui le mets en difficulté, là. »

Louise essaie de retenir la leçon mais elles ne sont encore que deux agnelles jetées en pâture à des blancs-becs sûrs d'eux, qui n'ont en général qu'une minute trente à leur consacrer et leur annoncent quand elles arrivent le cœur battant : « Je n'ai pas eu le temps de le lire, votre bouquin. En deux mots, de quoi ça parle? » ou bien déclarent en commençant l'émission : « Nous vous présentons aujourd'hui un charmant ouvrage de dames... » ce qui exclut d'avance tout rapprochement avec la « vraie littérature ».

C'est Louise qui défend leur livre le plus souvent. Agnès est généralement empêchée. Son mari est très atteint par le fait qu'un éditeur ait pris au sérieux les épanchements de deux nanas. Que le public marche, c'est une autre paire de manches; le public, on le sait, est un con. Aussi Etienne s'arrange-t-il pour organiser un dîner avec le directeur de son usine le soir où Agnès est convoquée à Paris. Il découpe les critiques, de préférence méchantes, comme celle de *Combat* qui voit dans *Ma chère âme* un « honnête roman pour presse du cœur ». Il ricane en voyant que le livre est troisième sur la liste des meilleures ventes dans *Candide* et lui qui ne lit que les best-sellers (mais du genre viril, *L'Histoire de l'aviation* ou *L'Epopée de l'atome*) déclare que les sondages sont payés par les éditeurs.

Agnès n'obtient de permissions que pour des signatures dans des villes proches, Poitiers, Lyon ou Clermont-Ferrand. Là, on la prend au sérieux, des lectrices la regardent avec admiration, lui demandent des conseils, la considèrent comme un écrivain. Mais, rentrée à Saint-Etienne, elle redevient Mme Etienne Pichonnier. On lui annonce comme une série de fautes de sa part que sa fille a justement eu des convulsions dans la nuit, que son fils l'a réclamée sans arrêt et que la bonne vient de donner ses huit jours. Personne ne lui demande si elle a été contente de son voyage, de sa rencontre avec des libraires, des lecteurs. Etienne la reprend paternellement en main, lui soumettant cinq ou six problèmes urgents à résoudre, des coudes à choisir pour sa veste de chasse, l'arbre de Noël pour les enfants de l'usine, il faudra acheter des jouets pas chers mais que ça fasse de l'effet, il a dit au comité que sa femme s'en chargerait volontiers; et puis le dîner mensuel des Anciens de l'ETP c'est chez lui que ça se passe ce mois-ci, il faudra qu'elle y pense, qu'elle lui soumette un menu. Il s'occupera des vins car Agnès est nulle en vins et il la laisse soigneusement dans cette ignorance. De même qu'il est secrètement ravi qu'elle conduise si mal. Elle ne fera jamais de progrès d'ailleurs, il s'y emploie, l'affolant de conseils et de reproches. En fait elle est trop « nerveuse » et elle se laisse déborder par ses enfants.

« Qu'est-ce que tu ferais si je ne pouvais pas te payer une bonne ? »

Et si elle rentre fatiguée de ses tournées avec Louise, c'est bien normal, « elle veut en faire trop ».

« Tiens, sers-moi plutôt un bon Martini *on the rocks,* j'ai eu une journée épouvantable avec toutes ces grèves. C'est pas croyable ce qu'il faut dépenser comme énergie avec ces gens-là ! »

Agnès se demande si elle arrivera jamais à écrire un autre livre.

« Tu aurais tort, il me semble, de te crever pour ça, lui dit son mari. Ce n'est pas un métier pour toi. Tu as bien assez à faire ici. »

Comme pour se donner une raison supplémentaire de renoncer, elle tombe bientôt enceinte d'un sixième lardon. Le Grand Médecin de Saint-Etienne qui accouche toutes les femmes de notables a parlé de fibrome pendant quelques semaines et maintenant il est trop tard pour espérer quelque résultat de l'Ovocycline ou de la Lutocycline. Mais, si proche de la précédente, cette grossesse n'était pas souhaitable, dans son état de santé :

« Ce n'est pas sérieux, madame, dit-il sur un ton de reproche peiné. Je vous avais bien conseillé d'attendre au moins un an. »

Agnès guette son regard, sa vie est à la merci de cet inconnu assis derrière son bureau mais ce n'est pas son problème : qu'elle meure cette fois d'une embolie ou qu'elle se trafique, il s'en lave les mains, son « Ordre » l'y autorise. Son métier à lui c'est de mettre au monde des enfants, en n'importe quel état, dans n'importe quelles conditions, de n'importe quelle mère, eût-elle quinze ans. C'est la nature qui veut ça. Mais le Grand Médecin est humain : il ne peut pas lui donner d'adresse mais des clientes qui ont signalé qu'avec du tuyau pour aquarium et assise sur un bidet, on y arrivait. Décidément, le matériel aquatique rendait bien des services.

Etienne est un peu choqué qu'elle renâcle. « Quoi ? C'est si ennuyeux que cela de faire des enfants ? » Il supprimerait bien une cinquième fille mais il voudrait bien un deuxième fils. Il n'en a qu'un et, manque de pot, il est doux et tendre, et infirme de surcroît.

Agnès lance un SOS à Louise. Elle a peur de s'adresser à une inconnue tout autant que Louise de toucher à un autre corps que le sien. Etienne est horrifié, mais comme il n'a pas d'autre solution à proposer... Après tout, les femmes ont l'habitude de ces choses-là. Lui ne sait même pas comment c'est fait là'n'd'dans. Louise arrive donc pour le week-end, son petit matériel sous un bras, sa troisième fille sous l'autre. Elle ne ferait cela pour personne. Mais Agnès ne serait-elle pas traumatisée encore plus par une inconnue? Et le risque d'être dénoncée dans une petite ville, le scandale...

Bref, elles s'installent, Agnès au bord du lit, en travers, tenant entre ses cuisses sa lampe de chevet dont elle a enlevé l'abat-jour, Louise à genoux sur la carpette.

« Si seulement j'avais une lampe d'oto-rhino sur le front, soupire-t-elle.

— Ou même une lampe de mineur et un casque... Et si tu mettais ta lampe de poche dans ta bouche? » propose Agnès s'efforçant de plaisanter tandis que Louise commence à fourrager en elle avec ses instruments aberrants.

Et puis soudain la scène leur paraît si grotesque dans cette chambre bourgeoise, entre les deux portraits d'ancêtres et les photos des enfants sur la commode, cette scène qui a dû se reproduire combien de milliers de fois dans l'histoire secrète des femmes, qu'elles éclatent soudain d'un rire hystérique et libérateur, Agnès se brûle les cuisses avec sa lampe qu'elle n'arrive pas à tenir droite tant elle rit.

« Si tu t'agites comme ça, je n'y arriverai jamais, crie Louise.

— Tu sais à qui tu me fais penser avec ton tube de vaseline, ton tuyau et tes aiguilles? A la Voisin! Rappelle-toi qu'elle a été brûlée en place de Grève pour ses crimes, la Voisin...

— Fiche-moi la paix avec tes évocations, moi je travaille. Et figure-toi que je n'avais jamais vu un sexe de femme! C'est mon premier! Ça s'arrose! Tu as dit à Etienne de mettre du champagne au frais?

— J'avoue que je n'y ai pas pensé, dit Agnès en

riant de plus belle. Et puis Etienne est complètement paniqué.

– Mais moi aussi, qu'est-ce que tu crois ? C'est pour cela que nous aurons besoin de champagne. D'autant que moi je sens quand je me fais mal. Travailler sur toi, c'est bien plus impressionnant. Ne donne mon adresse à personne surtout, je n'ai aucune envie de me mettre faiseuse d'anges. »

Devisant légèrement, nerveusement, tendrement, pour faire oublier la sinistre besogne, Louise parvient enfin au terme de son affaire. Agnès sera libre, il ne lui reste qu'à emprunter la filière fausse couche : hémorragie, avec fièvre de préférence, visite au Grand Médecin qui pourra maintenant intervenir en grande pompe, améliorer le coefficient de remplissage de sa clinique privée et toucher des honoraires qu'il devrait en bonne justice partager avec Louise. Une Louise un peu épuisée d'émotion mais qui se sent une fois de plus la *dea ex machina* qui a infléchi le destin aveugle.

C'est Viviane qui s'est occupée des deux filles pendant que Louise opérait. Les deux couples habitent maintenant le même immeuble, c'est pratique et agréable. Les Rey recueillent Louise le soir quand elle est seule; le dimanche, quand elle promène les enfants, Félicien vient jouer aux échecs avec Arnaud. A tout moment, Viviane apparaît pour demander si on ne pourrait pas la dépanner, il lui manque toujours de l'huile, du persil, une aspirine. Depuis qu'ils sont mariés, Louise a toujours craint qu'Arnaud ne s'ennuie avec elle. Chaque fois qu'ils sont seuls, il dort, il s'enfonce derrière un rempart de journaux ou bien il regarde un match à la télé. Il ne manifeste jamais l'envie de l'emmener au restaurant, au théâtre. De toute évidence, elle ne lui suffit pas, alors que le petit phalanstère qu'ils ont constitué tous les quatre résout tous les problèmes. La vie est devenue gaie, harmonieuse. Arnaud aime davantage sa femme à quatre qu'à deux, et chacun apprécie les trois autres, individuellement et en groupe. Comment ne multiplierait-elle pas les occasions de rencontres? Ils visitent l'Italie ensemble, découvrent les gorges du Tarn, passent des week-ends en Alsace, d'où Félicien est originaire, pour goûter le vin nouveau, le premier gibier. En présence de Félicien qui l'admire, Louise se montre volontiers drôle, et parvient à faire rire Arnaud. Viviane est l'amie parfaite, irresponsable mais toujours prête à rendre service; mais elle a moins de temps à consacrer à sa filleule Adrienne depuis qu'elle travaille à *H,* un magazine de luxe pour hommes, que Louise appelle *Q,* c'est plus franc. Elle y est secrétaire mais elle dit assistante, c'est plus flatteur. Arnaud s'est laissé convaincre par elle et par Richard Villedieu, son rédacteur en chef, d'y écrire une chronique mensuelle. Louise désapprouve mais se fait traiter de dame patronnesse par Viviane et de pisse-froid par Richard. Elle ne parvient pas à les convaincre que c'est l'hypocrisie de l'entreprise qui la choque. Elle préférerait qu'Arnaud écrive franchement un porno plutôt que de servir d'alibi culturel aux lecteurs qui ont envie de bander en douce devant des seins et des croupes, sans passer pour de vieux cochons. Elle apprécie la littérature érotique, voire pornographique, et lirait volontiers *Histoire d'O* avec Arnaud par un long dimanche d'hiver... Mais elle se sent humiliée qu'il feuillette *H* au lit, allongé à ses côtés, avec le plus grand sérieux, comme s'il ne s'intéressait qu'à la qualité technique de la photographie.

Enfin, c'est comme ça. Arnaud travaille désormais avec Viviane, écrivant des papiers humoristiques ou politiques où il n'est jamais question du cul mais de l'empereur Bao Daï ou du procès Kravchenko. Alors de quoi se plaint-elle ?

Il travaille d'ailleurs de plus en plus et ne trouve plus le temps de venir en Bretagne, sauf en été. Chaque année, il parle de remplacer le chaume par de l'ardoise. « Tu as raison, on verra ça », dit Louise, sachant qu'il suffira de ne pas donner suite pour que la transformation ne se fasse jamais. Arnaud fourmille d'idées mais l'exécution l'ennuie. La chaumière restera donc comme elle est : il y a de vieilles personnes qu'il ne faut pas secouer.

C'est Adrien qui vient désormais pour les « petites vacances ». Il n'a que soixante-trois ans mais alors qu'Hermine continue à se battre et réussit à exposer à New York ou à Londres, lui se recroqueville et ne se plaît plus qu'en compagnie de ses petites-filles. « Mon rêve serait de me retirer dans un monastère », dit-il souvent. Il passe huit jours à Solesmes chaque année non pas tant par foi chrétienne que pour pénétrer déjà dans l'antichambre de la mort par le renoncement et le silence.

Son affaire bat de l'aile et il n'a pas d'héritier pour la reprendre. Les vitrines s'empoussièrent, ses oiseaux, ses insectes, ses collections de minéraux retournent tout doucement au néant et le magasin ressemble plus que jamais à un cimetière. « Tu devrais vendre », lui conseille périodiquement sa femme. Mais il ne veut pas dilapider le patrimoine; le laisser péricliter n'est pas la même chose. Et puis il aime tous ces fossiles, il les trouve plus intéressants que les vivants. « Je suis moi-même un fossile », rappelle-t-il. Au marché de Concarneau, il s'obstine à faire de l'éducation scientifique et à demander des *maïa verru-*

cosa ou des *gadus merlangus* à la poissonnière qui le prend pour un doux cinglé.

L'été suivant, Félicien partit passer un mois aux Etats-Unis. Viviane vint seule à Kerviglouse pour aider son amie car Louise travaillait à une enquête pour le magazine auquel elle collaborait et la jeune fille au pair prenait son mois de vacances. Mais Félicien lui manqua. C'était, en dehors de sa mère, le seul être qui s'apercevait qu'elle était parfois fatiguée; un des seuls aussi à ne pas s'effondrer dans un fauteuil le soir venu en disant d'un ton épuisé : « Tiens, je boirais bien un whisky bien tassé... Oui, avec du Perrier, merci... Et de la glace. » Et il savait, lui, quand il servait l'apéritif, que le bac à glace ne se trouvait pas dans la chaudière, ni le tire-bouchon dans la boîte à couture. Louise se demandait pourquoi il avait renoncé à ses sacro-saintes vacances en Bretagne. « Je crois que Félicien est malade, expliquait Viviane. Je ne sais pas ce qu'il a, il n'est plus le même. »

Louise le trouvait sombre en effet depuis un an. Ses bons yeux de phoque ne riaient plus et un phoque malheureux, c'est deux fois plus triste qu'un homme. Mais il semblait fuir les confidences et trouvait même des prétextes pour ne plus paraître à ces week-ends de Rambouillet qu'il semblait tant apprécier autrefois.

A la campagne, Viviane s'était mise au tissage et au collage, comme tout le monde. L'artisanat avait la cote en ces années-là dans les banlieues chic. Elle appliquait des graminées sur du velours et se prenait pour une artiste. Arnaud lui aussi s'était pris d'un goût subit pour la poterie et tous deux s'étaient aménagé un atelier dans le garage. Tout cela impliquait l'achat d'un tour, d'un four de potier, d'un métier à tisser et d'innombrables écheveaux de laine qui débordaient de coûteuses panières d'osier du plus élégant effet, avant de se transformer en plaids râpeux comme des cilices et qui répandaient partout une odeur de bouc. Etait-ce de n'avoir jamais pu dessiner un poteau télégraphique? Ce retour à l'artisanat mondain avait le don d'irriter Louise qui se réfugiait hargneusement dans l'utile, repeignant les volets, vitrifiant les parquets ou calfatant l'été la vieille pinasse d'Adrien. Le dimanche soir à Rambouillet, ils organisaient des pique-niques monstres où Arnaud invitait Claude et Carole, et bien sûr Richard, son rédacteur en chef, dont les relations mondaines, le cynisme et l'abattage éblouissaient le provincial qu'il restait encore. D'autant que Richard se chargeait d'améliorer l'ordinaire, en fournissant deux ou trois « ravissantes », en plus de sa courageuse épouse, Marie-Thé, documentaliste, mais dans un hebdo sans le moindre coefficient Q, et dont il ne se séparait jamais car elle lui servait de chauffeur et de nounou les soirs de cuite.

Un dimanche de décembre, Louise se retrouva par hasard seule à Rambouillet avec Félicien venu soigner son père malade et voulut connaître enfin la cause de sa mélancolie.

« Pourquoi ne m'as-tu pas prévenue que tu venais? On aurait déjeuné tous les deux? Tu ne me dis plus rien...

– Oh! je t'en prie, répondit-il d'un ton lourd de sous-entendus.

– Mais, Félicien, qu'est-ce qu'il se passe?

– Il se passe que je suis un peu vieux jeu sans doute. Mais il y a des situations que je n'arrive pas à admettre. Et je dois dire que je t'en veux à toi, tout particulièrement.

– A moi?

– Oui, à toi, parce que je te croyais mon amie. Ne fais pas l'innocente. « Je sais tout », comme on dit dans les mauvais vaudevilles. Vous vous êtes bien foutus de moi et je trouve que tu aurais pu au moins me mettre au courant. »

Louise a l'air si sincèrement ahurie qu'un doute s'insinue dans l'esprit de Félicien. Il est à la fois atterré de lui faire du mal et soulagé de découvrir qu'elle ne sait rien. A mesure qu'il lui enfonce un couteau dans le cœur, son cœur à lui se desserre enfin.

« Ne me dis pas que tu n'étais pas au courant ? » dit-il encore.

Non, Louise ne savait rien mais soudain elle sait déjà tout ce qu'il va dire. Cette affreuse vérité qu'elle avait refoulée si longtemps au fond d'elle-même sort du puits.

« Et moi qui étais persuadé que vous y trouviez votre compte tous les trois, que vous aimiez les partouzes, que tu encourageais Arnaud parce que... Mais cela me semble monstrueux tout à coup d'avoir pu imaginer cela.

– Ecoute, tu me connais tout de même ? Pourquoi ne m'as-tu jamais rien dit ?

– A quoi bon ? Tu avais l'air si tranquille; si amoureuse d'Arnaud; si attachée à Viviane... C'est toi qui l'invitais le plus souvent !

– C'est vrai, c'est moi.

– Alors, comment imaginer que tu étais aveugle ? Que tu ne voyais pas qu'ils s'aimaient ? La seule conclusion logique c'est que tu aimais les femmes et que...

– Et qu'on formait un ménage à trois comme dans *L'Invitée* ? »

Louise se sentait lentement couler mais elle ne voulait pas s'effondrer devant Félicien. Elle se savait très lente à réagir. Elle continuait à courir comme un poulet sans tête, ne sachant pas qu'elle était morte, elle continuait à parler comme une femme tranquille et aimée.

« Louise, ce n'est peut-être pas le moment de te le dire mais tu ne peux pas savoir ce que je suis heureux. Heureux de m'être trompé et de te retrouver comme je t'aimais. J'avais tout perdu, moi, dans cette histoire.

– Il me semble que j'ai perdu pas mal, moi aussi...

– Moins que tu ne crois, j'en suis sûr. Viviane ne m'a jamais vraiment aimé. Mais Arnaud, je suis sûr qu'il t'aime. Tu es la femme de sa vie, c'est évident.

– D'accord, mais de laquelle? Il a toujours eu des tas de vies.

– Tu as l'impression comme ça... amours contingentes... l'essentiel... rien gâcher... »

Louise entendait un mot sur cinq ou six, quelques rochers émergeaient dans la tempête et elle s'y raccrochait. Il fallait rentrer à Paris, aller chercher Pauline chez une petite amie à six heures, il fallait surtout fuir sinon elle allait tomber par terre, là, devant Félicien, et elle ne pourrait plus se relever, conduire, avoir l'air d'une femme normale. Il le sentit, le cher phoque et l'enveloppa de son regard brun, si tendre.

« Je vais te raccompagner, dit-il, je ne veux pas te laisser rentrer toute seule. Je me débrouillerai pour rapatrier ta voiture. »

Il lui mit un bras autour des épaules mais cette tendresse lui fut fatale : elle explosa en sanglots hoquetants. Il lui tapotait le dos, bêtement :

« Qu'est-ce que tu vas faire?

– Rien, qu'est-ce que tu veux que je fasse? Moi, j'aime Arnaud jusqu'à plus ample informé. C'est à lui de voir ce qu'il veut faire.

– Moi je te préviens : je compte divorcer. Tout cela me dégoûte. Je ne peux pas t'expliquer, c'est comme si d'un seul coup mon amour pour Viviane m'était tombé des bras. J'aurais supporté qu'elle me trompe avec n'importe qui, mais pas Arnaud !

— Mon pauvre Félicien ! On dit toujours ça. On imagine toujours qu'une autre croix aurait été plus légère. Comment l'as-tu su ?

— Viviane me l'a dit. Elle a toujours été très franche avec moi. Elle prétend qu'elle tient à moi tout de même... enfin... l'habituelle salade... et qu'elle sait qu'elle ne sera que la seconde dans la vie d'Arnaud parce qu'il tient profondément à toi...

— Oh ! je t'en prie, coupa Louise.

— Si, profondément, insista Félicien.

— Ça veut dire que c'est avec Viviane qu'il aura envie de faire l'amour et que moi je serai bien à l'abri, au fin fond de son cœur ? »

De toute façon, elle n'avait plus envie de parler, elle refusait les consolations dérisoires de Félicien, qui foutait le camp et laissait le champ libre à sa femme dans cette affaire.

« Elle sait que tu veux divorcer ? Elle ne nous a rien dit...

— Non, elle ne sait rien encore. J'attends d'avoir trouvé un studio. Je veux pouvoir faire ma valise le jour même où je lui parlerai. Je me sens incapable de la voir pleurer et tout aussi incapable d'être complaisant. Je te dis que je suis vieux jeu.

— Je trouve ça imbécile de prendre une pareille décision tout seul, sous prétexte que Viviane a une poussée amoureuse.

— Il y a plus d'un an que cela dure, rappela Félicien. Ce n'est plus une éruption mais une maladie chronique. »

Une vague de pitié pour elle-même submergea Louise : plus d'un an ! Merde !

« Tout de même, ou tu aimes ta femme, ou tu ne l'aimes pas. C'est ça qui compte, non ?

– Je ne l'aime plus, dit Félicien froidement.

– Tu as de la chance.

– Je n'en suis pas si sûr. Le malheur, c'est encore une forme de vie. Moi, je me sens fini, vieux... Toi, tu es pleine de passion. Arnaud serait un imbécile de te quitter et il le sait. Tu t'en tireras, tu verras.

– En attendant, c'est toi qui te tires ! Dis donc, tu te souviens de ma jaunisse après la Grèce ? Mon corps devait savoir, bien avant moi, ce qui arrive aujourd'hui. Mais avec mon honnêteté imbécile...

– L'honnêteté n'est jamais imbécile.

– Si : quand elle mène au malheur. Finalement, c'est moi qui ai favorisé toute cette histoire. Je suis vraiment une pauvre conne. Et le pire, c'est que je ne suis même pas sûre de pouvoir changer. »

Félicien lui dédia un regard attendri qui ne fit que l'enfoncer davantage dans le sentiment de son impuissance.

XVII

ARNAUD, VIVIANE ET LOUISE OU ARNAUD, LOUISE ET VIVIANE

DANS la vie, les défaites sont bien plus riches que les victoires. Elles font réfléchir, évaluer, alors que le bonheur est souvent un statu quo.

Mais comment raconter aujourd'hui ce que je considère comme la pire période de ma vie ? La plus lâche, la plus émouvante, la plus maladroite, la plus humble, la plus courageuse, la plus étrangère en tout cas, au point que je me sens incapable de dire *je* en parlant de cette femme-là. Mais qui vous étonne mieux que vous-même ?

Rétrospectivement, je ne saurais rien expliquer. Je ne comprends toujours pas comment cette femme-là a pu rester gaie, rire souvent, être assez heureuse somme toute, élever ses trois filles, ne rien dire à personne, surtout pas à Hermine qui aurait pavoisé et conseillé une rupture immédiate, ni même à Agnès. Ni fleurs ni couronnes. Elle détestait la jérémiade entre femmes. Et puis il aurait fallu dire du mal d'Arnaud, donc en penser, et comment survivre alors, puisqu'elle continuait à l'aimer ?

Arnaud ne proposa pas de rompre mais laissa à sa femme la liberté, c'est-à-dire la responsabilité de la décision. Il avait une façon de refuser de peser sur autrui qu'il prenait pour du libéralisme mais qui aboutissait à faire prendre ses responsabilités par les autres.

« C'est toi qui es ma vie, j'en suis conscient et je souhaite ne pas te perdre. Mais moi je suis heureux... Je trouve même que nous avons été particulièrement bien ensemble depuis un an ou deux. C'est donc ton problème. A toi de décider. Je ferai comme tu voudras. »

C'était hélas! la chose à lui dire pour obtenir le meilleur d'elle-même.

Beaucoup de femmes, dans la lignée de l'horrible Blanche de Castille, préfèrent voir leur homme mort qu'appartenant à une autre. Louise voulait un homme heureux, avec elle de préférence, et même si c'était avec elle AUSSI. Elle redoutait par-dessus tout de récupérer un Arnaud mutilé. Il faudrait lui faire oublier Viviane, redoubler de sex-appeal, éclater de bonheur, ce serait la moindre des choses après avoir exigé un tel sacrifice... Quel programme abominable!

Il fallait tenir compte de Viviane aussi, en complète dérive depuis que Félicien avait entamé une action en divorce que, bizarrement, elle n'avait jamais prévue. On vient de l'opérer, son ultime espoir d'enfant s'est envolé et elle s'est passionnément attachée à Adrienne. Avec candeur, elle se déclare prête à partager et même à ne prendre — quelle bonté — que ce que Louise voudra bien lui laisser, sans se rendre compte que c'est Louise qui partage et non elle! Mais comment rester seule maîtresse du terrain, passer devant les fenêtres de la rivale malheureuse, abandonnée et stérile, en poussant la voiture d'Adrienne, encadrée par Pauline et Frédérique et suivie d'un Arnaud en laisse. Si c'était ça le mariage...

On ne lui demande en somme que de céder une petite part de sa vie, quelques livres de sa chair, mais avec le sourire puisqu'elle l'aura accepté en connaissance de cause.

« Rien ne sera changé entre nous, tu sais. Nous vivions déjà pratiquement ensemble tous les trois. Et t'ai-je jamais laissée seule un soir pour aller dîner avec Viviane ? Est-ce que je t'ai donné une fois l'impression que je préférais sa présence à la tienne ? Tu ne t'étais aperçue de rien, d'ailleurs. »

Non... Oui... Non. Comment répondre ?

« Un amour n'enlève rien à un autre.

– Au contraire, répond Louise.

– Je sais... nous n'avons jamais été d'accord sur ce que tu appelles mon dilettantisme. Un des plus beaux mots de la langue française pourtant. Mais même sans être d'accord, on peut se comporter en adultes civilisés.

– Mais si moi j'ai une jalousie sauvage ? Qu'est-ce que j'en fais ?

– Si c'est au-dessus de tes forces de me supporter tel que je suis... »

Tel qu'il est, oui, car lui ne changera pas, son premier souci à lui c'est de S'être fidèle, de ne pas SE renier, comme si SE n'était pas une plaisanterie et la cohérence, un pari impossible. Où gisait sa cohérence à elle ? Dans l'acceptation d'une autre loi ? Arnaud a toujours milité pour le droit à la diversité, pour la femme comme pour l'homme, précise-t-il, d'autant plus sincère sur la théorie que la pratique ne va concerner que lui, du moins dans un avenir prévisible. La diversité pour elle ? Elle n'y songe même pas et aucun de ses amis ne semble y songer pour elle. La disponibilité d'une femme, les hommes la flairent. La fidélité, elle, n'a pas d'odeur.

Elle envie les êtres qui trouvent naturel d'être courtisés, adorés. Ce qui lui semble naturel à elle, c'est qu'on l'aime moins. Elle se dit souvent qu'elle n'aurait pas été amoureux d'elle, si elle avait été un homme et qu'Arnaud serait beaucoup plus heureux avec Viviane. Une femme-colibri correspondrait bien mieux à ses goûts. Pourquoi s'est-il attaché à elle qui l'irrite par tant de côtés ? Mais les hommes mariés sont incroyables ! Félicien se plaignait souvent de la dépendance et de l'irresponsabilité de Viviane. Il avait choisi par goût une femme-enfant ravissante et qui ne travaillait pas, mais il aurait en même temps voulu bénéficier d'une compagne compréhensive, intelligente et maternelle ! Et Louise ne cherche-t-elle pas l'impossible aussi ? Un homme qui lui échappe assez pour qu'elle en reste amoureuse, quitte à souffrir chaque fois qu'il lui échappe... un homme qu'elle rêve de dominer tout en redoutant d'y parvenir, comme Hermine l'avait fait avec Adrien... Ne faut-il pas assumer cette contradiction ?

« Je serais très malheureux que tu me quittes, mon chéri, et pour moi il n'est pas question d'hésiter entre Viviane et toi, je veux que tu le saches une fois pour toutes. »

Comme si ces mots-là pouvaient servir une fois pour toutes... Mais c'est vrai qu'Arnaud l'aime davantage depuis qu'il aime Viviane, comme si la liberté de posséder une deuxième femme le débloquait vis-à-vis de la première. Il l'appelle facilement « mon chéri » maintenant et semble apprécier son intelligence depuis qu'il se régale de la joyeuse inculture de Viviane et de l'admiration inconditionnelle qu'elle lui voue.

« Qui me dit que tu n'aimeras pas Viviane plus que moi, à l'usage ?

– Mais moi je te le dis. Je l'aime *aussi,* ce qui n'est pas la même chose. Et je ferai tout pour que tu en souffres le moins possible. Si je ne t'ai rien dit plus tôt – et j'ai eu tort – c'est parce que j'étais convaincu que tu le savais et que tu savais aussi que rien d'essentiel entre nous n'était changé. »

Bref, c'est décidé : personne ne rompt avec personne. « Tout le monde garde tout », comme dit Arnaud qui a le don de convaincre ceux auxquels il demande des sacrifices qu'ils les ont choisis eux-mêmes.

La décision n'est pas prise sans larmes. Vingt ans après, je relis, incrédule, les mots d'excuse que Louise envoyait à son mari pour lui adoucir la peine qu'il prenait d'aimer le plus équitablement possible deux femmes à la fois :

« Hier, j'ai conduit brillamment et hardiment. Non, ce n'est pas du chantage, mais tout m'est un petit peu égal depuis qu'il faut que ce à quoi je tenais le plus me soit égal. Tu sais de toute façon que Kerviglouse me guérit toujours, même quand il fait un froid d'encre. Adrien ne quitte pas son manteau et son chapeau dans la maison et on a mis le butagaz et le poêle à pétrole dans la cuisine. Ici j'ai le temps et surtout la distance nécessaire pour penser à nous. Je sais que tu en as marre de mes larmes, mon aimé, de ce chagrin que tu ne peux ni comprendre ni admettre. Je sais que tu me juges coupable et idiote d'être malheureuse et moi aussi je me déteste dans ce rôle. Pourquoi n'irais-tu pas vivre à l'hôtel quelque temps, loin de ma gueule d'empeigne, en attendant que je m'habitue physiquement à une situation que j'admets déjà intellectuellement ?

« Je ne regrette pas que Félicien m'ait parlé. Je sais à quel point je tiens à toi. Jusqu'à n'être plus moi-même. Moi, je peux me permettre ça. Pas toi, je sais. J'ai un peu gâché cet équilibre à trois qui semblait te rendre si heureux mais c'est de ta faute : si tu prenais la peine de me parler davantage, si mes lettres et mes questions ne tombaient pas toujours dans un trou sans fond... Ne crois pas d'avance que je devine tout avec cette fameuse intuition féminine qui ne m'a jamais envoyé le moindre signal. Je ne comprends qu'une chose, c'est que je t'aime assez pour tenir à ton bonheur plus qu'au mien. »

Et veuillez agréer, cher époux, mes sentiments de crêpe molle. Comme à ma mère, quinze ans plus tôt. Mais quelle femme à un moment ou à un autre de sa vie n'a abdiqué son identité ?

Les premiers mois, toute à la fierté de jouer le rôle héroïque dans ce trio, sinon le plus agréable (ah ! non, loin de là), Louise ne souffre pas. Sauf la nuit. Elle se réveille souvent en larmes et fait sans cesse le même rêve, d'une vulgarité confondante : elle les surprend enlacés. Arnaud pénètre Viviane qui ulule de volupté et ils continuent malgré sa présence sans même paraître la remarquer. Ou bien elle cherche Arnaud à travers une enfilade de salons où tous les invités se chevauchent et se besognent comme des porcs, à deux, à trois, à quatre. Elle seule est seule dans cette foule, et pire que seule : transparente.

Au matin vif, en retrouvant le sourire d'Arnaud, sa manière soudaine de la prendre dans ses bras quand il devine ses pensées, en expédiant ses trois joyeuses gonzesses à l'école, en pelotant leur douce petite chair, elle se morigène. Après tout, chacun ne doit-il pas vivre en affrontant la joie d'exister et l'horreur de devoir finir, qui sont indissociables ? Il faut accepter que dans sa vie désormais cohabitent deux réalités également vivantes et dont, qui sait ? l'une est peut-être le garant de l'autre.

Le jour, elle parvient à se raisonner et la nuit, pour échapper à ses cauchemars, elle prend de l'Oblivon, dont l'horrible odeur aliacée va rester pour elle synonyme de chagrin. Arnaud et elle parlent de moins en moins, « les mots peuvent tuer », prétend-il. Ils ne sont à l'aise qu'en présence d'amis ou quand ils sortent. Il a accepté d'assurer la critique dramatique pour un hebdomadaire de télévision et ils vont deux soirs par semaine au théâtre. Ils voient beaucoup les Weiss. Lui est passionnant parce qu'il connaît tout le personnel politique et Carole fait bien dans les dîners, représentant la proportion indispensable de chair fraîche pour qu'une soirée soit réussie. Malheureusement, dès qu'ils invitent Richard Villedieu, l'auteur maudit à la mode dans ces années-là, la proportion devient excessive car Richard se sentirait déshonoré de ne pas exhiber ses dernières découvertes, mannequins suédois absolument imbattables, Walkyries allemandes ou miniatures vietnamiennes. La soirée alors bascule. Cent quatre-vingts kilos de chair bichonnée, parfumée, coloriée dans l'unique souci de faire lever la mauvaise graine dans les pantalons, cela polarise les conversations qui ne parviennent plus à s'élever au-dessus de l'anecdote bien parisienne, qui met en valeur l'esprit délicieusement lubrique de nos chers Français.

Louise n'est pas sensible au charme un peu diabolique de Richard, à son beau visage maigre et brûlé comme en ont à la fois les ascètes et les noceurs; elle déteste son cynisme et le mépris qu'il affiche pour les grandes idées et ceux qui y croient. Louise voudrait expliquer à Arnaud l'humiliation qu'elle ressent quand il débarque avec les plus récents spécimens du cheptel de *O*, comme si les autres femmes étaient nulles et non avenues.

« Je suis humiliée en tant que ta femme, humiliée pour Marie-Thé et humiliée aussi d'appartenir à un sexe qui est utilisé de cette façon.

– Qui s'y prête, tu veux dire, rectifie-t-il. Mais

je refuse d'entrer dans ce type de discussion avec toi. Tu vas bientôt me rendre responsable de la prostitution et de l'esclavage, comme d'habitude ! »

Oui, peut-être mais n'est-ce pas un défoulement indispensable de temps en temps ? Louise se sent lourde de toutes ces répliques bien senties, insultes gratuites et formules injurieuses qu'elle n'ose pas lancer à la face impassible d'Arnaud et dont tout le venin lui retombe sur le cœur. Elle en vient à regretter les belles empoignades de ses parents qui laissaient les adversaires épuisés, vidés de leurs tensions, délivrés de leur rancunes, tout mous et tout tendres soudain.

Viviane est de tous les dîners, intimes ou élargis et, chaque fois que Richard introduit une nouvelle dans le circuit, Louise éprouve envers elle le sentiment de solidarité que doivent ressentir les Epouses 1 et 2 quand leur sultan ramène une favorite. Paradoxalement, c'est quand ils sont tous les trois qu'elle se sent le plus à l'aise. Pendant ce temps-là, elle sait ce qu'ils font ou plutôt ne font pas. Et il lui vient comme un élan de tendresse pour Viviane quand Arnaud, avec un naturel bouleversant, déclare qu'il est fatigué et voudrait rentrer. « Tu viens, Louise ? on s'en va. » A ton tour de découvrir, ma pauvre petite chérie, que l'amour d'Arnaud ne tient pas chaud tous les jours.

Viviane a pris l'habitude d'appeler au lendemain de ces soirées pour les commenter. Puis, peu à peu, elle prend pied et c'est chaque matin qu'elle téléphone. Louise retrouve ce corps déserté du temps d'INF I et des apartés téléphoniques, qui n'avaient d'ailleurs cessé qu'après que les PTT eurent réussi à déconnecter leurs abonnés. Encore une fois, il ne reste dans le lit conjugal qu'une enveloppe vide dont toute l'âme semble aspirée dans les fils... et puis ce visage vague, ce rire pour des mots qu'elle n'entend jamais.

« Qu'est-ce qu'elle raconte ce matin ?

– Rien de particulier », disait Arnaud en raccrochant.

Alors ? Pourquoi cela avait-il duré vingt-cinq minutes ? Mais après tout, c'est par une sorte d'honnêteté qu'ils se téléphonaient devant elle. Il aurait pu appeler Viviane de son bureau.

Heureusement, son nouveau livre lui épargne de trop penser. Elle travaille avec sa mère à un projet ambitieux, passionnant : une histoire des femmes peintres connues et méconnues qui révélera en réalité une autre histoire : celle de toutes les filles, épouses, sœurs d'artistes, peintres ou sculpteurs, qui, comme la sœur de Shakespeare imaginée par Virginia Woolf, ont dû renoncer, se sont suicidées ou sont devenues folles parce qu'elles ne pouvaient réaliser leur vocation. En hommage à Virginia qu'Hermine a connue à Londres, le livre s'appellera *Un atelier à soi.*

Hermine estime qu'elle s'est cantonnée dans la peinture assez longtemps et qu'il faut frapper l'opinion par quelque chose de neuf si elle veut continuer à exister. Non comme femme peintre, le terme a le don de la mettre en rage, lui donnant l'impression qu'on l'assimile à ces « artistes handicapés peignant de la bouche ou du pied », qui proposent pour Noël leurs cartes postales, mais comme peintre tout simplement ou écrivaine, pourquoi pas ?

Lou, qui possède une toile de Rosa Bonheur, prétend que si elle connut tous les succès, en Europe et aux Etats-Unis, c'est parce qu'elle échappa au mariage et vécut cinquante ans avec une compagne. Hermine a-t-elle pensé à sa vie auprès de Lou pendant la guerre, qui avait permis l'éclosion de son talent, a-t-elle songé au curieux ménage à trois qu'elles formaient avec Adrien? Elle y fait allusion pour la première fois, alors qu'elles travaillent à l'atelier, dans cette ronde odeur de térébenthine, qui sera toujours pour Louise l'odeur d'une mère.

Depuis deux ans déjà, elle a poursuivi des recherches en Europe et aux Etats-Unis, pour retrouver dans les archives ou les enfers des musées les œuvres de ces femmes qui avaient souvent connu une grande célébrité à leur époque, mais dont presque toutes furent oubliées dans les histoires de l'art, ou empêchées par leur famille de continuer leur carrière, comme Marietta Tintoretta, fille du Tintoret, dont la réputation avait gagné les cours d'Autriche ou d'Espagne mais qui n'eut jamais l'autorisation de quitter l'atelier paternel, ou comme Margarethe Van Eyck qui accepta de s'effacer pour œuvrer sa vie durant dans l'ombre d'un frère prestigieux, dont elle tint en plus la maison, renonçant au mariage et à la célébrité.

Louise travaille chaque jour avec sa mère et se passionne pour cette histoire des laissées-pour-compte de l'art mais elle rentre de bonne heure car Arnaud est généralement là, comme pour bien indiquer qu'il ne va pas systématiquement chez Viviane en sortant du bureau. Il n'est pas l'homme des 5 à 7. En revanche, chaque fois qu'elle part pour Kerviglouse, il descend habiter chez Viviane. Louise ne voudrait pas qu'il dîne tout seul de deux biscuits? A ces moments-là se pose une fois de plus la lancinante question : vaut-il mieux être titulaire ou intérimaire? En regardant les couples autour d'elle, les Weiss, les Pichonnier, les Villedieu, ses parents même, elle se demande si la plupart des mariages sont autre chose que des échecs camouflés et si un certain climat de passion, de drame même, ne vaut pas mieux que les mornes plaines de l'indifférence affectueuse.

Mais à d'autres moments, l'entreprise de vivre à trois qui va couvrir le meilleur de sa vie de femme, le plus ardent de sa vie amoureuse, lui paraît insurmontable. Elle accepte l'épreuve mais ne s'y habitue pas et sa jalousie reste toujours aussi vivace. Elle ne s'assagira qu'avec la mort de l'amour et elle ne se résigne pas à la souhaiter.

Pendant ces deux années, elle réussit pourtant à faire face et à tout dominer sauf ses rêves et puis le tremblement de ses mains dès qu'est prononcé le nom de Viviane. Elle les cache pour qu'elles ne démentent pas le ton enjoué qu'elle s'efforce de conserver. Viviane reste parfaite : discrète au point de n'avoir jamais laissé surprendre un mot ou un geste d'intimité avec Arnaud, prête à garder les filles quand Louise part en week-end avec son mari et ne semblant pas espérer plus qu'elle ne possède : la seconde place. En somme, une sainte Thérèse de Lisieux dispensant sa pluie de roses sur la famille et acceptant les absences de son Seigneur.

Louise oscillerait plutôt entre Marthe et Marie, cherchant tour à tour à jouer des charmes du foyer (Viviane cuisine mal et vit dans un foutoir) et à se rendre indispensable dans le travail, relisant les articles d'Arnaud, le remplaçant parfois pour ses critiques dramatiques. Mais elle n'aime pas les calculs et les arrière-pensées qui tapissent maintenant son intérieur.

A mesure que passent les mois, les années, on attendrait plutôt l'apaisement, la résignation, mais c'est parfois la révolte qui survient. Car, à la longue, le drame de l'adultère, c'est qu'il finit par tout contaminer, même les meilleurs moments. Et puis ce secret absolu sur son autre vie, cette cloison étanche qu'a installée Arnaud et qui ne laisse filtrer aucune information, finissent par sembler intolérables à Louise. Il vient encore de rentrer d'une semaine à Venise, l'air innocent et heureux comme de coutume, espérant s'en tirer avec un « Mais oui, excellent voyage, mon chéri », quand elle s'aperçoit qu'elle ne supporte plus ce black-out.

« Parle-moi au moins des paysages, des restaurants, des gens que tu as rencontrés, je ne te demande pas un reportage sur tes nuits...

– Cela m'est désagréable d'évoquer ces périodes-là avec toi.

– Moins qu'à moi d'y penser, tu ne crois pas ? Et ne peux-tu t'imposer quelque chose de désagréable ? »

Non, il ne peut pas. Il ne peut pas non plus lui écrire quand il se trouve avec sainte Thérèse. Ce serait de mauvais goût. Mais n'est-ce pas de mauvais goût quand il rentre de Grèce ou d'Algérie et qu'il lui offre un collier crétois ou berbère, de voir un bracelet berbère ou crétois au bras de Viviane ?

« Et tes quarante ans ? Tu les as fêtés deux fois ? Ça t'en fait quatre-vingts, dis donc ! »

Comment ne pas devenir putride ?

Arnaud évoque alors, la voix nostalgique, la « réussite » de tel couple célèbre dont il a interviewé le mari lors de la sortie de son dernier film et qui, non content d'être marié à une femme qui a vingt ans de moins que lui, jouit également d'une très jeune maîtresse, qui est sans doute également la maîtresse de l'épouse.

« Quelle preuve de civilisation ! dit-il.

– Moi je n'arrive pas à croire que sa légitime soit heureuse.

– Tu l'as vue comme moi. Elle a l'air parfaitement épanouie. Toutes les femmes ne sont pas des tigresses...

– Je voudrais voir cela de plus près. C'est tout de même sa femme qui donne ses costumes chez le teinturier, qui met ses slips dans la machine à laver et qui lui achète son laxatif. C'est ce qui lui reste comme « privilège ».

Arnaud prend son air douloureusement surpris, Louise ramène tout à des détails matériels. Ce genre de conversation est généralement sanctionné par une période de froidure. Jusqu'à ce qu'elle ait réussi à aimer moins, ce qu'il interprète par : comprendre mieux.

Une fois par an ou deux, elle retrouve un bonheur sans ombre, sans la louve familière, quand ils partent aux sports d'hiver, car Viviane déteste la montagne. Ils font ensemble d'immenses randonnées en profonde. Elle devient belle sans la louve. Ils dévalent les pentes vierges comme deux dieux. Ils déjeunent quelque part sur les sommets, heureux et rompus. Arnaud lui tient les mains et lui dit qu'il est bien avec elle. Que demande le peuple ?

Mais la veille du retour, la louve reparaît. Et quand, le soir du nouvel an, Arnaud lui murmure : « Tous mes vœux, mon chéri. Tu sais que je t'aime », elle a un sourire incrédule. Je *vous* aime serait plus exact. Et ses vœux à lui ne sont pas les siens à elle. Elle souhaite qu'il n'aime plus Viviane. Lui souhaite qu'elle ne souffre pas d'une manière trop visible. Un peu, il supporte.

Elle revient chaque fois pleine de courage, bien décidée à être « moderne ».

« Ça ne t'ennuie pas que j'aille au théâtre avec Viviane demain ? Elle a deux places et de toute façon nous ne pourrions y aller ensemble, c'est le soir de sortie d'Ingrid. Si cela t'ennuie, je n'irai pas, mais c'est une pièce qui m'intéresserait... »

Et qu'est-ce que Louise a d'intéressant à proposer à la place ? Alors que si elle lui dit : « Bien sûr, mon chéri, tu y vas », il rentrera tout de suite après pour bien lui montrer que... Alors, a-t-elle le choix ?

Quand certaines situations atteignent leur point de rupture, si bien établies qu'elles aient pu paraître, il suffit d'un détail pour que tout bascule et le plus idiot fera souvent l'affaire. Le jour du commencement de la fin, Arnaud se préparait à partir pour Luxembourg afin d'y enregistrer le commentaire d'un film documentaire qu'il venait d'écrire. Il paraissait déprimé depuis quelque temps et couchait dans le salon sous prétexte qu'il dormait mal, mais Louise était habituée à son caractère cyclothymique. Ils avaient déjeuné chez Richard et Marie-Thé où la voiture de Radio-Luxembourg était venue le chercher. En rentrant chez elle, était-ce d'avoir écouté les discours débilitants de Richard : « Les gens sont tous des cons ou des salauds, qu'est-ce que tu choisis d'être ? » elle n'eut soudain plus envie d'être une conne mais plutôt une salope et téléphona chez Viviane où la bonne espagnole lui fit savoir que La Madame elle était en voyage jusqu'à lundi midi. Et alors ? Elle savait parfaitement que les déplacements professionnels d'Arnaud étaient une occasion de voir Viviane sans rien enlever à sa vie quotidienne.

Un autre hasard malheureux vint gripper la délicate machine que tous trois entretenaient avec tant de soin. En écoutant les nouvelles, Louise apprit que les techniciens de cinéma étaient en grève au Luxembourg et que toutes les productions étaient interrompues. *Ils* n'étaient donc pas à Luxembourg. A priori, cela ne changeait rien à la situation. Mais les travaux ménagers lui parurent particulièrement odieux ce week-end-là. Pour la première fois elle souhaita gâcher la vie d'Arnaud, ou ne plus l'aimer. Quand il rentrerait, elle lui parlerait très franchement :

« Si tu as la moindre hésitation, je t'en prie, choisis Viviane. Si tu t'en vas, je suis sûre que je pourrai guérir de toi. C'est te voir tous les jours qui me tue. J'ai usé mes réserves de compréhension. Voilà. »

Voilà. Elle se sentait décidée. Mais il faudrait d'abord savoir ce qu'il allait inventer pour Luxembourg.

Le lundi soir, quand il rentre, il semble tout heureux de retrouver sa maison, ses filles, son fauteuil, ses habitudes, sa femme même.

« Bon week-end ?

– Excellent, merci. »

Elle laisse passer quelques minutes mais comme rien ne vient :

« Bon travail ? Ça a marché à Luxembourg ?

– Finalement, je... je n'y ai pas été, répond-il d'une voix sans timbre. Toute la profession était en grève, ç'aurait été du temps perdu. »

Arnaud compte sur la discrétion habituelle de sa femme pour en rester là. Mais tout est changé aujourd'hui :

« Et pourquoi tu n'es pas rentré alors ? Tu étais avec Viviane ?

– Oui, et comme ce départ était décidé de toute façon, figure-toi que nous sommes allés passer deux jours à Dieppe. »

A Dieppe ? Alors ça, c'était le bouquet ! Au bord de la mer ! Mais la mer était à elle, pour elle. Il pouvait aller à Blois, à Londres, à Rome même, mais pas à Dieppe. Ni d'ailleurs à Honfleur, à Cancale, à Saint-Malo, à Ouessant, à Groix... tout cela, c'était chez elle, jusqu'à l'île d'Yeu, au moins.

Un minuscule détail comme celui-là allait faire déborder un vase, plein d'énormes trahisons.

« Mais enfin, plaide Arnaud, peux-tu me dire ce qu'il y a de nouveau dans notre situation depuis ces trois jours ? Tu aurais préféré que je te donne les détails avant ?

– J'aurais préféré que tu aies envie de m'emmener moi, pour une fois. Les évasions, les bons restaurants, c'est avec Viviane que cela se passe et quand tu rentres à la maison, c'est pour boire du bouillon de légumes et te remettre des excès commis avec d'autres.

– Parce que tu as l'impression que je reste avec toi par habitude ? Pour des raisons de commodité ? Attention, ta réponse est importante pour moi, dit-il d'une voix blanche.

– J'ai l'impression de n'avoir de toi que le quotidien depuis quelque temps. Et il n'est pas spécialement gai.

– Qu'est-ce que tu entends par là ? »

Louise commence à perdre les pédales. C'est une technique chez Arnaud de toujours répondre par une question quand il est acculé et de finalement mettre l'autre sur la sellette. Jamais elle ne va oser lui reprocher de n'être pas « en train » avec elle, ni lui demander s'il est plus « en train » avec Viviane et s'il la fait profiter de tout le bon sommeil qu'il prend ici, sur le canapé du salon. Hermine n'aurait pas peur d'être sordide, de parler sordidement d'une situation sordide qui la ferait sordidement souffrir. Mais Louise n'y parvient pas. Il la regarde, il attend avec sa gueule de juge impassible qu'elle témoigne, qu'elle lui donne des précisions sur « ce qu'elle entend par là ». Car c'est elle l'accusée, n'est-ce pas, nous sommes bien d'accord ?

« Va-t'en, lui crie-t-elle soudain avec violence. Va-t'en. Je ne peux plus vivre avec toi », et elle s'effondre en sanglotant sur le lit.

Arnaud qui ne l'a jamais vue perdre son

contrôle est bouleversé. Il se penche sur elle sans savoir quel geste faire et se contente maladroitement de lui caresser la main de l'index. Si sa solidité, sa référence, son absolu, sa constance, son rempart, son recours, s'effondrent, alors tout fout le camp. Même Viviane. Sans Louise, Viviane aussi s'effondre. Mais comment lui expliquer cela ? Ne l'a-t-elle pas compris, cette idiote ? Il se courbe et pose la tête sur son dos, caressant d'une main ses cheveux, mais elle garde son visage obstinément enfoui dans l'oreiller. A quarante ans, les larmes n'embellissent plus.

« Penses-tu à moi quand tu pars comme ça ? Est-ce que tu as un vague remords quelquefois ? balbutie-t-elle plus tard d'une toute petite voix étouffée par l'oreiller.

– J'y pense le moins possible. Mais j'y pense, oui. »

Et comme elle continue de pleurer comme une petite fille, il ajoute :

« Je ne peux pas continuer à te mettre dans cet état-là. Je ne supporte pas de te voir souffrir comme ça.

– Tu ne savais pas ?

– Non. Tu as toujours l'air si brave. Mais que toi aussi tu craques...

– Moi aussi ? Comment moi aussi ? »

Arnaud met sa tête dans ses mains, l'air totalement accablé.

« Comme les coupables honteux qui sont tout ce que je déteste, j'ai envie de te dire : je n'ai pas voulu ce qui arrive.

– Et moi donc !

– Je voudrais être vieux et que tout cela soit fini. Je suis dégoûté de passer pour votre bourreau à toutes les deux... De ne rendre aucune de vous heureuse. Je vais larguer toute cette histoire. »

Quand elle le voit si désespéré, elle a envie de lui crier : « Garde-la, va, je me débrouillerai. » Mais elle ne dit rien. Elle pense que Viviane pleure aussi peut-être à quelques dizaines de mètres de là, pour les mêmes raisons.

« Jamais un seul jour je n'ai eu le désir de divorcer, tu me crois au moins ? » lui répète Arnaud sans voir qu'elle se fout du divorce et que ce sont d'autres mots qu'elle voudrait entendre.

Des mots qu'il ne peut pas dire, elle le sait. Elle lui est reconnaissante de ne jamais dire n'importe quoi, même en cas de danger mortel.

« Tu ne dirais pas " je t'aime " la tête sur le billot, hein ? dit-elle en pensant tout haut. Ça me plaît d'ailleurs.

– C'est le dernier endroit pour dire une chose pareille », répond-il avec un pâle sourire.

Mais ils ne s'en tireront plus par l'humour. Ils sont dans le pétrin. Arnaud surtout. La vie le dégoûte. Sa vie le dégoûte. En plus, il a promis d'écrire pour *H* un papier d'humour intitulé « Eloge du quadragénaire » et le sujet lui sort par les yeux. Tout cela fait qu'il ne lui reste qu'une issue : la maladie. Il s'y engouffre. Il souffre bientôt d'une angine blanche, doublée d'une rhinopharyngite que Louise bien sûr baptise rhume de cerveau pour l'ennuyer, et, pour faire bon poids, d'une crise d'hémorroïdes. Il ne se rase plus, refuse de prendre sa température pour plus de sécurité (lui prétend que c'est à cause de ses hémorroïdes) et gît dans ses miasmes avec une tête de bandit calabrais trahi par la Mafia. C'est elle qui est chargée de téléphoner à *H* pour décommander l'article, à Viviane pour décommander le cul... Elle a une drôle de voix, Viviane. Louise subodore que là-bas aussi on a dû lui faire la grande scène du trois et ne peut s'empêcher de glousser intérieurement à l'idée que lui, qui déteste les explications, est sommé d'en fournir des deux côtés !

Pour l'instant, ils ne disent plus rien mais la nuit, elle se serre contre lui, s'agrippant à son dos comme une bernique. Il est gentil et daigne lui servir de rocher.

A l'occasion de l'anniversaire d'Adrienne, comme il commence à se lever, ils passent encore une soirée tous les trois, avec les filles, et Viviane arrive chargée de cadeaux pour sa filleule, dans une robe de la saison prochaine comme d'habitude, en crêpe banane, cousue en bas comme un sac avec deux trous pour les pieds et des confettis en papier blanc sur son corsage. Louise, qui hésite toujours devant un décolleté profond ou un pantalon un peu moulant, la trouve grotesque mais les hommes semblent très indulgents quand on se ridiculise pour eux. Quelle plus belle preuve de dépendance ?

Mais l'atmosphère familiale a changé, même les filles le sentent. Pauline les observe avec curiosité. Finis les espoirs de bigamie heureuse ! Cela vous a des allures de dernier tournant quand on a passé la quarantaine. Faudrait-il regretter un jour le temps de la passion, le temps où Arnaud vivait heureux ? Bien sûr, il aime encore Louise. Hélas ! Comme on dit : « Victor Hugo, hélas ! »

« Je suppose, dit-il quelques jours plus tard, que tu n'as pas plus envie que moi de passer Noël à Paris, d'autant que Pauline et Frédé partent en montagne. Alors je te propose un truc : on dépose Adrienne chez ma mère en passant et on descend chez les Weiss à Maridor. Il y aura Richard et Marie-Thé, ils y vont tous les ans, et plein d'autres amis. Qu'est-ce que tu en dis ?

– Du bien, répond sobrement Louise. Beaucoup de bien. Depuis le temps qu'on nous parle de Maridor... »

C'est un soulagement en effet de ne pas réveillonner sur les décombres de quatre ans de vie. Personne n'était sorti gagnant, mais Louise s'émerveillait de tout simplement respirer, comme une noyée qui remonte lentement à la surface et aspire un air qui soudain ne lui fait plus mal nulle part.

A Maridor, le paysage est sublime, la mer est sublime, le village est sublime, seuls les gens sont désespérés. C'est le grand chic en ces années-là.

On se lève tard : les journées commencent à onze heures avec deux Alka-Seltzer. On déjeune vers trois heures. On se recouche pour la sieste et quand on se relève, il fait déjà nuit. Louise a l'impression qu'il fait toujours nuit à Maridor! Des nuits qui ne parviennent pas à s'achever avant l'aube parce qu'on reste agglutiné comme de vieilles mouches fatiguées, collées aux tables de bistrot et qu'on répète dix fois : « Alors d'accord, mais c'est le dernier! »

On joue au poker, on drague, on joue à causer intelligent, brillant en tout cas, tout en réclamant des glaçons et de l'eau gazeuse pour mettre dans les whiskies qu'on commande comme on respire chaque fois qu'on arrive dans un bar, s'assied à une nouvelle terrasse, entre chez X ou chez Y, change de bistrot ou de groupe, chaque fois qu'un nouvel arrivant arrive, qui est toujours le même car c'est celui chez qui on a pris un pot à midi et qu'on invitera à boire un verre ce soir.

Louise est-elle devenue misanthrope? Le petit monde de Maridor lui semble illustrer toutes les nuances du mal d'aimer : vieux ménages qui ne se donnent plus la peine de s'écouter et qui cherchent un nouveau public, mecs usés avec de petites putines toutes fraîches, filles seules qui ne le resteront pas longtemps; une seule femme de l'âge de Louise est avec son jeune putin, mais chacun fait mine de le plaindre parce qu'il baise « une rombière ».

Il y a du beau linge à Maridor : une chanteuse, une comédienne célèbre, le formidable cinéaste Arturo, des écrivains, des journalistes et aussi un bon nombre de parasites qui gagnent leur whisky, quelques échos et souvent le gîte et le couvert en assurant la claque et en jouant le rôle de l'indispensable public. Et puis, bien sûr, de la femme; QS comme disent les notices pharmaceutiques.

A Maridor, on parle politique ou on parle baise. L'amour, c'est pour les cons. Chacun ne croit qu'à l'érotisme. Et la politique, c'est de la merde. On est de gauche mais « Mollet est une salope » (on ne dit pas salaud, ce serait fade); d'Astier n'est qu'une pute et le PC à chier partout. D'ailleurs, la France est en pleine décadence. Elle ne pense qu'à bouffer. Il faut « désacraliser » la nourriture.

Puis on bifurque sur le rôle de la presse : « Trop de femmes dans les hebdos, ce sont des connes... dit Richard. A la télé on les a mises speakerines, c'est plus normal. On n'oserait pas les mettre au Journal ! » Une femme, pas très jeune, proteste. « Quand on devient féministe, c'est qu'on a les ovaires fripés », laisse tomber Richard. Les jeunes propriétaires d'ovaires rient servilement et celles qu'on pourrait suspecter d'abriter des ovaires fripés la bouclent. Et comment prouver qu'on a les ovaires moins fripés que leur prostate ?

« Moi, de toute façon, il y a longtemps que je ne baise plus que des filles de vingt ans », dit Richard devant Marie-Thé qui est habituée, mais tout de même.

Et près de lui, le vieux play-boy de service, qui se prend pour Curd Jurgens, très beau mais très pourri et prêt à tomber en poussière, et qui vient ici chaque année avec une nouvelle nana, acquiesce très sérieusement, en prenant à témoin Gladys qui représente la cuvée 61 et qui se contente de sourire de la bouche et des seins. Louise frémit à l'idée qu'une de ses filles pourrait faire partie de ce cheptel-là.

Un intellectuel se disant écrivain mais dont personne n'est capable de citer un seul titre, quinquagénaire aux cheveux gras qui n'en a pas assez pour les porter longs mais les porte longs tout de même, fait savoir qu'à son avis Beauvoir n'est pas baisable. Non plus que la Duras d'ailleurs. A l'entendre, on croirait qu'elles l'ont toutes les deux supplié de la leur mettre. « En plus, Beauvoir n'a aucun talent, la pauvre ! » On s'esclaffe. Qui songerait à la prendre pour un écrivain ? Et sa philosophie, laissez-moi rire. Sans Sartre, hein...

Au énième whisky, la conversation baisse encore d'un cran. Richard, la lippe dégoûtée, fait remarquer que « même les filles jeunes, on se lasse de les faire monter en mayonnaise ».

« Tu ériges en système ta propre impuissance ? lui demande sa femme qui tout à coup en a marre.

– T'as rien pigé, comme d'habitude. Si je ne baise plus, c'est par rigueur. Baiser est un truc mort, fini, foutu. On ne baisera plus.

– Toi, tu ne baiseras plus, rectifie sa femme à mi-voix.

– Tu es une pauvre conne. Tu n'as jamais rien compris depuis vingt ans. D'ailleurs, je vais divorcer. »

Il dit cela tous les soirs à partir du dixième verre. Et au douzième, observant le cul de Gladys qui vient de quitter le bistrot au bras de son vieux Mickey, il laisse tomber :

« Cette fille-là, je la connais bien. Elle baise comme un manche. »

Les soirées s'achèvent généralement dans un des deux dancings du village. Tandis que les maris dansent le be-bop avec les filles de leurs amis, quelques épouses se regroupent pour se décrire l'une à l'autre le martyre de vivre avec Richard, Jérôme ou Jean-Michel. Mais elles courent leur chercher des cigarettes ou de l'aspirine au premier froncement de sourcil.

Louise se demande pourquoi ces gourdes-là restent avec leurs tortionnaires. Elle ne vivrait pas trois jours avec Richard, par exemple! Mais combien doivent aussi se demander pourquoi elle-même n'a pas encore quitté Arnaud, alors qu'on le rencontre partout avec Viviane depuis des années? On ne comprend jamais pourquoi les autres restent avec les autres. Ah! moi, à sa place... Mais on oublie toujours le philtre. Philtre, qui veut dire enchantement mais aussi maléfice.

Arnaud ne déteste pas cette ambiance, lui. Elle correspond à son actuel état d'âme. Il aime assez ces propos brillants et décousus, ces paradoxes d'ivrognes, ces soirées où l'on est sûr que les problèmes les plus graves se réduiront au niveau d'une conversation de bistrot. Louise ne voit ni où ni comment s'insérer dans ces discussions et devient allergique à l'humour. Elle sent très clairement qu'elle ne figure ici qu'à titre d'appendice de son mari. Elle n'a d'existence pour ces hommes-là ni comme jeune boudin, ni comme intellectuelle. Son livre avec Agnès? Une simple correspondance. Mme de Sévigné n'était tout de même pas un écrivain! Elle en conclut parfois qu'elle ne sait pas s'amuser en société et qu'Arnaud s'amuserait beaucoup plus sans elle, ce qui est sans doute vrai. Alors elle s'enfonce dans un silence hostile ou devient agressive et il lui reproche en rentrant de l'avoir une fois de plus contré en public.

Le seul avantage de Maridor pour elle, c'est de lui faire mesurer l'horreur que lui inspirent ce genre de vacances et, a contrario, les raisons qui lui font aimer la Bretagne et ses aubes innocentes. Elle a horreur de découvrir l'aube en allant se coucher. Tous ces noctambules perdent ici le rythme de la terre. Heureusement, il y a Claude qui s'est retiré un an pour écrire ses Mémoires dans une petite maison du village, toute blanche, avec une cour et un figuier. Il est trop vieux, dit-il, pour se coucher tard et mener cette vie décentrée. Louise et lui vont souvent le matin à la pêche, laissant Arnaud et Carole endormis. Il semble se moquer maintenant qu'elle mène sa vie dans un univers parallèle. Il ne passe jamais une assiette... Elle ne lui pose pas une question sur son travail. Ils vivent sans se voir. Elle voudrait même que sa présence chez lui ne se manifeste par aucun détail. Elle ne supporte ni sa cendre dans les cendriers, qu'elle vide à mesure ostensiblement, ni ses bâillements sonores, ni même la vue de son lit qu'elle a relégué dans un coin de la bibliothèque derrière un rideau. Lui ne pense plus qu'à son livre qui le sauvera du mal de vieillir sans être aimé.

L'après-midi parfois, Louise emprunte le canot de Claude et ils vont visiter avec Arnaud des criques qui leur rappellent la Grèce. Ramer lui fait du bien et remet tout doucement sa vie en place.

Elle n'a presque pas pensé à Viviane durant ces vacances et, quand ils rentrent à Paris, se trouve tout étonnée, en voyant sur la pile de lettres qui l'attend dans l'entrée l'écriture trop connue sur les fameuses enveloppes violettes, de retrouver une douleur familière, son tranchant acéré, son trajet habituel et pourtant oublié... Mais alors? Elle ne souffrait donc plus depuis deux semaines? Cet état bizarre qui n'était pas de la joie, c'était peut-être une forme de bonheur retrouvé. Elle pense à Viviane avec une curieuse compassion, presque de la tendresse, comme si elles avaient fait la même guerre et enduré les mêmes blessures. Puis ouvre un peu fébrilement la lettre qui lui est adressée.

Je voulais te dire, Louise, que je viens faire la paix avec toi. Je l'ai faite avec moi-même, difficilement. Arnaud te le dira. J'y ai pris quelques cheveux blancs et de la ride. Je t'en ai donné aussi. Match nul.

J'ai aimé ton mari, Arnaud, avec ce côté excessif que tu me connais. J'ai cassé avec lui deux fois depuis un an. La première fois, ce n'était pas mûr, disons. Je crois que cette fois-ci, c'est la bonne. Et Arnaud en est sûrement soulagé.

Finalement, tu n'y as pas perdu ton bonhomme, toi, et tu n'auras plus à me regarder comme une ennemie : je ne te vole plus rien. Et moi je n'aurai plus l'insupportable sentiment depuis des années d'être coupable. Je vous ai vus l'autre soir ensemble, au théâtre; vous sembliez bien tous les deux et complices, et cela me soulage de tant de hontes amassées. Tu vas me dire que je me suis bien arrangée pendant des années de ces sentiments. Mais que pouvais-je faire? Un sentiment plus violent encore emportait tout. Et je te dirai qu'il fallait un certain courage pour affronter les critiques plus ou moins ouvertes de nos amis communs. Mais tout m'était égal.

Je n'ai pas pris l'avis d'Arnaud avant de t'écrire. Comment le prendra-t-il? Je n'en sais rien. Comme le reste, je pense.

Et je t'embrasse, si tu veux bien.

V.

Ma chère Viviane,

Je ne t'ai pas répondu aussitôt parce que moi aussi, après bien des années, je connaissais la paix, une paix liée en partie à votre rupture mais aussi, je crois, à une lassitude, à un égoïsme bienheureux qui me sont poussés sur le tard. Comme j'aurais aimé les ressentir il y a quelques années! Cela aurait épargné bien des problèmes à tout le monde. Mais je n'ai pas réussi moi non plus à commander à mes sentiments. Tu dois savoir ce que c'est.

Je ne me serais jamais accrochée de force entre vous deux si Arnaud n'avait su maintenir mon plateau de la balance juste assez haut pour m'empêcher de prendre des décisions brutales, qui auraient bien mieux convenu à mon tempérament. J'ai l'impression aujourd'hui – quel romantisme! – d'avoir vécu quatre ans avec un poignard dans le dos. Toi, tu m'écrivais doucereusement que tu avais trouvé un équilibre qui te rendait parfaitement heureuse. Cela faisait au moins deux heureux. Je n'ai jamais pu trouver, quant à moi, cet équilibre. C'est pourquoi, quand tu conclus généreusement : match nul, j'ai un sursaut. Ce match, je ne l'ai pas provoqué et ne voulais pas le jouer. Il m'a été imposé et je n'ai même pas pu déclarer forfait et m'en aller. Quand on est lié à quelqu'un, on ne prend pas sa décision tout seul. Bien sûr, je ne le regrette pas aujourd'hui. Mais ceci est une autre histoire. Je ne suis plus la même. Ni Arnaud. Et nous ne savons pas encore jusqu'à quel point.

Tu estimes que j'ai gagné dans cette histoire. Si Arnaud est un cadeau, oui. Mais j'y ai perdu ma capacité d'enthousiasme et de confiance. Je n'aimerai plus jamais autant, c'est une bonne chose peut-être et je crois que je ne souffrirai plus jamais comme cela.

J'ai pu constater, dis-tu, que mon mari tenait à moi. Oui, il est d'une fidélité de dogue, mais avec lui il suffit de durer pour qu'il s'attache. C'est à notre passé qu'il tient, plus qu'à moi.

Je suppose qu'il faut te remercier de m'avoir écrit, que c'était courageux et loyal de ta part. Je savais que tu étais loyale, bien que cela paraisse curieux à dire dans notre situation. Tu vas me manquer. Tu me manqueras toujours. Mais tu as encore trop le visage de mon malheur pour que j'aie envie de te revoir.

Et je te souhaite d'être heureuse un jour, d'autant plus sincèrement que cela ne se fera plus à mes dépens...

Ton amie, Louise.

XVIII

UN ATELIER A SOI

« Il ne fait pas bien beau, dit Arnaud.

— Mais quoi ? Pluie ? Vent ? Brume ? »

Il y a des gens qui n'ont jamais su décrire le temps qu'il fait.

« Beuh... brouillassou. Pour l'instant, il n'a pas l'air de pleuvoir. »

Louise espère qu'il fera sinistre : ils vont près de Port-Manech visiter une maison qu'il est question d'acheter. A Kerviglouse, il faudrait tout refaire : le chaume, la charpente, les fenêtres qui sont disjointes, les murs qui laissent chaque hiver s'épanouir l'humidité en efflorescences noirâtres. Il faudrait mettre un vrai chauffage, poser le téléphone et le poste le plus proche est à deux kilomètres...

« On dépensera le prix d'une maison confortable, remarque très justement Arnaud, et on aura toujours un jardin trop petit, pas de garage, une seule chambre pour les filles, pas de chambre d'amis... »

Louise les connaît, les incurables défauts de sa maison, et elle n'a jamais eu à leur opposer que deux arguments : je l'aime et c'est chez moi. Mais depuis la mort de Josèphe, elle est moins intraitable, car le village semble avoir perdu avec elle le meilleur de son âme. Sa chaumière a été rachetée par un retraité des PTT de Quimperlé et madame, qui l'ont transformée en cottage pimpant avec fenêtres à petits carreaux, chemin gravillonné et massifs bordés de coquilles Saint-Jacques peintes en blanc. Le Retraité passe ses journées à biner entre ses dahlias à têtes géantes, choisis parmi les plus hideuses variétés des catalogues, et à répandre du napalm dans ses allées de peur qu'un brin d'herbe insolent ne vienne lui rappeler qu'il est à la campagne. Il hait tout ce qui rampe, grimpe, envahit, exubère, le chèvrefeuille, le lierre, le volubilis, qui risqueraient de masquer son grillage tout neuf. Depuis leurs jardins respectifs et mitoyens dont chacun pense qu'il constitue une insulte permanente à l'autre, Louise et le Retraité se toisent avec un égal mépris.

Josèphe, qu'elle considérait un peu comme sa grand-mère à la mode de Bretagne, avait déjà eu plusieurs attaques et s'était mal remise de la dernière qui lui avait laissé les lèvres bleues en permanence. Mais syncope ou pas, elle n'envisageait pas de se reposer. Une femme, ça ne prend pas de retraite puisque ça n'a pas de métier ! Un marin, oui. Lui, il a gagné le droit de ne rien faire. D'ailleurs, la preuve : l'Etat le paie pour ça. Dans le pays, quand les marins-pêcheurs ne peuvent plus naviguer, ils vont s'asseoir sur le port et ils regardent la mer et les bateaux des autres toute la journée, comment ils manœuvrent, ce qu'ils ramènent, donnant un coup de main parfois, c'est la seule chose qui les amuse encore. Ce ne sont plus des terriens depuis si longtemps... ils méprisent les potagers, le jardinage, les fleurs. Ils passeront de la mer à la mort sans transition.

Josèphe, elle, ne va jamais sur le port, il ne fait pas partie de son territoire. Mais il n'est pas question non plus de s'asseoir pour se reposer dans son jardin, même quand elle rentre de l'hôpital après deux jours de coma. Elle ne s'assied sur le pas de sa porte, et sur une mauvaise chaise tirée de la cuisine, que pour éplucher des mi-secs ou repriser ses bas de laine noire. Louise lui a offert une chaise longue mais elle l'a rangée dans la salle pour les visiteurs ou la famille qui viennent parfois la voir le dimanche. Elle aurait honte de s'en servir. Elle s'est remise tout de suite à faire son potager et à aider à la ferme de sa belle-sœur où ils sont toujours quatorze à table, pour qui il faut faire le service, car les hommes ne se lèvent pas quand ils mangent. Maladie ou pas, c'est comme ça. Il faut bien mourir, on ne va pas changer sa vie pour ça. Personne n'y songe ici, pas même l'arrière-grand-père qui, depuis qu'il ne peut même plus conduire les vaches aux champs, couche dans un recoin de l'étable et refuse de voir le médecin pour mourir plus vite puisqu'il n'est plus bon à rien. Il se sent mieux près des vaches, dans l'odeur connue et le piétinement et les mâchouillages de ses vieilles copines, que dans une salle blanche d'hôpital, avec des infirmières toujours pressées, et des tubes partout pour le maintenir en vie, lui qui justement ne veut plus être à charge.

Josèphe est morte comme il faut, subitement, en portant la nourriture aux cochons. « Une belle mort ! » ont dit les voisins.

La fille a vendu très vite la chaumière avec tout ce qu'il y avait dedans sauf la grande armoire cloutée de cuivre et la table en formica de la cuisine, qu'elle avait offerte à sa mère quand elle a remplacé sa cuisinière à charbon par un réchaud-butane, mais dont Josèphe ne s'est jamais servie, préférant battre sa pâte à crêpes et manger sur la longue table en bois près du lit, toute creusée par l'usage, mais si stable et surtout si normale. La table en formica bleu ciel a toujours eu l'air d'une

Parisienne en visite chez des culs-terreux. Elle n'est même pas d'aplomb sur le sol de terre battue, avec ses pieds d'araignée en inox qui rouillent déjà. L'autre table et le sol s'entendaient depuis si longtemps qu'ils s'étaient faits l'un à l'autre comme deux vieux époux dans un lit.

Le Retraité ne gardera pas ces vieilleries. Il a cimenté par terre et posé un beau balatum qui imite le marbre vert. Pas de ces saletés qui grimpent sur les façades, et qui amènent de l'humidité l'hiver et des abeilles l'été. L'ancien seau hygiénique, à droite de la porte d'entrée, promu bac à arums il y a des années, et qui peu à peu avait perdu son aspect sanitaire sous les intempéries pour devenir presque beau : à la poubelle. Les arums, qui aimaient le seau hygiénique, refusent de s'adapter au bac en plastique façon bois rugueux et se laissent mourir eux aussi. Le vieux rosier sans nom au-dessus de la porte qui donnait une infinité de gros choux roses qui embaumaient tout le voisinage : sacrifié, au profit d'une maigre bordure de polyanthas violacés, une des rares espèces végétales que Louise eût en aversion. Ne manquaient plus que les sauges rouge orangé! Elles vinrent bien sûr occuper les massifs bordés de Saint-Jacques. La coupe était pleine. Le village de Kerviglouse, si vulnérable avec ses maisons rapprochées le long d'une rue unique et ses jardinets mitoyens, n'allait pas supporter un pavillon de banlieue. Louise pouvait s'en aller maintenant.

Hermine trouvait le pays plus tartouze que jamais et se demandait comment sa fille ne s'était pas décidée plus tôt. Et Adrien, qui depuis sa retraite se détachait des biens de ce monde, avait donné sa bénédiction plutôt par lassitude.

L'idée d'être bientôt débarrassé des mille soucis de Kerviglouse rendait à Arnaud une certaine indulgence pour ce vieux village pittoresque qu'il aimait montrer à ses luxueux amis parisiens qui passaient le week-end au Vieux Prieuré ou au Manoir de Locquénolé, mais aimaient venir s'extasier l'après-midi, en jupe Hermès et foulard Cardin, ou l'inverse, sur la charrette de fumier traînée par un cheval comme on n'en fait plus, ou sur les battages dans la cour de ferme voisine, dans la poussière blonde du son :

« Quelle merveille de retrouver ça! C'est la vraie vie, non? Et pas de téléphone pour vous empoisonner l'existence », disaient des gens qui ne pouvaient s'en passer un seul jour sans dépérir.

Ils adoraient la pêche. On les invitait à la pêche. Mais tout ça ramait comme des manches à balai; ne parlons pas de la godille. C'était incapable de saisir fermement un maquereau par la taille quand par hasard ça avait réussi à en remonter un et la ligne se transformait entre leurs pieds en un écheveau dramatique sous les soubresauts de la belle bête raide et brillante. Dès que ça parlait de marins ou de marée, ça devenait bête à manger du varech, ne posant que des questions idiotes.

« Mais non, le tramail, cela ne se jette pas n'importe où... Mais si, il y a des loups dans l'Atlantique, ici on les appelle des bars... Mais si, ce sont les mêmes bêtes. »

Leur apprendre à débrouiller une ligne, à dégager une étrille du tramail, à quoi bon, puisqu'ils ne reviendraient jamais. L'été prochain, ils feraient la côte yougoslave ou la Crète. Le pire, c'est quand ils débarquaient vers midi.

« Tu vois, si on avait le téléphone », disait Arnaud.

Mais Louise connaissait cette sorte de gens : ils s'ennuient tellement en Bretagne qu'ils vous débusquent dans les coins les plus reculés. Et puis Arnaud ne résistait pas l'hiver à lancer des invitations : « Venez nous voir sans faute si vous passez dans le Finistère, nous habitons un coin extraordinaire, vous verrez... » Et Louise ajoutait avec sa gueule de raie la plus dissuasive : « Mais oui, cela nous ferait plaisir. » Et ils arrivaient, les salauds, à quatre ou cinq, flanqués de gniards ou de chiens qui n'avaient rien de plus pressé que de déterrer les oignons les plus rares ou de se soulager parmi les lavandes. Et tout ça s'allongeait sur la pelouse qui paraissait soudain réduite à un mouchoir de poche ou envahissait quand il pleuvait la cuisine-salon qui devenait sordide. Louise se sentait dans la peau d'un homme qui aime une femme pas très jolie, il le sait bien, mais qui ne découvre vraiment ses défauts que dans les yeux des étrangers.

Elle tentait de fuir à la plage avec ses filles pour ne pas deviser avec le cinéaste Arturo ou Patricia Pat, sa dernière coqueluche, qui trouvait la maison si sympa.

« Tu ne veux pas comprendre que Kerviglouse ne convient qu'aux vieux amis. Quand on aura une villa... et puis quelqu'un qu'on pourra loger à demeure, à qui on pourra crier : « Gertrude, on « sera dix ce soir ? Crabe farci pour tout le « monde et que ça saute ! »

– Tu ne vas pas me dire que c'est un drame de rajouter six œufs dans une omelette ? Et puisque la voisine vient faire la vaisselle demain de toute façon... »

Eh bien si, Louise commence à trouver que c'est un drame de rajouter six œufs dans une omelette et quatre couverts, quand on est déjà régulièrement cinq à table. Après sept heures du soir et aux alentours de midi, les gens ne lui apparaissent plus que comme des bouches, des bouches à nourrir, des bouches ouvertes qui attendent, des bouches assises sur leur derrière et qui disent : « Je boirais volontiers un p'tit coup d' cidre ! » ou bien : « Un whisky mais alors un petit... » comme si, petit ou grand, cela n'impliquait pas toujours les mêmes ingrédients, les verres, les glaçons, le tire-bouchon, le Perrier, le décapsuleur, le plateau, des biscuits salés et puis encore quelques glaçons si tu veux bien, chérie. Et si Patricia Pat se lève gentiment pour aider, Arturo, parce que c'est un homme, doublé d'un Sud-Américain, estimera que parce qu'elle a des seins, c'est à elle de le servir pendant qu'il bavarde passionnément avec Arnaud qui est si intelligent et qui connaît la Colombie, lui. Bien sûr il a le temps d'être intelligent puisqu'il n'est pas celui qui démoule les glaçons, rajoute des couverts, et remet six œufs dans l'omelette ! Et même si un chirurgien lui enlevait les deux seins, l'utérus, les ovaires et les trompes, ce serait tout de même à elle de laver la salade, de se lever de table pour aller chercher la moutarde, le fromage, de l'eau pour Patricia qui ne boit que de l'eau et pour desservir le tout enfin, pendant qu'Arnaud peaufine sa réputation d'intelligence en parlant du tiers monde avec Arturo, tout en sirotant du café. (Tasses, soucoupes, petites cuillères, plateau, cafetière, filtre, eau bouillante, sucre en morceaux.)

Sa liberté à elle commence la nuit quand les cendriers sont vidés, les poubelles sorties, ses bonnes gens au lit, remplis et abreuvés, que personne ne réclame plus rien et ne salit plus rien. L'année prochaine, s'ils vendent Kerviglouse, ils auront une bonne à plein temps, c'est décidé. On ne dit plus une bonne, attention, mais une employée de maison. Il faut changer d'appellation tous les dix ans pour tenter d'évacuer le contenu empoisonné du travail ménager. Du temps d'Hermine, on disait « la domestique », un mot censuré, lui aussi. Mais de toute façon et de tout temps, le salut pour une femme a consisté à utiliser une autre femme ! Rosa Bonheur avait raison, se dit Louise, et moi je ressemble à une négresse qui voit arriver avec soulagement la deuxième épouse...

En attendant, elle refuse qu'on dise du mal de Kerviglouse. Quand Arnaud explique aux amis qu'ils ne supportent plus cette odeur de vase à marée basse et l'impossibilité de prendre le bateau à certaines heures, elle se demande de quel droit il critique la marée basse, lui qui vient du Sud ! Est-ce qu'elle dénigre les vents glacés qui soufflent à Montpellier ? Oui... mais ce n'est pas une raison.

Heureusement, il vient aussi beaucoup de vrais amis ce dernier été. Ils louent comme d'habitude la maison de Kerspern. Les Weiss y passent quinze jours. Carole, toujours aussi odieusement pulpeuse, dédie des regards si éblouis aux hommes qui lui adressent la parole qu'on se demande ce qu'elle fait de plus quand elle a un orgasme. Mais Claude est son complice en mer, toujours prêt à poser un tramail dans un coin interdit, à embarquer à l'aube pour le relever avant que les pêcheurs ne le repèrent, à gréer les soixante hameçons du bao, à pêcher des éperlans... pour pêcher du bar. Ils ne parlent pas de leur vie, des problèmes que posent à Claude les deux grands fils qu'il a eus d'une première femme et qui ont pratiquement l'âge de la seconde, mais du Sea-Gull qui prend des algues dans son hélice, quel dommage, c'est un moteur si fiable et si sympathique, du vieux tramail à plombs qu'on ne se décide pas à changer parce que les marins disent qu'ils sont plus pêchants que les nouveaux, dont le fil plombé suit moins bien les contours du fond. Ils parlent de ce qu'ils pêchent, de ce qu'ils n'ont pas pêché, de ce qu'ils pêcheront demain, s'extasient sur l'aube, qu'elle soit grise, qu'elle soit bleue, se redisent sans se lasser qu'il n'y a pas de plus beau moment que celui où l'on quitte le port sur la mer endormie, le bateau fendant l'eau calme comme deux skis bien joints s'ouvrant un chemin en poudreuse. Arnaud les accompagne, quand il n'est pas resté tard à parler et à boire avec ses amis. C'est un homme de la nuit, lui.

Les « Chérubin », avec leurs trois fils, succèdent aux Weiss; le Chérubin vieillit bien, comme les grands égoïstes, partageant son temps entre l'hôpital, la musique et le ski de grande randonnée, de manière qu'il en reste le moins possible pour sa femme, qui effectue sans broncher le service pour lequel elle a été programmée : tenir une maison, faire quelques enfants, mâles de préférence, recevoir les confrères de son mari, lui servir de chauffeur, d'infirmière ou de secrétaire selon demande, et enfin et par-dessus tout l'écouter. Ou faire semblant car il n'attend pas de réponse. Il les redoute même car elles pourraient interrompre son discours.

S'il est venu à Kerviglouse cette année c'est uniquement pour parler de son sujet favori, sa jeunesse, qui est devenue depuis la mort des Infâmes une épopée héroïque qu'il ne se lasse pas d'infliger à ses proches. L'œil tendre, la mèche en bataille et toute sa jeunesse lui sortant par les pores de la peau, il évoque le temps de l'insolence, des filles vaincues et traînées derrière son char, des folles nuits de stupre. Il a toujours quelque poème inédit de Jean-Marie à montrer, une photo d'Hugo, un souvenir resurgi. « Et toi, qu'est-ce que tu deviens ? » lance-t-il parfois, puis, sans écouter la réponse, il embraie sur sa phrase précédente, là où il l'avait laissée.

Louise est chaque fois attendrie de le revoir : il est le seul témoin d'un passé qu'elle considère comme heureux. Le Chérubin est un monstre, bien charmant, il raconte bien, il est beau, bien que ses cheveux d'ange se clairsèment, et il a conservé son air d'éternel étudiant, malgré les honneurs. Qu'importe qu'il ne sache rien d'elle, elle éprouve pour lui une immense indulgence qui n'est sans doute que la nostalgie d'une jeunesse perdue.

Bien perdue. On ne sort pas de quatre ans d'efforts constants pour nier son malheur, sans écraser quelqu'un au passage. La jeune fille qu'elle était est restée quelque part sur le bord de la route.

Elle se sent plutôt heureuse mais moralement fourbue. Paraître joyeuse serait du triomphalisme, mais porter le deuil de Viviane, comme le fait Arnaud, pas question. Le deuil d'elle-même, peut-être. Ils ne font plus l'amour depuis la rupture, car il n'arrive pas à reprendre goût à la vie. « Tout le monde garde tout », avait-il dit au début, le croyant sincèrement. Aujourd'hui, personne n'avait plus rien et Arnaud en voulait à ses deux femmes.

« Tu n'as aucune reconnaissance pour tous les efforts que nous avons faits pour vivre la situation comme elle te convenait ?

– Non. J'éprouve de la rancune. Contre vous deux. Je croyais que vous finiriez par être heureuses, par comprendre.

– Mais qu'est-ce que tu nous reproches exactement ?

– On n'a pas besoin d'avoir quelque chose à reprocher à quelqu'un pour lui en vouloir.

– En tout cas, même si cela ne te fait pas spécialement plaisir en ce moment, je peux te dire que je ne suis plus malheureuse. C'est déjà ça, non ? Et ne crois surtout pas que je me considère comme victorieuse dans cette histoire. Je crois que tout le monde en sort vaincu, finalement. Mais on trouvera peut-être le moyen d'être heureux, un peu plus tard ? »

Arnaud se penche au-dessus de la table et entoure les épaules de Louise de ses bras :

« Au fond, c'est à moi que j'en veux. De m'être trompé aussi lourdement. C'est vous qui avez été malheureuses et c'est moi qui ne m'en remets pas ! »

Il se rapproche beaucoup des filles depuis que cet échec l'a rendu sentimental. Les vrais problèmes d'éducation commencent à se poser. Pauline va avoir quinze ans et vole pour la première fois un chandail, comme son amie Christiane ou Valérie, qui s'est déjà fait pincer au Printemps.

« Je vais maintenant au Bon Marché, explique-t-elle, placide.

– Valérie s'y prend mal, déclare Pauline. Regarde Christiane, elle est merveilleusement habillée. Si tu crois que c'est sa mère qui lui offre tout ça ! »

La conscience ? Comment oser en parler ? Cela fait ricaner. Une anti-conscience la remplace. On ne peut plus compter que sur les bons instincts des êtres, car en classe, ils n'acquièrent que de mauvaises habitudes. Tricher en composition ne suscite ni mépris, ni honte, ni jugement d'aucune sorte. « Ça se fait partout, maman. On n'est plus chez tes bonnes sœurs ! »

Louise évoque avec attendrissement ses paniques d'autrefois... seules les personnalités exceptionnelles osaient tricher de son temps, ou critiquer un professeur. D'ailleurs, pour le travail non plus « ce n'est pas Byzance », comme dit Arnaud.

Sauf pour Adrienne, qui a choisi d'être bonne en maths pour ne pas affronter ses sœurs qui ont accaparé le littéraire. Le reste, les enfants de leurs amis, les fils de Claude Weiss, les enfants de Marie-Thé, végète et s'en fout. Les forts en thème sont devenus aussi rares que les mâcres, ces châtaignes d'eau dont George Sand et Colette ont été les dernières à parler.

Ils sont vivement encouragés à ne rien apprendre par cœur. 8 fois 9 ? On consultera son protège-cahier. Les départements, les capitales ? Débile ! Il y a des dicos, non ? Les règles élémentaires de l'orthographe ? Traumatisant. Néfaste pour la créativité du jeune. Combien préserve-t-on de créateurs ainsi, et au prix de combien de cancres ? La paresse, la mauvaise volonté, l'agressivité ne sont plus des défauts punissables mais des problèmes d'adaptation qui se soignent avec du calcium, des vacances de neige ou des visites chez le psychologue scolaire, qui ne fera surtout aucun reproche. Seuls les parents et les professeurs ont aujourd'hui des défauts, qui, eux, doivent être sévèrement sanctionnés.

Frédérique s'est mis en tête d'arrêter le latin. Elle a lu dans la presse que les élèves travaillaient trop. Cette sollicitude va les mener très loin, ces salauds d'élèves. Elle exige un chat à la maison et des hamsters pour faire des expériences de cohabitation. La psychologue scolaire trouve que c'est une idée excellente, les familles parisiennes vivant trop coupées de la nature. Ce n'est pas elle qui changera la litière des hamsters et montera sur cinq étages la sciure pour le félin.

« Mais laissez-la faire elle-même, chère madame. C'est comme ça qu'elle acquerra le sens des responsabilités. Vous la maternez trop ! »

Un des hamsters sera très vite bouffé, faute de maternage. L'autre du coup mène une vie de proscrit dans une cage tapissée d'un magma de confettis glaireux. On s'aperçoit en plus que le chat est une chatte le jour où l'animal commence à bramer son désir en se traînant l'arrière-train sur les tapis sous l'œil stupéfait d'Adrienne qui découvre la féminité, sous un aspect qui la révolte.

« C'est la nature, dit Frédérique vaguement émue.

– Dans la nature, elle trouverait un chat et serait vite calmée », fait observer Pauline toujours très au fait des choses du sexe.

Il faut attendre la fin des chaleurs pour opérer la bête, a dit le vétérinaire.

« Tu l'emmèneras, maman, hein? Moi je ne veux pas voir ça! »

Maman, qui voit se diversifier ses tâches quotidiennes, n'a pas l'impression, malgré les prévisions de la psychologue, que le sens des responsabilités de sa fille ait fait un Bond en Avant.

Pauline, elle, vit en marge. Ne mange que la nuit. Ne se met pas à table sous prétexte de régime mais les crevettes disparaissent mystérieusement des œufs mayonnaise, et la garniture de crème fouettée du saint-honoré est réduite à une pellicule quand elle paraît sur la table. Même prise en flagrant délit, elle proteste : « Je ne mange pas, je grignote! »

Louise se demande de plus en plus s'il faut privilégier son métier (le journalisme), son désir profond (écrire un roman), ou l'éducation de ses enfants, ou bien bâcler les trois, ce qui finit en général par arriver. Faire réciter à Adrienne, qui adore l'accaparer, les batailles de François Ier contre « ArleQuint », tout en corrigeant les épreuves d'*Un atelier à soi,* avec un masque astringent sur le visage parce qu'elle va à une première ce soir avec Arnaud et qu'elle a quarante-deux ans, ce qui ne va pas de soi, lui semble un tour de force permanent qu'elle réussit de moins en moins facilement.

Hermine compte bien faire du livre qu'elle cosigne avec sa fille un événement artistique, littéraire et parisien. C'est un beau livre, très illustré, qui porte en couverture un tableau de Mary Cassatt, *le Bain,* datant de 1891, avec pour légende, la célèbre phrase que Degas écrivit à son propos : « Jamais je n'admettrai qu'une femme soit capable de dessiner aussi bien ! » Le livre est dédié à Virginia Woolf, en hommage à *Une chambre à soi,* écrit en 1929, mais que Clara Malraux vient seulement de traduire en français, vingt-deux ans après.

Hermine n'avait jamais été ce qu'on appelle une féministe. Son droit de vote, elle n'en usait pas. Elle ne voyait pas pourquoi elle accepterait à plus de soixante ans une permission que la même Assemblée d'hommes lui avait refusée à vingt et un ! Les droits, elle les prenait ou affectait de les mépriser. Elle ne voulait pas de cadeau, même pas du grand Charles, le seul homme politique qu'elle admirât. Pour le reste, elle avait fait sa carrière en forçant les barrages, y compris ceux de la bienséance, répondant à l'ironie ou à la condescendance des critiques par l'insolence, voire la grossièreté, ce qui fait toujours son effet, venant d'une femme. On citait ses boutades dans la presse, ses répliques à ceux qui, au lieu de juger sa peinture, lui demandaient : « Comment votre mari prend ça, d'avoir une femme plus célèbre que lui ? » ou qui voulaient savoir si elle préférait « le pinceau ou le plumeau » ? « La chasse d'eau », répondait-elle.

Elle avait toujours refusé de se laisser photographier dans sa cuisine (où elle n'allait d'ailleurs jamais) ou avec sa fille sur les genoux.

« Je ne veux pas qu'on me catalogue comme une mère de famille qui ferait de la peinture, mais comme un peintre qui se trouve avoir un mari et un enfant, de même que d'autres confrères ont une maîtresse ou une jambe de bois ! »

A la question : « Avez-vous des enfants ? » elle répondait toujours : « Et vous, monsieur ? » jusqu'à ce que l'interviewer revînt au sujet : la peinture.

Ce fut le premier livre sur ce problème en France et il allait connaître très vite le succès, autant pour le contenu de l'ouvrage que pour la personnalité de l'auteur principal. Hermine, à soixante-cinq ans, avec son regard d'un bleu insolent, sa silhouette fine et alerte, ses cheveux courts toujours impeccablement blonds et ondulés, offrait une image à la fois démodée et si intemporelle qu'on oubliait de penser à son âge.

Elle décide bientôt d'accompagner ses tournées de signatures ou d'expositions par des conférences auxquelles elle donne un titre provocant pour s'attirer un public scandalisé, ce qu'elle adore : « Faut-il être laide, célibataire, veuve, divorcée ou homosexuelle pour réussir ? » Elle ne se limite pas à la peinture, bien sûr, la littérature lui offrant des exemples illustres et éloquents, de Christine de Pisan à Gertrude Stein ou Marguerite Yourcenar, en passant par Mmes de Sévigné, de Lafayette ou de Staël, George Sand, les sœurs Brontë, Flora Tristan et tant d'autres, qui lui permettent de démontrer que le talent et plus encore le génie, ne s'expriment qu'en l'absence d'un mari. Sauf exceptions récentes.

Adrien l'accompagne mais plus souvent Lou, qui vient de passer la main et ne crée plus de modèles que pour quelques riches et fidèles clientes qui n'envisagent pas de mourir autrement qu'en robe de chez elle.

« A ton tour, maintenant, tu dois enfin te décider à écrire seule, répète Hermine à sa fille. Mais je t'en supplie, pas de confidences d'épouse trompée et de délectation morose. Ecris un livre fort, un livre gai. Les femmes ont assez pleurniché dans la littérature. »

Mais Louise ne se sent pas encore mûre pour écrire fort et gai et elle est trop immergée dans sa propre histoire pour faire preuve d'imagination, trop sollicitée par ses filles, sommée de donner de sa substance pour les faire accéder à l'âge adulte, trop occupée à se débarrasser des oripeaux, des réflexes et des complexes de l'épouse trompée. Elle a un mari, des enfants, un métier, une bonne santé, tout pour être heureuse comme on dit bêtement. Mais *avoir,* quelle misère si l'on n'*est* pas soi-même quelque chose.

Mais elle se sent en bonne voie. Plus tard peut-être. Plus tard, sûrement.

« Attention, dit l'implacable Hermine. Tu as déjà des cheveux blancs. »

XIX

MÈRES-FILLES

Ma pauvre Louise de 1965 qui te croyais déjà si vieille et qui t'approchais sagement du cap de la cinquantaine en t'imaginant que Bonne-Espérance était passé et le cap Horn aussi et que tu naviguerais désormais en eau tranquille... tu me fais sourire!

Tandis qu'Arnaud découvrait sa vulnérabilité – sa mère était malade et sans doute condamnée et sa femme ne constituait plus ce réservoir d'indulgence et d'admiration qu'il avait pu croire inépuisable – toi, tu commençais à découvrir ton invulnérabilité précisément. Un être inconnu se dégageait peu à peu, montant du fond de ton âme, s'étalant comme une fumée, prenant de plus en plus de place, s'infiltrant dans toutes tes pensées. L'image qui me vient aujourd'hui, c'est celle du Génie qu'Aladin, sans le vouloir, libère de l'amphore où il était retenu prisonnier par un maléfice, sur cette gravure du *Livre des Mille et une Nuits* que te lisait Hermine dans ton enfance. Le couvercle descellé, il ne sort d'abord de la jarre qu'une légère fumée, puis elle se déroule, s'amplifie progressivement, prend corps et visage jusqu'à devenir une silhouette immense qui emplit tout l'espace et dont on se demande comment elle a jamais pu tenir entre les parois de ce vase.

Une fois de plus, c'est à l'occasion d'un changement de maison que s'opéra ce virement de bord, cette rupture avec le passé.

Kerviglouse a été vendu. Arnaud étant absent, Adrien malade et Hermine très diminuée par une récente hémorragie cérébrale, c'est à Louise que revient la sale besogne de « vider les lieux ». Le tri de ce qu'on jette ou conserve, la découverte des stratifications successives qui forment l'humus nourricier des vieilles maisons, l'aspect minable des objets familiers arrachés à leur cadre, exposés au grand air et qui ne retrouveront peut-être jamais leurs aises, le départ honteux, enfin, du village qui vous croyait implanté pour toujours et qui soudain n'est plus assez bon pour vous... Epreuves encore plus dures qu'il n'y paraît et dont on ne sort jamais indemne.

Pourtant Locmaria, à quelques kilomètres plus à l'ouest, est objectivement beaucoup plus beau que Kerviglouse. La maison de granit traditionnelle avec ses « chiens assis » et son toit d'ardoise, n'a pas le charme ni surtout la charge d'histoire de l'ancienne, mais elle s'ouvre sur un jardin en terrasse qui surplombe de quelques mètres une de ces minuscules rivières bretonnes qui jouent au ruisseau d'eau douce à marée basse entre leurs rives verdoyantes, où les rochers, les ajoncs et les pins se disputent le terrain jusqu'à la rangée de maisons de pêcheurs le long du quai. Doux paysage campagnard qui va passer en quelques heures du règne végétal au domaine maritime dès que la mer l'envahira, s'introduisant dans chacune des criques où l'herbe pousse jusqu'à l'extrême limite du flot, et le goémon jusqu'à l'extrême limite de la terre. Toutes les douze heures et pour quelques heures, Locmaria règne sur un univers désordonné où tout bouge, les barques au mouillage qui tirent sur leurs chaînes, celles qui entrent ou qui sortent, accostent au quai rive gauche, déchargent leur poisson, puis vont s'ancrer sur les traversières entre les deux rives, en rang par six ou huit.

Et puis douze heures après, par vives-eaux surtout, les quais, la grue, les marins semblent perdre leur raison d'être, Locmaria n'est plus qu'un univers de sable et de vase; le varech qui pend des rochers prend des airs désolés comme s'il ne devait jamais revoir la mer, les bateaux affectent les postures les plus bizarres, sur un coude, sur le flanc ou raides sur leurs deux béquilles; les goélands oublient qu'ils savent voler et se promènent au fond du port semblables à des volailles, picorant la vase, l'air affairé. Les riverains circulent avec des crochets ou des paniers, comme des chiffonniers indiscrets, soulevant les jupes humides des rives pour surprendre les bigorneaux, les berniques ou les rares étrilles qui se sont laissé coincer. Il règne un silence anormal.

Là-bas, la mer attend son heure, tranquille, ironique. Elle sait que le vrai monde c'est l'autre, celui où elle remplira toutes les baies, couvrira les plages, ramènera avec elle les vrais bruits, dans le ciel les claquements d'ailes des goélands, le ricanement des mouettes rieuses, le bourdonnement des moteurs marins; sur terre, les cris des pêcheurs qui s'interpellent d'une rive à l'autre et le grand chuchotement incessant qui est le signe de sa présence. A *elle,* la mer.

Louise ne se lasse pas de ce spectacle permanent, sans surprise et pourtant à chaque fois aussi surprenant. La maison s'appelle *Chal i Dichal,* Flux et Reflux. Elle l'aime déjà et ne regrette pas d'avoir changé. Elle croit qu'elle ne regrette pas.

Ces quelques années depuis « les événements », comme ils appellent la rupture de leur vie à trois, ont été heureuses si l'on s'en tient à la définition d'Alain : le bonheur n'est que l'absence de malheur. Louise n'aime pas beaucoup Alain mais sa philosophie correspond assez bien à la période qu'elle vient de vivre.

Côté fille pourtant, sa carrière tire à sa fin : en pleine gloire, Hermine a été frappée d'une attaque qui l'a laissée paralysée quelques jours. Comme elle n'a jamais accepté de vivre précautionneusement, les crises de révolte vont succéder à l'abattement. Elle s'obstine à s'habiller tous les matins pour retourner à l'atelier. « Si je ne peux pas peindre, autant mourir. » Devant son chevalet, elle n'a plus d'âge, passe la langue entre les lèvres comme elle l'a toujours fait quand elle mélange ses couleurs. Elle peint des monstres maintenant, dans des paysages désertiques comme si, oubliant soudain les conventions, elle donnait libre cours à son angoisse du néant.

Adrien feint d'ignorer qu'elle a changé et qu'elle reste de longues heures prostrée, l'œil vague. Il lui lit le journal tous les jours.

« Tu vois bien qu'elle ne comprend rien, dit Adrienne avec la cruauté de l'enfance.

— Qu'est-ce qu'on en sait ? » répond tranquillement Adrien.

Bientôt, elle a oublié ce qu'il faut faire pour manger et ressemble, devant son assiette, à la cigogne de La Fontaine. Adrien lui donne la becquée et s'il en fait tomber sur sa robe de chambre, elle éclate en sanglots. Il la console avec une infinie patience. Elle s'accroche à lui. Elle a besoin d'être dorlotée, un déchirant besoin.

« Mange, sinon tu vas maigrir, dit Adrien. Et tu n'auras plus de seins du tout ! »

Il se penche et palpe la poitrine de sa femme sous la grande serviette nouée autour du cou :

« J'aimais bien tes seins, tu sais, j'ai toujours

aimé tes seins. Tes seins de Diane, je les appelais, tu te souviens ? »

Hermine éclate d'un rire dément. Mais elle a des éclairs de lucidité. « Regarde, dit-elle un matin à sa fille qui l'aide à faire sa toilette, j'ai des fesses de morte ! »

Louise conseille à son père de la mettre dans une maison de santé. Elle tourne les manettes du gaz, elle descend dans la rue en robe de chambre et erre au milieu des voitures. Mais Adrien semble tenir à cette dépendance où sa femme est enfin de lui, de lui seul. Il ne s'occupe de rien d'autre. Il essaie de trouver un sens à ses discours, répond à ses questions absurdes : « A quelle heure j'ai rendez-vous ?... Où est Adrien ? » Il la lave, l'habille, il lui a acheté une télévision pour qu'elle ne regarde plus dans le vide. Ce sont les émissions enfantines qu'elle préfère. Ils ont une vie si réduite que la mort ne fera pas grande différence.

Il se décide enfin à confier sa femme à un établissement spécialisé où il passe tous les après-midi auprès d'elle. Lou y va chaque matin.

Si, côté fille, a commencé le monde du silence, côté mère, Louise est entrée dans la saison des cyclones : Pauline a dix-neuf ans, Frédé bientôt dix-huit et cette brute d'Adrienne n'en a que douze mais elle est précoce.

Si tumultueux qu'aient pu être les rapports avec l'école, les dirlos, les profs des chers petits, si semées de colères, de bagarres, de fessées, d'angoisses ou de rancunes qu'aient été les enfances de vos enfants... vous n'avez rien vu. Les vraies rébellions, les dangers de réelles ruptures, les coups inexpiables, les découragements qui vous feront croire dix fois que tout est foutu, que vos filles sont des connes et qu'elles ne feront que des conneries, qu'elles sont sales, paresseuses, jouisseuses et égoïstes, c'est le pain quotidien d'une période qui va durer beaucoup plus longtemps encore que l'enfance. Car vous les aurez adolescentes, puis sales jeunes, puis adultes, ces personnes qui n'ont plus pour idée fixe de se marier puisqu'elles peuvent bénéficier des principaux avantages du mariage tout en restant à l'hôtel, chez vous ! Et c'est sur vous qu'elles se feront les griffes, chez vous qu'elles reviendront sangloter après leurs idylles aux fins trop prévisibles, par vous qu'elles viendront se faire consoler entre deux amours, en attendant de vous plaquer sans préavis alors que vous venez de mettre sur pied pour elles, sacrifiant vos propres vacances, un voyage instructif en Italie, sous prétexte qu'elles viendront de rencontrer le énième homme de leur vie... « qui a juste quelques ennuis avec la police en ce moment mais qui est un type formidable, maman, tu verras... »

Car vous les verrez tous, ces types formidables, vous les aurez en prime, leurs mecs. Si vous vous attachez à eux, tant pis pour vous, ils risquent d'être soustraits à votre affection du jour au lendemain. Si vous ne pouvez pas les voir, il faudra faire avec jusqu'à ce que Pauline ou Frédérique décident « qu'ils exagèrent tout de même », ou en rencontrent un autre, alors là, « vraiment formidable, maman, tu vas voir, est-ce qu'il peut venir déjeuner demain ? ».

Interminable saison où vous devrez vous résigner à les voir patauger dans l'erreur, foncer avec un enthousiasme désolant vers des déceptions grosses comme une maison et qu'elles seules n'ont pas vues, ou – pire – se croire faites pour un mariage aberrant où vous les regarderez sombrer en robe de mariée, un sourire béat aux lèvres.

Mais de même que la disparition d'un être cher

est suivie d'un travail de deuil qui demande du temps et des larmes dont aucun substitut ne dispense, la maturation d'un adolescent ne se fait qu'à coups de faux pas, de déceptions, de chagrins et d'erreurs qu'il lui faut commettre, subir et enfin maudire et que personne ne peut – ni ne doit – lui éviter.

Arnaud trouvait Louise trop laxiste avec ses filles et sans doute était-ce exact. Mais il ne faut pas croire qu'il est facile d'être faible. La faiblesse, ou, dans sa version honorable, le libéralisme, implique dans la vie quotidienne une certaine dose d'héroïsme. De la lâcheté aussi peut-être mais également le désir chez Louise que ses enfants ne gâchent pas la plus petite occasion d'être heureuses par suite de l'incompréhension ou de la rigidité des parents, comme elle-même en avait tant gâché à cause d'Hermine.

Ne pas fixer d'heure limite aux sorties, accepter d'ignorer chez qui Pauline et Frédérique vont danser, avec quels lascars elles vont « en boîte », aux côtés de quels chauffards elles partent en week-end, offrir avec le sourire le gîte et le couvert à un individu que vous trouvez hideux et qui en plus se tape votre petite perle fine, c'est se condamner aux nuits blanches où l'on guette le pas familier et la lame de parquet qui craque dans l'entrée... se réjouir du boucan dans la salle de bain à trois heures du mat qui prouve que cette nuit-là encore elles n'ont été ni violées, ni enlevées, ni accidentées sur la moto d'un copain.

C'est affronter aussi l'indignation des mères traditionnelles et souvent l'ingratitude des intéressées elles-mêmes. La récompense, la divine entente, ne viendront que plus tard.

« Tu trouves normal qu'elle puisse faire ses saletés sous ton toit ? s'est indignée Marie-Thé dont la fille, à qui elle a trouvé normal de présenter l'amour comme une saleté, va quitter sa famille à dix-huit ans et tenter de se suicider un an plus tard.

– Tu ne lui coupes pas les vivres pour l'obliger à travailler puisqu'elle ne veut plus continuer ses études ? demande Carole qui n'a pas d'enfant et n'a jamais tremblé de voir se détériorer ou se détruire à petit feu ces corps qu'on a mis au monde si beaux et soignés, nourris, vitaminés, pendant tant d'années.

– Pourquoi ne pas leur servir le petit déjeuner au lit le lendemain matin ? Pendant que tu y es... »

Eh oui, pourquoi pas ? Tout plutôt que le rejet, le refus d'assurer un refuge permanent, moral et matériel, en cas de drame; tout plutôt que de laisser le champ libre à la vieille tentation féminine de se faire entretenir ou prendre en charge par un homme. Ces mariages-sécurité-de-l'emploi et collages-fuite-de-la-famille qu'elle voyait chez les contemporaines de ses filles la confirmaient dans l'idée que finalement on pouvait mieux limiter les dégâts à domicile.

Cette attitude lui fut facilitée par le départ d'Arnaud pour les Etats-Unis. Depuis « les événements », il ne retrouvait pas le goût de vivre et supportait mal le changement d'attitude de Louise. Il refusait de rien changer à sa conduite mais souffrait de ne plus se sentir totalement accepté et absous. Et c'est vrai qu'après l'avoir haïe, elle n'avait plus qu'une sorte de mépris triste pour sa faiblesse irrépressible à l'égard des femmes, comme quelqu'un qui ne pourrait jamais résister à la vue d'un chocolat; non pas tant pour le déguster que pour s'assurer d'une aura de sympathie amoureuse, de *oui* virtuel, qu'il suffirait d'une occasion pour concrétiser. Ce n'est pas Viviane qu'elle lui reproche, mais les petites autres, les autres petites. C'est qu'il ait organisé sa vie, après la rupture, autour de ces distractions, ces vanités, ces sucreries. Il n'avait jamais tenu compte de la sensibilité de Louise sur cette question, ne pas se contraindre faisant partie de sa conception de l'honnêteté conjugale. Il aurait fallu être dure, dès le début, pour s'en sortir avec Arnaud, lui « tenir la dragée haute », comme disait Hermine. Découverte triste et banale qui pesait sur leur relation. Aussi quand on lui proposa de remplacer le correspondant de la télévision à New York et de diriger le service des informations, y vit-il l'occasion d'un dépaysement dont il ressentait le besoin, et d'une réflexion qui lui permettrait peut-être de trouver un nouvel équilibre.

Louise compte aussi sur ces vacances conjugales pour écrire un livre qui ne soit qu'à elle et dont elle traîne le projet depuis trop longtemps. Elle se sent enfin mûre pour écrire, elle a conquis sa patrie intérieure. Vivre chez un autre, pour un autre, est incompatible avec l'égoïsme, terreau de la vraie écriture. Elle a déjà trouvé le titre : *Ici-bas.* Le cadre en sera un village breton défiguré peu à peu par les Parisiens qui rachètent les fermes et les chaumières à la mort de leurs anciens habitants, et qui y tuent ce qu'ils sont précisément venus chercher, du jour où le seuil de tolérance aux résidences secondaires est atteint.

L'absence durable du Père à la maison en transforme très vite l'atmosphère. C'est d'ailleurs un phénomène constant : la disparition du mâle dans une tanière donne le signal du désordre. On oublie les horaires, on a des fous rires, on traîne au lit ou on part pour le Bois à six heures du matin, les enfants se déchaînent mais plus encore les épouses. Est-ce parce qu'Arnaud s'est toujours considéré au mieux comme un spectateur, au pire comme un juge, mais jamais comme un membre de la famille? En tout cas, il souffle un vent d'anarchie et Louise sous l'influence de ses filles est retombée en jeunesse.

Adrienne vient d'avoir ses règles. Cela en fait quatre maintenant qui marchent à la lune. On en parle ouvertement; il n'y a plus d'oreilles étrangères. Des envolées de petites culottes sèchent sur le fil à linge au-dessus de la baignoire comme des hirondelles. La salle de bain, seule pièce où une femme puisse décemment s'enfermer à clef, a toujours servi de parloir et de confessionnal, c'est là que se sont prises les décisions importantes, mais elle est maintenant devenue le cœur de la maison. On y trouve en permanence quelqu'un qui se maquille, se douche, s'épile les sourcils ou se fait une mise en plis.

Louise a toujours aimé macérer dans la baignoire avec ses filles. C'est un modèle immense comme on les faisait au début du siècle, une vieille chose profonde et longue avec des pattes de lion. Le dimanche matin, Pauline, toute menue, s'installe en travers au milieu, les genoux au menton, les deux autres s'allongent et les six jambes luisantes d'eau savonneuse s'emmêlent tandis que les bras se passent l'éponge ou le savon en s'éclaboussant, le tout formant une monstrueuse pieuvre familiale à trois têtes et douze pattes qui s'agitent dans la buée. Dans cette atmosphère de hammam, on débat des grands problèmes de l'heure : faut-il « avaler »? Est-il sage de sacrifier des années de sa jeunesse à préparer un concours comme l'agrégation pour assurer son âge mûr? Les garçons méprisent-ils les filles qui couchent?

« Tu as déjà eu un circoncis, toi, maman?

– Oui : mon Américain, tu sais, Werner, le pilote, qui m'écrit souvent.

– Et alors, tu trouves ça bien?

— Je ne peux pas dire vraiment... je n'avais pas beaucoup de points de comparaison, tu sais... Et puis c'est tellement la façon dont on s'en sert. En tout cas, je n'aime pas l'idée qu'on les ait trafiqués de là.

— Eh bien moi, dit Frédérique, j'aime mieux les zizis circoncis. C'est de la vraie peau au bout. Ça n'a pas ce côté renfermé, chiffonné... »

Petit silence rêveur. Les imaginations s'envolent.

« Et est-ce que tu avales, toi, Pauline ? Est-ce qu'on est obligée ?

— Pour ne pas les vexer il faut faire un peu semblant. Y a qu'à se dire que c'est du yaourt.

— Tiède... quelle horreur ! Et puis j'ai toujours peur quand je me force, que ça me fasse vomir. Le goût ne me plaît pas. Ça n'a rien de blessant. Je suis très difficile en nourriture, je déteste le whisky aussi !

— Quand on aime, dit Pauline d'un ton docte, tout passe.

— Eh ben non, pas ça. Est-ce que c'est vrai qu'on s'habitue, maman ?

— Je t'avoue, chérie, que je suis un peu comme toi. Je me croyais obligée de me forcer, mais... plus maintenant.

— Ah ! je suis contente. Ça me rassure. »

Toutes les fois que Louise esquisse un mouvement pour sortir du bain, quatre jambes la retiennent.

« Pas encore, Mine, on a encore plein de choses à se dire. Quand on est habillé, ce n'est plus la même chose. »

Et elles rajoutent un peu d'eau chaude et Louise regarde amoureusement ces deux petits corps que rien n'a encore abîmés, Pauline avec ses seins minuscules, sa taille si fine et le visage rond et enfantin de bébé de celluloïd qu'elle a gardé, les yeux bleu myosotis et la bouche en cœur; Frédérique plus longue et plus biche avec de vrais seins, et la peau dorée et la grâce ondoyante d'Arnaud.

Dans le salon, on entend Adrienne injurier le piano parce qu'elle ne retrouve pas les notes de *Jolie Môme.* Tout à l'heure, Frédérique va écouter dans sa chambre avec Boris un concerto de Tchaïkovski ou de Rimski-Korsakov et Pauline préparera le déjeuner au son des « Kangourous n'ont pas d'arêtes » de Francis Blanche, tandis que Louise, dans sa chambre au carrefour de toutes ces nuisances, va essayer d'écrire. Les Dimanches des Mères continuent.

Personne ne vous apprend mieux la tolérance que vos propres enfants. Louise se sent contrainte par une volonté supérieure, qui est peut-être celle de la Nature, d'aimer ses filles même quand elles lui déplaisent, lui échappent, la désolent. Elle s'est ainsi résignée à accepter Pauline décolorée à mort, vêtue de jupettes de cuir, de corsages de cirque et de bottes fluorescentes; à feindre de s'intéresser aux vocations successives qu'elle se découvre, se lançant dans la chanson, le journalisme ou le management d'une boîte de nuit avec une conviction proportionnelle à son attirance sexuelle pour les représentants de ces diverses activités. Elle ne la contre jamais directement car, pas plus qu'Arnaud, Pauline ne supporte la critique. Elle y répond par le désespoir ou l'agressivité.

« Si j'avais été là, je te garantis que cela ne se serait pas passé comme cela », écrit Arnaud quand Louise lui apprend que, deux mois avant la date de l'examen, Pauline a décidé de ne pas se présenter au bachot. Pourtant, en décembre tous les espoirs d'une scolarité couronnée de succès semblaient permis : Pauline était amoureuse de son professeur de latin. Hélas ! il ne fit pas l'hiver pour des raisons obscures et la petite note comminatoire envoyée de New York par son père l'ancra définitivement dans sa décision de plaquer le lycée. Si Arnaud avait été à Paris, c'est sa famille qu'elle aurait plaquée. Elle avait l'orgueil buté et ombrageux de son père, qui, lui aussi, avait quitté la maison à dix-huit ans sur un coup de tête. Mais cela ne lui avait rien appris. Certains êtres peuvent vivre cent ans sans rien apprendre.

La liberté sexuelle étant entrée dans les mœurs avant les moyens de contrôler ses conséquences, les deux premières années d'exercice furent pour Pauline, et pour sa mère par voie de conséquence, une période d'angoisses... menstruelles. D'autant qu'elle n'est pas de la race des percheronnes qui avortent le vendredi soir pour pouvoir retourner à l'usine le lundi. Avec son caractère entier, son manque de discipline et sa fragilité, elle courait donc à la frigidité, la salpingite chronique ou la stérilité, ou les trois à la fois, si ne lui était tombé du ciel pour ses vingt ans le plus beau cadeau que les dieux aient fait aux femmes depuis Eve : la pilule. Le petit bureau du Planning familial, 2 rue des Colonnes à Paris, où Louise emmena sa fille dès qu'elle en apprit l'existence, lui apparut comme le port au nageur exténué. Puisqu'il était évident que ni le spectre d'une grossesse ni la peur de souffrir, ni l'humiliation, ni les risques de santé ne dissuaderaient Pauline de se jeter à corps perdu dans la passion avec une insouciance renversante et somme toute émouvante, Louise remerciait le Ciel d'avoir fait naître sa fille à la charnière de deux époques : elle au moins se souviendrait assez des temps héroïques pour ne jamais être blasée. Par la même occasion, elle emmène aussi Frédérique qui ne se résigne pas à se servir d'un diaphragme. « C'est si merveilleux, si tu savais, de sentir un corps d'homme! » Louise ne relève pas le « si tu savais ». C'est vrai qu'elle est si loin de cette découverte que c'est comme si elle ne savait plus.

Frédérique adore l'Homme et ne s'aime pas comme Femme. Louise voudrait tant que sa seconde fille se débarrasse plus vite qu'elle de ses complexes, qu'elle rencontre un Werner pour la rassurer sur cette anatomie qui lui fait honte, à elle aussi. Frédé se trouve « trop rose », et se demande si les autres sexes féminins sont aussi laids. « Quand je lis dans certains trucs porno qu'il suffit de s'asseoir sur une chaise, sans culotte, et d'ouvrir les jambes pour susciter le désir des mecs, je n'arrive pas à le croire. Je ne veux pas qu'on me regarde et jamais je n'oserai écarter les cuisses de plus de dix centimètres. Et je ne veux pas qu'on m'embrasse là, j'aurais bien trop peur que le garçon se coince un poil entre les dents... »

Qui l'aimera assez pour apaiser cette inquiétude atavique que Louise connaît bien ? En tout cas pas Boris, comédien, écrivain, alcoolique et narcissique.

« Dis donc, ma Mine (quand ses filles l'appellent ma Mine, Louise sait d'avance qu'il s'agit de quelque chose qui va beaucoup l'ennuyer), je voudrais bien emmener Boris à Locmaria pour Pâques. Il vient d'avoir un abcès à la gorge et il est très fatigué. Il faudrait le remplumer, le pauvre ! Est-ce que c'est d'accord ? »

Bien sûr que non, ce n'est pas d'accord ! Pourquoi se fatiguerait-elle à remplumer le pauvre Boris ? Il n'a qu'à moins boire et se coucher plus tôt, Boris !

« Mais tu sais, Mine, il est tellement seul dans la vie ! Son père l'a foutu à la porte parce qu'il voulait faire du théâtre. Alors il travaille dans un garage pour payer ses cours de comédie...

– Je ne vois pas comment il travaillerait dans un garage en se levant à midi.

– Mais maman, il suit des cours l'après-midi et il joue tous les soirs, alors évidemment il n'y arrive pas... »

En attendant, Louise le retrouve sans cesse chez elle, pas rasé, l'haleine vineuse, vautré devant l'électrophone... il a toujours l'air plus vautré qu'un autre, ce qui ne l'empêche pas d'avoir faim, ce poète qui aime les steaks bien saignants, le whisky, les coussins Dunlopillo et les cigares d'Arnaud et qui se tape sa petite biche qu'il prend pour l'Armée du Salut. Il se vante d'avoir connu la prison, d'avoir été l'amant de Jeanne Moreau parce qu'il a figuré dans un de ses films, et parle interminablement de sa vision du nouveau théâtre en laissant tomber ses cendres sur la moquette. Louise finit par apprécier le prudent égoïsme de Pauline « qui n'a pas la santé de tomber amoureuse d'un paumé ». Mais Mine emmènera le pauvre Boris à Locmaria, sinon c'est Frédé qui se privera de vacances pour rester avec lui.

Au moins qu'à tout ce dévouement, elle n'ajoute pas les affres des fins de mois.

Au Planning, elle est presque gênée de se présenter avec ses deux filles. On y rencontre surtout des épouses, accompagnées de maris et d'enfants, comme pour montrer qu'elles ont déjà fait leur devoir vis-à-vis de la société. La plupart des mères préfèrent croire leurs filles vierges et ininflammables que de les imaginer comme elles sont, folles, vulnérables, insouciantes, affamées d'amour.

A propos, est-ce l'absence d'Arnaud, le fait de vivre soudain si proche des jeunes filles, d'écouter leurs confidences ? Louise s'aperçoit qu'elle est restée pendant des années étrangère au monde délicieux de la concupiscence. Elle en ressent soudain la nostalgie. Mais pourquoi nostalgie ? Elle n'est pas morte ! Il suffirait de lever les yeux sur ces oubliés, les hommes... Et du fait qu'elle s'est remise à les *regarder,* eux la *voient.* Moins belle à quarante-cinq ans qu'à vingt-cinq ? Pas sûr. Elle est devenue tranquille, presque désinvolte, comme si les années de malheur avaient épuisé sa capacité de se tracasser, ses doutes. Elle ne se ronge plus les ongles. Enfin... presque plus. Pauline et Frédérique ont toujours trouvé qu'elle s'habillait « trop dame ». Maintenant qu'elle ne s'habille plus chez Lou, c'est avec ses filles qu'elle choisit ses vêtements.

C'est tout simplement à domicile qu'elle va trouver son premier amant. Il existe en effet une catégorie d'hommes, les pédiatres, qui entretiennent avec leurs clientes un plus ou moins discret climat de « pourquoi pas ? » C'est un des charmes de cette spécialité : leurs visites ne s'adressent pas uniquement aux jeunes malades mais à toutes leurs jeunes mères inquiètes, qui les regardent d'un œil ému, ces seconds pères, qui déshabillent, palpent, tripotent et connaissent leurs enfants souvent bien mieux que les auteurs légitimes et parfois même leur donnent la vie une deuxième fois.

Bruno l'a toujours émue par sa façon amoureuse de toucher les enfants. D'ailleurs pourquoi ne pas le reconnaître ? Tous les médecins l'émeuvent sexuellement, même son vieil accoucheur au crâne chauve et aux yeux globuleux qui ne lui a jamais fait les yeux doux ni la moindre remarque sur sa personne. Est-ce le souvenir des Infâmes ? Ou le regret jamais éteint en elle de n'avoir pas fait sa médecine autrefois... Elle est sensible à leur langage, à leurs mains qui savent. Bruno, en plus, est monstrueusement homme. Tant qu'à faire... Le regard en coin, toujours en alerte sous des cils très recourbés, des lèvres sinueuses et qui doivent être douces, des épaules larges d'où son cou émerge comme un tronc de baobab très rond et très droit. Et des cheveux noirs, frisés dru comme sur la tête des boucs.

Bruno est un connaisseur qui diagnostique très vite l'envie qu'on peut avoir de lui. Ils ont l'impression de se connaître déjà, depuis toutes ces visites et consultations pour les enfants, qui débouchaient sur quelques confidences mutuelles tandis qu'il rédigeait ses ordonnances de sa belle écriture illisible qui ressemblait à du persan. Ils savent déjà qu'ils aiment les paysages sauvages, les vieilles pierres, le style roman tout particulièrement, la musique ancienne, les trois-étoiles, les alcools blancs. Tout cela compose un décor idéal pour un week-end. Bruno parle passionnément de son métier, croit au progrès, à la justice, à la gauche... Ils ont beaucoup d'idées en commun finalement... Elle ne sait pas encore qu'on peut voter à gauche et baiser à droite !

Ils se sont rencontrés si souvent dans le cabinet de Bruno ou dans le salon de Louise, un petit corps nu entre eux, qu'elle se sent incapable de changer de rôle sans changer de décor. Ils se décident donc pour Vézelay et retiennent des places dans un bon restaurant. C'est la première fois qu'ils mangeront ensemble... c'est important de se voir manger avant de se déguster.

A table, Louise observe sa bouche gourmande avec gourmandise et s'étonne de sa façon d'expédier le vin autour de ses dents avant de l'avaler. C'est un peu sale mais fascinant. Quand on va coucher ensemble pour la première fois, tout est signe. Ils sont descendus à l'Hostellerie de la Poste et du Lion d'or, un nom qui sent la cuisine ancienne et les chambres vieillottes. Mais Louise pour la première fois de sa vie hésite devant le menu gastronomique... Vieillir, ne serait-ce pas se rabattre sur la truite au bleu au lieu des « 12 escargots maison » sous prétexte que l'on va baiser !

Ils parlent de tout sauf de ce qu'ils sont venus faire là; de la Convention des institutions républicaines à laquelle ils viennent d'assister au palais d'Orsay, de l'intervention de Mollet, de celle de Brigitte Gros que personne n'a écoutée. Dès qu'elle est montée à la tribune, les hommes se sont mis à bavarder, à sortir leurs agendas, à régler leurs problèmes personnels.

« Elle n'a pas été extraordinaire, remarque Bruno.

– Meilleure que certains des orateurs, je trouve. Il y en a eu quelques-uns de mortels. Mais entre hommes, on joue le jeu, on s'écoute. A charge de revanche.

– Cela vous intéresse tant que cela, la politique ? Pourquoi n'en faites-vous pas ?

– Pour une seule raison, figurez-vous : j'ai peur des hommes, de leur forteresse. Chaque fois que je vois monter une femme à la tribune, je tremble pour elle. Moi, je ne suis jamais arrivée à prendre la parole, sauf dans une assemblée de femmes, comme le Mouvement démocratique féminin par exemple, et encore...

– Je n'arrive pas à vous croire ! Vous avez un air si énergique, si sûr de vous... Je ne vous imaginais pas timide. La preuve, il y a pas mal d'années qu'on se connaît mais je n'ai jamais osé vous inviter à dîner. Vous étiez seule, pourtant. Je me suis parfois posé la question : timide ? ou vertueuse ?

– Ce n'est pas un compliment dans votre bouche, j'imagine...

– J'ai plutôt pitié des femmes vertueuses, c'est vrai.

– Surtout quand vous êtes au courant de la vie privée de leurs maris.

– Je ne connais pas de maris vertueux. Pas un. Je connais en revanche des femmes qui le croient.

– Si cela les rend heureuses...

– A mon avis, elles en crèveront un jour ou l'autre. Vous savez qu'une culture de tissu vivant ne se conserve qu'un certain temps dans un milieu donné. A la longue, il s'anémie, il s'étiole. Ce n'est pas qu'il soit mal où il est, c'est qu'il a besoin de changement. Le changement, en soi, c'est vital.

– En somme, si je suis à Vézelay avec vous, c'est sur ordonnance médicale ! »

Il sourit et il a brusquement l'air d'un enfant. Le sourire compte beaucoup pour Louise. Un visage se compose, le sourire est un aveu.

« Je voudrais aussi vous prescrire une vieille framboise, si vous permettez, elle est exquise ici. »

La framboise fait monter les enchères, ils se trouvent irrésistibles et commencent à dire des âneries. On sent qu'ils vont bientôt passer au *tu*.

Bruno a eu le culot de retenir une seule chambre et Louise se surprend à avoir un réflexe de jeune fille : il aurait pu respecter les formes, tout de même – faire semblant... Rien n'est jamais sûr, après tout.

« Nous savions très bien où nous allions, non ? » dit-il goguenard. Il ne sait pas depuis combien de temps Louise ne s'est pas retrouvée dans une chambre avec un autre monsieur qu'Arnaud. Lui, on voit qu'il a l'habitude. Il se déshabille sans façons, sans ces arrêts non plus où elle aimerait faire étape. Son futur amant est « bien monté », comme dirait Frédérique. Il l'attire au lit et achève de l'y déshabiller tout en embrassant sa bouche goulûment, comme il mange. Et puis très vite, un sein pressé, une main en brève visite de reconnaissance – oui, c'est bien ça, sexe féminin normal – alors il se met en place et puis, en route, il prend très vite l'expression animale de l'homme qui va jouir dans laquelle ils se ressemblent tous. Il fonce, il défonce, il enfonce, il trouve ça bon et il le dit, il décrit sa progression d'une voix syncopée et signale à Louise ce qu'elle doit éprouver :

« Tu la sens au fond de toi ? Elle te fait mal, hein ? Elle t'occupe, elle te remplit tout entière... Tiens, tiens, tiens. C'est bon d'être planté dans ta chair. J'ai souvent pensé à toi, tu sais, à me répandre en toi, sur toi, partout. Tu sens comme je t'inonde ? C'est bon d'être inondée, hein ? Fais ton métier de femme, jouis. J'aime le visage d'une femme qui jouit. Voilà... Voilà ! »

Le reportage en direct n'est pas en soi désagréable mais Louise se dit que l'inondation n'est peut-être pas le fin du fin du plaisir... Bruno après un dernier *han* se retourne et s'affale sur le dos, les yeux mi-clos. D'une main, il lui caresse une cuisse d'un mouvement machinal, simplement pour lui montrer qu'il ne dort pas, qu'il écoute refluer, lui aussi, les vagues de plaisir. Elle met la tête contre son cou, dans les ondulations noires de son astrakan. Il sent bon. Elle est contente d'avoir rompu son contrat d'exclusivité avec Arnaud. Bruno ouvre les yeux :

« Tu la vois qui durcit encore ? Regarde-la... »

Il récupère vite, comme Napoléon, et parle de son appendice comme d'un glorieux combattant dont il ne contrôle pas la conduite. Elle ne fait pas l'amour avec un homme, mais avec son membre, un illustre membre d'une illustre confrérie. Bruno lui pousse la tête vers le bas :

« Tu me boiras tout entier, dis? Tu veux bien?... Là, oui... prends-la tout du long. Serre-moi fort. »

La visite téléguidée terminée, il s'endort vidé, elle remplie. C'est dans l'ordre.

Au matin, c'est aux côtés du chef de clinique pédiatrique qu'elle se réveille, du brillant causeur, du spécialiste de l'art roman, du thuriféraire de Mendès France... N'étions-nous pas, cher monsieur, cette nuit même, répandus l'un dans l'autre, nus comme des bêtes? Me trompé-je?

Mais Bruno est sans doute fier de savoir séparer sa vie sexuelle de l'autre, phénomène courant qui relève d'une forme de misogynie. Il pense qu'il faut être extrêmement prudent avec les dames.

Avant d'ouvrir les rideaux, Louise file dans la salle de bain. Méfiance : effectivement, elle se trouve l'œil terne des lendemains de trop bons vins et la tignasse ébouriffée par les agitations nocturnes. Elle se fait la moue. Elle voudrait avoir la tête de ses filles. Quand elle laisse tomber sa mèche sur les yeux, n'a-t-elle pas l'air d'une petite fille? Mais non; c'est bien elle, quarante et quelques... Plus laide encore d'avoir peu dormi. Le plus dur, c'est d'affronter la lumière du matin. Au lieu de procéder à quelques truquages, elle voudrait revenir dans la chambre en se frottant les yeux avec les poings, laisser glisser sa bretelle de chemise et s'attabler devant les croissants, la mine gourmande, et qu'il se dise : « Elle est adorable! »

Il n'est pas question de ces plaisanteries-là, maman. La bretelle de chemise, passe encore, si tu y tiens. Va donc te mitonner plutôt une tête. Quand pourrai-je enfin être laide en paix? Tant qu'il te restera une chance de plaire un peu, tant que tu ne ressembleras pas à une gargouille, tu feras semblant, ma pauvre !

Il fait beau et ils partent de bonne heure visiter la basilique de la Madeleine bien sûr et le vieux village de Montréal avec son église du XIIe, à dix kilomètres de là. Bruno sait visiter, il a dans sa voiture les guides qu'il faut, il connaît les chapelles perdues, des châteaux qu'on ne visite que sur autorisation, des restaurants qui ne sont pas des attrape-touristes. Il est toujours prêt à visiter un musée, à s'arrêter chez un antiquaire, à entrer dans une salle des ventes. Louise avait oublié qu'on pouvait partager aussi tout cela dans une vie. Arnaud est un homme pressé, le contraire d'un flâneur. Jamais elle ne s'arrêtera avec lui devant une vitrine. Il continue à marcher du même pas, indiquant bien sa réprobation. Si elle ne court pas après lui, elle le perdra de vue et ne le retrouvera qu'à l'hôtel. Jamais non plus ils ne liront le même livre au lit, comme elle faisait avec Jean-Marie. Elle a même renoncé à se tordre le cou pour parcourir avec lui le journal, qu'il maintient ostensiblement à l'écart et dont il tourne les pages sans un regard pour voir où elle en est. Soudain, elle ne voudrait pas mourir sans connaître, sans retrouver ces plaisirs-là.

Elle rentre de Vézelay avec l'impression d'avoir fait une cure de jouvence. Le lit mène quelquefois beaucoup plus loin qu'entre les draps. Bruno et elle se sont promis de recommencer dès que Louise reviendrait de New York.

Arnaud semble l'attendre là-bas avec une impatience qu'il ne dissimule pas. Aux lettres qu'elle lui écrit, il répond souvent tendrement, comme si pour la première fois il ressentait la nécessité de s'accrocher à ses racines du cœur :

« J'aime tes lettres, même celles que je n'aime pas, et je t'aime d'oser m'écrire les choses dont tu prévois qu'elles me seront désagréables.

« Je travaille beaucoup. Je sors le soir avec le peu d'amis français que j'ai ici et nous prenons des cuites soignées. Et, crois-moi ou non, ta pensée ne me quitte pas, ton visage s'inscrit dans tous mes paysages et tes lettres fidèles sont là, sur ma table de nuit. Tu as depuis trop longtemps l'habitude de vivre dans le présent seul pour estimer que le passé puisse avoir une quelconque valeur. Nous différons sur ce point. Nos années passées me lient à toi d'une manière qui me surprend moi-même.

« J'ai un peu peur de cette longue absence pour nous. Tâche de caser les filles pour venir longtemps à Noël. Je te prépare un programme royal pour te faire oublier les plaisirs de la liberté que tu sembles goûter sans moi, ce qui me " chiffonne ", tu le sais. »

Ce qui chiffonne Arnaud, c'est aussi que Louise revoie Félicien et d'autres amis d'*avant*, que sa mauvaise volonté à se plier à la vie antérieure de sa femme l'avait amenée à négliger depuis des années. Le discours d'Arnaud lui fait plaisir et peine à la fois : elle a tant essayé d'être son présent et voilà qu'elle représente son passé ! Comment s'est accompli ce tour de passe-passe ? Est-elle déjà devenue « la chère compagne » qu'on ne quittera plus ?

Elle va souvent à Saint-Etienne où Agnès s'enfonce peu à peu dans le renoncement. Elle a beaucoup grossi, comme pour symboliser sa stagnation, et se déclare toujours fatiguée, pour l'excuser. Elle serre ses beaux cheveux dans un chignon qui la vieillit et ils en ont perdu leur flamme rousse. Avec l'instinct très sûr des maris, Etienne a toujours trouvé que le chignon allait bien à sa femme et que ses cheveux trop indisciplinés ne s'accommodaient pas d'une coiffure libre et floue. « J'aime les femmes en chignon », déclare-t-il, ce qui est un mensonge éhonté. Il oublie de signaler que depuis trente ans sa mère porte un chignon.

Il vénère sa mère, qu'il a recueillie chez lui un an plus tôt lorsqu'elle est devenue infirme et à demi paralysée. C'est Agnès qui la soigne, bien sûr, mais il ne manque jamais de passer un petit moment avec elle chaque jour et il se félicite d'être un si bon fils. Il ne lui est pas venu à l'esprit qu'en l'absence de filles, ce sont les belles-filles qui soignent, nourrissent, touchent, aident à mourir toutes les vieilles mamans dont les littérateurs parlent avec tant de belle nostalgie dans leurs livres.

Agnès ne parle même plus d'écrire. Elle se plaint de migraines, de douleurs dans le ventre, aux reins. Mais c'est normal après cinq enfants. Les femmes n'ont-elles pas « toujours quelque chose » ? La pilule étant formellement déconseillée à son épouse, Etienne couche avec sa secrétaire, c'est plus gai, et pince les fesses de la bonne dans le couloir quand il la croise pour lui montrer que le droit de cuissage n'est pas mort. Partant du même principe, il giflote aussi les fesses de sa femme les jours de très bonne humeur et s'amuse de son air de grenouille offensée. Elle ne s'est jamais habituée à ce geste et le lui a dit au début : « Enfin, Etienne, vous vous croyez dans une cour de ferme ? »

Cela redouble visiblement son plaisir, ainsi que le fait qu'elle le vouvoie. Il aime beaucoup sa femme, d'ailleurs. Mais il pelote aussi Pauline ou Frédérique à l'occasion, quand il monte l'escalier derrière elles par exemple et que la proximité d'Agnès ou de Louise l'assure qu'elles n'oseront pas protester. « Allons, allons, elles aiment toutes ça malgré leurs cris d'orfraies », pense-t-il en toute bonne foi.

Félicien, lui, vient de se remarier avec une femme mousseuse et sémillante, tout à fait ce qui convient à un vieux phoque : gros corps et petits pieds dont elle est sottement fière, cheveux crêpelés qu'elle teint en marron d'Inde, yeux chocolat surmontés d'arcades sourcilières grasses qui les obturent en partie, donnant un curieux charme au regard, que l'âge durcira. Elle s'obstine à mouler ses opulentes fesses dans des pantalons en tissu brillant, à porter des robes qui soulignent sa cambrure excessive et de larges décolletés s'ouvrant sur une peau fragile qui garde des ecchymoses rougeâtres à la moindre pression. Mais les grosses croupes et les seins nourriciers semblent exercer un effet rassurant sur certains hommes, qui aiment aussi les armoires bien garnies de linge et les assiettes débordantes de cochonnailles.

Depuis trois mois qu'Arnaud est parti, Louise a retrouvé tous ces amis qu'elle n'osait lui imposer car il ne les avait pas choisis. Elle ne regarde plus les mêmes émissions à la télévision et a changé jusqu'à son mode d'alimentation... Elle a renoncé aux crudités qu'Arnaud adore et aux viandes rouges auxquelles elle avait fini par s'habituer. Ses véritables goûts lui reviennent tout doucement.

Mais à New York, loin de ses bases, après une longue vacance du pouvoir, un couple peut retrouver la grâce. Arnaud apprend par sa femme que sa mère va très mal, ce qu'elle ne lui disait jamais dans ses lettres, et, instinctivement, il se rapproche de Louise en prévision de cette perte qu'il redoute. La mère de ses enfants est toujours un peu la mère universelle.

Sur sa lancée généreuse, c'est lui qui propose de dîner avec Werner et sa femme et ils se retrouvent dans un restaurant français où il va jouer auprès de Debbie le rôle qu'elle attend de tout Français, celui de séducteur, afin de laisser quelques moments d'aparté aux deux autres convives.

Son Werner, son Werther, elle ne l'avait pas revu depuis des années, depuis ce bref passage à Paris où ils avaient pu déjeuner ensemble au restaurant de l'aéroport, entre deux avions. Il a les tempes argentées maintenant, ce qui lui confère un air de sagesse que démentent son regard enfantin et son large et merveilleux sourire. Il lui dit en anglais : « Odeur du temps, brin de bruyère, et souviens-toi que je t'attends... » Elle répond : « Il y a longtemps que je ne t'aime plus mais jamais je ne t'oublierai. » Ils ne peuvent même pas se prendre les mains devant *eux* et Werner reprend l'avion le soir même avec Debbie pour Cincinnati, où il est basé actuellement; et dans un couple américain il semble qu'on ne puisse pas dire à son épouse : « Je te rejoins dans vingt-quatre heures, Honey, laisse-moi un soir et une nuit pour respirer l'odeur de bruyère de ma jeunesse. »

Comment ne pas préférer son couple bien français et l'effort – même douloureux – pour accepter que l'autre vive ?

Debbie est une catholique irlandaise aggravée d'une puritaine américaine pour qui le mariage est sacré. Pas le mariage-lit mais le mariage-sacrement. Le jour de sa ménopause, chuchote Werner dans son mauvais français pour que sa femme ne le comprenne pas, elle lui a fait savoir qu'elle renonçait à Satan, à ses pompes et à ses œuvres.

« Cela veut dire que jusqu'au matin de sa

ménopause elle n'a accepté ton rut qu'au nom du devoir de procréation ?

– Même pas : je me suis fait faire une vasectomie après notre troisième enfant. Non, c'était comme vous dites en Europe, le devoir conjugal. Mais nous sommes supposés à nos âges ne plus avoir besoin de ses cochonneries.

– Mais pourquoi une vasectomie ? Et la pilule alors ?

– L'Eglise est contre la pilule. Contre la vasectomie aussi d'ailleurs. Mais ça, c'est moi qui l'ai décidé, sans son accord.

– Mais qu'est-ce qui t'a pris, toi, juif, d'épouser une catholique rigide et frigide ?

– D'abord, je l'ai mariée vierge, il y avait l'espoir. Et pouis, je ne cherchais plus l'amour, comme tu sais, mais une femme qui pouisse soigner ma mère paralysée et que j'adorais...

– Charmant !

– Oh ! ses raisons ne valaient pas mieux que les miens ! Elle avait trente-deux ans et peur de ne pas se marier du tout. Et étant pilote, je me suis dit que je ne serais jamais avec elle... Elle était plutôt jolie, unique fille, riches parents, ils avaient une *Funeral Home*, tu sais...

– Quel sale juif tu fais !

– Oh ! tu sais, pour un juif, je suis raté : c'est Debbie qui s'a toujours servi de moi : les enfants sont catholiques et tout est à son nom. Cela m'était complètement égal du moment qu'elle soignait ma mère et que je pouvais partir tranquille.

– Mais dis-moi... au lit... tu as réussi à lui apprendre quelque chose au moins... comme à moi ? »

Ils se regardent, les yeux pleins soudain de tous les plaisirs qu'ils se sont donnés et qui se matérialisent là, sur la table, entre eux, tout vivants, tout frémissants. Si Arnaud regarde, il va les voir, sûrement. Louise baisse les yeux. Les souvenirs se désincarnent un peu. Mais Werner déverse sur elle sa voix profonde qui lui a toujours fait perdre le nord.

« Lou-eeze, je ne sais pas si je t'ai appris quelque chose, mais moi je n'ai jamais retrouvé ce que je connaissais avec toi. Mais tu étais mariée et remariée, *damn it. I lost hope.* Tout de même, je n'aurais pas dû m'en aller, je t'aurais peut-être persuadée à la fin...

– Et nous aurions été très malheureux. Enfin toi, my darling. J'avais besoin d'un Intellectuel, je t'en aurais voulu de ne pas l'être et puis je n'aurais pas supporté de te suivre en Amérique, ni que tu sois pilote et toujours absent.

– Mais Arnaud aussi, il était toujours absent. Moi je serais jamais parti trois mois au Greenland.

– C'est vrai mais du moins nous avions fait les mêmes études, nous connaissions les mêmes poètes, les mots voulaient dire la même chose pour nous deux. Je t'aurais énervé avec ma manie de la discussion, mes opinions politiques, nous serions divorcés à l'heure qu'il est !

– En lieu que je me sens toujours *the Young Flying Officer* qui, en te voyant dans le hall de l'Independance Club, s'est dit : Voilà, c'est la femme de ma vie. Et je le crois toujours.

– Tu penses que tu pourrais avoir deux heures de permission cet après-midi, mon capitaine ? Arnaud travaille, on aurait le temps de parler, de voir peut-être si... on est restés les mêmes ? »

C'est l'évidence : ils le savent, qu'ils sont restés les mêmes. Mais Werner n'aura pas deux heures de perm' et déjà le piège se referme sur lui ; et Debbie, qui ne parle pas un mot de français mais qui veille au grain comme les épouses américaines, même à celui qu'elles ne consomment pas, trouve que l'aparté a assez duré et que ces Françaises sont culottées d'accaparer leur mari sous prétexte qu'elles ont fait la pute pendant la guerre. On se met à parler enfants, c'est plus sûr. Et on se sépare en promettant d'aller à Cincinnati au prochain séjour et Debbie reprend son bien et Arnaud et Louise rentrent à pied à travers les rues désertes où personne ne marche jamais. Il dit qu'il s'est beaucoup ennuyé avec la catholique irlandaise. Elle lui raconte l'histoire de la ménopause et que Werner, comme beaucoup d'Américains, s'est fait vasectomiser.

« Cela nous aurait bien rendu service, à une époque. Mais tu n'aurais pas aimé ça, toi, homme du Sud...

– La bourse, c'est le vit », répond Arnaud.

Ils sont mélancoliques tous les deux mais pour des raisons différentes. Pour une fois, Louise n'est pas triste à cause d'Arnaud. Il n'a pas envie d'aller travailler mais comme il a peur de ce qu'ils pourraient se dire, ils décident d'aller au cinéma, pour se changer les idées.

En rentrant à Paris, Louise retrouve un Adrien qui a lâché les avirons. Depuis qu'Hermine dérive loin de lui et qu'il n'a plus à la soigner, il ne se défend plus et la mort l'attaque de tous les côtés. A la suite d'une crise d'urémie, on le transporte à l'hôpital, mais une congestion pulmonaire se déclare et il souffre d'une occlusion intestinale. Son bateau fait eau de toutes parts. On le nourrit au goutte-à-goutte et bientôt, comme il ne se sert plus de sa bouche, sa langue devient un morceau de cuir tout rétréci. Ses yeux disparaissent derrière une taie vitreuse et il flotte autour de lui une odeur à faire reculer une mouche. Il s'en va par petits bouts, à peu près inconscient, heureusement.

Alors que sa mort paraît imminente et que Louise et Lou sont en train de rechercher dans ses papiers son livret de famille, la directrice de la clinique de Suresnes, où Hermine poursuit depuis près d'un an une vie végétative, téléphone que l'état de Mme Morvan a soudainement empiré. Hermine est effectivement dans un état de prostration totale. Elle a le regard vide comme d'habitude et ne semble pas souffrir mais ses bras sont agités de mouvements spasmodiques comme si elle se débattait contre quelque chose de terrible.

« Simples mouvements myocloniques, dit l'interne. L'aggravation semble due à une hémorragie bulbaire ou à une intoxication massive par paralysie rénale.

– Hémorragie... Blocage des reins... Comment comprendraient-ils que c'est tout simplement Adrien qui l'a appelée, déclare Lou d'une voix tranquille. Il est prêt le premier, comme d'habitude, et il s'impatiente. »

Adrien mourut effectivement cette nuit-là et Lou insista pour qu'aucune disposition ne fût prise pour les obsèques. Il était clair à ses yeux qu'il attendait Hermine pour ce dernier acte de leur vie sur terre et qu'il fallait tenir compte de cette demande.

Arnaud, rappelé des Etats-Unis par un télégramme : « Parents mourants », dont le libellé lui parut incroyable, arriva à point nommé pour apaiser la méfiance des Pompes funèbres qui commençaient à se demander si elles n'avaient pas affaire à deux empoisonneuses dont la deuxième victime tardait à décéder.

Hermine mit encore deux jours à se décider à quitter cette terre. Même décérébré, comme l'affirmait le médecin, son corps répugnait à mourir. Elle remuait sans cesse les bras, avec grâce, serrant son épaule droite de sa main gauche, à la recherche de ce contact physique, de cette tendresse animale dont on a sans doute besoin pour mourir et que Louise, à la différence de Lou, ne se sentait pas la force de lui donner. Mais qu'elle ait réussi, du fond de cette hébétude qui était la sienne depuis des mois, à entendre l'appel du compagnon de sa vie, remplissait ses proches d'une émotion religieuse et presque d'une sorte de paix. S'ils n'avaient pas toujours réussi leur vie à deux, du moins avaient-ils réussi une mort miraculeuse et Hermine s'en allait sur un geste spectaculaire, bien dans sa manière.

Les deux cercueils arrivèrent, l'un de Suresnes, l'autre du XIIe arrondissement, pour se retrouver, par un petit soleil d'automne très doux, devant le caveau de famille du cimetière Montmartre, sous leurs coussins de roses rouges, pour une bénédiction dans la plus stricte intimité.

« Lequel met-on dessous ? » demanda le Pompiste funèbre.

Personne n'avait pensé à ce problème. On décida de mettre le plus ancien mort au fond. Quand la boîte d'Hermine fut descendue à son tour, Louise eut la stupeur de lire sur la plaque de cuivre : Mme Veuve Morvan. Elle avait tout de même eu le temps d'être veuve, malgré tous ses efforts pour ne pas survivre à Adrien ! L'administration avait eu le dessus.

Louise se considérait volontiers comme immortelle mais se voir privée d'un seul coup des deux remparts contre la mort que constituent les parents, l'exposait brutalement au danger. Elle venait de perdre à jamais son identité de fille. Personne ne l'aimerait plus comme sa mère l'avait aimée.

En dehors de Lou et des enfants, seule Jeanne assistait à l'enterrement.

« Ma pauvre fille ! » dit-elle en embrassant sa nièce. Puis, avisant son manteau bleu clair, elle ajouta hargneusement : « Enfin, je vois que tu prends ça bien. »

La mort des gens qu'on aime, quand elle ne vous plonge pas dans le désespoir, vous donne une furieuse et très saine envie de vivre. D'une certaine façon, Louise avait déjà « fait son deuil » de ses parents, du fait de l'absence d'Hermine et du repliement d'Adrien sur lui-même. Ils avaient occupé ces derniers mois beaucoup plus de temps dans sa vie que de place dans son cœur. Elle sent qu'elle va avoir maintenant le loisir moral et matériel d'écrire.

Tant qu'on ne s'assied pas devant sa table avec une pile de feuillets et qu'on ne tient pas son stylo à quatre centimètres du papier, bien décidé à attendre le temps qu'il faudra et à ne pas s'arrêter avant de pouvoir écrire le mot *fin*, on n'est pas un écrivain. Louise a des dossiers pleins de fragments. Elle a toujours noté ses idées, comme on ramasse des mégots. Est venu le moment où il faut transmuer ce plomb en or, opération alchimique qui exige une concentration monstrueuse et une bonne dose de solitude et d'indifférence au reste du monde. D'autant plus qu'elle est comme Pétain maintenant : elle travaille mieux le matin ! En tout cas, elle sait désormais qu'écrire est son vrai métier. Ses émissions à la radio lui laissent une impression de frustration et d'insuffisance. Jamais elle n'acquerra l'aisance et l'audace qu'elles exigent. Même dans les quelques conférences qu'elle a faites, même au cours de ses interventions dans des rencontres politiques ou autres, jamais elle n'est arrivée à se prendre assez au sérieux pour utiliser certain langage, indispensable pour se faire écouter et respecter. Elle sait parfaitement, souvent mieux que d'autres, ce que veulent dire des mots tels que prolégomènes, assertivité, thématique, sémantique, tous ces mots qu'*ils* emploient et qu'*elles* commencent à utiliser, mais elle n'ose pas les prononcer. Comme les Japonaises, elle se croit tenue d'employer un langage plus simple, plus modeste et qui n'impressionnera jamais un auditoire. Elle ne deviendra pas un bon orateur pour cette raison supplémentaire qu'elle se croit obligée de connaître son sujet! Elle ne se sent à peu près rassurée qu'en ayant bûché sur le thème le plus anodin comme sur une dissertation de philo. Ces complexes-là sont implantés trop profondément pour qu'elle espère s'en débarrasser. Il lui aurait fallu dix ans encore!

Elle n'est vraiment à l'aise que dans l'écriture solitaire et accessoirement dans le journalisme, mais dans des magazines féminins, qui, absurdement, lui semblent plus accessibles que les hebdos d'information, où elle lit pourtant des articles parfois médiocres et signés par des blancs-becs qui ont moins de talent qu'elle. Etre parfaitement persuadée de cette absurdité ne lui donne pas les moyens d'y mettre fin. Elle écrira donc un livre. Mais un grand, espère-t-elle!

Comme elle s'était offert un coup de foudre pour Werner après la mort de Jean-Marie, Louise, après la mort de ses parents, ressent le besoin d'un éroto-choc. Les coups de foudre apportent un sentiment de plénitude qu'on ne trouve pas dans les amours normales. Cette fois-ci encore, c'est un étranger, un Italien, qui parle deux langues étrangères, l'une qu'il prend pour du français et l'autre, à peine différente, qui est bien de l'italien! Louise lui répond en latin classique. Quelle importance? Leur attirance ne relève pas de l'ordre linguistique mais chimique, c'est H_2 qui se précipite sur O pour ne former qu'un seul corps.

Elle est venue pour dix jours à Rome afin d'interviewer Elena Belotti et voir de près comment fonctionne le Centre prénatal Montessori qu'elle dirige et qui, fait unique en Europe, prépare les femmes non seulement à l'accouchement mais à établir une relation libre de tout préjugé de sexe avec leur nouveau-né, ce qu'elle appellera plus tard une éducation non sexiste. Vicente, qui est son photographe pour cette enquête, l'accompagne partout. Il est plus jeune qu'elle. Dix ans? Quinze ans? Là encore quelle importance? Comme dans les rêves où l'on n'a jamais d'âge précis, dans les coups de foudre, ces détails-là ne jouent aucun rôle.

On aime bien plus vite en étranger. Pas de temps perdu à se baratiner. Et puis il fallait tout faire tenir en dix jours. Chacun était marié, pas mécontent de sa vie, avait des enfants. Ils se laissèrent donc électrocuter en toute lucidité et ce fut une de ces semaines dans une vie qui laissent un souvenir dont les couleurs ne se terniront jamais. Mais on sait que ce genre de sentiment se conjugue mal avec les nécessités familiales, les emplois du temps, les contretemps. Vicente vint une fois à Paris pour la revoir. Elle aurait voulu l'emmener à Locmaria, ou lui donner rendez-vous à Vienne, à New York, à Venise : n'importe où plutôt que dans son salon où elle risquait à tout moment d'entendre : « Manman! T'es là, manman? » cri rituel poussé par chacune des trois filles dès qu'elles ouvraient la porte d'entrée. N'importe où plutôt que dans la chambre de passe du grand hôtel de la rue Scribe où il était descendu.

Vicente savait qu'elle avait des enfants mais cela faisait partie d'une vie imaginaire. Toute confrontation pouvait être fatale : au douzième coup de minuit, au cri de « Manman! », Louise redeviendrait citrouille et Vicente un dragueur ordinaire. Et puis Arnaud rentre bientôt à Paris. Ils s'offrent encore une semaine de bonheur insensé et qui les comble totalement, puisque le propre de ce genre d'affaire est que le plaisir du corps vous paraît un bonheur de l'âme, et puis, le dernier jour, d'un commun accord, ils décident de ne plus se fixer de rendez-vous.

« A peut-être, lui dit-il joliment.

– *Vale et me ama* », répond Louise parce que c'est la seule façon qu'elle connaisse de dire adieu en latin.

Le monde actuel n'est pas propice à l'exercice de la passion. Et puis la sortie prochaine de son roman occupe beaucoup de son temps. Et puis Frédé veut se marier et Louise se tourmente : elle la trouve trop jeune et trop tendre encore. Elle est amoureuse d'un Niçois, beau gosse, riche, avocat, autoritaire et elle croit avoir besoin d'autorité, d'argent, de tradition. Louise sent que sa fille se trompe sur elle-même mais comment l'empêcher de prendre une décision au nom de quelqu'un qu'elle n'est pas encore? Philippe, qui est venu passer des vacances à Locmaria, se conduit déjà en propriétaire de sa fille : c'est à lui désormais de décider de ses orientations, de corriger les failles de son éducation. D'abord, elle ira habiter Nice, ce qui aura le double avantage de la soustraire à l'influence délétère de sa mère et de la placer sous celle, plus orthodoxe, de sa belle-mère. Il a déjà organisé leur emploi du temps, se réservant un soir par semaine pour sortir avec ses copains. Généreux, il l'avertit qu'elle pourra voir ses amies ce soir-là.

Arnaud, qui vient de rentrer définitivement de New York, est plutôt satisfait de ce mariage, mais

Louise a l'impression de livrer Frédérique à une tribu étrangère qui va lui imposer ses totems et ses ancêtres. Elle cherche à gagner du temps, c'est-à-dire qu'elle accepte, elle, d'en perdre beaucoup. Car l'éducation, quand les enfants atteignent un certain âge, se résume à la disponibilité. Plus encore que de conseils, ses filles ont besoin de décortiquer interminablement leurs problèmes devant quelqu'un qui ne les jugera ni dépravées ni folles. Et si elles ont besoin de parler à minuit en rentrant d'une soirée, c'est à minuit qu'il faudra écouter. Le lendemain, c'est trop tard; la veille, elles n'avaient pas envie. Il faut être prête à discuter jusqu'à deux heures du matin alors qu'on mourait de sommeil, à décommander une séance de cinéma avec une amie qui vous aurait raconté ses malheurs, si reposants, parce qu'enfin ils ne vous concernent pas de près; il faut remiser son manuscrit dans un tiroir au moment où, c'est sûr, l'inspiration allait venir.

Arnaud se croit un bon père parce qu'il réserve des rendez-vous à ses filles. Le dimanche matin par exemple, il s'installe au salon, drapé dans son kimono japonais, et déclare à l'une ou à l'autre : « Alors, mon chéri, raconte-moi un peu où tu en es? Mais sers-nous à boire, tiens, avant : on sera mieux avec un whisky! Va chercher des glaçons, tu seras gentille. » Alors là, c'est la douche froide. Louise et ses filles sont des malades du bac à glace. Courir à la cuisine, se battre avec un casier dont le système d'éjection ne fonctionne jamais parce qu'il est coincé dans un iceberg qu'il faudrait attaquer au pic, dégager enfin quatre glaçons dont trois se hâtent de sauter dans la corbeille à pain ou sous la table, enfin remettre le bac *vide* dans le réfrigérateur, tout en sachant parfaitement qu'Arnaud criera « Merde! » en n'y trouvant plus de glaçons le lendemain... autant d'odieuses opérations qui plaident en faveur du porto tiède. Mais Arnaud n'aime que le whisky. Pendant ce temps, la confidence s'est barrée. La confidence, il faut l'attraper dans un couloir ou devant la porte des cabinets, alors qu'on avait très envie de faire pipi.

1967 semble être une année fatale pour les parents. Comme si elle avait attendu son retour pour mourir, la mère d'Arnaud voit soudain son état s'aggraver. Selon les estimations de Louise, elle n'avait jamais aimé son aîné, lui préférant ses deux autres fils, et lui n'avait eu pour elle qu'une affection de principe. Mais que savait-elle de ses véritables sentiments, elle qui s'était si souvent trompée sur lui ?

Il a très mal supporté de voir sa mère à l'hôpital de Montpellier, soudain dépouillée de sa dignité, presque de son humanité, corps anonyme et horizontal, humble parmi toutes ces viandes qui vagissent et remuent dans les lits voisins, immergé dans l'odeur terrible des vieux, toujours la même pour tous les vieux, dans tous les hospices, comme est semblable l'odeur de tous les enfants dans toutes les écoles. Plus tard, on sent ce qu'on sent, on a son odeur particulière, sa sueur. Au début et à la fin, on sent son âge.

Après l'enterrement, Arnaud s'est effondré. Son désespoir semble beaucoup plus profond que ne l'était son amour. Il s'accroche à sa femme comme un enfant car son enfance vient de mourir et il supporte mal cette idée. Chaque homme, au fond, est à lui tout seul une fin de race. Et le fait qu'Arnaud n'ait pas de fils aggrave peut-être cette sensation de terminus. Même devant la tombe d'Hermine, serrée contre ses filles, Louise ressentait cette notion de continuité, cette tranquille assurance des mères, des filles, des petites-filles en qui coule la même féconde rivière. Malgré ses trois fils, la mère d'Arnaud est plus morte encore qu'Hermine et son fils plus orphelin.

Les jours suivants, il reste prostré, recroquevillé dans son grand fauteuil. Il voudrait n'avoir ni métier, ni enfants, ni auto, ni maisons, et pouvoir s'enfouir sous les draps et dire Miam-Miam et que Louise lui apporte son Miam-Miam. Elle devrait en être attendrie, au lieu que ce chagrin l'irrite vaguement. Elle a toujours redouté de lui servir de mère, d'être insidieusement poussée un jour dans ce rôle qui comble le vœu secret de tant d'hommes dès que leur femme n'est plus à leurs yeux un simple objet sexuel, ou bien qu'elle est devenue mère, déclenchant toujours chez eux une forme de jalousie, l'envie d'être cajolés de la même façon.

Après « les événements », ne sachant trop quels liens rétablir avec Louise, il a tenté l'infantilisme : « Qui c'est qui va faire un rrrhô dodo cet après-midi »? annonçait-il parfois avec un air gourmand en avançant les lèvres.

Louise n'avait pas le cœur de lui répondre : « Qui c'est-y qui était retombé en enfance aujourd'hui? » mais elle se refusait à entrer dans son jeu en bêtifiant tendrement : « Atta... Atta, maman va venir border son rrrhô bébé... »

On bascule si facilement dans certains registres rassurants au risque d'en jouer ensuite jusqu'à la mort. Louise se sentait déjà en charge de trois bébés qui, eux, auraient le privilège de le rester toute leur vie et qu'elle irait border chaque fois qu'ils en auraient envie.

Elle ne veut pas du tout qu'Arnaud soit malheureux, simplement elle ne peut plus le prendre en charge. On reste rarement le fort ou le faible d'un couple, une vie durant. Et il est sans doute impraticable que deux forts y cohabitent simultanément. C'est le sinistre principe des vases communicants, sinistre quand il s'agit de sentiments. Sinistre aussi pour celui qui devient le faible et qui n'est pas habitué au rôle. Ou pas doué.

Louise revoit Bruno de temps en temps mais elle n'en dit rien à Arnaud, plutôt pour ménager son amour-propre, car elle n'a plus peur de lui. Mais elle se hâte de vivre, de profiter de ces forces nouvelles, car elle commence à distinguer la côte de la cinquantaine et ses ingrats paysages. Elle n'arrive pas à admettre que sa jeunesse sera bientôt finie. Pour l'âge d'ailleurs, comme pour les saisons, tout va bien jusqu'au dernier moment : jusqu'à quarante-neuf ans et demi, elle sera dans sa quarantaine. C'est toujours la transition qui fait mal.

A Locmaria, comme à Kerviglouse, dès la mi-août elle le guettait, ce jour redoutable où l'été bascule. Tout paraît somptueux, innocent, éternel, la mer fait la belle et puis un jour, en pleine fête, soudain un orage, une dépression pas comme les précédentes... et puis le lendemain, cette humidité sournoise dans l'air, un rien de pourri, le ver est dans le fruit. Les fleurs ont compris, elles, et n'ont plus la même tête. Elles ne s'en remettront jamais tout à fait. C'est le déclin qui commence, même si les beaux jours reviennent et vous persuadent que vous vous étiez trompée. Au fond, on le sait, c'est fini. Plus tard, bien sûr, on prendra son parti de l'automne, on s'installera dans cette nouvelle saison, on lui découvrira même des charmes; mais il y a ce jour fatal de la transition et Louise commence à se demander à quel âge il va se placer pour elle.

Pour l'instant, elle écrit dans le bonheur d'écrire tandis qu'Arnaud se remet doucement. Il a beaucoup changé depuis cette année d'absence et cette mort, à son avantage. A son avantage à elle. Il a fait du chemin, mais comme elle en a fait en sens inverse, la distance entre eux est restée la même. Il ne comprend pas très clairement ce qui se passe. Il ne sait pas que ce n'est pas Louise Castéja qu'il a retrouvée en rentrant de New York.

C'est MOI.

XX

UN VISAGE À SOI

Ma cinquantaine, toujours remise au lendemain, a fini par me tomber dessus. A bientôt cinquante-deux ans, je ne peux plus reculer devant l'appellation sordide de quinquagénaire.

En gros, dans l'ensemble, rien n'a vraiment bougé. Pas de peau d'orange sur les cuisses, ni ptose des seins, ni mollesse du ventre, ni double menton, ni aucun de ces maux dont se plaignent les quinquas. Mais, vu la situation sur le reste du front, le visage a pris une avance inadmissible. Ce double rictus de chaque côté de ma bouche entre les sillons duquel la chair forme un bourrelet, les petits fanons de dinde qui festonnent mon maxillaire inférieur, fichant en l'air quand je baisse la tête le tracé du visage; ces paupières supérieures trop longues que l'orbite a tendance à aspirer vers l'intérieur; ce cou pas très net... Et puis sur le sein, ce grain de beauté nouveau qui vient d'apparaître mais qui arrive trop tard... c'est désormais un grain de vieillesse... Toutes ces menues dégradations s'accentuent chaque jour sous mes yeux incrédules. Il faudrait vivre en permanence le menton haut, les tempes étirées par le muscle orbiculaire, sourire légèrement pour faire remonter les coins de ma bouche, mais bloquer le sourire dès que le rictus commence à se creuser, ne tourner la tête ni à droite ni à gauche pour garder la gorge lisse, tirer sur mon cou pour atténuer ma bosse de bison, penser à aplatir le ventre et, toutes ces précautions prises, demeurer naturelle et spontanée.

Chaque matin, je me lève comme si de rien n'était, pleine d'ardeur et d'amour pour la vie comme je me suis toujours levée, même aux pires jours, et puis je me croise dans la glace de ma salle de bain et c'est le choc : « C'est moi, ça? » Certainement pas. Alors je change d'angle, j'arque les sourcils, je prends ma tête à miroirs, complètement falsifiée. Ah! bon. C'est mieux ainsi. Mais dans la journée, on rencontre toujours une glace imprévue, celle de la boucherie notamment. Je ne sais pas pourquoi je suis toujours hideuse dans la glace de la boucherie! Et c'est à chaque fois le coup de matraque.

J'ai fini par traverser la rue où la lumière est impitoyable pour éviter certaines vitrines et ménager mon moral. Je ne voulais pas la voir, cette femme-là. De l'intérieur, je me sentais si formidablement jeune, ou disons, sans âge, que je ne parvenais pas à intégrer ces disgrâces naissantes à mon image intime. J'ai une santé de fer, d'acier inoxydable et je n'ai mal nulle part sinon à ma cinquantaine. Il fallait donc agir, refuser ce vieillissement insidieux, lui intimer l'ordre de repasser dans dix ans.

J'allais m'offrir une nouvelle tête.

Divers événements semblaient me conduire à cette décision luxueuse et égoïste : Agnès a un cancer, découvert et opéré bien tard. Elle lutte mais il lui manque de s'aimer assez pour gagner son combat. A force de s'être oubliée pour les autres, elle n'a pas su garder assez d'énergie pour elle-même. Cette amitié grave et pudique, nous allions la poursuivre jusqu'à la mort. La sienne, bien sûr. J'avais toujours eu l'impression que sa vie ne tenait qu'à un fil et que Mme Etienne Pichonnier avait étouffé Agnès depuis longtemps, malgré mes pauvres efforts.

Mes parents sont morts et Kerviglouse n'est plus. Ce n'est pas que je n'arrive pas à l'oublier, cette maison, ce serait normal, c'est que ma nostalgie grandit. J'aime Locmaria mais Adrien n'y sera jamais venu, Hermine ne lui aura pas trouvé un surnom ridicule, Pauline et Frédérique n'auront jamais couru, petites filles, dans ces allées... il lui manquera toujours vingt ans de mon existence.

Auprès d'Arnaud, je vis très agréablement... si je compare à un passé récent. Mais je le regrette presque. Il s'est consolé de la fin de son grand amour pour Viviane en multipliant les petites liaisons et j'en éprouve un vague mépris. Ma jalousie s'est retirée comme une marée et n'est pas remontée. Le Grand Amour non plus. Nous vivons un peu comme deux convalescents. Et en même temps, nous nous affrontons maintenant à cette part irréductible dans un couple, ce qu'on n'admettra jamais chez l'autre, ce qu'on ne comprendra jamais qu'il fasse ou qu'il pense.

En revanche, je ne suis plus une dame qui fait dans la littérature mais un écrivain. Mon *Ici-bas* a très bien marché. J'ai gagné pas mal d'argent, un prix littéraire, noué des amitiés. Mon Hermine, tu n'étais plus là pour t'en réjouir.

Enfin, dernier événement : Frédé divorce. Ce détour par le mariage bourgeois et l'ordre patriarcal, je n'ai pas pu — ou su — le lui éviter. Mais sans doute fallait-il qu'elle effectue elle-même ce parcours et que sa vérité lui vienne de sa chair et pas seulement de sa tête ou de la mienne. Philippe lui prédit que si elle le quitte et retourne à paris, elle deviendra une épave. Ils disent tous ça! Il parle d'elle comme d'une mauvaise chienne qu'il n'est pas arrivé à dresser. Elle s'est mise à militer au PSU; elle veut reprendre ses études. Philippe hausse les épaules. Si elle faisait mieux l'amour et le ménage, elle n'aurait pas besoin de tout ça. L'essentiel est qu'ils aient eu la sagesse de ne pas recourir à l'enfant-solution. Merci, Pinkus!

Tous ces événements disparates m'ont fait découvrir que j'étais mon bien le plus précieux et que je méritais de m'offrir ce cadeau d'un prix indécent, ce traitement de star : un lifting. Et par la même occasion, je ferai un peu rectifier mon nez.

« Mais puisque je t'aime comme ça? » m'a toujours dit Arnaud quand je déplorais l'ombre que ce nez trop long jetait sur mon visage, à la télévision surtout.

Eh oui, puisqu'il m'aimait comme ça, que vouloir de plus? Je m'étais casée deux fois malgré ce nez, avec ce nez... Alors? Alors soudain, c'est moi qui avais besoin de me plaire.

« Tu sais bien que tu es formidable pour ton âge », insistait gentiment Arnaud.

Mais pourquoi « pour mon âge »? Mon âge est-il laid, en soi? Je voudrais être belle, tout court. Ou moche, sans référence.

Bref, moi qui n'avais jamais mis le pied dans un institut de beauté, je vais dépenser en une fois ce que j'ai économisé en une vie et m'offrir une figure comme on s'achète une conduite. Et, qui sait, une conduite différente me sera-t-elle donnée de surcroît...

J'avais célébré en secret mes cinquante balais. Arnaud, lui, allait sur ses cinquante-cinq printemps mais en rappelait toujours la date à temps pour que nous le couvrions de cadeaux. Moi, je préférais que mes filles oublient que je n'avais pas tout à fait la même tête qu'elles. Après tout, j'avais appris à danser comme elles, je courais toujours le 100 mètres plus vite que Pauline sur la plage... Cinquante? Qu'est-ce que cela voulait dire? En tout cas, on ne me prouverait jamais que j'avais vécu cinquante fois un an. D'abord, pendant des années, j'ai vécu la même année!

« Et alors, ça vous fait quel âge, tout ça?

– Eh bien... Ça me fait la moyenne environ, celle qui passe partout, une quarantaine floue, qui ne signifie *rien* par elle-même. Je n'ai pas d'âge en somme. »

La veille de mon cinquante-deuxième anniversaire, est-ce une coïncidence, j'ai rêvé que dans un wagon-restaurant un inconnu me passait le bras autour de la taille. Arnaud était assis en face de moi mais continuait à parler sans rien voir. Je savais que cet homme voulait me faire comprendre qu'il éprouvait une attirance sensuelle pour moi, je sentais avec plaisir ses doigts me presser la taille, et nous n'avions même pas besoin de nous regarder. Ce geste me paraissait naturel comme l'émoi que j'en ressentais. On semble vivre en direct dans les rêves : la morale, les conventions sociales n'ont pas cours. Rien. Il ne se passait rien, mais, pour la première fois de ma vie, je me suis réveillée avec l'angoisse de vieillir; qu'on ne me fasse plus jamais d'avances dans un wagon-restaurant. Un jour, il ne me resterait que mes rêves pour me sentir désirée.

Cette peur d'être rejetée prématurément du monde des vivants, je n'avais plus personne à qui en faire part. Agnès était en route pour un voyage autrement tragique et mes appréhensions lui auraient paru dérisoires. Mais je diagnostiquais quelques symptômes inquiétants : il m'arrivait de me réjouir parce que j'avais passé une *bonne* nuit. Non parce que j'avais *bien* fait l'amour mais parce que j'avais *bien* dormi. Cette dérive, cette dégradation insidieuse du sens des mots... une *bonne* nuit, de *bonnes* vacances, et, dans les formules de vœux : « Surtout une *bonne* santé ! » Pour quoi faire, une bonne santé si l'on n'a pas de bonheur à y mettre ?

Je ne pouvais en parler qu'à Félicien avec lequel je suis devenue très intime depuis « les événements ». Il n'est pas très heureux avec sa femme mousseuse. Elle est tatillonne et sans poésie. Il était fait pour aimer une Viviane et ne pouvait qu'être malheureux avec ce type de femme. Son cas est insoluble.

« La seule infirmité grave, c'est la disparition du désir, me dit-il quand je lui raconte mon doux rêve, au cours d'un des déjeuners que nous nous offrons périodiquement pour parler de nos vies. Tant que tu rêves, tant que tu as la capacité de regretter, l'âge n'existe pas. Moi, tu vois, je suis encore en état de faire du tennis, du ski... mais rien ne m'amuse. Peut-être parce que rien de ce que j'aime n'amuse Geneviève. Même plus l'amour.

– Je me demande si le premier organe qui prend sa retraite chez beaucoup de femmes, ce n'est pas le sexe ! Regarde la femme de Werner... Les hommes se résignent moins facilement de ce côté-là; ou peut-être n'ont-ils jamais détesté leur sexualité, eux ?

– Tu te trompes, ce n'est pas réservé aux femmes. Moi aussi je me sens comme un retraité qui n'a même plus le goût d'essayer quelque chose de neuf. »

Félicien fait sa tête de vieux phoque malade, ses paupières couvrent à moitié ses bons yeux globuleux, il prend sa lippe de vieil enfant boudeur. Du coup, cela lui rappelle son ulcère et il sort de sa poche une petite boîte émaillée : ses pilules pour l'estomac. Bien sûr qu'il a un ulcère ! Et il ne soigne pas ses dents, estimant que telles qu'elles sont, elles lui feront bien le reste du parcours. Il exhibe une mâchoire jaune de vieille jument, qui me coupe l'appétit.

« Tu me désespères, Félicien ! Tu devrais te forcer. Tu sais que cela rouille, un zizi, si on le laisse dans son coin. L'idée que je pourrais me dire un jour en écoutant parler mes filles ou en lisant un roman : « Ah ! oui. C'est vrai... les gens sont prêts « à toutes les folies pour se mettre le machin « dans le machin, il paraît que c'est mer- « veilleux !... » et puis ne plus le souhaiter, ne même plus pouvoir l'imaginer ! Cela me fait froid dans le dos. Et puis, pour une romancière, ce serait une infirmité.

« Oh ! tu sais, on compense. On s'attache à des tableaux, je soigne mes arbres fruitiers à Rambouillet....

– Quelle horreur ! Moi aussi je jardine, mais pas pour compenser.

– Mais toi tu as tes filles, je t'envie. Tu ne peux pas oublier la vie.

– Eh bien, puisque tu n'as pas d'enfants, vis avec une fille; pars pour Tahiti... n'importe quoi mais pas mourir à cinquante-neuf ans ! Et n'attends pas d'avoir une arthrose de la hanche ou une paraplégie...

– Tu es optimiste, dis donc ! »

En fait, il est ravi, Félicien, il aime être brusqué. Il a besoin qu'on le gifle pour le rappeler à la vie. Il se verse une nouvelle rasade de vin du Rhin. Chez lui on ne lui permet que de l'eau. « Voyons, Féli, sois raisonnable ! » Il y a pourtant des folies qui guérissent. Je ne savais même pas encore où j'allais ce jour-là mais je crois que c'est devant ce verre de vin du Rhin, et le fatalisme de Félicien qu'a germé mon projet.

Au fond, je ne m'étais jamais assez aimée pour me juger digne d'un tel effort. Mais pour une fois que je m'offrais le plus beau cadeau de ma vie, je n'avais pas l'intention de lésiner. Après tout, je ne possédais ni vison, ni diamants, ni voiture personnelle.

Je ne connaissais personne dans mon entourage qui eût subi un lifting. Les « réussies » se gardent bien d'en parler, préférant laisser croire à une amélioration naturelle. En revanche on vous cite en rigolant toute la saga des « ratées » : telle vedette « tirée à mort » à qui l'on n'a pas laissé assez de peau pour sourire ou qui a maintenant un œil plus haut que l'autre, oubliant que ses rides de « vieille peau » susciteraient la même compassion ironique. « Une telle, vous avez remarqué c'est Frankenstein, elle en a subi cinq ou six », disent des hommes qui n'en savent strictement rien mais qui espèrent par ce discours décourager les femmes (surtout la leur), et les inciter à se retirer bien gentiment de l'arène, les laissant avec les jeunes.

Je voulais à tout hasard faire une visite à une gynécologue, bien que je n'aie encore décelé aucun signe de ménopause; je prenais la pilule depuis bientôt dix ans. Mais par pudeur, je voulais en voir une autre que celle de mes filles. Cette gourde de Carole en connaissait un, très célèbre, et j'ai eu le tort d'y aller bien que ce fût un homme d'un certain âge, rallié de mauvaise grâce à la contraception, et visiblement satisfait de pouvoir mettre les femmes mûres au placard, comme l'était sa femme sûrement et l'avait été sa sainte mère.

« Vous avez encore vos règles, peut-être... mais vous savez, à quarante ans, la femme est déjà au bout de son rouleau. Sa fécondité baisse des trois quarts alors que celle des hommes reste en pleine activité. On peut dire qu'après quarante-trois ans ou quarante-quatre ans, la femme en a fini avec la fonction reproductrice.

— Mais... je suppose que pour beaucoup, c'est une très bonne nouvelle ? »

Le docteur me regarde sévèrement.

« En tout cas, pour vous, madame, je ne vois pas l'utilité d'une contraception, cela me paraît même tout à fait contre-indiqué. On ne fait pas saigner un utérus qui ne le veut plus. Quitte à avoir quelques bouffées de chaleur. » Il balaie cette éventualité d'un geste de main négligent.

« Mais il paraît, docteur, que les hormones peuvent maintenir l'organisme en forme, éviter l'ostéoporose. J'ai lu qu'en Amérique, à la ménopause...

— En Amérique, ils font n'importe quoi. Nous pensons, nous, qu'après quarante-cinq ans les œstrogènes sont inutiles et même nocifs. C'est un risque à ne pas prendre.

— Mais la plupart des hommes prennent bien le risque de continuer à fumer et à boire après quarante-cinq ans... On monte bien en voiture alors qu'il y a vingt mille morts par an. Toute vie est un risque...

— Vous me demandez mon avis, madame, me dit le docteur de plus en plus mécontent, je vous le donne : laissez faire la Nature, c'est plus sûr, croyez-moi. (La Nature serait que j'aie un beau fibrome pour me punir de mon outrecuidance !) Vous avez déjà bénéficié d'une rallonge; à cinquante-deux ans, il ne faut pas trop en demander. »

Et pourquoi donc ? J'ai envie de lui demander s'il laisse sa quéquette au garage, lui qui a au moins soixante ans, de grosses veines sur les mains et une bouche peu appétissante qui sent le cendrier refroidi ? A quoi bon lui parler de mon lifting? Il serait contre. De toute façon, son discours m'a galvanisée : je suis décidée à ne pas laisser faire la marâtre Nature.

Je commence donc par visiter quelques instituts spécialisés en arnaque esthétique et qui racolent dans les magazines féminins où je travaille.

« Faites-nous confiance, chère madame, ce ne sera rien du tout, vous verrez, l'affaire de quelques jours. »

Les mensonges de la médecine de Papa Doc : pas d'explications, de belles promesses. Les candidates sont traitées comme les futures accouchées d'hier, pauvres créatures crédules, paumées et prêtes à payer n'importe quel prix le regard rassurant d'un homme qui se chargera de tout.

C'était nettement plus cher chez Poulet, mais plus sérieux. L'adresse m'avait été confiée par Nadine, une vieille journaliste qui s'était elle-même fait refaire les yeux trois fois et qui savait à Paris qui était lifté et qui avait lifté qui, hommes politiques, vedettes de la télévision et du cinéma confondues. Poulet avait « fait » Micheline et Danièle et Jeanne, on pouvait avoir confiance, regardez-les. Il n'était pas sympathique, mais c'est sa spécialité qui voulait cela.

« Nous faisons dans la frivolité, chère madame », me dit-il avec un mépris visible pour ces clientes qui font sa fortune mais qui le condamnent, parce qu'il aime trop l'argent, à un métier que ses confrères considèrent comme dérisoire et à la limite du malhonnête. Mais tout ce fric auquel il s'est maintenant habitué, comment le gagner autrement? Chirurgie de voleur, peut-être, mais il faut bien compenser l'absence de prestige professionnel, le soupçon de charlatanisme, le fait surtout qu'on ne travaille pas dans la maladie noble. De mon côté, je considère avec une certaine rancune son hâle de Courchevel, acheté avec notre pathétique besoin de plaire.

« Donc, nous disons dix mille francs, madame, prix qui comprend le nez, peu de chose en l'occurrence, les paupières, le bas du visage et le cou. Plus six cents francs pour la location de la salle d'opération; plus le prix de l'anesthésie, délicate je vous préviens car elle doit durer plusieurs heures. Et enfin, il faut prévoir mille francs pour les deux journées de clinique. »

Il suit le trajet de ces informations dans mon cerveau et devine à mon regard que mon désir de changer de tête n'a pas de prix et à mes vêtements que la somme pourra être rassemblée.

« Je vous conseille la clinique H., à Neuilly. Mais je vous préviens que les petites rides d'expression que vous avez, au coin des yeux notamment, se reforment toujours. C'est l'ensemble qui change, l'aspect général du visage. »

Au moment de dire le *oui* définitif, un sentiment de culpabilité et de honte me submerge... quelque chose de déjà vécu et dont brusquement je me souviens : c'est le climat des avortements à la sauvette, les miens, les deux de Pauline... C'est le même masque de haine mielleuse sur le visage du médecin qui vous en veut d'être une femme qui éprouve le besoin d'avorter ou celui de rester belle, c'est la même chose. Et lui a besoin de votre fric non déclaré... rancunes qui se nourrissent l'une de l'autre. Alors je crois devoir me justifier : « Mon métier, vous comprenez. Plus qu'une autre, l'obligation de paraître... et à la télévision l'image est féroce, elle ne pardonne rien... » Mon métier? Tu parles, mon Poulet! Même si j'étais caviste, égoutier ou ver solitaire, même si je devais finir mes jours sur une île déserte, je me ferais chirurgiquer. C'est pour moi. Je n'ai pas d'amant en titre et tout le monde s'en fout, y compris mes filles et à commencer par Arnaud.

« Je suis contre à cent pour cent, me dit-il quand je lui annonce mon projet. Mais si cela doit améliorer ton humeur, cela n'a pas de prix. »

Les bras m'en tombent. A quoi servent vingt-trois années de cohabitation ? Moi qui me croyais d'une égalité d'humeur exceptionnelle et d'une gaieté constante, comme souvent ceux qui doutent d'eux-mêmes. Il faut se rendre à l'évidence que les gens ne reçoivent pas ce qu'on croit leur donner. Ils reçoivent autre chose. Mais quoi, bon Dieu ?

« Et puis si c'est vraiment à cela que tu veux dépenser tes droits d'auteur », ajoute-t-il dans l'espoir de me donner mauvaise conscience, moi qu'il considère comme une personne sérieuse et économe. Mais pour la mauvaise conscience, c'est terminé. Après tout, si je m'offrais un Renoir ou un voyage en Inde, en quoi serait-ce plus moral ? Moins insultant à la misère des pauvres ? Je m'offre ce qui me fait du bien et je commence même, moi qui ai toujours été d'une honnêteté désolante, à me réjouir du bon tour que je vais jouer à la vie et aux gens. Je me suis toujours subie plutôt qu'acceptée, je vais bientôt dire au revoir à cette vieille amie trop sage que je n'ai jamais beaucoup aimée et si souvent maltraitée. Vieillir, finalement, est une maladie de la volonté. Cette peau qui « donne » comme Lou dit d'un mauvais tissu, j'ai décidé de la ramener de gré ou de force à ses dimensions premières, comme on va chez la couturière pour faire reprendre un vêtement trop grand.

Je me suis donné quarante-huit heures encore pour réfléchir, car à la plaie d'argent il faudra ajouter la douleur, huit jours sous les bandages d'Apollinaire, huit autres avec un faux nez, des cheveux sanguinolents coincés dans des croûtes qui ne devront pas être touchées avant l'enlèvement du dernier fil. Sans parler des risques d'hématome, d'enflures diverses et chutes locales de cheveux.

Parfait. Après tout, si j'avais une hépatite virale, ce serait pire.

Arnaud a renoncé à me dissuader. Il ne discerne pas encore d'où lui vient ce sentiment d'étrangeté et de mélancolie : moi je le sais. Pour la première fois de notre vie, depuis vingt-deux ans, je n'ai pas tenu compte de lui, j'ai choisi par référence à moi et l'ai averti d'une décision virtuellement prise. Il n'a jamais jugé utile de savoir à quel prix et sur quels renoncements s'était finalement stabilisé notre couple. En tout cas, il n'a jamais voulu en parler. Il n'a pesé que son renoncement à lui, très réel. Mais renoncement... sacrifice... c'est vite dit. Il est malhonnête de condamner rétrospectivement son passé sous prétexte qu'il n'a pas été éternel ou s'est bâti sur des zones d'ombre, voire de mensonge. Quand ce passé était mon présent, je ne l'aurais sacrifié pour rien au monde. J'aimais Arnaud trompeur, frivole, ingénument égoïste et puisque je me supportais trompée, soumise et aimante, avec tant de vaillance, pourquoi aurait-il changé? La responsabilité, dans la plupart des cas, est une notion malhonnête, une justification abusive.

Aujourd'hui, c'est moi qui ai changé. Je ne m'inquiète plus chaque fois qu'il sort de savoir s'il va ou non baiser. Quand il reste un dimanche entier à la maison, je n'ai plus peur qu'il s'ennuie avec moi et il m'arrive même de m'ennuyer avec lui! Je ne trouve plus qu'il ait toujours raison et quand il a raison, je ne me sens plus vaincue; et quand il a tort, je ne la boucle plus de peur de le vexer. Si mon Moi l'irrite ou lui déplaît, ce n'est plus mon

Moi que je tue désormais. Je ne me bats plus les flancs pour paraître drôle, joyeuse, séduisante, et voilà qu'il me trouve drôle, gaie et que je lui plais ! Même l'amour qu'il me fait ne me transporte plus au septième ciel. Nous nous sommes adaptés l'un à l'autre et n'inventons plus rien. Nous naviguons dans le pot-au-noir. Mais qui n'échoue pas dans le pot-au-noir au bout de vingt-trois ans de mariage ? Bien sûr, il y aurait le C.N.R.S... S pour sexuel... Mais les Monsieur Saint-Ange du sexe qui connaissent les fines recettes, les condiments exotiques et les mille et une manières de faire cuire un œuf, me font peur. D'abord, où ont-ils appris tout ça ? Et puis l'art de cuisiner ne finit-il pas par prendre le pas sur le plaisir de manger ? On me dira que quand l'appétit n'est plus fameux, justement...

Les derniers temps, je suis sortie de préférence avec celles qui y sont déjà passées. J'en ai découvert de tout à fait inattendues. C'est comme pour la franc-maçonnerie : « Tiens, vous en étiez, vous aussi ? » Marina me montre ses cicatrices d'ancienne combattante. Elle aussi, c'était Poulet. Pour Juliette, c'est un ratage : elle a un rectangle luisant comme une cicatrice de vaccin sur les tempes et a été obligée de changer de coiffure. Elle n'a pas récupéré son amant pour autant, il est resté avec sa légitime, finalement. Pas du tout à cause des cicatrices, il ne les a seulement jamais remarquées, j'en suis sûre, les femmes font des prodiges pour qu'*ils* ne voient pas. Mais si on peut perdre un homme à cause de ses rides, on ne le rattrape pas en les effaçant. C'est soi qu'on rattrape. C'est-à-dire le principal. A condition de s'aimer assez.

Le dernier jour de ma vieille tête, je l'ai passé seule. Arnaud était déjà parti en tournée pour Connaissance du Monde. C'était ma veillée d'armes, l'adieu à un visage que je ne reverrais que dans huit ou dix ans.

« Quelle connerie tu fais, m'a-t-il murmuré en me serrant avec une certaine émotion dans ses bras. Quelle connerie, mon chéri ! »

Avis gentil mais sans la moindre valeur. Il vieillit peinard, lui, perdant ses cheveux à loisir, brèche-dents sans remords, bedonnant sans mauvaise conscience, le dos qui se voûte tranquillement et sans incidence sur ses succès féminins, l'air encore frais au-dehors, la pantoufle traînante au-dedans. Personne ne songera à lui reprocher, dans le Courrier des téléspectateurs, de montrer à l'écran ses poches sous les yeux ou son visage de play-boy fatigué. On aime la belle laideur de Pottecher, on sourit de l'obésité de Zitrone. Ils restent tous baiseurs en puissance et baisables à tout âge, quel que soit leur délabrement; ils se considèrent donc habilités jusqu'au bout à disqualifier une femme, à la tenir en respect, en terreur, à la déclarer limite ou au rancart et à lui imposer alors un statut de troisième sexe. A la première mèche grise, au moindre double menton : « Qu'est-ce qu'elle attend pour prendre sa retraite, celle-là ? »

« Quelle part joue l'envie de faire l'amour sans complexe dans ta décision ? » me demande Pauline.

Bonne question. Je vous remercie de me l'avoir posée. Très faible, en toute sincérité. Pas d'amant actuel ou prévisible. Je ne veux pas faire l'amour mais que rien ne me retienne de le faire et que mon choix ne se trouve pas limité par mes complexes de peau. Grâce à ce lifting, je vais tous les baiser, ces imbéciles !

De plus, mes contemporains ont le mauvais goût de commencer à mourir autour de moi. Agnès m'a quittée la première. Hermine aussi trouvait scandaleux qu'on meure au même âge qu'elle ! Quand elle lisait dans *Le Figaro* que tel peintre de sa génération venait de quitter cette terre, elle s'en montrait irritée. Pour les punir, elle n'allait pas aux enterrements.

Le 12 février, matin de mon ravalement, après avoir acheté livres et journaux en prévision d'une longue traversée et m'être dit : « Adieu ma vieille » dans la glace de ma salle de bain (je ne me suis pas trouvée si moche que cela ce matin-là... Etait-ce bien nécessaire ?) je me suis rendue à la clinique H. A la réception, l'infirmière a paru surprise de me voir entrer pour une opération esthétique. Il faut dire que le hall était peu éclairé. Plus surprise encore quand je lui eus décliné mon âge. Malgré cela, je n'ai pu m'empêcher de m'excuser :

« J'ai un métier public, vous savez, où l'apparence compte beaucoup... »

La réceptionniste s'en fichait bien.

En fait, je venais davantage pour assurer l'avenir que pour effacer un présent encore... présentable. Mais il fallait agir avant que l'entourage ne s'habituât au visage flapi qui serait le mien si on le laissait faire. Mariée tard... premier enfant à vingt-huit ans... le rapide calcul mental auquel se livrent les journalistes qui vous interviewent me permettait de gagner dix ans.

En route pour l'ablation de ces dix ans.

Ma première pensée en émergeant de l'anesthésie et durant les vingt-quatre heures où je suis demeurée les yeux comprimés par un épais bandeau : Je me tuerai si je deviens aveugle. La surdité, une jambe de bois, passe. Mais ne plus voir le ciel et la terre, inadmissible. Mes tempes, l'arrière de mes oreilles n'étaient que picotements, tiraillements, arrachements, mais pas de vraies douleurs. Plutôt l'impression qu'on m'avait enfoncé sur la tête une couronne d'épines. J'avais la nuque posée sur un coussinet rigide. Le plus désagréable dans l'affaire, c'est que l'interminable anesthésie – trois heures – me donnait envie de vomir chaque fois que j'avalais une gorgée d'eau et pourtant chacune de mes cellules me semblait assoiffée. Je tâtonnais vers mon verre, j'essayais de n'aspirer que quelques gouttes mais, immanquablement, un haut-le-cœur m'obligeait à courir vers le lavabo, que j'avais heureusement eu le temps de repérer à gauche de mon lit avant la piqûre calmante du matin. Personne pour m'aider et je ne voulais pas sonner car j'avais décidé de ne pas m'apitoyer sur moi-même. Il est normal que les infirmières se réservent pour les vrais opérés. Sur mon chariot, en route vers la salle d'opération, j'avais entr'aperçu au passage une salle de cobaltothérapie et m'étais sentie bien frivole. Poulet avait raison. Mais au fond les seules « bonnes » opérations sont celles que personne ne vous impose.

Ils étaient trois hommes en blanc dans la salle d'opération au milieu d'un matériel impressionnant. Comment me jugeaient-ils, eux qui opéraient de grands brûlés, des accidentés de la face ? Qu'est-ce que ça pouvait me foutre ? Je ne les reverrais jamais. Et n'étais-je pas une accidentée de la face, moi aussi ? Entrée en collision avec le mur de la cinquantaine ?

Ne sachant comment poser ma pauvre tête sur sa couronne d'épines, je n'ai pas pu dormir de la nuit. Seul le front était indemne. Mais comment dormir sur le front ? Alors je me suis appliquée à me détendre, à me réjouir que ce soit fait et plus à faire, à réconforter un à un les muscles et les nerfs de ma figure malmenée. Cette large lanière de peau qu'on m'avait enlevée de chaque côté de la figure, j'aurais bien voulu la voir. A quoi ressemble votre peau, sans vous dessous ? L'idée que je n'en ai plus assez pour qu'elle se plisse ou s'affaisse me fait esquisser un sourire douloureux sous mes bandelettes.

Le deuxième jour, on a décollé le pansement des yeux. Miracle, rien n'a craqué. On me tend une glace. Sur la paupière supérieure, quelques tirets noirs : les fils. Pourquoi ne suture-t-on pas avec un fil couleur chair ? Sur la paupière inférieure, rien, à peine un léger gonflement rougeâtre. Les fils courent parmi les cils, invisibles. Dans un coin de l'orbite gauche, un peu de beurre noir.

« Vous avez un minimum d'hématomes, observe l'infirmière. C'est de la chance, il y en a qui ont le visage tout bleu ! »

L'incision se prolonge un peu vers les tempes, pour résorber la patte d'oie sans doute. On me dégage les joues mais en laissant un carcan de bandes Velpeau serrées sous le menton pour que la peau des tempes et du cou reprenne racine sur les plans profonds du derme d'où on l'a décollée. J'ai une coiffe de bonne sœur et un nez de clown blanc. Le peu de visage apparent est à peine gonflé, et lisse, ma Louise chérie, tu as vu ? Divinement lisse. Mais attendons pour exulter, ce n'est peut-être que de l'enflure ?

Ecrasée par une immense fatigue, consécutive à la longue anesthésie sans doute, je me laisse flotter sur une vague de bonheur. C'est fait. Trop tard pour tergiverser.

« Est-ce que tu as l'impression de retrouver ta tête d'il y a dix ans ? » demande Pauline accourue me voir à la clinique.

En fait, je ne me souviens pas de ma tête d'il y a dix ans. Je n'en tirais pas de satisfaction particulière, ni quand j'étais jeune et qu'on me disait que je ressemblais à Loretta Young, ni plus tard quand j'ai cru qu'Arnaud me trompait justement parce que je ne ressemblais pas assez à Loretta Young! Immense erreur qu'elles font toutes : Arnaud me trompait parce que j'étais sa femme, les autre motifs n'étant jamais que secondaires. On trompe même Elizabeth Taylor!

Un médecin vient enfin jeter un coup d'œil sur moi à midi moins cinq, un assistant que je n'ai jamais vu. Pourquoi le grand Poulet viendrait-il en personne? Il n'est payé que pour découper et recoudre. L'assistant est jeune et amical, mais une étoile filante comme son maître. La technique, c'est de ne pas s'asseoir, de rester debout près de la porte, déjà en partance. S'il s'asseyait, on se mettrait à lui poser des questions oiseuses, à lui demander s'il est content de l'opération (alors qu'il ne vous dira jamais non), si l'on peut déjà s'appuyer sur ses cicatrices... On voudrait tant qu'il vous dise que vos tissus étaient beaux à couper, que les sutures tiendront, que l'intervention est particulièrement réussie... Mais il a opéré un visage, pas une personne. C'est son infirmière, très qualifiée paraît-il – encore heureux! – qui m'enlèvera les fils à son cabinet, plus tard. Poulet, ce n'est qu'un orfèvre en viande. On ne le rencontre qu'au début pour lui indiquer ses préférences et ses motivations, et pour qu'il mette votre tête à prix. Si c'est OK on le retrouvera trois minutes avant d'être endormie et, si tout va bien, on ne le reverra plus. Encore moins si tout va mal, j'imagine.

Au bout de quarante-huit heures, mon Paulinou vient me chercher pour me conduire chez Lou. J'ai dit à tous les amis que je partais en montagne et Lou m'a proposé de me cacher chez elle. Avant mon départ de la clinique, on m'a posé un carcan plus léger autour de la tête et enlevé les fils des yeux. Je n'ai pas de sang extravasé mais le visage enflé comme celui d'une Esquimaude et j'aime assez cet air de Tatar. J'aime surtout, je crois, ne plus me reconnaître. Du côté gauche on ne voit déjà plus la trace des points sur les paupières mais il me reste sur les tempes un large collant pour que je ne distende pas les cicatrices en dormant. Pauline m'installe dans la chambre que Lou m'a préparée, pleine de fleurs, de livres et de mes sucreries préférées. Mais je ne me sens pas encore apte à mâcher des Négus.

Seule Geneviève, mise dans le secret par Félicien, est venue me voir. Elle a cinq ans de moins que moi, mais elle ne se rend pas compte que je viens de lui voler dix ans ! « La pauvre ! me dis-je en la voyant entrer. Elle a toujours sa vieille peau de figure et moi je suis en train de remonter le temps qu'elle descend... » Et qu'est-ce qui me sépare d'elle en fait ? Une fine lanière aux paupières, une pelure de pomme de terre le long des cheveux, un croissant de peau derrière les oreilles... Et le tour est joué. A qui ?

Depuis des années, elle parle d'un lifting mais ne se décidera jamais. Elle ne cite d'ailleurs que les échecs.

« Tu sais, j'en connais qui ont gardé d'affreuses cicatrices devant l'oreille », dit-elle, non pour m'abattre le moral mais pour se justifier à la fois de se lamenter sur l'âge qui vient et de ne rien faire pour l'attaquer de front. Elle ne cache pas sa stupéfaction devant mes yeux. Au sixième jour, impossible de déceler qu'ils viennent d'être rectifiés !

Pour le cuir chevelu, c'est moins gai. On commence à travailler dessus. Il est raide et douloureux dès qu'on y touche, avec de larges croûtes où sont prises des mèches entières. Le visage dégonfle mais il reste deux bleus sous les maxillaires, deux sensations de bleus plutôt, car on ne voit pas trace d'ecchymose. La seule vue de mon cou lisse, « normal » ai-je envie de dire, me réjouit le cœur. L'anormal, c'était de vieillir, de fabriquer ces poches flasques inutiles. A-t-on des poches à l'âme ? Au cœur ?

En me rendant tous les deux jours chez Poulet, foulard bien serré sur la tête, j'ose à nouveau me regarder dans les glaces. Curieusement, l'impression qui prime, c'est la propreté. Les rides, cela faisait sale, fouillis, négligé. Je commence à pressentir que mon nouveau visage me rendra la monnaie de ma pièce, m'apportant dix mille fois plus de plaisir que l'ancien. Pour mon nez, on ne voit pas vraiment la différence, « preuve de la réussite », me dit l'assistante. Simplement on ne se dit plus en me voyant : « Tiens, dommage que son nez soit si long. » Mon ancien visage, c'était mon destin, il m'avait été donné. Celui-ci, je l'ai voulu et le moins qu'on puisse dire est qu'il n'est pas donné !

En attendant, ma vie immédiate est toute tracée : mon comprimé pour dégonfler. Le soir, un somnifère pour ne pas trop souffrir des tempes ou des pauvres oreilles quand je pose ma tête sur l'oreiller; et le matin, réveils pâteux, bouffissure, lassitude. C'est le mauvais moment de la journée. J'écoute Bouteiller à la radio comme le Tout-Paris intellectuel puis, à dix heures, je vire sur France-Musique. Déjeuner solitaire, unique moment où la compagnie me manque. L'image de la solitude pour moi : une femme à table devant son petit couvert, soigneusement mis, un verre, une bouteille de vin entamée, la tranche de jambon, un beurrier mesquin au lieu de la belle motte familiale... Puis je traîne au lit en lisant Claude Manceron, tout en me grattant précautionneusement avec une curette sous les pansements, en tripotant mes paupières qui me démangent furieusement, et en reprenant dix fois mon miroir de poche pour surveiller si, à mesure que l'œdème se résorbe, ces garces de rides réapparaissent ou non. Je ne dors pas l'après-midi car il faudrait réinstaller ma tête sur l'oreiller, opération désagréable qu'il faut déjà effectuer chaque soir.

Et puis enfin l'heure du dîner arrive et Lou surgit, avec sur sa peau si fine et si fraîche toute l'odeur du dehors, et sa voix enfantine et son plaisir d'être ma complice en cette affaire. Très logiquement, elle me rapporte du caviar, « parce que c'est facile à mâcher », du papier à lettres violet inutilisable autrement qu'avec un stylo blanc, une chemise de gourgandine pour plus tard. Jamais l'utile, toujours l'agréable.

Je l'écoute de dessous mes pansements, bizarrement molle et incapable d'un effort. Mais quel monstrueux découpage ai-je donc subi pour être si fatiguée ? Je devais ressembler à la femme de l'Ecorché que papa démontait pour moi autrefois. L'infirmière qui m'enlève les fils, quelques-uns tous les deux jours, me dit qu'effectivement c'est une opération impressionnante à voir mais qu'un des problèmes majeurs pour le chirurgien, c'est la symétrie. Ne pas en enlever d'un côté plus que de l'autre sous peine de trahir l'expression d'un visage. Mais je suis convaincue que l'important, ce sont les pensées qui courent dessous, les muscles qui font bouger et vivre le visage. Une expression doit pouvoir se reconstituer de l'intérieur. Même avec l'âge et les cheveux blancs, l'expression de Lou n'a pas changé.

Dix plus plus tard, c'est enfin la quille. La dernière visite chez Poulet. La salle d'attente est bondée car Poulet s'envole pour trois semaines vers un safari en Afrique, avec mon fric ! J'attends mon tour plus d'une heure mais je n'ose protester : je n'oublie jamais que je suis ici pour mon plaisir, après tout. Chacun jette des coups d'œil sournois sur les autres, cherchant à deviner ce qu'il a bien pu se faire faire. Je suis assise près « d'un nez ». Esthétique ou accident ? Luxe ou malheur ? D'un côté de la salle, la porte capitonnée du Maître qui reçoit les vrais blessés et les volontaires pour le bistouri et de l'autre la porte des deux assistantes qui assurent les suites, démaillotent, enlèvent les points à la pince à épiler et maintiennent le contact humain. Minimum. J'aurais apprécié que le Maître vînt une fois au moins vérifier son ouvrage, mais cela ne semble pas l'intéresser. Est-il si sûr de lui ? En attendant mon tour, j'ai tout le temps de feuilleter les magazines, toujours les mêmes. Avec notre argent, il pourrait renouveler le stock ! On annonce le retour aux jupes plissées à porter avec chandail à la Suzanne Lenglen, décolleté en pointe. Très bien. Parée pour les décolletés en pointe. *Avant*, je n'aurais pas regardé ces pages de mode d'un œil aussi complaisant.

Dernière grosse épreuve : la séance chez le coiffeur, autorisée au bout de dix jours seulement et chez un spécialiste discrètement installé au fond d'une cour et habitué à ce genre de clientèle. Une envie terrible de shampooing et la panique en même temps de voir ce qu'il y a sous ces énormes croûtes. On humecte longuement, on tamponne, on grattouille pour décoller les vieilles plaques de sang séché. Finalement, cela ne fait pas vraiment mal, mais beaucoup de cheveux, furieux du traitement, ont fichu le camp avec les croûtes. Heureusement, Eveline connaît les coins délicats et me recoiffe savamment. Je découvre enfin les cicatrices qui courent parmi les premiers cheveux des tempes : elles sont ultra-fines, plates, ni rouges ni blanches, épatantes. Mais « elles vont travailler » me dit-on. Celles qui sont derrière les oreilles semblent gonflées et boursouflées au toucher, mais qui les verra jamais ? Je me sens la tête légère et en même temps toute raide, avec l'impression d'avoir des plaques en carton de la tempe à l'oreille et sous les ganglions, totalement insensibles au frôlement, larges comme trois doigts, un peu rigides aussi, mais moi seule peux m'en rendre compte. Du dehors, c'est déjà sublime. Je me suis acheté illico un chandail à la Suzanne Lenglen, bleu marine avec une torpédo blanche devant, très 1925, et un pyjama de cocotte très décolleté d'où sortira un cou parfait, sans un faux pli. Le mien ! Ah ! mais. Une opération dont les suites aussi vont me coûter cher... Je me trouve dans la situation d'une mère qui avait une mongolienne à habiller et qui brusquement se trouve en possession d'une belle enfant à qui tout va. Je regarde soudain les frusques sans hostilité, selon de nouveaux critères. C'est encore une des retombées de l'intervention, qui va m'en révéler bien d'autres.

Chaque jour, un peu plus jolie. Où ça va-t-il s'arrêter ? Pour des yeux non exercés, non soupçonneux, on se dit simplement : « Tiens, Louise a rudement bonne mine ! » Ou bien : « Mais elle est assez jolie, cette femme, je ne m'en étais pas avisé... » Si peu de gens se souviennent exactement de vous.

« Ce pyjama de clown, tu ne te le serais jamais offert *avant*, me dit Lou le soir où je reviens chargée de cadeaux pour ma nouvelle tête. Tu vas voir : je suis sûre qu'il va t'arriver maintenant des choses surprenantes. Et d'abord, tu vas l'écrire, le livre de tes rêves. J'aimais bien *Ici-bas* mais ce n'était pas encore vraiment toi. Mais là, tu as fait un geste dont je ne te croyais pas capable. Pour la première fois, je retrouve ta mère.

– C'est triste, sa mort m'a délivrée de quelque chose et en même temps me permet enfin d'agir comme elle l'aurait aimé.

– Comme *tu* l'aurais aimé, mon Raton, comme *tu* aurais fait dans une autre famille. Tu es tombée sur des monstres dans leur genre et j'en étais un moi aussi, je l'ai toujours su. Il fallait que tes parents meurent pour que tu puisses finir de naître. Mais tu sais, l'ère Adrien, c'est fini, pour toi. Dans la vie souvent, on ressemble successivement à chacun de ses parents. Moi, je suis moins gênante. D'abord, je ne suis pas tout à fait ta mère. Et puis je ne suis pas tout à fait une créature civilisée. » Lou éclate de son célèbre rire tintinnabulant.

Elle ne rit jamais qu'à ses propres plaisanteries, d'ailleurs. Elle vous écoute rarement assez attentivement pour que vous parveniez à la faire rire. Mais tout à coup elle vous révèle sur vous-même ce que vous-même ne saviez pas.

« Tu as eu bien raison, mon Raton, dit-elle après un silence mélancolique. La vieillesse est si longue qu'il ne faut pas la commencer trop tôt. Tu peux m'en croire. »

Quelques jours plus tard, « quand toutes les traces sont effacées, que tu es recoiffée et peux lui offrir un visage souriant », comme disait Hermine lors de mon accouchement, Arnaud rentre de tournée. Attendri, inquiet, presque désemparé de me retrouver si euphorique et presque plus liftée au moral qu'au physique.

« J'ai l'impression de porter un masque et que mon ancienne peau est dessous, lui dis-je au restaurant où nous allons fêter son retour à la maison et le mien à la vie normale. Quelle sale blague si on me l'enlevait ! Toutes les femmes qui sont plaquées ou qui se retrouvent seules à cinquante ans devraient avoir droit à un lifting remboursé par la Sécurité sociale. Cela ne coûterait pas plus cher à la société qu'une dépression nerveuse, un mauvais zona, une cure de sommeil ou un cancer de chagrin...

– Je te ferai remarquer que tu n'as pas été plaquée, comme tu dis, hasarde Arnaud.

– Peut-être que je me suis plaquée moi-même. En tout cas, j'ai enfin divorcé d'avec mon nez. Ouf ! J'aurais dû le faire plus tôt. Tu ne peux pas imaginer à quel point je me sens changée.

– J'espère que je vais te reconnaître, dit Arnaud avec un zeste de mélancolie dans la voix.

– Tu me reconnaissais bien avec mes rides ! Je redeviens au contraire celle que tu as rencontrée, non ?

– Mais moi je ne suis plus celui qui t'a rencontrée », insiste-t-il, avec deux zestes, avec un citron entier d'amertume au fond de ses paroles.

Mais je fais exprès de ne pas comprendre.

« Toi, mon chéri, peut-être que tu t'es toujours aimé comme tu étais. Tout le monde semblait t'aimer comme tu étais. Moi y compris d'ailleurs, que cela me plaise ou non. »

Arnaud a une crispation du maxillaire comme chaque fois que nous évoquons l'affaire. Mais il n'y fait jamais allusion, pour ne pas me faire souffrir, croit-il. Et comment lui dire que je ne sens plus rien, non, rien de rien, de ce côté-là ? Que la jalousie n'est pas une constante dans un caractère mais simplement la face d'ombre de l'amour, le tourment de celui qui aime le plus ? Et que ce n'est plus moi qui aime le plus... et que, pire encore à entendre, je trouve cela bon. C'est Arnaud maintenant qui me ramène à un sujet qui ne m'intéresse plus beaucoup :

« Je te l'ai dit avant : tu n'avais pas besoin de

te faire opérer, en ce qui me concerne. Ce n'est pas pour tel détail que je t'aime.

– Mais c'est pour moi que je l'ai fait, mon chéri ! Je sais que tu ne comprends pas très bien, mais comment t'expliquer... »

Je m'absorbe dans l'exérèse du pédoncule des huîtres dont papa disait toujours que c'était le meilleur. Je n'ai plus envie de l'appeler Adrien depuis qu'il est mort. Nous buvons du gros-plant sur lie, il fait divinement bon, c'est le printemps. Je n'ai mal nulle part, au contraire, Arnaud me répète qu'il tient à moi, Frédérique a décidé de reprendre ses études, je n'aurai pas peur de me regarder dans la glace en sortant du restaurant, à cette heure blême où les efforts du maquillage d'avant-dîner ont généralement tourné en bouillie, où on ne rencontre plus qu'un horrible mélange, d'os et de chairs meurtries et traînées dans la... bon. Je sais que j'aurai une surprise et que mes surprises sont devenues bonnes.

– Tu sais que toute cette aventure m'a donné une idée : j'ai envie de me prendre une année sabbatique !

– Pour faire quoi ? Et quel rapport avec la chirurgie esthétique ?

– Oh ! tu sais, les rapports, on les découvre après. Mais il y en a, sûrement, je crois que je vais me remettre à fond à un livre. »

Jusqu'ici, j'avais pu écrire des lettres, des confidences, collaborer à un essai sur les femmes dont Hermine était l'inspiratrice, mais je n'avais jamais osé inventer, je n'osais même pas dire : créer. Pourtant j'avais le sentiment que rien n'avait encore été dit sur les femmes. Personne n'avait parlé d'elles selon mon cœur, selon mon sexe, et par sexe je voulais dire con. Dans la majorité des livres, je m'étais sentie non pas tant dénigrée ou déconsidérée – ç'aurait été une opinion, après tout — mais falsifiée, oubliée, absente. Comme toutes ces femmes dont j'avais écrit l'histoire avec Hermine.

« Tu quitterais le journal ?

— Parfaitement. Pour un an ou deux. Je ne me sens plus capable comme autrefois de tout faire à la fois. Et en même temps, il me semble que je vais pouvoir écrire différemment avec ma nouvelle tête... C'est ridicule !

— Un lifting pour ton écriture en somme ? »

Pourquoi pas ?

XXI

C'ÉTAIENT SES DENTS

New York. Midi

Je ne me déciderai qu'après expertise. Huit années de plus quand on navigue dans les dangereux parages de la soixantaine n'améliorent pas un bonhomme. Une femme, parfois... si elle a triché. Sur la photo son sourire semblait bien le même avec ses coins relevés, mais étaient-ce toujours ses dents ou bien aurait-il été victime du zèle des maniaques américains de la jaquette ?

J'ai promis à Félicien de lui télégraphier les résultats de l'examen. Mention bien : je prends huit jours supplémentaires après ma tournée de conférences dans quelques universités américaines, pour « me reposer » en Floride avec Werner. Mention assez bien : je me contente des quarante-huit heures que je dois passer à New York, juste pour la beauté du revenez-y, trente ans après. Mention passable : mon cher Werner, nous avons vécu une belle aventure. Restons amis.

Je l'attends dans le hall du petit hôtel de la West 81st Street où me logent les services culturels, le dos à la cloison vitrée car je veux le voir en pleine lumière et me présenter à contre-jour. Une première impression mauvaise, et l'on peut ne jamais remonter la pente ! Je me suis préparée comme une mousmée : séance chez le capilliculteur, épilation de jambes ni trop récente (ça pique) ni trop ancienne (ça repousse). J'ai mis mon pantalon de cuir noir (très sexy, conseil de Pauline) et mon beau visage à dix mille francs qui m'a déjà été d'un excellent rapport.

Il n'a pas eu le temps d'enlever son uniforme et, à dix mètres en tout cas, il est aussi beau qu'en 45. « Çui-là, c'est un format! » comme disent les Bretons d'un bar ou d'un tourteau vraiment impressionnant. Il n'a pas épaissi d'un pouce, son dos ne s'est pas voûté sous le poids des ans, c'est toujours sa grande silhouette costaude et sa démarche déhanchée. Seules ses tempes ont blanchi. Il s'approche encore, ouvre son large sourire, ouf! Ses canines chevauchent toujours un peu ses incisives, lui donnant cette petite touche carnassière que j'ai toujours aimée en lui. Pas de doute, ce sont bien ses dents! Et nous nous donnons rendez-vous ce soir à l'université de New York où a lieu ma conférence-débat. Je ne sais pas ce qu'il a pensé, lui, de son ancienne Frenchie, mais pour moi l'affaire est dans le sac : il va gentiment enlever cet uniforme et je vais m'offrir cet homme aussi sûr que 1 et 1 font 1.

New York. Minuit.

Eh bien, pour un homme qui dans deux ans sera en retraite... Avant d'aller dîner, nous étions montés boire un gin-tonic dans ma chambre, regarder les photos de mes filles qu'il m'avait demandé d'apporter, voir mon programme à Yale, Harvard et Amherst tout en disant les âneries qui s'imposent entre un homme et une femme qui se sont si bien connus et si longtemps oubliés. J'étais bien décidée à ne pas lever le petit doigt la première et cela aurait pu durer longtemps s'il ne m'avait dit :

« On a l'air de deux clients dans une salle d'attente de dentiste, tu ne trouves pas ? »

J'ai émis un rire idiot, comme une jeune fille qu'un garçon va pousser sur un divan et qui sait qu'il va lui mettre une main sur un sein, approcher ses lèvres des siennes et faire enfin cesser une conversation inepte... Et tout a recommencé comme la première fois, il y avait tellement, tellement longtemps. La jeune fille n'a pas le loisir de se dire : tiens, il s'y prend bien ou mal... Tiens, sa langue est longue... ou large... Ils vont où ils veulent aller avec la sûreté tranquille de ceux qui se connaissent depuis toujours. Il fait tout ce qu'elle attend avant même qu'elle ne l'attende avec une sorte d'évidence qu'elle apprécie. Elle est peut-être moins compliquée qu'un tableau de bord de Jet après tout ?

Ils sont tout étourdis quand ils descendent dîner et n'ont pas la force de chercher un autre restaurant que celui de l'hôtel. De toute façon, la jeune fille se découvre incapable d'avaler. Elle n'a jamais ressenti cela, cette vieille imbécile, cette constriction au niveau de l'estomac, le plexus noué... Werner s'étonne qu'elle ne puisse finir même sa sole. Heureusement le vin passe, tandis qu'elle l'écoute parler comme dans un rêve des trois sujets sur lesquels il est éloquent : les appareils qu'il pilote, a pilotés, pilotera – le ciel où il passe une bonne partie de sa vie – et cet amour qu'il affirme avoir conservé durant toutes ces années pour la petite Française rencontrée place de la Concorde en 1945 !

Le vieux jeune homme et la vieille jeune fille remontent vite dans leur chambre : il a la permission de minuit. Elle trouve qu'il a fait des progrès; mais non, dit-il, elle manque de mémoire, c'était déjà miraculeux autrefois. Ah! bon. En tout cas, la vasectomie ne rend pas du tout impuissant.

L'étonnant dans tout cela, c'est de s'apercevoir que la sensation n'a pas d'âge. Le sentiment, si. L'expérience, la maturité l'enrichissent de toutes sortes d'harmoniques. Mais la sensation, quand elle débarque, est toujours primitive, irréfutable et d'une divine nouveauté.

A soixante-trois ans, bien sûr, il accuse quelque mollesse du cou, quelque fléchissement de la ligne du maxillaire, mais il a bien veillé sur l'ensemble : ventre plat, corps droit, cuisses musclées. Même ses couilles ne sont pas avachies. « La désinvolture, c'est joli jusqu'à quarante ans, disait Hermine, après, c'est de la négligence. »

Il est furieux de devoir partir à minuit, comme un collégien, mais moi je n'aurai pas trop de ces quelques heures de sommeil avant de me présenter au Women's Forum du Wellesley College pour parler de la « *French Feminine Literature today, the importance it has taken* », un thème qui me paraît absurde ce soir, à mille lieues de la réalité! Demain, je télégraphierai à Félicien : « Ce sont ses dents Stop Mention bien », et en version conjugale pour Arnaud : « Séjour prolongé d'une semaine Stop Tendresses. » Werner va nous retenir deux places pour Miami après ma tournée.

Miami

Louise Morvan, auteur d'*Ici-bas* et coauteur de *Ma chère âme* et d'un essai sur les femmes traduit en anglais et qui a très bien marché ici, tu me fais honte : avoue que tu ne penses qu'à te la faire mettre? Parfaitement. Et je mérite bien de ne penser qu'à la bagatelle après ces quinze jours passés à discuter littérature, linguistique et condition féminine dans une langue qui n'est pas la mienne. Bien besoin qu'on ne me demande plus où en est le féminisme en France, combien nous avons de crèches, et si l'orgasme est ou non le but de la sexualité féminine. Et ce que Werner va me dire en attendant ne m'intéresse pas. Ne m'a jamais tellement intéressée. C'est du babil d'homme. Il me parle de son dernier vol sur Lisbonne, d'une tempête terrible au moment d'atterrir, terrible... – Ah ! oui, vraiment ? Quand pourras-tu m'embrasser ?... – La veille déjà ils avaient failli casser le train d'atterrissage... – *Too bad !...* – D'ailleurs l'aéroport des Açores est très dangereux... – Dis donc, quand crois-tu qu'on va se déshabiller ?... – Et comment va ton mari ?... – Et ta femme ?... Oh ! la pauvre Debbie vient d'être opérée des deux seins ! Eh bien, ils n'y vont pas de mainmorte, les chirurgiens, aux Etats-Unis... – Et tes enfants ?... Ah ! Pauline vient de se marier ? Toutes mes félicitations...

Ce qu'il est bien élevé. Moi, je veux qu'il retire son pantalon. « Est-ce qu'on va dîner tout de suite, demande-t-il encore, ou veux-tu te changer à l'hôtel d'abord ? – Oui, c'est ça, me changer. » Ah ! qu'en termes galants...

Alors on s'est changés. Et puis on a été dîner. Et puis on s'est rechangés. Et dans la nuit on s'est encore changés.

Notre voyage organisé, 6 jours-5 nuits, nous donnait droit à une Caprice Chevrolet climatisée et à une grande chambre, terrasse vue mer, aux Dunes, pardon, aux « Diounz », blockhaus mauresque du dernier ridicule mais s'ouvrant sur l'immense plage de cinquante kilomètres de long et sa mer vert pâle qui devient blanche comme de l'absinthe les jours de ressac. Piscine intérieure dans un vaste patio moquetté de faux gazon, snack-bar sous des paillotes en raphia plastifié, restaurant avec musique sirupeuse qui vous poursuit jusque dans l'ascenseur... tout ce que je déteste et qui m'enchante aujourd'hui. Je voudrais qu'Arnaud me voie, d'un coup de flash seulement, dans cet endroit hautement improbable.

Il fait 25° jour et nuit et un ciel... céleste, c'est le seul adjectif que je trouve, ces quinze jours de débats m'ayant épuisée. Il a fallu faire semblant d'être intelligente sans arrêt, pour le renom de la France! Nous traînons de la plage à la mer et de la mer à l'hôtel, où nous rentrons « nous laver les mains » ou « changer de sandales » plusieurs fois par jour. Il existe mille façons de dire : Si on allait faire l'amour? et nous en avons déjà découvert des dizaines. Pendant les mi-temps, nous ne manquons pas de sujets de conversation. Tout à raconter sur ces trente ans de vie loin l'un de l'autre : ses enfants, mes filles, nos métiers, nos amours contingentes et toujours sa question : « Pourquoi m'as-tu dit *non* autrefois? »

Miami est une monstruosité qui, dans son horreur, ne manque pas d'intérêt et la plage semble concentrer toute la monstruosité de l'immense ville, avec ses kilomètres de sable passé au bulldozer et ratissé chaque matin puis jonché d'obèses de tous âges et d'une hallucinante concentration de veuves américaines qui s'offrent une retraite ensoleillée grâce au cadavre de milliers de maris morts à la tâche. On a placé les immeubles perpendiculairement à la côte pour qu'il en tienne plus, et doublé la largeur de la plage pour pouvoir y allonger le double de corps. Mais ici au moins je ne risque pas de rencontrer un seul Intellectuel parisien, je peux me conduire comme une vieille minette amoureuse, marcher le bras autour de la taille de Werner et son bras sur mon épaule et l'embrasser en public. D'ailleurs, l'âge moyen étant de soixante-dix ans, je suis objectivement une merveilleuse minette et je cours orgueilleusement le long de la mer chaque matin, parmi d'incroyables octogénaires qui se moquent bien de leur âge, presque toutes blondes et bouclées, ou tranquillement hérissées de bigoudis, toujours en deux pièces quel que soit l'état des lieux, et surmontées quand elles vont se baigner de bonnets de plastique multicolore garni de strelitzias ou d'épinards en branches. Quelques survivants mâles en short et sandales en plastique transparent accompagnent parfois leur dame, cherchant à se rafraîchir les yeux sur les rares jeunes corps qui passent, tout à fait hors de leur portée désormais, puisqu'ils sont en retraite et pour toujours sous les yeux de leur compagne qu'ils n'avaient jamais tant vue et dont ils découvrent trop tard qu'elle n'a rien de commun avec eux. Ce qui est précisément le cas de Werner et qui l'affole déjà. Sa compagnie lui a laissé entendre qu'elle ne l'emploierait bientôt plus que comme copilote, les Jets exigeant des réflexes au-dessus de tout soupçon. La perspective d'être réduit lui aussi dans un an ou deux à faire le chauffeur et à porter les paquets dans les supermarkets donne à son amour pour moi une intensité dramatique qui ne me déplaît pas. Représenter pour quelqu'un la jeunesse, l'aventure, toutes les voluptés, plus l'intelligence, la culture, le Gay Paree... Oui, j'assume. Avec beaucoup de simplicité.

Le dernier jour arrive trop vite. Je pensais faire le plein et voilà que c'est l'inverse : il m'en faut chaque jour plus. Qui a prétendu que la puissance sexuelle de l'homme commençait à décroître après vingt-cinq ans? Celui-là est pire qu'à Paris en 45! Moi, je suis, je vole, je ne sais plus dire non. J'ai l'impression, comment dire? de ne même plus descendre de cheval entre deux tours de manège.

Vers la fin du séjour, je rameute prudemment tout ce qui pourra servir à me consoler quand je serai à Paris : ses jeux de mots cons, sa difficulté à m'expliquer un mot américain que je ne connais pas (il le répète plusieurs fois de plus en plus fort comme si le sens caché allait sortir tout seul !). Et ses idées politiques simplistes, son racisme ingénu, auquel il doit être plus difficile d'échapper quand on vit en Floride, où l'on entend parler plus souvent espagnol qu'anglais, où l'on ne peut laisser même une paire de lunettes sur la plage quand on va se baigner, où l'on vole votre sac sous votre tête si vous vous endormez au soleil. Et puis ses cheveux trop courts, les chaussures en faux croco qu'il a achetées croyant me rappeler le chic parisien...

Malheureusement, il y aussi ses mains, trop grandes au bout de ses manches toujours trop courtes, ses mains dont la vue me fait rougir. Et sa peau qui avait déjà ce goût de gomme Eléphant, sa peau d'Américain trop bien lavé, qui ne va jamais jusqu'à sentir la sueur alors qu'il est athlétique. Je ne connais pas encore son odeur profonde, il faudrait que nous vivions ensemble en hiver sous des lainages. Enfin, et c'est le pire, il y a sa tendresse constante, une tendresse si intense chez lui après l'amour, qu'on ne s'aperçoit pas du moment où elle perd son innocence pour redevenir de l'amour. Et cette manière qu'il a de ne jamais disparaître seul dans son plaisir. Je panique parfois à l'idée que je ne retrouverai plus jamais ce bonheur-là. Je ne me sens pas du tout prête à y renoncer quand arrive le dernier soir, le dernier dîner en tête-à-tête où il pleure sans honte au restaurant, de ses yeux vert-de-gris, en me jurant qu'il s'adapterait à la France, à toutes les conditions... que je ne lui pose pas, parce qu'on ne déracine pas un vieux chêne américain pour le replanter à Saint-Germain-des-Prés et que nous sommes tous deux mariés et que... toutes les bonnes raisons d'autrefois.

Mais au retour, comme une midinette, j'ai le cafard. Ce n'est pas un banal désir de faire l'amour, c'est l'envie que Werner soit là. Quel vide sans sa gaieté, son souci constant de mon bien-être, l'ardeur de ses sentiments. Je m'ennuie de lui au point qu'il m'est venu l'idée d'une nouvelle sur ce séjour, qui s'insérerait dans mon prochain recueil. Une nouvelle érotique sur les bords, qui s'intitulerait « Une semaine pas comme les autres » et analyserait les raisons pour lesquelles une femme qui s'est enfin réalisée personnellement et professionnellement peut s'offrir une nouvelle forme d'amour qui lui eût paru aberrante vingt ans plus tôt et atteindre à un plaisir différent, extrême, dont elle a en même temps moins besoin et plus envie. C'est à la fois immonde et délicieux d'épingler ainsi Werner tout vivant dans mon herbier. Les écrivains sont des êtres impies.

La rentrée dans l'atmosphère n'a pas été facile. Arnaud sait parfaitement bien que j'ai prolongé mon séjour pour voir Werner mais il ne pose pas de questions, à son habitude, et vit retranché dans un silence épais à couper au couteau pendant la semaine que nous passons à Locmaria pour Pâques, sans aucune des filles par une coïncidence malheureuse. Mais après ces trois semaines d'absence, j'ai tellement de travail à rattraper que je n'ai pas le temps de compatir. Pas le courage. Et plus la faiblesse. Et mon existence vigoureuse, cette indifférence à ses humeurs qui m'est venue, ne peuvent que lui paraître odieuses. Au fond, un homme à mi-temps me suffirait maintenant. Le plein temps, c'est trop lourd. C'est à vingt ans qu'on veut tout : le sommeil de l'autre, ses pensées, ses regards.

La veille du retour, nous avons été manger des huîtres, au bord du Bélon. Pauvres chères huîtres, elles sont de toutes les cérémonies, convenant aussi bien aux dîners d'amoureux, aux explications, aux fiançailles, qu'aux ruptures. Arnaud, qui ne veut pas reconnaître que son abattement a pour nom jalousie, se cherche d'autres raisons d'être malheureux : il se laisse vieillir exprès pour m'impressionner et voir l'avenir en noir.

« Tu te rends compte? Dans dix ans, j'aurai soixante-dix ans!

— Non, je ne me rends pas compte du tout. A tout âge, tu sais, on est affolé de s'imaginer dix ans plus tard. Et on se trompe toujours, tout est différent. »

Il s'affole parce qu'à mesure que ma carrière s'affirme, la sienne lui paraît moins assurée. Lui qui voudrait désespérément écrire un roman, vient de se voir refuser son premier manuscrit chez Maigret. Il ne sait ni saigner ni faire saigner ses personnages. Sa pudeur ou son refus de s'analyser l'empêchent de réussir une œuvre romanesque et le cantonnent dans le récit ou l'enquête. Souci de réserve éminemment respectable, peut-être, mais le but en littérature n'est pas de se faire respecter. On écrit avec ce qu'on peut, ce qui veut se dire, ce qui vous démolit ou vous tourmente, et les soucis de convenance ne peuvent qu'affadir une œuvre.

Côté télévision, il mesure la fugacité d'une création et la frivolité du public qui consomme sans cesse de nouveaux visages. Que lui reste-t-il de vingt ans de métier acharné, de dix ans de présentation du journal télévisé, de grands reportages dont on a parlé en leur temps, de quelques chansons à succès ? Une réputation, oui, mais qu'il faut sans cesse soutenir et qui semble s'envoler à mesure par la lucarne. C'est pourquoi il s'accroche d'autant plus à ce point fixe dans sa vie, sa femme, le cocon familial qu'elle a tissé pendant qu'il courait les mers, les continents et les ondes.

J'essaie encore de tout concilier dans ma vie : la présentation de l'enquête sur la vie quotidienne des femmes qu'a entreprise le magazine et que j'ai promis d'assurer, la poursuite de mon recueil de nouvelles, *Le Vent portant,* qui devrait paraître dans trois mois et l'habituel boulot domestique qui, lui, est toujours urgent alors qu'un livre peut toujours attendre. Et j'ose moins que jamais demander à Arnaud de me soulager de certaines corvées car son regard offensé me laisse entendre que je serais moins débordée si je n'étais pas allée « me faire sauter », à Miami.

S'avouer malheureux ne lui paraissant pas honorable, il s'est découvert de la tension et un gérontologue lui a prescrit du repos et des hormones mâles. C'est donc à moi qu'il revient plus que jamais de changer la plaque minéralogique de la voiture, d'aller voir le maire pour le mur de notre jardin qui s'effondre dans le port et le menuisier pour réparer la prame. Et s'il consent à monter à l'échelle, il faut que je lui passe les clous. Il y a les choses que je fais toute seule, les choses que je fais avec lui, mais en tout état de cause, je ne suis jamais débarrassée des choses !

L'arrivée quotidienne des lettres de Werner, immédiatement repérables à leur grande écriture penchée, n'améliore pas le climat, mais je me refuse à me rendre poste restante comme une petite fille coupable et j'ai besoin moi aussi d'hormones, de cette transfusion d'*I-love-you* qui se répand dans mes veines chaque jour. Il vient de m'envoyer nos photos de Miami et je contemple, comme si elle venait d'un autre monde, cette jeune femme rieuse qui court le long de l'eau, se jette dans les vagues ou se vernit les ongles de pieds, assise demi-nue sur son lit. Il y a longtemps que nous avons perdu la douce habitude de nous photographier, Arnaud et moi, sauf en voyage parfois, quand il a besoin d'un personnage dans un paysage, pour l'échelle, ou juste le jour où je suis au plus moche mais qu'il a un rouleau à finir d'urgence. Dans un vieux couple, les choses vous quittent comme cela et on ne s'en aperçoit que quand elles sont mortes. J'ai montré la série de photos à Lou, me demandant pourquoi je leur trouvais un éclat inhabituel.

« Regarde bien, dit la sorcière, il y a un personnage caché sur chaque photo : c'est le bonheur. Il irradie. Tu es indiscrète de bonheur, mon Raton. »

Il me paraît si visible soudain que je décide de ne pas les montrer à Arnaud.

Toutes les semaines, Werner me téléphone au bureau du journal et sa voix profonde fait lever toutes sortes de souvenirs, pas forcément dans ma tête. Lui m'avoue qu'il tremble quand il entend ma voix, que son estomac se contracte, que son plexus se noue... « *How can this happen at my age?* » Merveilleuse bêtise de l'amour, qui permet de se retrouver aussi démuni et balbutiant à cinquante ans qu'à vingt ! Toute cette tendresse déferle sur moi et comble le retard de mes années désertiques. Et pourtant, je n'avais aucune envie d'un vieux sexagénaire. Mais il réalise ce miracle d'avoir l'âge de ma jeunesse et celui de ma maturité à la fois et d'être plus ardent à soixante-trois ans qu'Arnaud ne l'a été à trente. Formule imprudente ! Je devrais dire qu'Arnaud ne l'a jamais été à trente ans et avec moi. Ne pas oublier qu'on ne saura jamais de quoi un homme est capable... avec d'autres.

C'est valable pour les femmes aussi, bien entendu. Moi qui n'ai jamais aimé l'amour à l'aube! Moi qui croyais ne pas supporter l'amour à répétition... Arrive-t-il qu'on meure sans avoir découvert tous les aspects de soi-même ? Bien sûr, puisqu'il s'en est fallu de peu, d'une rencontre, d'un dentier... La majorité meurt sans savoir. Je n'avais rien lu d'ailleurs qui puisse m'aider : une femme, une écrivaine ne s'attardait pas à décrire ses particularités sexuelles dans les années 40 ou 50. Je n'aurais pas osé écrire une lettre érotique à Jean-Marie, qui l'eût pourtant appréciée, moins encore à Arnaud qui me semble mutilé du côté de la perversité puérile et honnête, ce qui explique peut-être son goût pour la lecture solitaire de *H.* Mais dans la vie privée, jamais un mot plus bas que l'autre. C'est un moraliste malgré les apparences, dont les sens dépendent des principes et ne les guident jamais. Il n'emploie pas les mots baiser..., jouir..., désirer..., faire l'amour..., trop directs et dénués de toute notion péjorative. Il ne parle jamais de lui-même en opérations d'ailleurs, mais des autres qui sont, comme Richard, « des obsédés de la petite culotte », ou comme Carole, « des nanas qui ont envie de se faire ramoner ». Chaque fois qu'une de ses filles prend un nouvel amant, c'est évidemment « pour se faire reluire ». Ce goût pour la formule sale cache sans doute un vieux reste de réprobation chrétienne pour la jouissance, féminine surtout.

En une semaine, Werner m'a posé plus de questions sur mon corps qu'Arnaud en vingt-cinq ans. Un *non* lui semblait définitif et non négociable et mes blocages sont ainsi devenus du béton. Précontraint, par nos éducations à tous deux. Le Verbe s'était fait Chair mais nous, nous ne parvenions pas à forcer la Chair à se faire Verbe, nous qui ne sommes pas des animaux à plumes ou à poils, mais à mots justement! J'ai admiré longtemps qu'il ne m'ait contrainte à rien mais je me demande maintenant s'il ne s'agissait pas d'un manque de passion. A tort peut-être. Aujourd'hui, il me semble que je pourrais m'offrir Arnaud. Il était au-dessus de mes moyens quand je l'aimais. Il y a des êtres dont il ne faudrait pas être trop amoureux.

Ne pas l'être est dangereux aussi, surtout quand s'effiloche le cocon familial : Pauline est mariée et heureuse, Frédé mène sa vie et Adrienne habite une chambre indépendante au sixième. Mais il s'en voudrait de faire le moindre effort pour « reconquérir » sa femme. D'ailleurs, l'a-t-il seulement jamais conquise? Au contraire, il met son point d'honneur à lui déplaire, recevant cet été-là à Locmaria tous les copains qu'elle n'aime pas. Les « nouveaux » Vitrac, qui ne sont plus Bernard et Jacotte, mais Bernard et Nelly. On dit tout de même « les Vitrac ». Et puis Richard dont le charme résiste mal au choc de la soixantaine et qui méprise de plus en plus la vie et ceux qui ont envie de la vivre. Il s'habille décontracté, jeans savamment délavés, blouson de cuir (véritable), style manif pour intellectuel chic, et brocarde ceux qui militent encore pour la gauche. La gauche ne passera jamais, c'est foutu, les Français sont des veaux, l'Autre avait raison. Il parle beaucoup de se tuer mais il ne veut pas mourir : nuance. Et tous cultivent cette impuissance à être graves qui caractérise un certain milieu parisien et participent à cette franc-maçonnerie des soûlauds magnifiques pour lesquels Arnaud a toujours eu un faible et qui permet à n'importe quel zozo, s'il boit, de se croire investi d'une dignité et l'égal de Fitzgerald, de Malcolm

Lowry ou d'Antoine Blondin. Je suis devenue allergique aux discours de ces anciens combattants de la bouteille, qui se gardent d'évoquer le vomi, la chute dans le caniveau, les nuits au commissariat ou les gueules de bois des petits matins, préférant parler de flics rossés ou de bourgeois ridicules, dans les bars où ils ont leurs habitudes, leur auditoire inconditionnel, réfugiés derrière l'abri illusoire que procure la formule magique : Alors, qu'est-ce qu'on boit ?

« Ce que tu peux être rigoriste », me dit Arnaud.

Simplement, ils m'ennuient. Je préfère travailler à mon livre, à mon jardin, ou faire du bateau avec Adrienne quand elle n'est pas récupérée par un arrivage de copains, qui sont d'une cuvée particulièrement détestable cet été.

Vieillir, c'est peut-être ne plus supporter les autres. Et qu'est-ce qui peut être plus autre que « les jeunes » ? Les nôtres campent dans le champ voisin, mais débarquent à toute heure pour prendre un bain en laissant le carrelage inondé, faire une razzia sur les provisions, ou se promener dans le jardin en décapitant négligemment les fleurs au passage, en écrasant leurs mégots dans les jardinières, tout en nous gratifiant de tirades sur la mesquinerie bourgeoise, notre « confort » honteux face au tiers monde et les horreurs de la société de consommation. J'ai tort de mal le supporter et de le dire.

« J'ai tout de même le droit d'inviter mes amis à la maison ? C'est chez moi, non ?

– Non, depuis que tu as vingt et un ans, tu n'es plus chez toi mais chez moi.

– Très bien, je m'en souviendrai, déclare Adrienne qui tolère mal qu'on ne la cautionne pas à cent pour cent. Et je peux m'en aller demain, si tu veux ?

— Pourquoi ne pas te plier à ce que je te demande, plutôt ? Etre chez toi, on dirait que ça consiste à faire tout ce que tu veux sans tenir compte des autres ! Je suis chez moi aussi, après tout.

— Bon, eh bien, restes-y. Si on ne peut plus vivre comme on veut chez soi... enfin chez ses parents, merde ! »

Engrenages idiots, répliques usées, heurts inutiles que je sais éviter d'ordinaire. Et dont le résultat est que le lendemain, Adrienne part pour Saint-Cast avec une bande d'imbéciles qui « habitent » dans une 2 CV non assurée et n'ont besoin de personne.

Il y a des étés comme cela où tout vous lâche, où l'on ne récolte qu'avanies, l'été du désamour, de la coexistence difficile avec ma fille, l'été du ras-le-bol domestique et celui des problèmes de conscience. Je me demande si je n'écris pas pour me fuir et dans quelle mesure l'écriture ne serait qu'un substitut à la vie ? Quand on passe moins de temps à exister, ne se met-on pas à trop privilégier son travail, ses îles de papier ? Alors ? Werner comme rappel à la vie ? Lou me répète ce qu'elle me disait en 46 :

« Réfléchis. Tu aurais près de toi un adorateur, ce que tu n'as jamais eu. Il y a des étapes dans l'existence... On ne peut pas être végétarien toute sa vie ! »

Elle voit Werner assis à mes pieds comme dans un tableau flamand, recousant mes boutons tandis que je m'escrimerais sur mes grimoires.

Mais dans la durée, le féroce quotidien, je l'assumerais mal. Le désir physique décroît, les insuffisances et les divergences s'accusent, la vie est mal faite. Le pauvre Werner, lui, se pose pour l'heure d'autres problèmes. Sa femme a été transportée à l'hôpital avec une occlusion intestinale que les chirurgiens hésitent à opérer car ses tissus ont été irradiés. Et comme c'est un cœur simple, il croit à une punition du ciel pour ses péchés et se dévoue pour elle sans mesurer sa peine.

Etant aussi un cœur simple, je regarde la situation en toute lucidité : je ne redoute ni la mort ni la guérison de Debbie mais qu'elle reste une grabataire nécessitant les soins constants et la présence de son mari ! J'avoue que je la préférerais même vivante, car sa disparition poserait à Werner le problème de sa liberté et me mettrait devant un choix que je n'ai nulle envie de faire et des responsabilités que je refuse de prendre.

Le sort et le cancer n'en ont fait qu'à leur tête. Un mois plus tard, Werner me téléphonait qu'il était veuf.

XXII

IT'S THE FOOT !

« Tu m'as encore contredit en public ce soir. D'où vient ce besoin que tu as maintenant de te désolidariser de moi dès qu'il y a du monde ? » me demande Arnaud du ton glacial qu'il prend pour faire des reproches à ses filles. Nous sommes côte à côte dans la voiture mais il y a cent kilomètres de désert entre nous quand il prend ce ton-là.

Je dispose d'une réplique toute prête, d'une réjouissante insolence : J'ai bien le droit d'avoir de la personnalité une fois en passant, non ? Ça te fait de l'ombre ? Mais je n'arrive pas à la dire. Personne, sauf Adrienne, n'a parlé de cette façon à Arnaud. Il ne m'a jamais battue mais je suis convaincue qu'il pourrait me tuer d'un coup d'orgueil blessé. Et justement ce que j'ai à lui dire meurtrirait son orgueil. Je me demande si son goût de plus en plus marqué pour les femmes ne vient pas de ce qu'elles sont toujours prêtes à l'admirer, à l'écouter, alors que sa propre femme s'est lassée de ses meilleurs numéros et que les hommes manifestent trop d'esprit critique. Les épouses sont le pire des publics pour les hommes qui aiment plaire. En même temps, je le sais si vulnérable que, vingt-cinq ans après, j'hésite encore à le blesser, bien qu'il me considère comme une brute de toute façon, en plus d'une femme jalouse. Je ne suis plus cela non plus, mais les couples se pétrifient ainsi l'un pour l'autre dans des rôles qu'ils ne jouent plus depuis longtemps, sauf dans l'idée de l'autre aveugle.

Pendant qu'il est de mauvaise humeur, j'en profite pour lui dire que je compte revoir Werner de temps en temps cette année. Depuis des semaines, je remets cet aveu au lendemain, par lâcheté.

« Tiens, on a offert un poste en Irlande à Werner pour quelques mois. Il va venir habiter Bantry dans le Kerry, dis-je d'un ton que je m'efforce de rendre badin. Un metteur en scène débutant me dirait : « Mademoiselle, allez vous rhabiller. »

– Tu vas le rencontrer plus facilement, je suppose », répond Arnaud parfaitement glacial.

Il suppose juste. Je ne dis pas que nous avons déjà rendez-vous dans quinze jours.

« Préviens-moi seulement quelque temps à l'avance pour que je puisse m'organiser, moi aussi. »

Ah! bon? Il n'envisage pas de rester à la maison, de s'occuper d'Adrienne qui a des problèmes en ce moment? Il ne veut surtout pas avoir l'air d'attendre, de me regretter, d'être seul. Il consultera son carnet d'adresses, pas difficile.

Enfin! Je l'ai dit! Pour la première fois de mon existence, j'ai osé annoncer : « Je pars du tant au tant », pour autre chose que mon travail. J'ai l'impression d'avoir franchi l'Annapurna.

Nous ne disons plus rien. La voiture roule sous la pluie, il est minuit et les nantis rentrent chez eux deux à deux dans leurs automobiles après le spectacle ou le dîner en ville. Les amants qui vont se quitter s'embrassent aux feux rouges. La femme pose sa tête au creux de l'épaule de l'homme et ferme les yeux pour se faire une petite nuit avec lui, une nuit de deux minutes. On reconnaît les vieux couples dès la lunette arrière, leurs têtes bien séparées, pas pressés de se toucher. On les aperçoit de profil aux lueurs des enseignes, plongés dans leurs pensées. Elle a hâte de retirer ses escarpins à talon aiguille, de se démaquiller. Lui se dit qu'ils vont encore se coucher tard. Quelle vie !

On passe le pont qui surplombe le cimetière Montmartre et je pense à mes parents qui habitent là désormais, à quelques centimètres l'un de l'autre, jamais si proches que depuis qu'ils ne sont plus.

Arnaud gare la voiture, descend et se dirige sans attendre et sans se retourner vers la porte cochère. J'ai toujours envié ceux qui marchent ensemble, se donnent le bras, viennent chercher l'autre dans les aéroports. C'est de l'enfantillage.

Nous nous couchons très vite et il prend un policier sur la pile près de son lit, à bâbord. Moi je me glisse à tribord, m'installe pour lire moi aussi et c'est le silence. Nous savons que nous ne lisons plus les mêmes livres. Je mets mes pieds froids contre son mollet mais il ne prend pas la peine de protester. Il éteint le premier comme d'habitude et se tourne vers l'extérieur avec un soupir. Certains soirs, le silence de nos corps m'épouvante, la largeur que peut prendre un lit conjugal m'épouvante. Mais cela ne m'empêche plus de dormir.

L'adultère aujourd'hui commence et finit dans les aéroports. Je rejoins régulièrement Werner à Cork et nous passons le week-end dans un des bungalows que sa compagnie loue pour ses cadres et ses pilotes près de Bantry, dans un paysage à vous couper le souffle. Vue de loin la silhouette de cet étranger qui me rappelle quelqu'un — mais peut-être est-ce un héros de feuilleton américain ? — me dépayse à chaque fois. Pendant les premières minutes je me demande ce que je fous là, ce que je suis venue faire si loin. Quand il n'est pas en uniforme, il porte des pantalons à carreaux typiquement *made in USA* et des chaussures pointure 46 qui rebiquent du bout. Il fait non seulement province, mais province américaine, comme dirait mon Hermine ! Mais dès qu'il met ses grands bras autour de mes épaules et me regarde pour savoir s'il peut embrasser ou non, si j'ai été reconnue dans l'avion par quelqu'un que je ne veux pas choquer, je ne me pose plus de questions. Nous nous consultons du regard : vite et mal dans l'hôtel voisin où Werner a passé la nuit ? Non, ce serait dommage et j'ai d'ailleurs besoin de me réhabituer à lui. En voiture, je fais à petits pas le tour du propriétaire, en commençant par ses poignets larges et poilus qui m'attendrissent, puis les genoux sur lesquels je pose la main, remontant un peu sur sa cuisse dure, histoire de lui rappeler que je ne suis pas venue pour faire de la broderie. Je caresse son profil des yeux, sa nuque.

« Tu t'es encore ratiboisé les cheveux ! Tu tiens à avoir l'air d'un Prussien ?

– Mais je trouve que ça fait sale, les cheveux dans le cou.

– Alors tu me trouves sale ? »

Il rit. Nous rions. Comment en suis-je arrivée là, moi la bas-bleu ? Comment puis-je me trouver si bien avec un homme qui ne connaît ni la littérature ni le cinéma ni la peinture et à peine la musique, pour qui les hommes politiques ne sont qu'une bande de farceurs et d'escrocs qui s'entendent sur le dos du pauvre monde ? Eh bien, j'en suis arrivée là, précisément. Et après quelques jours passés avec lui, je me demande comment je vais vivre sans ses bras, son regard, la sécurité de sa présence, l'immensité de son amour. Je le regarde et me réjouis qu'il soit beau, qu'il l'ait été plus encore, mais le souvenir se superpose quand il le faut à la réalité. Je me surprends à le considérer comme un homme-objet et je me retiens de lui dire :

« Souris que je voie tes canines.

– Montre-moi tes gros genoux rustiques... »

Près de lui, je change de langage et me plais à penser des choses impensables. Et je le critique, le tripote, l'asticote et il adore cela. Nous achetons à Macroom de quoi dîner pour le soir. Il ne veut pas acheter de saumon, prétendant qu'il n'aime pas tellement.

« Mon œil! C'est parce que c'est cher! Je te connais : en plus de prussien, tu es juif! Et en plus d'être juif allemand, tu t'habilles comme un cow-boy du Texas! »

Il éclate de rire. En vieillissant, il retrouve du plaisir à se savoir juif, un fait qu'il a dû oublier en épousant sa catholique, et qui l'a pourtant marqué en l'empêchant de faire une carrière lucrative comme pilote de ligne. Mais en 46, les American Airlines, qu'il appelle depuis les Antisemitic Airlines, refusaient d'engager un pilote juif, même naturalisé depuis vingt ans, même héros de la guerre et sortant de l'armée de l'air. Il a dû travailler comme pilote privé d'une chaîne de journaux. Il aura une retraite minable.

La petite maison qu'il partage avec son copilote se dresse dans un paysage désolé comme je les aime, au milieu d'une lande hérissée de roches violettes auxquelles s'agrippent des bruyères et des ajoncs nains. Des montagnes pelées, qui ne font pas plus de deux mille pieds, ont l'air de surplomber de deux mille mètres une côte qui tantôt se creuse en fjords profonds et boisés où une mer apprivoisée, entre des rives plantées de palmiers, vous a soudain des airs de Riviera, tantôt s'avance vers le large comme une folle en cheveux, brandissant ses rocs, ses pointes, ses îlots furieux pour défier un océan qui n'a pas rencontré d'obstacle depuis quatre mille kilomètres. Un paysage qui rend fou s'il ne rend pas celte.

« A la maison », il a tout préparé, mis le couvert, mélangé d'avance les cocktails, allumé le feu de tourbe. J'ai l'impression d'être invitée chez une femme !

A ce stade de ma vie, l'intelligence n'est plus un atout primordial chez un amant. J'ai toujours vécu parmi des intellectuels d'un QI présumé supérieur à 100. Baiserait-il aussi bien s'il pensait trop ? Les verges se courbent souvent sous le poids des idées. Ce qui donne sa résonance unique à notre relation aujourd'hui, c'est que nous soyons à la fois si jeunes et si vieux. A-t-on déjà vu trente ans d'amour se conjuguer avec un aussi ardent désir ? Et puis, et puis, il y a ce plaisir pervers que je prends soudain à être traitée comme une enfant adorée. Qui d'autre me dira sans rire : « *My little girl is sleepy ?* » Qui d'autre aura jamais l'idée de remarquer : « Que tu es mignonne quand tu fais *pfff* avec cette moue ironique ! » Et d'ajouter, plus ridicule encore : « Je voudrais te manger toute crue. » Quelle exquise erreur sur la personne ! Je n'ai jamais été « mignonne ». Et alors ? Ce qu'on ne mérite pas n'est-il pas le meilleur ? Cela ne m'amuse plus qu'on me dise que je suis forte ou sécurisante. Je veux qu'on ait envie de me manger toute crue.

Werner ne saura jamais pourquoi je ris tant. De ses à-côtés, de ses chères erreurs, de ses fautes d'orthographe, de la distance qu'il y a entre moi et la reine de Saba, entre mon âge et cet amour fou. Ah ! si c'est le démon de midi, qu'il dure jusqu'à quatorze heures, s.v.p ! Je ris mais je pleure parce que sa tendresse me brise le cœur, qu'il est libre maintenant mais que je ne veux pas m'engager. Je redoute son âge, entre autres. Arnaud a déjà trois ans de plus que moi et depuis qu'il est malheureux, il vieillit vite; et Werner a cinq ans de plus qu'Arnaud, même s'il ne les paraît pas. Je me vois poussant deux voitures de paralytiques, un jour... N'est-il pas plus sage d'en laisser une sur chaque continent? Par une heureuse disposition, c'est toujours sur les autres que je vois s'abattre le gâtisme précoce ou l'hémiplégie. J'oublie qu'une femme séduisante dont l'âge dans deux ans va commencer par un six, « ça n'existe pas, ça n'existe pas ». Et pourquoi ne serais-je pas, moi aussi, « une fourmi de dix-huit mètres avec un chapeau sur la tête »?

De toute façon, tant qu'il travaille, il ne peut prendre aucune décision et moi je me contente de l'équilibre actuel de ma vie en m'efforçant d'ignorer le désarroi muet d'Arnaud. Une attitude qui me réussit : plus j'avance en âge, moins cela se voit. Je marche d'un pas plus léger, je m'habille différemment, j'embellirais presque depuis qu'on m'aime plus que je n'aime. Et je m'étonne d'avoir pu vivre si longtemps pour un seul homme, heureuse de ce qu'il lui plaisait de me donner et ne me plaignant pas de ce qu'il lui convenait de m'enlever.

Quand il fait beau, nous visitons. Quand les grandes marées arrivent, nous allons à la pêche. En Irlande, enfin, l'Ile au trésor n'est plus un mythe. Personne n'a jamais dérangé ici ce qui grouille sous le goémon, se balance dans la vague, s'agrippe aux rochers, s'enfouit dans le sable. Des crevettes innombrables arpentent les grands boulevards sous-marins entre des murailles de laminaires; les oursins, jamais inquiétés, grossissent démesurément dans leurs fentes de roc; les homards habitent à deux pas des plages; des algues d'espèces depuis longtemps disparues sur nos côtes s'épanouissent en couronnes verdâtres, en buissons roses, en rubans, en lichens sous lesquels s'agglutinent des bigorneaux géants; et des hérons, gris comme les rochers, s'immobilisent, stupéfaits par notre présence.

De l'eau jusqu'au ventre, de la pluie jusqu'aux os et l'odeur forte de la marée basse plein les poumons, je traque au havéneau, au crochet, à la foëne, toutes ces richesses qui me sont offertes pour deux heures, deux heures seulement. J'ai dû apporter mes engins de Bretagne, le haveneau démontable ficelé sur ma valise comme le parapluie de Bécassine, car on ne connaît que le matériel de rivière par ici où l'on ne pêche que la truite et le saumon.

Werner, vite découragé, m'attend généralement dans la voiture en écoutant une émission religieuse comme elles sont toutes ici, surtout le dimanche. Il prétend qu'il pleut; je soutiens que le *drizzle*, cette humidité en suspens si particulière à l'Irlande, n'a rien à voir avec la pluie. En tout cas c'est également trempés que nous rentrons et allons droit au lit. Il n'y a pas d'heure pour le lit, c'est la marée qui commande. Puis, fruits de mer et vodka devant les flammes silencieuses et bleues de la tourbe. Il me raconte son enfance allemande, sa famille tout entière disparue dans les camps sauf ses parents et leurs deux petits garçons, Werner et Rudi, partis d'Allemagne en 1926 sur un pressentiment funèbre du père, boucher de son état dans un village de Westphalie.

Je rentre à Paris fourbue, béate de plaisir donné et reçu. « Max n'a pas été sage, c'est écrit sur son front », disait le vieux livre de lecture dans lequel Adrien m'apprenait à lire. Il est évident que ce que je viens de vivre est écrit sur mon front, mes yeux, ma bouche, mes seins... Le bonheur est d'une insolence !

Les séjours irlandais sont juste assez longs pour que s'installe la tendresse des premières habitudes, juste assez courts pour que je n'aie pas le temps de m'irriter de ses défauts typiquement américains : il ne sait pas se faire servir sans un échange humain, demande aux serveurs s'il y a longtemps qu'ils travaillent là et comment ils s'appellent; ne descend jamais d'un taxi sans savoir si le chauffeur est marié et content de son boulot. Dans les avions, il parle aux voyageurs des rangées voisines, cherche à leur rendre service, à savoir d'où ils viennent. Pénible ! Fâcheuse aussi sa manie de commenter ses actes à voix haute. « *Here we are !* » quand on arrive, « *There we go !* » quand on s'en va. Chaque fois qu'il se rend au « *Little boy's room* », il me rassure : « *I'll be back* », comme si j'imaginais qu'il pourrait disparaître dans la lunette. Et ce vocabulaire qu'il ne sait pas toujours adapter à mes susceptibilités. Quand il me dit « *Be mine* », j'ai envie de répondre : « Hé là ho ! Personne n'est à personne. » Mais ce serait trop long de lui expliquer.

Enfin il y a ces vérités premières qui pleuvent dans la conversation et lui tiennent lieu d'opinion :

— Les mœurs sont différentes suivant les pays, tu sais...

— Nous mourrons tous un jour ou l'autre...

— Le fruit ne tombe jamais loin de l'arbre...

— Ainsi va la vie, personne ne peut dire quand passera la faucheuse...

Je lui dis que c'est con de procéder ainsi, lui explique ce qu'est une nuance, une exception, une idée à soi... Il faut reprendre à l'ABC; il écoute docilement, fait un énorme effort pour admettre que le socialisme et le communisme ne sont pas la même chose, c'est difficile pour un Américain moyen; que les emmerdeuses américaines qui réclament des pensions exorbitantes ne représentent pas le féminisme... Il veut bien tout, Lou-eeze a sûrement raison, Lou-eeze est la plus intelligente, elle sait puisqu'elle a étudié! Tout ce qu'il voudrait, ce serait de lui rendre la vie facile, douce, sans corvées, pour qu'elle puisse se livrer à cette miraculeuse activité : écrire, inventer, créer. Ecrire des choses que les autres aient envie d'acheter! Il n'en revient pas que je gagne tant d'argent avec un stylo! Lui, il sait tout faire, sauf travailler dans l'abstrait, dans l'imaginaire. Ça tombe bien... enfin, ça tomberait bien si Arnaud n'était pas depuis trente ans le mari de Lou-eeze et un mari libéral en plus, qui arrive à faire taire sa jalousie, encore une chose que Werner ne parvient pas à comprendre et admire infiniment.

Chaque fois que je rentre en France, je m'attends à la levée de l'enchantement. Je la souhaite. Pour Arnaud. Pour écrire tranquille aussi. L'adultère prend un temps fou! Et je me pose une question dégueulasse : si un boulet de canon lui enlevait les parties, aurais-je toujours de « l'amour » pour Werner?

A chacun de mes retours, en tout cas, l'atmosphère conjugale s'alourdit mais comme Arnaud a toujours admis et même souhaité pour moi la même liberté que pour lui, il se garde de tout reproche direct. La théorie est facile mais en fait, la liberté de l'autre n'est jamais exactement ce qu'on voudrait! Alors il boit de plus en plus, s'entoure en permanence d'un nuage de fumée, et embrasse de mieux en mieux les femmes des amis et les autres pour me montrer que le charme Castéja fonctionne toujours et que... hein...

Il sort beaucoup quand je m'absente. Il aime être reconnu dans la rue, au restaurant : « Monsieur Castéja, permettez-moi de vous offrir un petit marc de ma réserve personnelle... » On dit qu'il est beau, que son visage n'est pas ridé mais « buriné » par la vie. Il a interviewé tous les grands du spectacle, de la politique, du monde artistique, il en est fier. Mais qu'est-ce que cela pèse quand on se sent abandonné ? Il n'a jamais su interviewer ses filles !

Quand je suis là, il fait couple, il s'installe devant la télévision à neuf heures, les jambes surélevées et la branche. Le premier spectacle venu fera l'affaire. Je tombe en déprime.

« Qu'est-ce qu'on fera de moins à quatre-vingts ans ? N'anticipons pas sur les « plaisirs » futurs ! »

Il ne rit plus. Il se souvient peut-être que ces tête-à-tête je les ai tant souhaités autrefois ! Aujourd'hui, son amour ressemble à un épervier qu'il jette sur moi. « Papa ne t'a jamais tant regardée », me fait remarquer Adrienne. Ce n'est pas tout à fait de l'amour mais une réclamation d'amour, comme celle qu'Adrienne m'imposait quand elle était petite, ne me laissant jamais partir quand je sortais le soir, me serrant trop fort dans ses bras, me décoiffant, me faisant mal quand je me penchais sur son lit pour l'embrasser, m'obligeant pour finir à me dégager brutalement, ce qui nous laissait furieuses toutes les deux. Arnaud se fait exigeant à la maison pour me rappeler que si je couche ailleurs, je sers toujours ici. Il tombe malade pour m'extorquer des soins. Il promène sa mélancolie devant les amis pour m'apitoyer et se conduit en Enfant-Roi, alors que je rêve d'un Mari-Mère !

C'est pour ce dépaysement entre autres que j'aime Werner : il me permet à la fois de me sentir Homme, par l'indépendance, l'argent, l'écriture, voire la supériorité intellectuelle, et formidablement Femme, alors qu'avec Arnaud je ne suis plus ni l'un ni l'autre. Werner se précipite pour porter mes valises, me prépare les drinks comme j'ai dit une fois que je les aimais, me les apporte sur le canapé où je prends enfin le temps de m'alanguir, comme font les femmes gâtées, fragiles et exigeantes. Voilà que je m'offre le luxe d'appeler à l'aide quand une prise me pète dans la main ou qu'il faut vérifier l'huile du moteur. Il court ouvrir ma portière, avance son grand bras quand il freine brusquement, insiste pour porter les *deux* tranches de jambon que je viens d'acheter, fait vite le lit pendant que je me lave les dents, me cooke des French breads ou des pancakes au petit déjeuner *et* lave la poêle ensuite, pas seulement rince, *lave.* Pas seulement lave, gratte. Et gratte sans abîmer le Tefal et sait où se range l'éponge après. *Lave* quoi, comme ferait une femme, derrière laquelle on n'a pas besoin de finir le travail. La tendresse, ce n'est pas seulement de vous appeler « mon cœur ».

Il m'arrive de me demander comment fonctionne un homme qui n'a jamais lavé ses chaussettes, jamais regardé celles de sa compagne ou de son enfant comme des objets dont la propreté le concernerait; un homme qui a toujours bénéficié d'une femelle pour assurer toutes les petites saletés de la vie quotidienne, une à la maison, plus une à la cuisine dans les périodes fastes, plus une au bureau, sans compter toutes les gentilles qui sont toujours prêtes à faire un pansement, recoudre un bouton, courir à la pharmacie ou au bureau de tabac pour un homme qui leur parle gentiment... Innombrables petits gestes de dévouement ou de tendresse qui capitonnent la vie des hommes, la protègent des contingences et la font douce. Mesurent-ils à quel point ?

Il est trop tard chez moi pour changer, sauf sur quelques détails, un rapport si longtemps accepté. Arnaud est devenu irascible, s'emportant pour des riens, des manquements mineurs, puisqu'il s'est interdit de me reprocher le grand manquement. Je découvre même que toute femme est susceptible d'être battue. Il suffit de trouver le facteur déclenchant. Avec Arnaud, c'est un certain degré d'indifférence à sa personne, à ses besoins.

« Où as-tu mis mon Petit Robert, il n'est plus à sa place !

– Nulle part. Je ne l'ai pas vu, je me sers du Littré, tu sais bien.

– C'est le Robert que je veux. Il était dans ma bibliothèque, c'est forcément toi qui l'as déplacé.

– Je te dis que non. Et je ne suis pas comptable de tes affaires. »

Phrase imprudente, phrase impudente ! Mme Arnaud Castéja par définition *est* comptable des affaires de M. Castéja. Il change de visage, se dirige vers ma bibliothèque et du premier coup d'œil, à ma stupéfaction, trouve le Robert qu'il me brandit sous le nez. J'ai envie d'éclater de rire mais il n'en est pas question.

« Je te dis que ce n'est pas moi, je ne me sers jamais du Robert.

– Alors tu nies l'évidence ? »

Il marche sur moi le visage déformé : c'est tout son refus de mon indépendance, de l'amour de Werner, de ses lettres quotidiennes, qui trouve enfin un exutoire. Il me saisit à l'épaule pour me jeter par terre, il tremble de rage et je ressens une telle horreur incrédule que je reste sidérée, sans réflexes, incapable d'un geste ou d'un mot. Au prix d'un effort surhumain il se domine et sa colère bifurque vers des mots, des mots qui attendaient d'être dits :

« Je n'admets pas que tu me parles sur ce ton.

C'est du mépris ! Alors, ou tu changes de ton ou tu changes d'homme. »

Voilà la chose lâchée. Il m'a parlé comme à ses filles quand elles étaient petites, comme à Adrienne encore, quand elle lui tient tête. Brisé par cet éclat, il me tourne le dos et repart dans son bureau, en claquant la porte, lui si calme. Il me revient alors en mémoire qu'Adrienne est venue travailler à l'appartement il y a quelques jours. C'est elle, la garce, qui a évidemment déplacé le Robert. Mais à quoi bon aller se justifier ? Le problème est ailleurs, je le sais bien.

« Il te laisse partir en Irlande une fois par mois, il voit arriver tous les jours les lettres de Werner et tu voudrais en plus qu'il soit de bonne humeur ? Tu exagères, me dit Félicien quand je lui raconte que j'ai failli devenir une femme battue.

– Tiens, il viendra en Bretagne en septembre, pendant qu'Arnaud sera aux Antilles. J'aimerais bien que tu le rencontres et que tu me dises à quel point je m'aveugle sur lui.

– J'estime que l'amour, c'est toujours de l'aveuglement, tu le sais bien. Et je t'ai déjà ouvert les yeux une fois... Si tu es aveugle et heureuse, je serai le dernier à te décourager. Prends tout ce que tu peux à la vie, de toute façon elle, elle te le reprendra au centuple. Mais toi, tu as peut-être payé d'avance...

– Arnaud prétend que chacun a un certain capital de bonheur et de malheur à dépenser dans la vie. Dans ce cas, moi j'ai un chèque en blanc sur l'avenir. Tu me diras que pour ce qui me reste d'avenir...

– Je te dirai que cette idée d'égalité de bonheur me paraît totalement naïve. Moi j'ai raté ma vie amoureuse et j'ai plus de soixante ans. Où est-il mon capital ? Geneviève est malade et je ne la quitterai jamais.

— Tu es idiot : tu as quitté Viviane que tu aimais et tu ne quitterais pas Geneviève que tu n'aimes pas !

— J'ai toujours été un con, qu'est-ce que tu veux. Heureusement il reste l'amitié. »

En mai, plus tôt que prévu, Werner fut rappelé aux Etats-Unis parce qu'il atteignait la limite d'âge et nous avons passé en Irlande notre dernier week-end.

Il faisait le même temps qu'en novembre ! Drizzle ! On distinguait à peine les vaches perchées sur les rochers ou les agneaux accroupis à l'abri des murets de pierre sèche, le long des routes où passent si peu de voitures. Des ânes minuscules traînaient des bidons de lait plus lourds qu'eux, guidés par de grands paysans délabrés, parfaitement indifférents à la pluie, vêtus de complets-vestons en loques et qui avaient en permanence l'air de jouer du Beckett. Sous son ciel tourmenté et sa lumière capricieuse, l'Irlande apparaissait verte de son herbe courte et drue et rose des rhododendrons sauvages qui couvraient ses collines. C'était un peu devenu notre pays. Nous sommes partis revoir le Connemara pour faire quelque chose et ne pas rester face à face dans la petite maison où les souvenirs et les angoisses étaient tapis dans tous les coins, prêts à nous sauter à la gorge. C'était la fin de sa vie, peut-être. De son prestige de pilote. Sans avion, que sera-t-il, sinon n'importe quel retraité de n'importe quelle petite ville américaine ?

E finita la commedia ? On ne me parlera plus de mon *wonderful body,* de ma *beloved face.* Un lit désormais ne signifiera plus Amour mais Repos ?

Il a réussi à ne pas pleurer en me conduisant à

l'aéroport mais « à l'intérieur, je suis mort », me dit-il. J'avais le sentiment ignoble que tout cela allait me servir un jour peut-être, pour un livre. Bien saignant. Je note tout, chaque soir. En même temps, comment faire comprendre la passion amoureuse dans un livre à nos âges? Obscène ou inadmissible; en tout cas dégoûtant. Qu'est-ce que je m'en fous! On est si souvent stupéfait que les gens aiment les gens! Qu'est-ce qu'ils peuvent bien leur trouver?

Je ne sais pas vers quel avenir nous nous dirigeons mais l'idée de Werner vieillissant et mourant seul de l'autre côté de l'Atlantique me semble insupportable par moments. A d'autres, vue de plus loin, toute cette aventure me paraît dérisoire. Faire tant d'histoires pour aller enlever sa culotte, comme dirait Arnaud... Vu de la vieillesse aussi, tout cela me paraîtra dérisoire. Du moins, je l'espère. Sinon, quel supplice! Mais vieillit-on jamais? *That is* la vraie question à côté de laquelle *To be or not to be* est un problème simple.

Et si la peau de vos bras n'évoque plus un pétale de rose mais plutôt un pétale d'œillet, je crains bien que cela ne soit pas suffisant, hélas, pour que le cœur lui aussi se ride et se taise.

XXIII

LA CONVERSATION

On ne devrait rien décider avant d'avoir vécu avec un homme dans une maison, dans *sa* maison. Et se méfier de cette nostalgie qu'on éprouve sur le deuxième versant de sa vie pour ce qu'on n'a pas connu. Hermine parlait souvent de son rêve impossible : être une femme entretenue ! En fait, elle eût haï cet état mais avait besoin d'en rêver, à haute voix.

Werner est donc pour trois semaines dans le lieu du monde le plus cher à mon cœur. Il connaissait New Delhi, Nairobi, Hong Kong et Mexico, mais pas Locmaria !

Tandis que je corrige les épreuves de mon livre de nouvelles, il fait comme chez lui, comme Arnaud n'a jamais fait chez lui, repeignant la barrière, mastiquant mon eucalyptus dont une branche maîtresse s'est fendue cet hiver, tondant le gazon. Ma machine à laver s'est arrêtée et quand je descends déjeuner je vois qu'il a étendu « mon » linge tout seul. J'en pleurerais. Personne ne m'a jamais fait ça. Et je m'en fous qu'il n'ait plus ses fesses de toréador, son cou de jeune arbre, c'est même presque une émotion supplémentaire de le voir atteint lui aussi, malgré ses larges épaules et sa force, par toutes ces saloperies qui se faufilent sur vous, s'infiltrent partout et vous trahissent.

Nous ne nous étions pas vus depuis cinq mois. Ces séquences torrentielles succédant à des séquences désertiques, était-ce bon pour un organisme mâle vieillissant ? En fait, la réalité dépasse toujours nos espérances.

Quand nous rentrons de pêche, le moteur au ralenti, nous laissant imprégner par le parfum de l'air et les reflets du crépuscule, tout alanguis par ce qui nous attend ce soir et ce qui nous a été donné ce matin, une sorte de perfection m'étreint. J'éprouve la certitude d'être au cœur de toute cette beauté, de faire partie de ces rochers, d'être un de ces goélands, de ces arbres sur la côte, une de ces vaguelettes que nous soulevons sur le passage du bateau. Silence. Ravissement. Il me reste... quoi ? Vingt ans à vivre ? Pour la première fois, je trouve cela court. Mon avenir ne me semble plus illimité. Mais d'autant plus précieux.

Adrienne est venue passer une semaine ici avec Lou et elles ont trouvé la maison d'une gaieté inhabituelle. Quand Arnaud est là, il porte si visiblement le deuil de la femme que j'ai été que c'est moi qui dois assurer l'animation, forcément factice. Je ne fais rien pour modifier la situation puisque je ne suis pas demandeuse et l'amour-propre d'Arnaud l'empêche de me crier qu'il m'aime pour me réveiller du rêve que je vis avant qu'il ne soit trop tard.

« Je ne savais pas que tu pouvais être aussi gaie », me dit Adrienne le soir de son départ tandis que nous dînons au buffet de la gare de Lorient.

Elle a toujours été différente de ses sœurs, comme si elle n'appartenait pas à la même génération. Elle n'a ni le goût de séduire de Pauline ni le cœur inflammable de Frédé. C'est d'Hermine qu'elle a hérité son ambition, son indépendance et ce besoin de dominer. L'égalité avec les garçons lui apparaît non comme un droit mais comme une évidence qui n'a même plus besoin d'être discutée. Je la regarde avec pitié, ma petite chèvre : ce sera dur pour elle, car les garçons de son âge ont eu le temps de réagir, de s'organiser. Ils choisissent de préférence les douces, qui leur permettront de vivre à l'ancienne. Les autres devront opter entre la solitude et une certaine abdication. Elle préfère la solitude et les aventures sans lendemain, pour l'instant.

Elle voudrait bien savoir si j'ai envie que Werner vienne habiter en France.

« Si j'étais seule en cause, oui, tout de suite.

– J'aime te voir aimée, dit-elle avec cette maturité qui fait d'elle parfois beaucoup plus que ma fille. Ça a l'air affreux à dire pour papa, mais je trouve que tu as fait assez de BA toute ta vie, avec lui, avec nous. Je trouve que votre amour à Werner et à toi est une belle histoire, un peu exceptionnelle. Je la trouve « propre ». Et puis elle donne tellement confiance en l'avenir ! Qu'on puisse encore s'aimer comme vous...

– Si vieux, tu veux dire... »

Adrienne hoche sa tête frisée en riant :

« En tout cas, tu n'as plus la même voix ni le même rire quand Werner est là.

– Je m'en aperçois bien. Ça me gênait presque devant toi...

– Pourquoi ? Moi j'ai trouvé ce séjour très chouette. Et je vais te dire quelque chose de drôle, maman : j'ai découvert qu'on pouvait te faire plaisir, que tu pouvais aimer qu'on s'occupe de toi. Insensé, non ? Pour moi jusqu'ici, parce que tu étais ma mère, tu étais quelqu'un de fixe, sans cafard, sans maladies, sans désirs. Je viens de découvrir une personne beaucoup plus proche, enfantine même.

– Tu me découvres humaine alors que tu me croyais parfaite ?

– Exactement, et ça me plaît. Voilà que j'ai envie de te faire plaisir, moi aussi. Ça ne me serait jamais venu à l'esprit ! Ma pauvre Mine ! C'est dur d'être mère, hein ? Alors je voulais juste te dire : fais ce que tu as vraiment envie de faire, ne t'occupe pas de nous. Papa t'aime, bien sûr, mais il n'a jamais renoncé à rien pour toi. Je me demande pourquoi tu renoncerais maintenant à être heureuse. Il referait sa vie, lui, je suis tranquille.

– Tout de même, chérie... on n'ampute pas quelqu'un de son passé comme ça ! Nous avons vécu près de trente ans l'un avec l'autre et plutôt réussi notre vie dans l'ensemble...

– On ne vit pas sur un bilan, même positif, dit Adrienne, brutale et lucide comme la jeunesse. Et puis j'aime la femme que tu es quand Werner est là. Et sa façon de m'accepter, parce que je fais partie de ta vie, m'a touchée. On a parlé formidablement bien ensemble, comme s'il me connaissait depuis toujours. Enfin, voilà, c'est à toi de décider, ma pauv' mère !

– Hélas ! Ce n'est pas le plus facile...

– Tu as deux hommes dans ta vie qui t'aiment ! D'une certaine façon, ça doit être rassurant, non ?

– A mon âge, tu veux dire ? »

Nous rigolons comme deux copines. Nous ne nous sommes jamais senties si proches. Ce qui est rassurant en vérité, c'est d'avoir des filles qui m'absolvent d'avance, quoi que je décide. Pauline m'a téléphoné le premier jour à Locmaria pour me dire : « Sois heureuse, maman, profite bien ! »

Profiter, c'est facile, mais cela ne fait que rendre la décision plus dure. Werner veut vendre sa maison devenue trop grande pour lui seul. Où ira-t-il? Qu'est-ce que j'en pense? Arnaud supporte de plus en plus mal que son sort ne dépende plus de lui seul, et moi je ne suis pas douée pour vivre avec deux hommes à la fois. Deux frustrés ne me feront pas une vie comblée. Mais l'incertitude ne peut plus durer et nous échouons finalement dans un « grand » restaurant « pour parler sérieusement ». Ce que je me prépare à dire serait plus pénible encore sur une nappe en papier, devant un steak filandreux garni d'une purée en sachet. Même le chagrin est différent quand c'est un chagrin de riche. A la maison je n'ai jamais pu aller jusqu'au bout d'une conversation importante, sans que le téléphone sonne : « Où en était-on déjà? Ah! oui, tu m'annonçais que tu ne m'aimais plus... » C'est toujours au restaurant qu'on s'est dit des choses sans que j'aie à me lever pour surveiller les pommes sautées. Encore faut-il qu'Arnaud ne rencontre pas un journaliste : « Dis donc, vieux, il faudrait que je te voie... » ou une de ces innombrables personnes du sexe qu'il embrasse sur les deux joues : « Tu connais ma femme? – Non, dis-je grossièrement. – Alors, on s'appelle, hein? sans faute? »

Je lui trouve le dos de plus en plus voûté, à Arnaud. Il devrait faire de la gymnastique s'il ne veut pas finir comme sa mère. Mais ce n'est pas le moment de le lui dire alors qu'il est justement question que nous ne vieillissions pas ensemble.

« Il me semble que ta décision est déjà prise? commence-t-il à peine assis en face de moi. C'est la séparation que tu souhaites? »

Il a l'habitude de diriger les débats; il a choisi le lieu; il décide maintenant du ton.

« J'ai envie de vivre autrement, je murmure, presque tremblante de mon audace. Comment osé-je ?

– Ainsi tu te sens capable de rayer d'un trait vingt-cinq ans de notre vie ?

– Je ne raie pas du tout le passé. Le passé, il est acquis, vécu, gagné. Je ne vois pas pourquoi il serait annulé parce qu'à cinquante-huit ans l'un de nous change de voie. On a tout de même vécu un énorme morceau de vie ensemble, le principal, sans doute le meilleur... ce qu'on appelle le plus bel âge, en tout cas.

– Je pensais que tous les liens que tisse une vie commune seraient assez forts pour nous garder ensemble jusqu'au bout. Plus forts en tout cas que l'attrait d'une vie nouvelle, avec quelqu'un que tu connais mal, après tout. Je trouve que tu prends un grand risque, si tu veux mon avis. »

Je finis toujours par me retrouver sur la sellette avec Arnaud. Je prenais un risque en me montrant si jalouse autrefois et je suis sans doute en train de faire une connerie aujourd'hui.

« Tous les sentiments sont des risques. J'en avais pris un en t'épousant, non ? Comme toi, d'ailleurs. Et tu sais bien que vivre sur l'acquis ne me suffit pas. Tu me l'as assez reproché !

– Ce que je t'ai toujours reproché, c'est de ne pouvoir bâtir le futur que sur les ruines du passé. Parce que tu es amoureuse ailleurs, il faut que tu me condamnes. »

Il allume une nouvelle cigarette alors que l'autre fume encore dans le cendrier. Je me recule. Sa fumée non plus je n'en ai plus envie. J'apprécie que Werner ne fume pas.

« Je ne te condamne pas, je constate que nous n'avons plus beaucoup de vie commune, c'est tout.

– Par ta faute. C'est toi qui t'es éloignée. C'est déjà difficile une vie commune quand on ne fait même plus l'amour ensemble. Mais en plus tu ne m'estimes plus. Je le supporte très mal.

– Je ne me suis jamais aperçue que tu m'estimais, toi !

– Tu es une idiote. Une aveugle.

– Disons que je n'ai plus pour toi l'admiration totale que j'ai eue si longtemps. Oui, j'étais une aveugle. Je suis devenue plus égoïste et depuis, je m'aperçois que je n'ai jamais tant reçu, même de toi ! »

Arnaud me regarde de ses beaux yeux pâles, ni gris ni verts comme dans la chanson triste. C'est atroce de perdre sa vulnérabilité à quelqu'un qu'on a tant aimé. Il est en train de se briser à l'intérieur. Ce qu'il « déguste » en ce moment est tellement imprévu que ça fout en l'air toute la construction de sa vie, la place énorme que j'y tiens aujourd'hui, non pas en soi, isolée, mais imbriquée dans toutes ses structures. Je sais tout cela. Est-ce parce qu'il refuse de jouer la carte sensible ? Je reste spectatrice, en dehors. Face à face, nous sommes comme l'eau et le feu, qui se détruisent. Mais l'eau n'a pas tort... le feu non plus.

« J'ai mis du temps, moi aussi, à devenir moins égoïste, dit-il tout de même.

– Résultat : on a fait du trajet en sens inverse et à contretemps. Mais tu as été long à démarrer, avoue... dis-je en lui prenant la main. Si nous avions pu parler comme ça autrefois, si seulement tu m'avais mieux expliqué.

– Mais pourquoi tout casser ? Je te laisse libre. Et je n'aime personne d'autre que toi.

– Qu'est-ce que ça veut dire, aimer, quand on ne partage plus rien ? Tu as besoin de tellement d'autres choses et d'autres gens...

– Toi aussi, rétorque Arnaud. Et comme tu ne sais rien faire à moitié, c'est beaucoup plus grave. Mais tu as toujours été d'une jalousie morbide. Moi pas, comme tu vois.

– Je ne suis plus jalouse du tout, c'est ça que tu ne veux pas comprendre. J'ai tout usé, tout mon stock. Ou peut-être que je suis assez sûre de moi pour ne plus l'être; ou peut-être m'aime-t-on enfin comme j'en ai besoin pour ne plus l'être ? Je m'en fous maintenant, et c'est rudement reposant.

– Eh bien, moi je t'aime, dit Arnaud. D'ailleurs, tu le sais. De moi-même, jamais je ne te quitterai. A aucun moment je n'ai eu envie de te quitter. C'est pas nouveau.

– Je sais, mon chéri. Mais moi ce que je voulais ce n'était pas tellement que tu restes avec moi, c'était que tu m'aimes !

– Tu as décidément bien du mal à accepter les gens comme ils sont.

– C'est vrai. Je n'en reviens pas qu'ils soient comme ils sont !

– Pourtant, je te le répète : je t'aime et je ne t'ennuierai pas avec cet aveu une troisième fois. Et je ne crois pas l'avoir jamais dit ou écrit à une autre femme. A Viviane peut-être, et encore. Alors voilà. »

Oh ! Barbara ! Quelle connerie la guerre ! Ces « je t'aime » dont elle n'a plus l'usage alors qu'elle a si longtemps vécu d'inanition...

« Un amour pour deux, ce n'est peut-être pas suffisant, Arnaud, et nous n'aurons jamais eu qu'un amour pour deux finalement, tu ne crois pas ?

– Si ça t'arrange de le dire comme ça. Tu te gargarises avec tes formules, comme d'habitude. »

Silence. On mange nos truffes, nos ortolans. Je

m'en veux de ne pas les trouver aussi bons qu'ils sont. A ce prix-là, c'est un crime d'être malheureux.

« En fait, tu veux quoi, te remarier ?

– En aucun cas me remarier, tu es fou ? L'idée de changer encore de nom me donne des boutons. Même m'appeler encore Castéja m'ennuie. Mes filles ne vont plus s'appeler Castéja. Pourquoi moi ? Je suis moins Castéja qu'elles ! Il n'y a rien de Castéja dans mon patrimoine.

– Ça, tu me l'as bien fait sentir, sois tranquille.

– Personne ne t'a demandé d'être un Morvan à toi ? Tu ne te rends pas compte de ce qu'on demande à une femme. »

Arnaud hausse les sourcils d'un air de martyr pour signifier que les exigences de la famille Morvan, pour n'être pas patronymiques, avaient été autrement lourdes.

« Qu'est-ce que tu me demandes à moi, en attendant ? »

Et comme je ne réponds pas tout de suite, ennuyée, indécise, terrifiée par l'avenir, par l'idée de prendre une route définitive :

« Si je peux me permettre un conseil, mon chéri, ne t'embarque pas trop vite. C'est une belle histoire que tu vis avec Werner. J'aime bien ce qui dure, comme tu sais. Mais tu ne sais pas ce que ce sera de vivre avec lui deux mois, trois mois, des années. Physiquement, ça colle, mais ça aussi ça change, comme tu sais...

– L'ennui, c'est que si je le prends, ce ne sera pas facile de le rendre au bout de trois mois ou d'un an... »

Nous éclatons d'un rire terriblement complice.

« D'abord, en hiver, on ne met pas un locataire dehors. Et pour Werner, ce sera bientôt l'hiver, dit Arnaud d'un ton apitoyé.

— Tu es infect ! Il fait beaucoup plus jeune que toi. »

Il lève l'index :

« Il fait Jeune... Il a des goûts de Jeune... Mais ce n'est pas un Jeune ! »

Arnaud se détend. On est revenu en terrain familier : l'humour.

« Ecoute, tel qu'il est, il m'émeut. Il m'aide à devenir quelqu'un que je n'ai pas su être et qui me plaît. Je crois que j'ai envie de vivre ça.

— Eh bien, vis-le, dit Arnaud. Prends-toi une année sabbatique, encore une fois; renouvelable, bien sûr. Et garde Locmaria et l'appartement. Tu sais comme j'aurais horreur de vivre sans toi dans une maison où nous aurions été ensemble.

— Tu m'as toujours dit que si je mourais, tu vendrais tout pour aller vivre à l'hôtel. Je trouve ça glaçant. Moi qui voudrais garder tout !

— Je sais : tu m'as fait coucher dans le lit où tu avais aimé Jean-Marie six mois avant. Ah ! et Werner, j'oubliais !

— Tu couchais bien avec la femme de Jean-Marie, j'avais pas changé de peau ! Pourquoi de matelas ?

— Si je t'ai demandé ce que tu comptais faire, ce n'est pas pour t'obliger à prendre une décision, c'est parce que moi j'en ai pris une. Moi, je vais changer de tout : de peau et de matelas. Il y a longtemps que j'avais envie de passer un an à Tahiti. J'ai plein d'amis là-bas. Je suis sûr que je pourrai y travailler, écrire, je ne sais pas, moi, on verra. Et je ne sais pas plus que toi où j'en serai dans un an.

— « Dans un mois dans un an comment souffrirons-nous, Seigneur... »

— Les titres de Sagan... on dirait qu'ils sont taillés sur mesure pour toutes les vies. Werner t'a reconquise en te disant « Aimez-vous Brahms ? »

– Et ça a été pour toi « Bonjour, tristesse »...

– Et pour toi « Les merveilleux nuages ». Mais qui, finalement, sera « le Garde du cœur » ? Tiens, je vais reprendre un marc de Bourgogne. C'est tout de même pas drôle, tout ça. »

Pas drôle, sans doute. Mais dans mon cœur, quelque chose bondit, dont j'essaie de cacher le reflet dans mes yeux. Le couperet ne va tomber sur personne. C'est moi cette fois qui garde tout. Y réussirai-je mieux qu'Arnaud ? Je ne veux pas le savoir encore. A chaque jour suffit sa joie.

XXIV

LES MOUETTES

Chaque année, l'automne me paraît plus déchirant et voir sombrer chaque journée dans la nuit plus pénible. Je me lève sans cesse de mon bureau pour aller savourer à la fenêtre la beauté mourante d'un jour qui ne se défend plus.

A Locmaria, en octobre, tandis que les feuilles tombent, les bateaux de plaisance, eux, remontent, hissés par la grue de l'autre rive, et se balancent quelque temps, lamentables, suspendus entre ciel et eau, balourds soudain comme ces chevaux encordés sous le ventre qu'on charge à bord de cargos et qui agitent leurs pattes inutiles.

Les touristes aussi ont été aspirés par leurs villes respectives et le village retrouve son espace, sa respiration.

Mon albizzia rouge est mort, je vais le déterrer demain et le remplacer par un eucalyptus. L'ennui, c'est que je ne les aime que jeunes, les eucalyptus, quand leurs feuilles sont petites, rondes et bleutées.

Arnaud détestait les jardins de morte-saison, il doit être heureux à Tahiti. Moi je les aime : je sais ce qu'il y a dessous, les boutures, les bulbes, les rhizomes que j'y ai enfouis et tout ce qui se prépare à vivre. C'est la saison où les jardiniers peuvent rêver. Je voudrais aussi planter un liquidambar, j'ai toujours eu envie d'être propriétaire d'un liquidambar! Avec ce nom absurde, l'arbre ne peut être qu'époustouflant. Et s'il ne l'est pas, il me restera le plaisir de dire : « Vous avez vu mon liquidambar? »

Sur mon camélia strié, on distingue déjà bien les boutons qui fleuriront en février. Il sera magnifique cette année et je viendrai exprès pour lui. Je n'envisage pas de vivre dans un jardin sans camélia, sans ce courage de fleurir au cœur de l'hiver, de se couvrir de toutes ces roses plates et sans odeur, plus parfaites encore dans leur froideur rose que la rose, et posées sur des feuilles d'un vert invulnérable. Mon camélia sera en fleur quand Pauline accouchera. J'espère une fille, une fille pour assurer la continuité. Après, ils pourront faire n'importe quoi, ce qu'ils voudront.

A genoux sur la terre chaque matin, je traque la mauvaise herbe, le chiendent qui chemine, le trèfle à fleurettes jaunes, l'horrible pissenlit dont il faut dégager la racine jusqu'au bout. Un rouge-gorge jardine avec moi. Je crois que je le connais. Il sautille alentour, picote la terre d'un bec vif sans jamais me quitter de l'œil. Je ne m'étais pas avisée qu'un oiseau ne vous regardait jamais de face, avec ses deux yeux à la fois. Il s'approche de plus en plus, je lui parle d'une voix d'oiseau et il penche la tête, puis se pose sur mon panier, sur mes gants que j'ai laissés sur le muret, pour me montrer qu'il n'a pas peur de moi. Il croit sincèrement que tout ce désherbage, je le fais pour lui, pour lui amener des vers à la surface. Je le lui laisse croire. Nous sommes très contents l'un de l'autre.

Le jour va diminuer de huit minutes encore, aujourd'hui. Il n'est que six heures à Philadelphie et Werner doit se cuisiner quelque immondice surgelée accompagnée de *sweet-sour sauce* en berlingot et de son *Pumpernickel bread,* en regardant pour la dernière fois la maison qu'il va quitter. Il colle soigneusement, comme il fait toutes choses, des étiquettes *France* sur ses valises et sur son destin.

J'entends le pok pok pok sourd du diesel d'Eugène dont le bateau défile à petite vitesse le long de mon jardin. Debout, la barre entre les jambes, il grée sa ligne de traîne et me fait un signe du bras : il s'en va pêcher le lieu, son chien à la proue, le museau dressé, l'air important, veillant les fonds.

Sur l'autre rive, devant le « Bar du vin sans O », deux marins-pêcheurs s'invectivent, déjà soûls à onze heures du matin. Une minuscule annexe se détache d'un chalutier et se dirige vers le quai, emportant cinq hommes. Le dernier godille, les quatre autres sont debout, serrés comme des sardines posées sur leur queue. Le port a pris son aspect hivernal : seuls ceux dont le métier est la mer s'y affairent. Les bruits sont redevenus familiers, tranquilles, nécessaires.

Les mouettes, elles, s'en moquent bien et mènent leur train.

DU MÊME AUTEUR

LA PART DES CHOSES, Grasset, 1972.
AINSI SOIT-ELLE, Grasset, 1975.

Aux Éditions Denoël, en collaboration avec sa sœur Flora Groult :

LE JOURNAL A QUATRE MAINS.
LE FÉMININ PLURIEL.
IL ÉTAIT DEUX FOIS.

Aux Éditions Mazarine :

DES NOUVELLES DE LA FAMILLE.

Dans la collection Femmes, Denoël-Gonthier :

LE FÉMINISME AU MASCULIN.

Aux Éditions Alain Moreau (Presse-Poche) :

LA MOITIÉ DE LA TERRE.

Composition réalisée en ordinateur par IOTA

IMPRIMÉ EN FRANCE PAR BRODARD ET TAUPIN
58, rue Jean Bleuzen - Vanves - Usine de La Flèche.
LIBRAIRIE GÉNÉRALE FRANÇAISE - 14, rue de l'Ancienne-Comédie - Paris.

ISBN : 2 - 253 - 03513 - 0 30/5970/6